suhrkamp taschenbuch 1696

Stanisław Lem, geboren am 12. 9. 1921 in Lwów, lebt heute in Kraków. Er studierte Medizin und war nach dem Staatsexamen als Assistent für Probleme der angewandten Psychologie tätig. Privat beschäftigte er sich mit den Problemen der Kybernetik, der Mathematik und übersetzte wissenschaftliche Publikationen. 1985 wurde Lem mit dem Großen Österreichischen Staatspreis für Europäische Literatur ausgezeichnet und 1987 mit dem Literaturpreis der Alfred Jurzykowski Foundation. Wichtige Veröffentlichungen: *Solaris* (1972), *Die vollkommene Leere* (1973), *Sterntagebücher* (1973), *Robotermärchen* (1973), *Das Hohe Schloß* (1974), *Summa technologiae* (1976), *Imaginäre Größe* (1976), *Der Schnupfen* (1977), *Phantastik und Futurologie I und II* (1977/78), *Die Stimme des Herrn* (1981), *Kyberiade* (1983), *Also sprach Golem* (1984), *Lokaltermin* (1985), *Frieden auf Erden* (1986), *Provokationen* (1988), *Irrläufer* (1989).

Stanisław Bereś lehrt an der Universität Breslau (Wrocław) Literatur; er ist Mitarbeiter der dort erscheinenden Monatsschrift *Odra*; Bereś gilt als einer der maßgeblichen Literaturkritiker.

Das Gespräch, das Stanisław Bereś mit Stanisław Lem führt, bringt Leben und Werk des großen polnischen Schriftstellers zur Sprache. Diese *tour d'horizon* haben wir zweierlei Umständen zu verdanken: Mit geschickten Fragestellungen insistiert Bereś lenkend und motivierend, immer aufs neue drängt er zu immer neuen Erinnerungen, Einsichten, Bekenntnissen. Und: der vitalen geistigen Präsenz dieses exzeptionellen Stanisław Lem. So wird ein Bogen geschlagen von der Kindheit bis zur Vorausschau auf das 21. Jahrhundert. Durch Selbstinterpretationen erfahren wir vom Eigenbrötler von Kindheit an, vom Kind, das nur an mechanischem Spielzeug interessiert war. Lem äußert sich scharf über das eigene Werk und über andere Schriftsteller und Philosophen; spricht von seiner Sucht, die Welt zu erklären und von der unauslöschlichen Leidenschaft des Philosophierens.

Diese Gespräche sind wohl Lems persönlichstes Buch; hier legt er die Grundkonzeptionen seines Werkes dar, die naturwissenschaftlichen und philosophischen Fundamente seines Denkens, aber auch die Prägung seiner Überzeugungen durch persönliche Umstände und Erlebnisse. Und hat doch immer das Schicksal der ganzen Menschheit im Auge.

Stanisław Lem/Stanisław Bereś
Lem über Lem

Gespräche

Aus dem Polnischen
von Edda Werfel
und Hilde Nürenberger

Phantastische Bibliothek
Band 245

Suhrkamp

Redaktion und Beratung: Franz Rottensteiner
Titel der Originalausgabe: *Rozmowy Z Lemem*
Wydawnictwo Literackie, Kraków, 1986
Das Gespräch wurde erstmals 1984 in der Breslauer Monatsschrift *Odra*
in Fortsetzungen abgedruckt
Die Übersetzung wurde vom Autor autorisiert

suhrkamp taschenbuch 1696
Erste Auflage 1989
© by Stanisław Lem 1984
© der deutschsprachigen Übersetzung
Insel Verlag Frankfurt am Main 1986
Lizenzausgabe mit freundlicher Genehmigung
des Insel Verlags, Frankfurt am Main
Suhrkamp Taschenbuch Verlag
Alle Rechte vorbehalten, insbesondere das
des öffentlichen Vortrags, der Übertragung
durch Rundfunk und Fernsehen
sowie der Übersetzung, auch einzelner Teile.
Druck: Nomos Verlagsgesellschaft, Baden-Baden
Printed in Germany
Umschlag nach Entwürfen von
Willy Fleckhaus und Rolf Staudt

1 2 3 4 5 6 – 94 93 92 91 90 89

Inhalt

Nicht ganz verlorene Zeit

Stanisław Bereś: Sprechen wir zunächst einmal über das Leben. Ihr Leben natürlich, von dem wir im »Hohen Schloß« manche Abschnitte vorfinden, die der Vergangenheit entnommen wurden. Gewiß sind Bruchstücke Ihrer Biographie im Schicksal Karol Wilks in der »Nicht verlorenen Zeit« latent vorhanden, vielleicht gibt es Spuren davon in der Gestalt Stefan Trzynieckis in »Hospital der Verklärung«, und möglicherweise läßt sich auch im Pilot Pirx oder in Trurl etwas von Ihrer Persönlichkeit wiederfinden. Außer Ihnen selbst ist niemand imstande, all das zu einem Ganzen zusammenzufügen. Das ist schon in dem ersterwähnten Buch zu erkennen: obwohl in seiner Einleitung versichert wird, Sie hätten Ihre Kindheit getreu nach Ihren Erinnerungen rekonstruiert, geriet es häufig in den Verdacht, viel nachträgliches Fabulieren zu enthalten.

Stanisław Lem: Einverstanden, versuchen wir es, obwohl ich zugeben muß, daß die Zeit, als ich das »Hohe Schloß« schrieb, wohl die dafür geeignetste war, denn heute kann ich viele Einzelheiten nicht mehr rekonstruieren, sie nicht aus dem Gedächtnis hervorholen. Vor allem muß ich hier feststellen, daß dies gar kein Roman ist, obwohl das die Kritik immer wieder behauptet. Es gibt dort kein einziges fiktives Element – und wenn man von einer Lüge sprechen kann, dann wohl nur in dem Sinne, in dem wir Kunst überhaupt als schöne Lüge verstehen können. Zum Beispiel diese ganze Geschichte vom »Legitimationsstaat«, die den Kritikern ganz besonders erfunden vorkam, ist von Anfang bis Ende authentisch, vielleicht mit dem einen Vorbehalt, daß die metaphysische Kulisse erst vom reifen Lem hinzugebaut wurde.

B: Ich muß gestehen, daß mir außer der Episode mit den Legitimationen die sich durch das ganze Buch hinziehende Konstruktion dieses einsamen, die Isolation suchenden Kindes im hohen Grade erfunden erschien.

L: Was das Kind betrifft, das ich damals war, so habe ich zweifellos im Buch alles möglichst wahrheitsgetreu beschrieben; nichtsdestoweniger war mir damals nicht bewußt, daß ich tatsächlich ein einsames Kind war, daß ich aber an dieser Einsamkeit sogar Gefallen fand, denn ich verspürte kein allzu großes Bedürfnis nach Kameraden und zog meine damaligen seltsamen Grübeleien der Gesellschaft anderer Kinder vor. Anscheinend war ich von Anfang an ein Einzelgänger. Aber da es einem Kind nicht möglich ist, solche Vergleiche zu ziehen, sehe ich erst jetzt ein, daß meine ganze Kindheit nicht sehr typisch war.

B: Der Mangel an Kindheits- und Jugendfreundschaften wird gewöhnlich durch eine starke Bindung an den Vater oder an die Mutter kompensiert.

L: Was die Beziehungen zu meinem Vater und zu meiner Mutter betrifft, möchte ich mich lieber auf das beschränken, was ich im »Hohen Schloß« geschrieben habe.

B: Wie Sie wollen, allerdings muß ich gestehen, daß ich gerne einige Worte zumindest über Ihre Mutter hören würde, denn während man die Rolle des Vaters für die Entwicklung Ihrer Persönlichkeit dem Buch unschwer entnehmen kann, ist die Anwesenheit der Mutter darin fast auf ein Minimum reduziert. Sie kennen doch diese Denkgewohnheiten des Kritikers: der Vater trägt das intellektuelle Element bei, die Mutter hingegen das moralische . . .

L: Ich verstehe, aber hier werden Sie keine Archetypen finden, so tief Sie auch graben. Nun, meine Mutter hatte eigentlich keinen Beruf, sie war einfach Hausfrau. Unsere Beziehungen waren immer sehr korrekt, aber ich hing doch eher am Vater, und mein Charakter wurde auch mehr von ihm geprägt, was schon aus meinen Interessen ersichtlich ist. Natürlich, die Mutter war immer da, sie stopfte meine Socken, sie kümmerte sich um mich, aber meine Vertraute ist sie nie geworden. Das war eher mein Vater. Und da er sehr beschäftigt war, wußte ich die kurzen Momente, die er sich von seiner Arbeit für mich abzweigte, um so mehr zu schätzen.

B: Im »Hohen Schloß« tritt noch die Figur eines Onkels auf. Sie dürften mit ihm ziemlich engen Kontakt gehabt haben.

L: Das war ein Bruder meiner Mutter, ebenso wie mein Vater Arzt, Laryngologe. Meine Mutter stammte aus einer sehr armen Familie aus Przemyśl, und diese Ehe wurde in der Familie meines Vaters als nahezu morganatisch angesehen. Man gab meiner Mutter oft auf verschiedene Weise zu verstehen, daß an dieser Ehe etwas Ungehöriges sei. Aber mein Vater hatte sich um den Bruder meiner Mutter in einer Zeit zu kümmern begonnen, als dieser noch studierte, und unsere Beziehungen waren deshalb ziemlich kameradschaftlich. Heute ist es normal, daß man den Onkel mit seinem Vornamen anspricht, damals galten andere Normen. Daß man den Onkel mit Gienek ansprach, erschien ungewöhnlich. Er war übrigens recht großzügig: Während meine Mutter der Meinung war, 50 Groschen seien für einen Gymnasiasten ein etwas übertrieben hohes Taschengeld, war der Onkel anderer Ansicht und gab mir manchmal 5 Zloty – die Münze mit dem Pilsudski-Porträt, was ich so empfand, als regnete es Gold auf mich.

B: Das Sie dann sofort gegen Halwa eintauschten?

L: Ja, natürlich, aber später kaufte ich mir dafür mancherlei Drähte für Experimente, irgendwelche Motoren, Wirmhurst-Maschinen, irgendwelche elektrostatische Geräte, Induktoren, Vakuumröhrchen usw. Das alles habe ich übrigens im »Hohen Schloß« beschrieben und kein bißchen übertrieben. Als wir, meine Frau und ich, ein Kind bekamen, versuchte ich – übrigens unbewußt – mich selbst zu kopieren, indem ich meinem Sohn, als er neun Jahre alt war, unzählige Metall- und elektronische Baukästen kaufte und absolut nicht verstehen konnte, warum er sich dafür weniger interessierte, als ich es seinerzeit getan hatte. Nun, das ist ja bekannt: Wenn man jemandem, den man besonders gern hat, etwas schenken will – jedenfalls früher, weil man heutzutage in Polen nichts bekommen kann –, dann kauft man eben die Sachen, die man selber schätzt.

B: Also der Vater, der Onkel, kleine elektrische Maschinen sowie Legitimationen – damit wäre die Liste der Gefährten Ihrer Kindheit erschöpft?

L: Wirklich, es ist eine Tatsache – heute stelle ich das mit Bedauern fest: daß ich so ein Einzelgänger war, der keine sehr nahen oder auch nur nahen Freunde hatte. Ich wollte sie haben, aber selbst in den Knabenjahren, in denen es gewöhnlich nicht sehr schwer ist, Vertraute für alles zu finden, habe ich keine Freundschaften geschlossen. Kurz vor dem Krieg – das habe ich im Buch wohl nicht erwähnt –, als ich etwa 17 Jahre alt war, habe ich angefangen, Gedichte zu schreiben. Sie waren sehr schlecht, aber damals waren sie mir lieb, und als ich diese meine Mißgeburten während der Besatzungszeit in einer Wohnung zurücklassen mußte, die von der Polizei bereits beschattet wurde, war ich zutiefst überzeugt, daß die nationale Kultur einen großen Verlust erlitten hatte. Wenn die Gestapoleute Polnisch gekonnt und meine Kladde voll patriotischen Geschreibsels durchgeblättert hätten, wären sie gewiß ganz aus dem Häuschen geraten. Die Schlußfolgerung daraus ist, daß sich mein Reifeprozeß wohl recht langsam vollzog.

B: Die Gymnasialjahre sind im »Hohen Schloß« ziemlich ausführlich beschrieben, aber über die weiteren senkt sich ein Vorhang. Möchten Sie ihn nicht ein wenig lüften?

L: Ich werde es versuchen, aber ich garantiere nicht für die chronologische Genauigkeit meiner Erinnerungen. Ab 1939 studierte ich an der Lemberger Medizinischen Fakultät, doch geriet ich erst auf einem Umweg dorthin, denn zuvor hatte ich schon die Aufnahmeprüfung an der Technischen Hochschule abgelegt, wohin mich meine Interessen zogen. Die Prüfung bestand ich zwar, aber wegen fragwürdiger sozialer Herkunft (der Vater, ein wohlhabender Laryngologe – also mittlere Bourgeoisie) wurde ich nicht aufgenommen. So beschloß denn mein Vater, seine Bekanntschaften zu nutzen. Er selbst war früher Assistent von Prof. Jurasz an der Medizinischen Fakultät der Johann-Kasimir-Universität in Lemberg gewesen, und dank der Hilfe des damals sehr bekannten Biochemikers Prof. Parnas gelang es ihm, mich – ohne den geringsten Enthusiasmus meinerseits – in der Medizin unterzubringen. Im Gefühl, daß dies aber eine gewisse Chance bot, und überdies muß man ja etwas tun, studierte ich also bis zum Überfall Nazideutschlands auf Rußland. Nun war alles beim Teufel – von einem weiteren Studium konnte keine Rede mehr sein. Den ganzen Sommer 1941 hindurch überlegte meine Familie, was man mit mir anfangen sollte, zumal ich meinen absoluten Widerwillen gegen jegliche Angestelltentätigkeit nicht verhehlte. So verschaffte mir ein Bekannter meines Vaters – die Einzelheiten haben sich in meinem Gedächtnis schon verwischt – Arbeit in einer deutschen Firma, die ROHSTOFFERFASSUNG hieß und sich mit der Wiedergewinnung von Rohstoffen befaßte. Ich arbeitete in der Garage und hatte keine blasse Ahnung von dieser Arbeit. Glücklicherweise besaß ich den sogenannten »grünen Schein«, den noch vor dem Kriege erworbenen Führerschein, der einzige Anspruch darauf, zwar nicht einmal Automechaniker, aber ein sich in der Werkstatt herumtreibendes »Mädchen für alles« zu werden. Ich verdiente 900 Besatzungs-Zloty und versuchte mich umzuschulen, weil die Arbeit an den Motoren mich ziemlich langweilte. Wie es aber unter der deutschen Besatzung üblich war, versuchte jeder in seinen Papieren eine höhere Berufsqualifikation auszuweisen, als er in Wirklichkeit besaß; also wurde ich als Autoelektriker und Automechaniker beschäftigt. Dann lernte ich schweißen, was mir schließlich mehr schlecht als recht gelang – aber ich war doch ein recht armseliger Schweißer. So ging es irgendwie weiter.

B: Ich habe irgendwo gelesen, daß Sie in der Widerstandsbewegung tätig waren, aber über die Art dieser Tätigkeit stand dort überhaupt nichts.

L: Das ist natürlich übertrieben. Von Zeit zu Zeit – das war übrigens das Interessanteste an meiner damaligen Existenz – organisierte meine Firma Autofahrten zu den großen Panzerfriedhöfen irgendwo bei Gródek Jagiellonski und Rawa Ruska, wo ich als Oxygenschweißer die Rümpfe der zerstörten Panzer zerschnitt. Ich habe den Verdacht, daß alles als Alteisen zu Krupp ging, aber genau weiß ich das natürlich nicht. Die Firma organisierte auch Fahrten zu dem sogenannten Beutepark der Luftwaffe auf dem Gelände der Lemberger Ost-Messe, wo sich riesige Mengen Kriegsgerät befanden, die dort von den sowjetischen Truppen zurückgelassen worden waren. Ich erinnere mich noch daran, daß es dort völlig unbeschädigte Autos gab. Einmal hatte ich einen großen Sanitätswagen zu zerlegen; darunter fand ich im Schnee (es war Winter) Säckchen mit Schießpulver und etwas Munition. Da beschloß ich, das alles einer Untergrundorganisation zu übergeben. Ich kann mich heute nicht mehr erinnern, wie das gelaufen ist, und kann Ihnen nichts Konkretes sagen, aber während der Besatzung war es häufig so, daß man an etwas teilnahm, wovon man nur geringe Ahnung hatte. Ich weiß, es gibt irgendwelche Aussagen, daß ich der Widerstandsbewegung angehörte. Mein ganzer Beitrag bestand darin, daß ich, nachdem ich mich mit Leuten zusammengetan hatte, die für eine Untergrundorganisation – ich weiß nicht einmal, welche – arbeiteten, ihnen eine Zeitlang von mir gefundenen Sprengstoff, von russischen Panzern abmontierte Funkgeräte, Bajonette usw. lieferte. Insgesamt schmuggelte ich unter meinem Overall recht vielerlei Dinge hinaus, die ich dann diesen Leuten übergab. Die Kontakte waren locker. Man hatte mir beigebracht, möglichst wenig zu fragen, niemals mehr wissen zu wollen als eben unbedingt notwendig. Ich hatte Material zu liefern, das für den Kampf gegen die Deutschen bestimmt war – und damit basta. Ich wußte also nichts Genaues. Ich hatte nur das angenehme Gefühl, mich irgendwie patriotisch betätigen zu dürfen. In Lemberg war damals die Lage recht kompliziert, denn es gab ganze Bevölkerungsgruppen, die darauf zählten, daß die Deutschen die Pläne zur Schaffung einer unabhängigen Ukraine unterstützen würden. Dennoch weiß ich sehr wohl, daß die Organisation, mit der ich Kontakt hatte, eine polnische war.

B: Aus der »Nicht ganz verlorenen Zeit« wissen wir, daß der junge Wilk in jenen Jahren einen großen Lesehunger zeigte. Was waren Ihre Leseerfahrungen zur damaligen Zeit? Die meisten Memoiren aus der Besatzungszeit betonen das Lektürebedürfnis.

L: Bei dem Dichter, den ich merkwürdigerweise gerne las, handelte es sich um Rilke. Das war übrigens der einzige deutsche Schriftsteller, den ich damals verdauen konnte. Ich besaß zwei bescheidene Bändchen – 1941 in Leipzig herausgegeben. Ich weiß das, weil ich sie noch heute besitze. Eine Zeitlang versuchte ich sogar, Rilke zu übersetzen. Manchmal ging mir bei meiner körperlichen Arbeit irgendein Vierzeiler im Kopf herum, den verständig zu übersetzen ich mich bemüht habe, aber im allgemeinen gelang mir das nicht sehr gut, und die entsprechenden polnischen Worte schienen mir eher unbefriedigend. Bis heute wundert es mich, daß es Leute gibt, die anscheinend viel Gefühl für Poesie haben und dennoch Rilke-Übersetzungen veröffentlichen, denen ich ohne viel Bedenken ein »Ungenügend« ausstellen würde. Das gilt auch für den Band von Sandauer*, der zwar oft außerordentlich korrekt übersetzt, die Verwurzelung Rilkes in der deutschen Sprache aber völlig außer acht läßt. In den Besatzungsjahren hatte ich nur eine ziemlich schwache Vorstellung von der deutschen Sprache, das Gymnasium vermittelte mir kaum mehr als kümmerliche Kenntnisse, doch im Umgang mit Rilkes Dichtung machte ich mich mit dieser Sprache einigermaßen vertraut. Es gelang mir immer besser, mich in den Stil, die Sprachwendungen und alle sprachlichen Geschmacksfeinheiten Rilkes einzufühlen. Wahrscheinlich bin ich der einzige, der sich Rechenschaft darüber ablegt, wie stark dies meine frühen literarischen Versuche beeinflußt hat – besonders »Gast im Weltraum«**, wo mancherlei stilistische »Schönheit« und sprachliche »Blüte« weitgehend eine Transposition dieser meiner Vorliebe für Rilke sind.

B: Kehren wir jedoch zum Besatzungsalltag zurück.

L: Im Jahre 1943 geriet ich in eine Klemme wegen irgendeiner Sache, an die ich mich heute nicht mehr genau erinnern kann; ich war in irgend etwas hineingeraten, und es sah ganz danach aus, daß es für mich vorteilhafter wäre, meinen Namen zu ändern und mit gefälschter Kennkarte bei den Eltern zu wohnen. Danach zog ich in die Zielona-Straße um, zur Untermiete in ein kleines Zimmer. Ich arbeitete nicht mehr, sondern ich wurde von meinem Vater unterhalten. Damals begann man schon von den Russen und ihren großen Winteroffensiven zu reden. Als ich noch Arbeiter war, war mein Geistesleben fast völlig erloschen. Sie wissen ja, der Weg zur Arbeit, der Heimweg, acht Stunden körperliche Anstrengung, oft mußte man noch in der Nacht eine Akkordarbeit zu Ende führen. Dadurch wurde die geistige Entwicklung nicht gerade gefördert. Und mit dem einen oder dem anderen Buch konnte dem nicht abgeholfen werden.

Dann, im Juli 1944, wurde die Besatzung – für uns

---

* Bekannter polnischer Literaturkritiker
** DDR-Ausgabe – ursprünglicher Titel »Die Wolke des Magellan«

glücklicherweise – ziemlich schnell beendet, Lemberg wurde von den sowjetischen Truppen eingenommen. Ich meldete mich sofort an der Hochschule an und setzte mein Medizinstudium fort.

B: So ganz einfach: Sie meldeten sich an – das war alles? Über die Stadt war doch zweimal die Front hinweggerollt? Das Archiv war doch sicher vernichtet, ein Teil der Professoren ermordet, andere in aller Herren Länder verstreut?

L: Langsam, langsam. Das ist eine köstliche Geschichte. Ich erzähle sie Ihnen gleich. Mir half ein reiner Glücksfall: Ich begegnete einem ehemaligen Studienkollegen, der mir mitteilte, daß die Deutschen, als sie seinerzeit die Medizinische Fakultät und die medizinischen Universitätskliniken besetzten, alle Dokumente aus dem Dekanat einfach auf den Müllhaufen geworfen hatten. Ein Mann, an dessen Namen ich mich heute nicht mehr erinnern kann, der aber damals Archivar des Benediktinerklosters in Lemberg war*, kam mehrere Male mit einem Handwagen und nahm alles, was er nur auftreiben konnte, Kolleghefte, Prüfungskarten und Protokolle, mit nach Hause, um sie für bessere Zeiten aufzubewahren. Ich ging also zu ihm; und gegen ein sehr bescheidenes Entgelt suchte er mein Kollegheft heraus, die Bestätigung dafür, daß ich das erste Studienjahr bereits absolviert hatte. Damals machte er mir auch den sonderbaren Vorschlag – für mich, in meiner grenzenlosen Naivität, völlig unverständlich–, ich könne, wenn ich wolle, Student eines höheren Semesters am nun bereits ukrainischen Lemberger Staatlichen Medizinischen Institut werden. Er besaß einfach alle möglichen Papiere und Stempel, mittels deren er mir Prüfungen bescheinigen konnte, die ich noch gar nicht abgelegt hatte. Ich antwortete ihm, dies sei doch wohl unmöglich, weil ich ja diese Prüfungen noch gar nicht bestanden hätte. Angesichts einer so bodenlosen Dummheit kam er nicht mehr auf seinen Vorschlag zurück. Später, als ich als Repatriierter nach Polen kam und mich dort für das dritte Studienjahr einschrieb, stellte ich fest, daß viele meiner Kommilitonen schon viel höhere Semester belegten oder sogar schon ihr

---

* Dort befanden sich die Archive aus der Zeit der österreichischen Herrschaft in Galizien

14

Diplom hatten. Nun, sie waren eben gescheiter gewesen als ich und hatten in weiser Voraussicht, daß man Versäumtes immer noch nachholen könne, von jenem Vorschlag Gebrauch gemacht.

B: Haben Sie sich damals außer mit dem Medizinstudium noch mit etwas anderem beschäftigt, was für unser Gespräch interessant sein könnte?

L: O ja, es gibt so etwas. Heute kommt es mir lächerlich vor, es bildete aber den Keim viel ernsthafterer Dinge. In meinem zweiten Studienjahr kam ein Professor Worobjow nach Lemberg, und wir fanden Gefallen aneinander. Ich an ihm, weil ich mich für Evolutionstheorie und Biologie interessierte, Worobjow an mir, weil er als Schüler Pawlows sich für etwas Besseres hielt als einen durchschnittlichen Lehrbeauftragten und die akademische Routine zu überwinden suchte. Damals begann ich gerade an einer Arbeit zu schreiben, deren Titel »Theorie der Gehirnfunktionen« lautete. Das war nichts weiter als eine Kinderei, aber ich nahm sie todernst, saß tagelang in der Bibliothek, las Sherrington und ackerte alle möglichen wissenschaftlichen Werke durch. So wie ich es heute sehe, war das stümperhafte wissenschaftliche Phantastik – obwohl ich seinerzeit überzeugt war, eine streng wissenschaftliche Arbeit zu schreiben. Das Ganze war etwa 150 Seiten lang und voller Diagramme. Aus sentimentalen Gründen habe ich das Manuskript bis heute aufbewahrt, aber vor der Welt gut versteckt. Worobjow konnte das natürlich nicht beurteilen, denn ich hätte es ins Russische übersetzen müssen. Aber da er meine Begeisterung und dieses nutzlose, stundenlange Herumhocken in der Bibliothek sah, schrieb er mir eine schöne Empfehlung, dank der ich Volontär, wie man das dort nannte, – eine Art unbezahlter Assistent – an seinem Lehrstuhl wurde. Ich verdiente also keinen roten Heller, arbeitete bloß so, *con amore*.

B: Ich schließe aus Ihren Worten, daß das bis zu Ihrer Ausreise aus Lemberg dauerte. Mit welcher Repatriierungswelle haben Sie die Stadt verlassen?

L: Wir sind viel zu lange in Lemberg geblieben, denn meine Eltern, obwohl sie nicht zu jenen Unbeugsamen gehörten, die glaubten, daß ein Wunder geschehen und

Lemberg bei Polen bleiben würde, konnten sich lange Zeit nicht entschließen, alles stehenzulassen und auszureisen. Wir sind erst dann weggefahren, als die Bevölkerung vor die bittere Alternative gestellt wurde: entweder einen sowjetischen Paß annehmen, oder Ausreise. Diejenigen, die 1945 die Stadt verließen, durften noch ihre Möbel mitnehmen, während wir, nachdem wir uns beim Polnischen Amt für Repatriierung angemeldet hatten, Lemberg fast nackt und barfuß verlassen mußten. Wir begaben uns nach Krakau, weil ein Bekannter dort wohnte, mit dessen Frau wir unsere Heimatstadt verließen. Die Züge fuhren zwar weiter, aber wir stiegen schon in Krakau aus. Wir wohnten dort zusammen mit Bekannten meines Vaters in einer Zweizimmerwohnung in der Śląskastraße 3.

B: Was haben Sie unter den neuen Bedingungen beruflich gemacht?

L: Jemand sagte mir, daß ich als Schweißer ziemlich viel – ich kann mich heute nicht mehr erinnern, wieviel – verdienen könnte. Einerseits reizte mich das sehr, denn mein Vater, Jahrgang 1879, war kein junger Mann mehr, und das Leben in Krakau mußten wir praktisch bei Null beginnen, waren wir doch bloß mit dem angekommen, was wir auf dem Rücken trugen, nebst einigen Kisten und medizinischen Geräten meines Vaters, wenn wir die paar Bücher nicht mitzählen (in Lemberg verkauften wir fast alles für einen Spottpreis den dort verbliebenen Ukrainern); andererseits war meinem Vater der Gedanke unerträglich, daß ich mein begonnenes Studium aufgeben könnte, und ich selbst hegte keine besonderen Illusionen über meine besondere Befähigung zum Schweißer. Eine Zeitlang schwankte ich zwischen den beiden Möglichkeiten, bis ich mich schließlich für die Medizin entschied.

B: Aus jener Zeit stammen Ihre ersten Texte, die man mit einiger Geduld aus den damaligen Zeitschriften herausklauben kann. Die meisten – stelle ich mit sarkastischer Genugtuung fest – sind Gedichte.

L: Weil sie schlecht sind? (Lachen) ... Ende desselben Jahres oder auch zu Beginn des nächsten suchte ich mit meinen Gedichten verschiedene Redaktionen auf, z. B. ging

ich zu Karol Kuryluk, als die literarische Zeitschrift »Odrodzenie« noch in Krakau erschien. Er setzte mich wie manche
andere klugen Leute mit meinen Gedichten kurzerhand vor
die Tür, wofür ich ihm übrigens heute sehr dankbar bin. Ich
erinnere mich an lange Gespräche mit dem Lyriker Przyboś,
in denen er mir auseinandersetzte, daß ich ein wenig Leśmian* und ein wenig weiß der Teufel wen nachahme, daß der
Versbau meiner Strophen, an den ich mich klammerte wie ein
Betrunkener an einen Zaun, unbrauchbar sei, aber alles
umsonst. Ich wußte es besser und liebte Reime und einen
geschliffenen Versbau. Und was Leśmian betrifft – nun,
ebenso wie ich immer zwei Beine hatte, so war ich immer in
Leśmian verliebt. Kurz und gut, alle diese Gedichte habe ich
bei Turowicz im »Tygodnik Powszechny«** veröffentlicht.
Man kann sie im Sammelband meiner »Jugendgedichte«
finden.

B: Aber gleichzeitig haben Sie etwas in »Kuźnica« gedruckt.

L: Ich nervte auch Stefan Żółkiewski, dem ich irgendwas
schickte. Die »Kuźnica« hat eine oder zwei meiner Erzählungen gedruckt. Ich erinnere mich nur, daß die eine von einem
Panzer handelte und »KW-1« hieß. Ich weiß nicht, wie ich auf
diese Idee kam. Wenn ich das eine oder andere aus jener Zeit
in die Hand nehme, ist mir, als lese ich die Texte eines völlig
Fremden. In meinem Gedächtnis gibt es keine Verbindung
zwischen mir, wie ich heute bin, und dem, der jene Sachen
geschrieben hat.

B: Sie schrieben also für Zeitschriften, die durch eine
ideologische, weltanschauliche und wahrscheinlich auch politische Frontlinie voneinander getrennt waren.

L: Daß ich etwas bei Turowicz veröffentlichte, war wohl
ein Zufall, übrigens gilt das wahrscheinlich auch für die
»Kuźnica«***. Ich veröffentlichte meine Sachen im »Tygodnik Powszechny«, obwohl ich niemals Katholik war. Mein
Vater war Agnostiker und ich war, so weit mein Gedächtnis
zurückreicht, nie gläubig. Vielleicht nicht im Sinne des Agno-

---

* Bolestaw Leśmian (1878–1937), bedeutender polnischer Lyriker
** Katholische Wochenschrift
***Damals eine prononciert marxistische Literaturwochenschrift

stizismus, aber ich war ein Mensch, der mit Sicherheit wußte, daß es »dort« niemanden gibt; das hing wohl mit meinen selbständigen Studien zusammen: Biologie und Evolutionstheorie. Vielleicht sagte mir einfach das Klima zu, das in der Redaktion herrschte? Allerdings muß ich hinzufügen, daß es dabei auch zu kleinen Zwischenfällen kam. Als z. B. Pater Piwowarczyk nach Ablieferung eines Gedichts über eine gewisse Marysia an die Redaktion es für unpassend hielt, daß ich mit Hilfe eines Organs der Erzbischöflichen Kurie junge Mädchen verführe. Aber da er ein liberaler Mann war, ging alles glatt. Später habe ich noch zwei oder drei Erzählungen veröffentlicht. In jenen Jahren interessierten mich politische Fragen sehr wenig, also sah ich nichts Ungehöriges in der Tatsache, daß ich gleichzeitig für den »Tygodnik Powszechny« und für die »Kuźnica« schrieb. Ich wußte natürlich Bescheid darüber, was in Polen vor sich ging, aber das übte keinen starken Einfluß auf mein Leben aus. Viel mehr litt ich unter den damaligen harten Lebensbedingungen; mein Vater arbeitete im Spital, sein Gehalt war bescheiden, und ich brachte nur von Zeit zu Zeit das Honorar für ein Gedicht nach Hause.

B: Sie haben vorher Ihre Studien der Biologie und der Evolutionslehre erwähnt. War das irgendwie mit der Arbeit verbunden, die Sie in Lemberg begonnen hatten?

L: Als ich nach Krakau zog, war ich mit meiner »Theorie der Gehirnfunktionen« fast fertig, aber bald erkannte ich, daß sie unzulänglich war, und ich wandte mich dem philosophischen Traktat zu. Mit einem Wort, ich kletterte auf eine noch höhere Stufe der Absurdität. In aller Kürze, es war ein riesiger, unerhört arbeitsaufwendiger, viele hundert Manuskriptseiten füllender Stuß, natürlich in den Kategorien der reinen Wissenschaft – in den Kategorien der Phantastik dagegen könnte man sagen, es sei eine Art Parawissenschaft gewesen, etwa im Stil von Steiner oder anderen Wirrköpfen. Ich befaßte mich also mit wirrem Zeug, noch ohne zu wissen, daß es eine echtere Wissenschaft gab. Aber ich tat es aus reiner Liebe, und das Ergebnis dieser Liebe war vermutlich, daß ich, wie mir scheint, mit der Zeit immer authentischere

Inhalte produzierte – sowohl auf dem Gebiet des wissenschaftlich-philosophischen Denkens, als auch auf dem Gebiet der Belletristik. Man kann sagen, daß ich lernte zu denken – wie ein kleines Kind gehen lernt (mit ständigem Stolpern und Hinfallen). Zu einem Durchbruch in meinem Leben und in meiner geistigen Entwicklung wurde erst die Begegnung mit Doktor Mieczysław Choynowski, der einen ungeheuren Einfluß auf mein ganzes Leben ausgeübt hat. Ich erinnere mich nicht mehr, wer mich auf ihn hingewiesen hat. Er wohnte damals in der Chopin-Straße, von wo er gerade wegzog, als ich mit meinem »unschätzbaren« Werk zu ihm kam. Er hatte eine neue Wohnung in der Słowacki-Allee 66, in einem Eckhaus, erhalten, was insofern Bedeutung hatte, als es sehr nahe, keine hundert Schritte von dem Loch entfernt war, in dem ich damals hauste. Das war eine Nische ohne Tür, ganze drei Quadratmeter groß, in der es einen Stapel Bücher, ein kleines Bett, den ganz kleinen Schreibtisch meines Vaters (den ich bis heute im Keller aufbewahre) und Mauerschwamm gab. Ich hatte dort noch eine Schreibmaschine, die ich die ganze Besatzungszeit hindurch mit mir herumgeschleppt hatte. Es war eine »Underwood«, die ich noch vor dem Krieg von meinem Vater bekam und auf der ich seit meinem zwölften Lebensjahr eigentlich alles schrieb. Choynowski war Doktor der Philosophie, die Besatzung hatte er in Warschau verbracht, und er interessierte sich praktisch für alles. Er war ein absoluter Wahrheitsfanatiker, wofür er einen ziemlich hohen Preis zahlen mußte, denn er hat deshalb in Polen keine Karriere gemacht. Nachdem er meine Arbeit gelesen hatte, sagte er mir, daß sie absolut wertlos und alles, was ich dort geschrieben habe, ein einziger großer Unsinn sei. Aber offenbar war er doch zu der Überzeugung gelangt, daß in mir etwas steckte, denn er wurde zu meinem wissenschaftlichen Lehrer, begann mir Bücher aus seiner Bibliothek zu leihen, entschied darüber, was ich zu lesen hatte, und so begann meine Ausbildung in den eigenen vier Wänden. Er beschimpfte mich, als er erfuhr, daß ich nicht Englisch konnte, nur Deutsch, Französisch und Russisch, und legte mir dringend nahe, mich sofort an das Studium der englischen Sprache zu machen. Ich hatte keine besondere Lust dazu, aber ich brannte so sehr darauf, die unzähligen Werke aus seiner Bibliothek lesen zu können, daß ich mich *nolens volens* auf den Hintern setzte. Das Doping kam auch noch von einer anderen Seite. Choynowski gründete ein Konversatorium der Wissenschaftskunde für die Assistenten der Jagellonischen Universität und wandte sich im Namen dieses Gremiums an zahllose wissenschaftliche Institutionen in Kanada und in den USA mit der Bitte um Bücher für die völlig ausgehungerte polnische Wissenschaft. Und wirklich begannen die Bücher haufenweise hereinzuströmen. Beim Anblick dieser Schätze, die mir aus sprachlichen Gründen unzugänglich waren, ging ich ernstlich daran, Englisch zu lernen. Ich kann übrigens nicht sagen, daß dies ein reguläres Studium gewesen wäre. Es begann mit Wieners »Kybernetik«, von deren Existenz ich soeben erfahren hatte. Ich las sie fast so wie Champollion, als er die Inschriften der ägyptischen Grabmäler entzifferte – langsam, Seite für Seite, mit dem Wörterbuch in der Hand. Dann immer schneller, und so lernte ich, diese Sprache passiv zu gebrauchen. Bis heute habe ich nicht das Englische anständig zu sprechen erlernt, aber ich lese und schreibe es ohne Schwierigkeiten. Ich las also nacheinander die Bücher, die für das Konversatorium eintrafen (und später an verschiedene Universitäten weitergegeben wurden), indem ich die meisten nach Hause nahm, um dann zu den unmöglichsten Tages- und Nachtzeiten bei Choynowski zu gelehrten Gesprächen vorbeizukommen. Ich lieh mir nur solche Werke aus, die mich interessierten – also mathematische Bücher, Biographien berühmter Mathematiker usw. Als das Konversatorium aufgelöst wurde, bedauerte ich sehr, daß ich nicht zweckmäßig, wenn auch nicht ganz im Einklang mit dem siebenten Gebot, handelte und mir nicht eine ansehnliche Anzahl von Büchern aus der Bibliothek aneignete, wie es andere Mitglieder dieses Konversatoriums getan hatten. Gleichzeitig regte Choynowski, der ein Dämon des Aktivismus war, die Gründung einer Zeitschrift an, die »Życie Nauki« (Leben der Wissenschaft) hieß; eine wissenschaftstheoretische Monatsschrift, in der ich nach einiger Zeit zu schreiben begann. Mein Meister, der anscheinend zur Überzeugung gelangt war, daß meine Studien doch gewisse Ergebnisse zeitigten und daß es gelungen war, den ganzen Unsinn, den ich früher für Philosophie gehalten hatte, daraus zu vertreiben, gab mir vielerlei fürchterlich langweilige Bücher über den Neopositivismus, Abhandlungen von Dubislaw, Arbeiten über logisch-formale Themen zum Rezensieren; ich mußte mich also intensiv fortbilden, logische Zeichen auswendig lernen, ganze Stöße wissenschaftstheoretischer Literatur allein durchackern, denn natürlich überprüfte ja niemand meine Kenntnisse. Im vorletzten Studienjahr – man schrieb bereits 1947 – vertraute mir Choynowski die Leitung einer wissenschaftstheoretischen Rubrik im »Życie Nauki« an.

B: Die Atmosphäre, die Sie hier schildern, erinnert stark an jene der »Nicht ganz verlorenen Zeit« – Sie als Wilk, Choynowski als Wieleniecki. Wie weit haben Sie in diesem Roman sich selbst dargestellt?

L: Na, das kann ich nicht sagen. Ich berichte nur – soweit mein unzuverlässiges Gedächtnis es ermöglicht – über das, was vor sich ging. Wissen Sie, solche Assoziationen haben sich mir wohl nie aufgedrängt. Wenn man eine Figur gestaltet, tut man dies irgendwie »von außen«, selten im klaren Bewußtsein, daß man sich selbst einbringt. Außerdem arbeite ich nach der Methode von *trial and error,* das Material wurde demnach so oft durcheinandergemischt, daß man heute unmöglich feststellen kann, welches Ausmaß in diesem Roman der prozentuelle Anteil authentischer, meiner eigenen Biographie entnommener Elemente hat.

B: Lassen wir das also beiseite. Sie haben die Katastrophe des Konversatoriums erwähnt – so verstehe ich zumindest das Wort »Auflösung«.

L: Bis zu einem gewissen Grad habe zweifellos ich selbst dazu beigetragen, daß das »Życie Nauki« ausgebootet wurde, denn in einem meiner Artikel habe ich einseitig – wie es damals so hieß – die Rolle der Weismanisten und Morganisten im Kampf gegen Lyssenko dargestellt. Da ich eindeutige Meinungen darüber hatte, daß es nicht wahr sei, daß die Weismanisten, Morganisten und Mendelisten die schwarze Reaktion repräsentierten, während einzig und allein Lyssenko den Schlüssel des Neuerertums in der Hand hält, sondern das genaue Gegenteil der Fall sei, hatte ich das Stenogramm der Diskussion entsprechend präpariert: Den feindlichen Anschauungen und Argumenten der schrecklichen Morganisten und Mendelisten räumte ich ziemlich viel Platz ein, aus Lyssenko dagegen klaubte ich nur die seltsamsten Blüten seiner Theorie heraus. Daraus ergaben sich Unannehmlichkeiten, denn die Zensur wollte zuerst den ganzen Text entfernen, aber dank der Intervention meines Protektors, der den Wahrheitsgehalt des Textes nachwies, gelang es, ihn zu veröffentlichen. Die Zensur war damals noch sehr jung, sie funktionierte nicht reibungslos, und solche Dinge passierten manchmal. Gleich nach dem Erscheinen der Zeitschrift tat Frau Eugenia Krassowska aus dem Ministerium für Hochschulwesen unsere Monatsschrift in Acht und Bann und wollte unbedingt wissen, was für ein Ungeheuer den Text der heiligen Wahrheit so präpariert hatte. Die Untersuchung erbrachte jedoch nichts, weil ich damals mit irgendwelchen Initialen zeichnete, ich wurde nicht entschlüsselt, und die Zeitschrift existierte noch einige Zeit in Krakau; aber man wußte schon, daß sich schwarze Wolken über ihr zusammenziehen würden. In der Tat wurde Anfang 1950 Choynowski die Zeitschrift weggenommen, nach Warschau verlegt, und für das Konversatorium begann eine Zeit zunehmender Düsternis. Wie jede gesellschaftliche, also von unten kommende Initiative mußte sie einfach liquidiert werden.

Eine Zeitlang versuchten wir eine fieberhafte Aktivität zu entfalten und unternahmen verschiedene für jene Jahre sonderbare Sachen. Choynowski entbrannte z. B. in Liebe zu psychologischen Untersuchungen mit Hilfe von Tests. Mittels dieser Tests untersuchten wir die Hochschulanwärter und die Studenten, um alle Unfähigen auszusieben, die Fortschritte zu überprüfen und eventuell später die Selektionsqualität der Tests einzuschätzen. Das war eine amerikanische Methode, die wir an der medizinischen Fakultät anwandten, wobei wir die Korrelation der von uns gestellten Prognose untersuchten, indem wir das tatsächliche Ergebnis mit dem von den Tests antizipierten Erfolg verglichen. Unschwer zu erraten, daß dies Vorbehalten begegnen mußte, denn Tests galten doch als eine Erfindung der bürgerlichen Wissenschaft. Diese täglichen Reibungen gingen mir immer mehr auf die Nerven.

Man schrieb schon das Jahr 1950, und die Eiszeit des Stalinismus war auf dem Höhepunkt. Ich wußte schon, daß das, was ich in der Biologie lernen konnte, keine Biologie war, sondern die Magie und das Schamanentum Lyssenkos, also beschloß ich, auf das Studium zu verzichten. Das Konversatorium existierte damals praktisch nicht mehr. Choynowski bekam einen Posten als Psychologe in der Irrenanstalt von Kobierzyn, wohin er teilweise umzog – ich besuchte ihn noch von Zeit zu Zeit, aber unsere Beziehungen kamen langsam ins Stocken.

B: Und was war mit Ihrem medizinischen Studium? Aus Ihren biographischen Notizen kann man erfahren, daß Sie der Ausbildung nach Arzt sind, aber nirgends ist die Rede davon, daß Sie diesen Beruf ausgeübt haben.

L: Im Jahre 1949 hatte ich die vorgeschriebenen Semester absolviert, aber weil man alle meine Kommilitonen zum Militärdienst einberief, und zwar nicht für ein oder zwei Jahre, sondern manchmal für immer, beschloß ich, die letzten Examen nicht abzulegen. Ich trat einfach nicht zu den Prüfungen an. Niemand konnte mich dazu zwingen. Man lud mich zwar vor, man runzelte drohend die Stirn, hob den Zeigefinger – aber es gab keine Möglichkeit, einen Absolventen zu den Schlußprüfungen zu zwingen, also bekam ich auch nie das Diplom.

B: Eine nicht eben beneidenswerte Lage, kann ich mir denken: das Konversatorium zerschlagen, das Studium nicht abgeschlossen, kein Beruf, keine Dauerbeschäftigung, gelegentlich Schreiben, kein Geld. Wie gelangten Sie also in die »große« Literatur?

L: Das ging alles ziemlich parallel vor sich. Irgendwann um das Jahr 1948, nach diesen verschiedenen dichterischen Ergüssen, die Przyboś, Kuryluk und Bieńkowski* zur Verzweiflung brachten, begann ich meinen ersten Roman zu schreiben – das »Hospital der Verklärung«. Und ich weiß nicht einmal mehr, wie und warum das geschah. Ich bin außerstande zu berichten, wie es dazu kam. Ich kann nur sagen, daß zu jener Zeit und in meiner allernächsten Umge-

* Zbigniew Bieńkowski, Lyriker

bung die Leute aus dem Klub der Jungen beim Polnischen Schriftstellerverband auf der Krupnicza-Straße bildende Künstler wurden. Ich freundete mich damals sehr mit Roman Hussarski an, der Gedichte schrieb, und auch mit seiner Frau Halina, geborene Burtan. Als die beiden heirateten, ließen sie sich in einem Anwesen nieder, das ein Überrest des Gutes ihrer Eltern in Przegorzaly war; dort stand ein großes Haus, von dem der Staat einen beträchtlichen Teil an sich gerissen hatte – sie wohnten dort in Untermiete, hatten einige Zimmer, bauten zwei Bildhauerateliers und arbeiteten wie verrückt. Es waren dort verschiedene Leute tätig, z. B. Zosia Puget, die Bildhauerin, und eine Menge Künstler gingen dort aus und ein. Wir freundeten uns an, als ich meine Prüfungen in Geburtshilfe und Gynäkologie nicht ablegen konnte, weil ich mich an sich nur kurz dort aufhalten wollte, und dann in einen »Kessel« geriet, in dem ich drei Wochen sitzen blieb. Zwar wurden nicht meine Bekannten verdächtigt, sondern irgendeiner ihrer Mieter, der übrigens entkam, aber einer nach dem anderen geriet doch in diesen »Kessel«. Übrigens – wissen Sie denn überhaupt, was ein »Kessel« ist?

B: Aber natürlich! Meine Generation schulte sich vor allem an Kriegsfilmen.

L: Dann kann ich nur sagen, daß, wenn man drei Wochen zusammenlebt, dies die Menschen einander sehr nahebringt. Ich habe dort die einzige Gipsplastik in meinem Leben angefertigt, den Kopf eines Neandertalers. Ich hatte nichts zu tun. Zeit gab es im Überfluß, es gab dort, wie es sich für ein Bildhaueratelier gehört, eine Menge Ton und Gips, also habe ich aus Langeweile dieses Werk verfertigt. Bis heute liegt es irgendwo in meinem Haus herum. Zum Glück für die Kunst habe ich diesen Weg nicht fortgesetzt.

B: Und was hat das mit dem »Hospital der Verklärung« zu tun?

L: Nur am Rande, mein Lieber. Die Landschaft des fiktiven Ortes Bieźyniec – das ist eben Przegorzaly, gesehen teilweise vom Fenster eben dieses Hauses aus – dort steht irgendwo so ein Kreuz an einem Scheideweg, wie im Buch. Wenn aus der von mir erlebten Welt etwas in dieses Buch eingegangen ist, dann wohl nur diese Landschaft. Alles andere habe ich mir zu hundert Prozent ausgedacht, denn ich war ja niemals in einer Irrenanstalt, weder als Patient noch als Arzt, ich kannte niemals einen Pajączkowski. Alles ist darin von A bis Z erfunden – und, bei Gott, nur diese poetischen Dämmerungen, nur diese Aura ist »echt«. Es gibt dort einen großen Obstgarten, der heute noch, allerdings mit Ach und Krach, ein paar Äpfel trägt. Das ist unmittelbar am Rand des Wolski-Waldes, in der hügeligen Landschaft bei Krakau. Dort wurde dieser Roman geboren.

B: Wie gestaltete sich das Schicksal dieses ersten Romans? Er wurde immerhin mit beträchtlicher Verspätung publiziert und obendrein als Teil eines größeren Romanzyklus.

L: Als das Manuskript fertig war, brachte ich es zum Verlag Gebethner und Wolff, der sich damals auf dem Krakauer Marktplatz befand. Es erweckte einiges Interesse bei ihm, aber gerade damals wurde der Verlag von den Behörden geschlossen, und die Konkursmasse wurde, zusammen mit meinem Manuskript, nach Warschau überführt. Und nun begannen Jahre, die alles andere als amüsant waren. In dieser Zeit reiste ich alle paar Wochen mit dem Nachtzug nach Warschau, in der billigsten Klasse – denn ich war damals arm –, zu nicht enden wollenden Konferenzen mit dem Verlag »Książka i Wiedza«; dort wurde das »Hospital der Verklärung« in die Mangel genommen, mit verschiedenen Zusätzen angereichert, von einigen im Verlag erstellten Rezensionen angeprangert, die auf seine Dekadenz und seinen konterrevolutionären Charakter hinwiesen. Ein ganzer Berg Papier und eine Menge vergeudeter Zeit. Aber wenn man zwanzig Jahre alt ist und ein heiteres Gemüt hat, kann man viel aushalten. Man redete mir zu, hier müsse etwas umgearbeitet, dort etwas hinzugefügt, dort wieder etwas gestrichen werden, usw. Man machte mir Hoffnungen, so daß ich das Manuskript in einem fort umschrieb, immer wieder etwas änderte. Ich muß sagen: Obwohl ich die mühevolle Gewohnheit habe, ein Buch in mehreren Varianten zu schreiben, hat mich dennoch niemand je in einen solchen Zustand gebracht wie diese diversen Herren und Damen in jener Zeit, als ich in der Hoffnung, es doch zu retten, bis ins Unendliche schrieb und am Ende aus mir etwas herauspreßte, was ich gar nicht hatte schreiben wollen. Wissen Sie – das ist die Salami-Taktik! Wenn der Autor schon den zweiten Band geschrieben hat, wird er auch den dritten schreiben. Wenn er das Buch schon ein bißchen verdorben hat, wird man ihn dazu bringen, daß er es ganz verdirbt. Natürlich hat das alles nichts genützt; das Buch erschien erst dank dem Oktober 1956.*

B: Können Sie mir den Mechanismus des Auslaugens eines Autors durch die Stalinsche Obrigkeit etwas näher beschreiben? Sie sind mit einigen Worten darüber hinweggegangen – übrigens wie andere Schriftsteller auch, wenn sie etwas über ihr Schaffen in jenen Jahren sagen sollen. Das ist eine Gelegenheit, anderen, sich selbst und vielleicht sogar der Geschichte Gerechtigkeit widerfahren zu lassen.

L: Das Buch wanderte von einem Schreibtisch zum anderen, es hatte verschiedene Lektoren, die stundenlang meine Seele in die Mangel nahmen. Ich will die Namen der für diesen traurigen Prozeß Verantwortlichen hier nicht anführen, denn wahrscheinlich würden diese Spezialisten für ideologische Hobelarbeit sich heute selbst wundern, wie das möglich war. Ich habe unzählige Versionen des Romans geschrieben – eine schrecklicher als die andere. Da das »Hospital der Verklärung« für ideologisch verfehlt befunden wurde, preßte man aus mir weitere Teile heraus, um ein »Gleichgewicht der Komposition« herzustellen. Als ich nach Jahren diese Stöße von Manuskripten, an denen so viel herumgestrichen worden war, fand, warf ich das Ganze hinaus und verbrannte es. Ich will nicht sagen, daß es an Protokolle von Verhören erinnerte. Man konnte nicht herauslesen, was die Angeklagten Wirski oder Kuropieska** ausgesagt hatten – aber die »Melodie« war doch irgendwie ähnlich. Diese Erinnerungen erfüllen mich mit düsterer Abscheu. Außerdem hat zum Glück die gütige Zeit das schon aus meinem Gedächtnis gestrichen – denn dieser Reisen und Gespräche gab es unheimlich viele. Stellen Sie sich vor, von 1950 bis 1954 habe ich das immer

* Nach der Entstalinisierung und den Arbeiterunruhen in Posen – die Rückkehr Gomulkas an die Macht
** Angeklagte in fingierten Prozessen der Stalinzeit

wieder umgearbeitet und umgeändert, und immer noch war es nicht gut genug. Dasselbe machten übrigens meine Schriftstellerkollegen durch, vielleicht nicht immer auf diese Art und Weise, aber das war das allgemeine Schicksal. Als vor vielen Jahren der Verlag »Czytelnik« das Buch neu auflegen wollte, gab ich meine Einwilligung – aber nur für den ersten Teil, denn die weiteren Bände waren mir ja abgezwungen worden. In der Einleitung zu dieser Ausgabe, sie erschien in der Reihe »Nike«, habe ich geschrieben, daß dieses Buch nicht früher erscheinen konnte, weil es den Regeln des Sozrealismus nicht entsprach. Leider war das in der späten Gierek-Periode, und die Zensur strich diese Erklärung. Da ich gleichzeitig die ganze Version desselben Textes an einen westdeutschen Verlag* geschickt hatte, der ihn als »Das Hospital der Verklärung« herausgab, und natürlich einige Monate früher, konnte der Eindruck entstehen, daß ich mich beim deutschen Publikum beklage. Ich mag solche Situationen gar nicht, denn ich habe eben eigenwillige Anschauungen darüber, was sich gehört und was sich nicht gehört. Wegen dieser Angelegenheit habe ich mich mit Michał Sprusiński zerstritten, der damals das Prosa-Ressort im »Czytelnik«-Verlag leitete; ich konnte doch keinen Brief veröffentlichen, der erklärt hätte, daß dies keine speziell für den deutschen Verleger geschriebene Einleitung sei, sondern identisch mit dem Text, der für die polnische Ausgabe bestimmt war. Das führte zu meinem etwas später erfolgten, aber völligen Bruch mit diesem Verlag. Übrigens geriet ich noch öfters in eine solche Lage, denn die Zensur befaßt sich nur mit dem, was in Polen geschieht, und wie ein Text, in Polen verstümmelt oder auch nicht verstümmelt, mit einem im Ausland veröffentlichten verglichen werden kann, das zieht die Zensur nicht in Betracht. So geschah es, daß ich mich nach manchen Äußerungen und Rezensionen in einer ziemlich dummen Lage befand – als ob ich mich beklagen würde.

Ich muß sagen, daß die Geschicke dieses Buches viel komplizierter waren, als ich es hier dargestellt habe, aber

---

* Insel Verlag, Frankfurt am Main

seither ist so viel Zeit vergangen, daß es unmöglich ist, das alles systematisch zu rekonstruieren. Da ich auf meinem Konto außer diesem Buch nichts aufzuweisen hatte und es noch immer nicht veröffentlicht war, wurde ich, bevor die »Astronauten« erschienen, einige Male aus dem Schriftstellerverband ausgeschlossen und dann wieder aufgenommen. Das war in der Stalinzeit, es war gefährlich, den Mitgliedsstempel im Personalausweis zu verlieren, denn das hieß ja, daß man ein verdächtiger, ein unsicherer Kantonist war.

Ich denke, daß ich, selbst wenn alles seinen normalen Lauf genommen hätte und meine Bücher in der Reihenfolge ihres tatsächlichen Entstehens erschienen wären – kaum jemals ein realistischer Schriftsteller geworden wäre. Ich bin durchaus nicht der Ansicht, daß es so gekommen wäre. Ich war einfach längere Zeit hindurch nicht fähig, »mich selbst« zu finden, ich wußte nicht, wo meine »stärkste Seite« lag. Ich hatte damals noch keine blasse Ahnung, wofür ich geschaffen bin. Diese klassizistischen, epigonenhaften Gedichte, nach Rilkes Vorbild, diese Prosastücke, die starkes Unbehagen weckten – es steckte einfach viel von einem Graphomanen in mir. So etwas kann sehr leicht passieren. Für viele Schriftsteller gibt es nur eine schmale Basis, auf der sie etwas Wertvolles schaffen können, aber wenn sie diese verlassen, verfallen sie gleich in Graphomanie. Später achtete ich schon sehr darauf, bei meinem »Emploi« zu bleiben, aber am Anfang wußte ich doch nicht, wie dieses »Emploi« beschaffen war. Das waren Jahre der Suche. Am »Hospital der Verklärung« hänge ich noch immer sehr und wundere mich selbst, wie dieses Buch aus mir »emporgeschossen« ist, da doch alles, was ich früher und auch einige Zeit später schrieb, unvergleichlich schwächer war. Schwächer, unecht, hochtrabend, fremd, gleichsam auf Stelzen. Ich verstand es damals einfach noch nicht, meine Stimme »einzustellen«, meinen eigenen Stil zu finden, ich wußte nicht, »wie man das macht« – ich wußte einfach gar nichts.

B: Wie kam es dann zur Entstehung der »Astronauten«, die zu Ihrem Erstling geworden sind? Tausende Meilen trennen doch dieses Buch von der Problematik des »Hospitals der Verklärung«.

L: 1950 begegnete ich im Ferienhaus des Schriftstellerverbandes in Zakopane einem beleibten Herrn, mit dem ich eine Bergwanderung zum Schwarzen Teich machte. Es war Jerzy Pański, Direktor des Verlags »Czytelnik«. Bei unseren Unterhaltungen in den Bergen kamen wir auch darauf zu sprechen, daß es in Polen keine phantastische Literatur gibt. Dabei erwähnte ich, daß ich – schon als kleiner Junge – eine Vorliebe für die Romane von Grabiński, Umiński, Verne und Wells entwickelte. Ich hatte das schon so oft gesagt, daß ich mir vielleicht ein Klischee schuf, aber etwas muß schon daran sein, denn er fragte mich, ob ich, im Falle eines Verlagsangebotes, bereit wäre, so etwas zu schreiben. Und ich – ohne überhaupt zu wissen, mit wem ich es zu tun hatte, er war für mich einfach ein beleibter Herr, der ebenso wie ich im »Astoria« herumlungerte – antwortete mit »ja«. Nach einiger Zeit erhielt ich dann zu meinem Erstaunen tatsächlich den Vertrag. Ohne noch zu wissen, was daraus werden sollte, entwarf ich den Titel »Die Astronauten« ... und schrieb das Buch in relativ kurzer Zeit. Und das war mein Debut.

B: Und dann kamen diese schrecklichen Rezensionen?

L: Besonders abfällig, geradezu vernichtend fiel das Duett von Greniewski und einer jungen Kritikerin aus, die von Frau Dąbrowska* als eine große Hoffnung der polnischen Prosa angesehen wurde ... Wie hieß sie doch nur?

B: Woźnicka? Der Sie dann geantwortet haben?

L: Ja. Ich habe mich dann nur noch einmal auf Polemiken eingelassen, was ich aus der späteren Perspektive als Unsinn erkannte. Dieses Mal wurde ich ideologisch vernichtet; immerhin wurde mir bei dieser Gelegenheit die Ehre zuteil, daß kein Geringerer als Antoni Słonimski** sich in den Streit einmischte, der sich über die von meinen Kritikern verkündete Idee, die Philosophie des Marxismus auf den ganzen Kosmos auszudehnen, auf eine diskrete Art lustig machte. Er schrieb das nicht direkt, aber aus dem, was er sagte, ergab sich klar: Würde man die Hypothese ernst

* Maria Dąbrowska, berühmte polnische Schriftstellerin
** Lyriker, Essayist, Kritiker, zeitweilig Vorsitzender des Schriftstellerverbandes

nehmen, daß der Klassenkampf überall gleich verlaufen muß, dann müßte, so wie auf allen anderen Planeten, eine KPV – eine Kommunistische Partei der Venus – entstehen, die sich jedem Versuch einer Invasion der Erde zu widersetzen hätte; somit könnte die von Lem in den »Astronauten« beschriebene Situation gar nicht eintreten. Er hat also meine Antagonisten sehr elegant verspottet. Damals – ich kann mich nicht mehr an das genaue Datum erinnern – wurde ich, knapp vor dem Erscheinen der »Astronauten«, aus dem Schriftstellerverband ausgeschlossen, aber nach einer Inspektionsreise Putraments* und seinem offenen Gespräch mit mir wurde ich wieder als Kandidat aufgenommen. Nachdem mein Buch erschienen war, schrieb ich, da ich nicht wußte, was ich weiter tun sollte, einen Band sehr schlechter Erzählungen unter dem Titel »Sesam«, in denen man zur Not recht schüchterne Ansätze der künftigen »Sterntagebücher« finden kann. Ich habe später niemals eine Neuauflage dieser Erzählungen zugelassen. Ich befand mich damals – wie jemand richtig bemerkte – an einem Scheideweg, ich wußte nicht, ob das eine leicht belletrisierte Popularisierung wissenschaftlicher Probleme oder eine streng auf wissenschaftlichen Konzeptionen aufgebaute Belletristik sein sollte. Dieser »Sesam« enthielt einige Erzählungen, die ihrem Geist und ihrer Poetik nach das weitestgehende Sozrealistische sind, das ich je geschrieben habe. Nicht deswegen, weil darin etwa Kulaken oder Agenten westlicher Nachrichtendienste vorkommen, sondern wegen der geradezu außergewöhnlich idyllischen Stimmung. Dort gibt es so eine Erzählung über zwei junge Wissenschaftler . . .

B: »Topolny« und »Donnerstag«?

L: Ja, das ist der ärgste sozrealistische Schund, den ich je geschrieben habe. Dort gibt es so ein polnisches Institut für Kernforschung, und darin herrscht eine honigsüße Atmosphäre . . . Ich erinnere mich nicht mehr an den Inhalt dieser Erzählung, sondern nur an die Aura, vor der mir graut. Und an diese abscheulich dekorative Aufmachung, die sich bei mir mit Lakritze assoziiert und starken Brechreiz erzeugt. Das

---

* Systemkonformer Schriftsteller; eine Zeitlang Vorsitzender des Schriftstellerverbandes, Mitglied des ZK der Partei

ist so schlecht, daß darüber überhaupt kein Wort zu verlieren ist.

B: Ich kenne etwas, das noch niederschmetternder ist, es heißt »Jacht Paradies« und ist mit dem Namen des von Ihnen erwähnten Herrn Hussarski und dem Ihren gezeichnet.

L: Sie haben diese Ungeheuerlichkeit gelesen? Das ist ein ganzes Kapitel eines Romans, und zwar ein ziemlich düsteres. Es gab damals einen Wettbewerb für ein Theaterstück, und durch Vermittlung des bereits erwähnten Pański wurde ich zur Teilnahme eingeladen. So habe ich mir diesen schrecklichen Stuß ausgedacht, es war eine unausgegorene Skizze, und da ich weder die Kraft noch die Lust noch die Fähigkeit hatte, das Stück allein zu schreiben, habe ich Roman Hussarski zur Mitarbeit überredet, und wir haben es dann gemeinsam geschrieben. Das Stück wurde einige Male in Oppeln, Łódź und Stettin gespielt. Ich habe noch ein paar Fotos davon. Alles in allem war das traurig und erbärmlich zugleich.

B: Aber mit welch enthusiastischen Kritiken wurde dieses Stück überschüttet! Ich habe einige mit unverhohlener Schadenfreude gelesen.

L: Das war nicht sehr edel von Ihnen (Lachen). Vom Handwerklichen her war es in jeder Hinsicht ein Greuel, obwohl es vor dem Hintergrund des begeisterten Gesangs fröhlicher Traktoristen, unter dem Taktschlag anderer Dramatiker aus den Kehlen der Schauspieler erklingend, weniger greulich erscheinen mag.

B: Wie haben diese Inszenierungen ausgesehen?

L: Die Hauptrolle des Liebhabers spielte kein Geringerer als Fetting. Es gab dort ein paar schöne Szenen, die als Anekdoten Erwähnung verdienen. Das Ganze spielt auf der Jacht eines amerikanischen Millionärs, der in Gesellschaft eines Atomphysikers und einer weiteren Person – ich weiß nicht mehr, in welchem Akt es war – unter den Strahlen einer schwelgenden Sonne sitzt. Das Deck betritt ein Neger, die Kräfte des Fortschritts und der Demokratie vertretend, der ein Tablett mit Zitrusfrüchten trägt – und da man damals in Polen solche Leckerbissen selbst mit einer Laterne nicht hätte finden können, waren diese Früchte aus Holz. Als der

Neger bei der Premiere das Deck betrat, stolperte er und die Früchte rollten wie Kegel mit Donnergetöse über die Bühne.

Es gab auch eine Szene, in welcher der den Physiker darstellende Opalinski, dessen Schädel schon damals kahl war wie eine Billardkugel, die Bühne betrat. Man hatte ihm einen schönen, kunstvollen Schopf aufgesetzt. Als er auf dem Fallreep hinaufstieg, blieb seine Perücke an der Rahe hängen, von der sie wunderschön herabbaumelte, aber es gelang ihm, sie zu packen und sich wieder aufzustülpen. Auf ungefähr solchem Niveau spielte sich das Ganze ab. Als Autoren mußten Roman und ich dabeisein, und ich muß sagen, daß ich echtes Schamgefühl empfand. Wie zum Trotz erschien das Stück später im »Czytelnik«-Verlag in Buchform. Ich war so wütend, daß ich das Büchlein hinauswarf, was sich zweifellos nicht geziemt. Das heißt nicht, daß ich es nicht mehr habe, aber ich habe es so sorgfältig versteckt wie jemand, der die Spuren eines vor langer Zeit begangenen Verbrechens verwischt. Glücklicherweise habe ich niemals mehr etwas Derartiges verbrochen, denn damals war ich auf den tiefsten Grund hinabgesunken.

Das einzige, was ich dabei gewonnen habe, war, daß ich das Theatermilieu ein wenig kennenlernte. Da ich hier die Pflicht habe, nur die reine Wahrheit zu sagen, muß ich hinzufügen, daß der Beruf des Schauspielers für mich etwas Grauenhaftes ist. Ich hatte vor Schauspielern gewöhnlich mehr Angst als vor Wahnsinnigen, denn mit denen kann man noch irgendwie zurechtkommen, aber die Tatsache, daß jemand auf der Bühne etwas vorstellt, was er nicht ist, hielt ich für anormal. Ich sage das ziemlich brutal und primitiv, aber so ist es wirklich. Wahrscheinlich liegt das daran, daß ich selbst überhaupt unfähig bin, irgend etwas vorzuspiegeln – also fällt es mir schwer, mir vorzustellen, daß jemand ein Schauspieler sein kann. Ja, das war für mich ein sehr sonderbares Milieu. Die Gelegenheit, es aus der Nähe kennenzulernen – das war der einzige Nutzen, den dieses Stück mir eintrug.

B: Wenn man den Band »Eintritt in die Umlaufbahn« durchblättert, kann man darin Elemente der Publizistik, die

Sie in jenen Jahren betrieben haben, finden. Könnten Sie dieser Frage einige Worte widmen?

L: In jener Zeit konnte ich nicht mehr für den »Tygodnik Powszechny« schreiben, weil er *de facto* zu existieren aufgehört hatte, nur die Haut war übriggeblieben, das Innere hatten die dort hausenden Wölfe gefressen. Man überredete mich damals, für die »Nowa Kultura«, die aus der Verschmelzung von »Odrodzenie« und »Kuźnica« entstanden war, Feuilletons zu schreiben. Einige Zeit tat ich das, habe aber nichts Nennenswertes geleistet, nur Ärger einstecken müssen, weil Putrament in meine Artikel schöpferische Änderungen einführte, indem er Redewendungen wie zum Beispiel »Wie Malenkow ganz richtig gesagt hat...« hineinschrieb. Von irgendwelchen Dementis konnte nicht die Rede sein, also ließ ich es nach einiger Zeit bleiben. Dann passierte eine merkwürdige Geschichte nach meinem Artikel über den Phenolgehalt im Wasser. In Krakau bildeten sich damals auf den Straßen lange Schlangen vor den Straßenbrunnen, weil der Phenolgeschmack im Leitungswasser so stark war, daß man es kaum aushalten konnte. In den Krankenhäusern riet man davon ab, dieses Wasser zu trinken, aber in Krakau konfiszierte die Zensur alles, was über dieses Wasser geschrieben wurde. Nach Veröffentlichung meines Textes in der »Nowa Kultura« gab es einen Riesenkrach – auf lokaler Ebene und in Warschau. Ich gehöre nicht zu jenen Schriftstellern, die so in das eigene Wort verliebt sind, daß sie so etwas sammeln, also kann ich Ihnen nicht einmal sagen, in welchem Jahr das war. Ich gab mich ein wenig mit Publizistik ab – und hier war einer der wenigen Fälle, wo ein Artikel ein gewisses Aufsehen erregte und nach einiger Zeit zu realen Ergebnissen führte. Ich schrieb auch manchmal für die Wochenbeilage der »Gazeta Krakowska«, die den Titel »Ereignisse« führte und meine kleinen Feuilletons druckte. Einen minimalen Teil davon habe ich in dem Band »Eintritt in die Umlaufbahn« veröffentlicht, der eine niedrige Auflage hatte. Ich kann mich nicht erinnern, was ich in jener Zeit an Interessantem noch gemacht haben mag.

B: Und wie sah in jener Zeit Ihr »Familienhintergrund« aus, den wir irgendwann um das Jahr 1945 verlassen haben?

L: Ich nahm damals schon eindeutig Kurs auf die Literatur, also grämten sich meine Eltern sehr, besonders mein Vater, der nicht die geringsten Illusionen in bezug auf das System hegte, in dem wir lebten. Seinen Kummer vergrößerte noch die Tatsache, daß ich eigentlich keinen richtigen Beruf hatte. Zur Zeit der österreichischen Monarchie, als mein Vater studierte, war auch er dem Zauber der Literatur verfallen – er schrieb Gedichte, Erzählungen, unterließ es, seine Examen abzulegen. Damals ließ ihn der Vater meines Vaters, also mein Großvater, zu sich kommen, hielt ihm vor, daß er schon das zehnte Jahr ohne Ergebnisse studierte, und sagte, wenn er mit dem von ihm gewählten Beruf noch etwas zu tun haben wolle, müsse er die restlichen Prüfungen ablegen. So geschah es auch. Dann wurde mein Vater Arzt, es kam der Weltkrieg, und damit hatte es sich. Mein Vater wußte also sehr gut, wie leicht es ist, vom richtigen Weg abzuweichen, und wollte, daß ich – wie es meine Mutter ausdrückte – einen Posten habe. Aber allzusehr drang er nicht in mich. Über seine alten Lemberger Bekanntschaften versuchte er sogar, mir zum Erscheinen des steckengebliebenen »Hospitals der Verklärung« zu verhelfen. Ich erinnere mich, wie er sich, als einer seiner Bekannten, der, glaube ich, in der Zweigstelle des Warschauer »Czytelnik« arbeitete, nach Krakau kam, zu einem Gespräch mit ihm begab. Wir gingen zusammen hin, aber dann betrat mein Vater allein das Haus, wobei ich eine Stunde auf der Straße auf und ab ging, während sie sich über die Möglichkeit der Herausgabe dieses unglückseligen Buches unterhielten. Mein Vater hatte übrigens eine gute Meinung von diesem Buch, eine viel bessere als von den »Astronauten«. Er kam in sehr düsterer Stimmung heraus, weil sein Freund ihm klargemacht hatte, daß diese Betonmauer nicht durchbrochen werden konnte. Es war meinem Vater nicht vergönnt, das »Hospital der Verklärung« gedruckt zu sehen, er starb vor dem »Tauwetter«, erlebte also nur noch den »Sesam« und die »Astronauten«. Aber ich hatte schon einen gewissen Ruf, dank dem man in Krakau stets drei Namen in einem Atemzug anführte: Meissner, Lem, Bunsch.

B: In Ihrem Bericht fehlt mir Ihre Frau, die irgendwann um diese Zeit aufgetaucht sein muß.

L: Ich lernte sie um 1950 kennen und nach zwei, drei Jahren Belagerung willigte sie ein, meine Frau zu werden – eben im Jahre 1953. Wir hatten damals keine Wohnung, denn ich lebte in dem kleinen Zimmerchen mit Mauerschwamm, meine Frau hingegen, die damals vor dem Abschluß ihres Medizinstudiums stand, wohnte mit ihrer Schwester zusammen in der Sary-Straße; also wurde ich eine Art Pendlergatte. Ich fuhr natürlich mit der Straßenbahn, denn ich lebte die ganze Zeit äußerst bescheiden, und ich erinnere mich noch heute an den Tag, als ich mir den Luxus leistete, sie mit einem Taxi nach Hause zu bringen, was damals fast als finanzielle Ausschweifung erschien. Nach dem Tode meines Vaters tauschten wir gemeinsam mit der Familie, die mit uns zusammen in der Śląska-Straße gewohnt hatte, die Wohnung gegen eine größere, aus drei Zimmern bestehende, in der Bonarowska-Straße 5/4. Zu dritt, zusammen mit meiner Mutter, wohnten wir in zwei Zimmern (meine Mutter hatte ein Durchgangszimmer). Unter solchen Bedingungen schrieb ich »Gast im Weltraum«, und da ich das noch in der Zeit begonnen hatte, als ich in die Sary-Straße pendelte, entstand ein Teil in der Straßenbahn. Dieses Buch weckt heute meinen besonderen Widerwillen. Wie ich nach Jahren erfuhr, mißfiel es auch meiner Frau entschieden, aber zurückhaltend, wie sie ist, behielt sie ihre Beurteilung für sich, da sie sah, wie sehr ich mich in diese Arbeit hineinkniete. Nichtsdestoweniger war ich damals sehr zufrieden mit mir. Bald aber kam die kalte Dusche, denn nun begann der Kampf um die Herausgabe des Romans, der etwa anderthalb Jahre dauerte, denn Ignacy Zlotowski, ein Chemiker, der für den Verlag »Iskry« Gutachten schrieb, zieh mich in seiner Rezension der »ideologischen Konterbande«, weil ich die feindliche bürgerliche Kybernetik in »Mechaneuristik« umbenannt hatte. Er entdeckte übrigens noch andere Fehler und Entstellungen bei mir. Schließlich gelang es doch, das Buch herauszugeben, dank der Hilfe eines meiner Freunde, des damals jungen Juristen Dr. Jerzy Wróblewski (heute Dekan der juristischen Fakultät in Łódź), der zu einer großen, meinem »Gast im Weltraum« gewidmeten, vom »Iskry«-Verlag organisierten Tagung fuhr und als Theoretiker der Rechtswissenschaft nachwies, daß es ein durchaus harmloses Werk war. Nebenbei, mit diesem Verlag verbinden sich für mich die schlimmsten Erinnerungen, insbesondere was die Zusammenarbeit mit Herrn Jerzy Wittlin betrifft, dem Autor zahlreicher miserabler humoristischer Texte. Ich weiß nicht recht, warum. Vielleicht war es die Atmosphäre, vielleicht waren es diese fortwährenden Bahnreisen, vielleicht diese unablässigen Versuche, mich zu manipulieren? Wahrscheinlich haben sich gerade damals in mir so viele Ressentiments im Zusammenhang mit diesen Warschaureisen angesammelt, daß ich, soweit ich es mir leisten kann, überhaupt nicht mehr in diese Hauptstadt fahre. Ich würde mich sonst wie einen Pawlowschen Hund betrachten, der, sooft er Brot sah, gleichzeitig einen Hieb auf den Kopf bekam, so daß sich bei ihm ein schwer zu kontrollierender bedingter Reflex herausbildete.

Das waren sehr uninteressante Jahre. Gewöhnlich fuhr ich mit meiner Frau im Winter für einen Monat nach Zakopane zum Skilaufen. Im Sommer, im Juni, reiste ich – wegen meines Heuschnupfens, gegen den es damals noch kein Heilmittel gab – für 5–6 Wochen nach Zakopane in das Ferienheim des Schriftstellerverbandes und schrieb dort wie verrückt. Während einer solchen Eineinhalb-Monate-»Séance« entstand »Solaris«. Mit der gleichen Methode habe ich noch einige andere Bücher geschrieben. Sonst spielte sich nicht viel ab. Meine Frau arbeitete in einem Röntgeninstitut als Radiologin, und ich war eben ein gewöhnliches Mitglied des Schriftstellerverbandes. Heute kann ich das alles kaum noch rekonstruieren, und schon gar nicht chronologisch genau. Zur Not erinnere ich mich an das Kolorit jener Zeit, aber das alles erscheint mir doch eher wie ein abbröckelndes Fresko oder ein Mosaik. Ich will nur noch erwähnen, da Sie mich nach meiner Frau gefragt haben, daß ich es ihr zu verdanken habe, daß wir in der Zeit, als wir auf der Bonarowska wohnten, nach Jugoslawien zu fahren begannen. Sie wollte die Welt kennenlernen, also trieb sie mich förmlich aus unserer Wohnung in Krakau heraus – und so haben wir in jenen Jahren wohl ganz Jugoslawien bereist. Meine Frau führte Tagebücher über diese Reisen. Sie sind sehr komisch; und wenn wir sie heute manchmal lesen, platzen wir vor

Lachen. Wir lebten damals im äußersten Elend, denn die Honorare reichten höchstens für Salat und Rettich, also gab es eine Menge komischer Situationen. Die erste »wirkliche Reise nach dem Westen« machten wir, soweit ich mich erinnere, 1955 – auf dem ausgedienten Eimer »Mazowsze«, wo sich die Blüte der damaligen Volksrepublik versammelt hatte.

B: Und wie sahen Ihre ersten Übersetzungs-»Reisen« ins Ausland aus? Die ersten Übersetzungen entfallen ja auch auf diese Jahre?

L: Das erste Buch, das 1954 im Ausland erschien, waren die »Astronauten«, die unter dem Titel »Der Planet des Todes« bei Volk und Welt in der DDR herausgegeben wurden. Diesem Verlag bin ich übrigens aus sentimentalen Gründen bis jetzt treu geblieben. Dann gab es sowjetische Ausgaben, nur daß die Übersetzungen sehr lange dauerten, weil man mich nötigte, hunderttausend Änderungen durchzuführen. In jenen Jahren schien sogar so ein Saccharinbonbon wie die »Astronauten« ungeheuer gefährlich. Ich war sehr starrköpfig, ich wollte nicht einmal ein Komma ändern, also erfuhr ich, daß das Buch überhaupt nicht erscheinen wird. Dann eben nicht, dachte ich mir. Und nach einem Jahr kam das Buch – ohne eine einzige Änderung – heraus. Nach allen Erfahrungen mit dem »Hospital der Verklärung« und den mir aufgezwungenen weiteren Bänden bin ich störrisch geworden wie ein alter Esel. Dieses ganze Hin und Her, den Eintritt in die politische Eiszeit und dann das Wiederheraustreten aus ihr, habe ich sehr schmerzlich an meinem eigenen Leib erfahren. Also beschloß ich, mich nicht mehr »von außen steuern« zu lassen, mich an meinen eigenen Kompaß zu halten und mich durch nichts anfechten zu lassen. Wie sich zeigte, bin ich damit nicht schlecht gefahren.

Ich erinnere mich an meine ersten Reisen in dieser Zeit mit Schriftstellerdelegationen in die DDR, später nach Prag und in die Sowjetunion, wo man mich nahezu auf Händen trug. Damal beschloß auch der deutsche Regisseur Kurt Mätzig einen Film auf der Grundlage der »Astronauten« in Koproduktion mit Polski-Film zu drehen. Das kostete mich eine Menge Zeit, denn ich mußte viele Male nach Berlin reisen, wo ich oft Krach schlug, denn der Film war weitaus schlechter, als sich Menschenverstand das auch nur vorstellen kann. Ich will Ihnen nichts vorschwindeln, aber mir scheint, daß man in Holland, in irgendeinem kommunistischen Verlag »De dreigende Planet« herausgebracht hat. Später auch noch irgendwo anders, aber das war bedeutungslos, denn es erschien in einer Auflage von nur 500 Exemplaren. Es gab auch eine italienische Übersetzung der »Astronauten« – »Pianeta Morto«, sowie »Gli esploratori del astro ignoto« – also einfach »Eden«. Selbstverständlich ein totaler Flop, denn niemand wollte es kaufen. Sehen Sie, ich kam durch zwei Eingänge auf den ausländischen Büchermarkt – es erging mir ebenso wie Mrożek, der einmal das Theater durch den Hintereingang betrat und dann durch den Haupteingang. Die ersten Ausgaben blieben ohne Echo und die späteren – obwohl dieselben Bücher und dieselben Übersetzungen – brachten den Verlegern Riesengewinne ein, und die Auflagen vermehrten sich wie die Kaninchen. Übrigens eine für den Westen ziemlich typische Erscheinung. Jetzt muß ich Ihnen aber sagen, daß ich beim besten Willen nicht imstande bin, mich an die Chronologie der Ereignisse zu halten. Bitte – ändern Sie die allgemeine Strategie unseres Gesprächs.

B: Ich hatte vor, es erst nach der Besprechung der Oktoberwende zu tun. Ich muß Sie noch eine Weile quälen. Wann haben Sie die ersten linden Lüfte des Tauwetters gespürt?

L: Wahrscheinlich zwischen 1953 und 1954. Ich erinnere mich, daß ich zur Zeit von Stalins Begräbnis in Zakopane war. Als ich auf den Skiern vom Kasprowy abfuhr, heulten in der Stadt die Sirenen. Vorher gab es schon im Schriftstellerheim – im »Astoria« – ideologische Auseinandersetzungen, ob es angebracht sei, in so einem historischen Moment auf den Kasprowy zu fahren; aber wir hatten schon die Platzkarten für die Seilbahn, und es hätte uns leid getan, sie nicht zu benützen. Der Rest der Erinnerungen verschwimmt irgendwo im Dunkel.

B: Wie man auch rechnen mag, es läuft darauf hinaus, daß Sie die »Dialoge«, also das Buch, das eine besonders scharfe Exegese des zentralistischen gesellschaftlich-politischen Systems vornimmt, noch in der Dunkelheit der sozrealistischen Nacht geschrieben haben. Es ist dies eine der vernichtendsten und präzisesten Systemanalysen, die bei uns entstanden sind. Auf welches Wunder hofften Sie damals?

L: Ich kann mich nicht im mindesten daran erinnern, wie dieses Buch meinem Kopf entsprungen ist. Das heißt – ich weiß nicht, was sich in mir angesammelt hatte, daß ich in dieses Buch meine besten Erkenntnisse über das Funktionieren dieses Systems einbrachte. Ich kann mich auch deswegen nicht erinnern, weil ein Buch gewöhnlich die Spuren seines Entstehens verwischt, so daß zuletzt bloß der Text in der Hand bleibt. Und weil ich außerdem die wohltuende, aus pragmatischen Notwendigkeiten erwachsende Gewohnheit hatte, alle Manuskripte, Notizen und Konzepte zu vernichten – ist also alles sorgsam weggewischt. Ich weiß nur, daß dies meine eigenen hausgemachten Einfälle waren, die ich sorgfältig in die kybernetische Sprache übersetzte, was zweifellos nützlich war.

B: Die Frage, die von den Generationen, welche den Sozrealismus nicht aus eigener Erfahrung kennen, den Schriftstellern, die ihn erduldet und manchmal sogar mitgestaltet haben, am häufigsten gestellt wird, bezieht sich auf die Motive ihrer Teilnahme an dieser degenerativen literarischen Konzeption, darauf, was sie bewogen hat, Romane, Gedichte, Artikel und Skizzen zu schreiben, die sie später unter dem Sofa und in alten Schränken verbergen mußten. Wie denken Sie darüber?

L: Ich erinnere mich, wie ich in den frühen sechziger Jahren an einem trüben und regnerischen Tag im »Astoria« in Zakopane einen Jahrgang der »Twórczość« aus den fünfziger Jahren in die Hand nahm – weil es in der Bibliothek nichts anderes zu lesen gab – und mich ein Gefühl ergriff, als würde mir jemand mit einem Stock auf den Schädel schlagen. Was haben damals die Ważyks und Jastruns* nicht alles geschrieben . . .! Und es schrieben doch auch andere Schriftsteller, die heute sehr prominent sind. Alle diese Texte, die ich dort gefunden habe, zeichnen sich durch den höchsten Grad an

---

* Zwei berühmte polnische Dichter

Unlesbarkeit aus, den man sich nur vorstellen kann. Das war jene Art mathematischer Abhandlung, wo am Anfang $0=0$ steht, dann eine Menge Stroh gedroschen wird, und am Ende steht wieder $0=0$. Das Ganze ist nichtssagend. Diese kollektive Verwirrung war für mich faszinierend. Es ist verständlich, daß unproduktive und drittklassige Köpfe sich in den Dienst der Machthaber begeben, denn sie verfügen nicht über Eigenes, aber wie konnten Dichter wie Ważyk und Jastrun, die doch bereits ein eigenes Profil von hohem Rang hatten, so weit gehen in ihrer Selbstkastrierung. Das ist schon sehr merkwürdig. Und das Interessanteste – bei bestem Willen ist keiner imstande, dies der nachfolgenden Generation zu erklären. Ich glaube, Sandauer hat einmal gesagt, daß die Tradition der polnischen Literatur – der Nation zu dienen –, diese Tradition der funktionellen Rolle der Literatur, der Bewahrung des Feuers am Altar des Patriotismus, im hohen Grade dazu beigetragen hat, daß wir den Sozrealismus akzeptiert haben. Selbst hervorragende Männer, wie mein Freund Jan Józef Szczepański, sind darauf hereingefallen. Vielleicht war es auch das Unbehagen des polnischen Intellektuellen, in dem die Erinnerung an die Zweite Republik noch wach war und der glaubte, er müsse etwas abbüßen. Besonders, da das System vielerlei Gelegenheiten zu solcher Buße bot – die doch nur Vorspiel zum Glaubenswechsel und zur totalen Bekehrung sein sollte.

B: Wie bewerten Sie die ganze Periode Ihrer intellektuellen und schriftstellerischen Entwicklung – in all diesen Jahren, über die wir gesprochen haben? Nach dem Oktober waren Sie ja schon ein reifer Schriftsteller, mit einem gewissen Ansehen und praktisch nicht mehr anfällig für politisch-gesellschaftliche oder – drücken wir es etwas gehobener aus – für historische Schwankungen.

L: Unter diesem Aspekt sehe ich jene Jahre als meine Reifeperiode an. Man könnte die akademische Frage stellen, was geschehen wäre, hätte Gebethner 1948 mein »Hospital der Verklärung« herausgebracht und wäre ich nicht gezwungen gewesen, die zwei weiteren Bände zu schreiben, oder hätte ich im »Tygodnik Powszechny« ruhig weiterschreiben dürfen. Ich glaube, daß ich mich in jedem Fall in Richtung jener Gattung entwickelt hätte, die ich heute vertrete. Als Dichter war ich eine Null. Ich schrieb lange Zeit hindurch sehr schlechte Sachen. Und ich habe doch noch vor den »Astronauten« etwas geschrieben, von dem kaum jemand etwas weiß: den »Mann vom Mars« – und zwar deshalb, weil ich ihn für mich selbst schrieb. Es gab also eine Triebkraft, die mir gebot, mich gerade in dieser Richtung zu entwickeln. Inwieweit sind das verlorene Jahre? Zunächst kam Hitler, der mir fünf Jahre gestohlen hat, ein paar weitere verdarb mir die Volksrepublik; und obwohl meine Entwicklung sich ziemlich langsam vollzog, hat sich das auf mich nicht allzu günstig ausgewirkt. Andererseits jedoch wurde für mich die Summe der durch mein anscheinend überflüssig absolviertes Medizinstudium, die entsetzlichen Erlebnisse der Besatzungszeit, schließlich auch der Stalin-Ära paradoxerweise zu etwas Kostbarem. Es ist mein Hintergrund, mein Erfahrungsschatz, der niemals seinen Wert verliert. Ich weiß überhaupt nicht, ob es irgendeine Art von Lebenserfahrung gibt, von der man sagen kann, sie wäre zu nichts gut. Erfahrung ist immer auf irgendeine Weise – wenn auch nur geringfügig – von Nutzen. Vielleicht, weil sie die Struktur der Persönlichkeit gestaltet...? Ich weiß nicht, man könnte hier mancherlei Hypothesen aufstellen. Jedenfalls ist es keine verlorene Zeit – eben so, wie es der Titel eines meiner Bücher besagt.

B: Als Sie über Ihre Entwicklung sprachen, haben Sie eine Formulierung gebraucht, die auf Ihre Überzeugung von der »eigenen Bestimmung« hinzuweisen scheint, auf Ihre Ansicht, Sie wären sozusagen von vornherein zu dieser Art der Literatur »verurteilt« gewesen, die Sie betreiben – so als wäre in Ihnen der paradigmatische Keim, aus dem das weitere wachsen mußte, tatsächlich weiter gewachsen. Für einen Schriftsteller, in dessen Erwägungen die Kategorien des Zufalls, der Stochastik und des Probabilismus eine große Rolle spielen, ist dies eine ziemlich sonderbare Überzeugung. Die Linie des »Hospital der Verklärung« und der »Nicht verlorenen Zeit« ist ja nur *eine* Richtung, die allenfalls ihre Ergänzung im »Hohen Schloß« findet; die Linie von »Astronauten« und »Gast im Weltraum« – das ist der zweite Weg der Entwicklungsmöglichkeiten; »Sesam« der dritte, in den späteren Jahren übrigens den meisten Änderungen unterworfen. Die »Dialoge« wiederum – der vierte. Drei dieser Richtungen beginnen in den späteren Jahren sich zu verzahnen, sie durchdringen, ergänzen einander – aber die erste verliert sich, denn es ist ja schwierig, im »Hohen Schloß« etwas anderes zu sehen als einen den Kindheitsressentiments erwiesenen Tribut. Woher also die Überzeugung von der Vorausbestimmung Ihres schriftstellerischen Weges? Ebenso hätten Sie ja auch den ersten Weg weitergehen können.

L: Zu diesem Thema habe ich mir folgende Theorie erarbeitet. In der Biologie gibt es zwei Theorien über die Erblichkeit – die erste, die Präformationstheorie, die sich aus dem 19. Jahrhundert in das 20. Jahrhundert hinüberzog, und die zweite, die epigenetische. Die Präformisten behaupteten, daß sich im befruchteten Ei – wenn es ein menschliches ist – ein winziges Menschlein befinde, in einem Froschei – ein winziges Fröschlein usw. Sie behaupteten, alles wäre so sehr präformiert, daß sich in diesem Menschlein oder in diesem Fröschlein (das heißt in ihren Keimdrüsen) schon das nächste Menschlein oder Fröschlein befindet, und so bis ins Unendliche. Alles beruht dann ausschließlich auf Entwicklung. Die Epigenetiker dagegen behaupteten, es sei überhaupt nicht so, es gebe nichts außer jenen unergründlichen Kräften, welche die Ontogenese herbeiführen. Früher einmal schien diese Dichotomie präzise und unvermeidbar. Heute wissen wir, daß beide nicht recht hatten, denn es kam noch etwas Drittes hinzu. Ich berufe mich auf dieses Beispiel nur, um es als Paradigma zwecks Darstellung meines schriftstellerischen Weges zu benützen. Ich hatte z. B. immer den Eindruck, daß Gombrowicz ein typisches Produkt des Präformismus ist. Im »Bakakaj« sind alle seine späteren Bücher enthalten. Dasselbe kann man wohl auch von »Ferdydurke« sagen – es sind beides Werke auf allerhöchstem Niveau. Man könnte allenfalls darüber streiten, ob der »Kosmos« an dieses Niveau heranreicht. Wenn Sie sich diese Skizzen ansehen, die in den »Varia« abgedruckt sind, also die Rezensionen, die er vor dem Krieg für den »Kurier Poranny« und andere Zeitschriften schrieb, dann werden Sie dort erstaunliche Gedankenblitze und eine solche Kraft intellektuellen Scharfsinns entdekken, daß wir zu dem Schluß kommen, dies sei dieselbe Stimme, die wir aus den »Tagebüchern« kennen. In meiner Kindheit nahm man eine weiße Bohne, legte sie auf ein Stück nasse Gaze und beobachtete den Prozeß des Keimens. Nahm man den Keimling auseinander und betrachtete ihn durch ein Vergrößerungsglas, dann konnte man noch die zarten weißen Blätter und schon die fertige Bohne sehen. Alles wartete dort nur darauf, heranzuwachsen. So ist also Gombrowicz für mich wie die Leibnizsche Monade – als sei er eben präformiert gewesen. Es gibt jedoch Schriftsteller, bei denen nichts präformiert ist und alles erst gleichsam auf dem Weg der Epigenese entsteht. Mich würde ich zu derselben Gruppe zählen wie Gombrowicz, nur daß bei mir alles viel mehr von Zufällen gelenkt war. Er war schon »fertig« und wurde erst durch die »Fensterchen« in seinem Entwicklungsprozeß sichtbar, während bei mir alles, was ich anfangs machte, schlecht und unausgegoren ist. Ich hatte viele Eigenschaften, die für einen Graphomanen charakteristisch sind. Es ist doch schrecklich, wenn ein Mensch mit lückenhafter Bildung sich eine eigene Theorie der Evolution, der Entstehung des Kosmos usw. ausdenkt. Das ist doch entsetzlich – aber gerade damit habe ich mich damals beschäftigt. Vielleicht liest sich so etwas leicht und gut, doch es ist eine Literaturgattung, die mich heute anwidert und langweilt. Welche enormen Veränderungen mußten also in mir eintreten! Zweifellos schrieb ich mit der Zeit immer besser.

B: Hier scheint die Konzeption der Epigenese also doch auf Sie zuzutreffen.

L: Nicht ganz, ein Element der Zufälligkeit ist dennoch verblieben. Obwohl das alles vielleicht ein bißchen an den Haaren herbeigezogen ist. Ich weiß z. B. nicht, in welche dieser Schubladen man Miłosz stecken müßte.

B: Wollte man Fiut Glauben schenken, dann in die erste. In dem im »Życie Literackie« veröffentlichten Text hat er aus einem Jugendgedicht von Miłosz ein ganzes Vektorfeld seines gegenwärtigen Schaffens extrahiert.

L: Einverstanden – aber nur was seine Gedichte betrifft, denn wenn Sie sein »Gesicht der Zeit« lesen, finden

Sie in diesem Buch kaum den Menschen, der später das »Land Ulro« geschrieben hat.

B: Sie vergessen das Element des Zufalls, auf das Sie sich vorhin berufen haben – und außerdem kann man dieses ganze mystisch-eschatologische Netz ohne weiteres z. B. aus den »Drei Wintern« ableiten.

L: Weil er sein ganzes Ich vor allem in die Lyrik legte, nur dort sprach er mit voller Stimme. Bis heute betrachtet er seine Prosawerke als Gelegenheitsarbeiten. Es genügt festzustellen, daß wir auch hier eine große Dosis des präformierten Elements vorfinden. Mein frühes Schaffen ist auch irgendwie auf künftige Realisierungen ausgerichtet.

B: Soll ich daraus folgern, Ihre geistige und schriftstellerische Entwicklung sei ohne Sprünge verlaufen, es sei nicht vorgekommen, daß dieses System komplexer Auffassungen völlig zusammenbrach?

L: Das ist vorgekommen – natürlich! Aber es betraf vor allem meine gesellschaftlich-politischen Anschauungen. Das zeigt sich ja ganz deutlich in den schon erwähnten Büchern. Und noch etwas: Bücher schreibt man deshalb, weil einem das Schreiben leichtfällt – die Mehrzahl der Schriftsteller, das sind ja nicht Leute, die bei jedem Satz Blut schwitzen. Anfangs fiel mir das Schreiben ungemein leicht. Diese Gewandtheit und Leichtigkeit bewirkte, daß alles, was ich schrieb, sehr flach und oberflächlich war, daß ich mir auf sehr dumme und primitive Weise Vorbilder suchte, daß Persönlichkeiten, von denen ich weit entfernt war, meine stilistischen und literarischen Schutzherren wurden. Um nur Rilke und Saint-Exupéry zu nennen ...

B: Das sind doch keine schlechten Namen, keine schlechten Autoritäten ...

L: Wenn die Courts-Mahler sich Rilke zum Vorbild genommen hätte, wäre daraus ein schrecklicher, unverdaulicher Brei geworden. In der Kunst läßt sich nicht alles unter einen Hut bringen. Es gab also sprunghafte Wendepunkte ...
Im »Sesam« gibt es Fragmente, die bereits die »Sterntagebücher« ankündigen – ich denke hier an die Wendung zur Selbstironie in meinem Schaffen, daran, daß ich bewußt – um es wissenschaftlich auszudrücken – die Paradigmatik der

Science-fiction in Frage stellte. In den ersten Jahren meiner schriftstellerischen Arbeit erinnerte ich an den Ochsen vor dem Scheunentor, und dann mußte ich mich selbst in Frage stellen. Das war die allerrichtigste Revolte gegen mich selbst, denn zuerst muß man sich gegen sich selbst auflehnen, sich selbst in Zweifel stellen, nicht seine Meister; denn wenn jemand diese Meister falsch gewählt hat – heißt das, der Wählende selbst hat sich geirrt.

Was jedoch meine Auffassungen, die sogenannte Weltanschauung betrifft, so hat auch sie eine Entwicklung durchgemacht. Allerdings lag allen Elementen, aus denen ich bestehe, seit undenklichen Zeiten der Rationalist zugrunde – ich bin zutiefst Rationalist. Das ist die Basis. Grundlegend ist für mich auch die Überzeugung von der qualitativen Vielfalt des Evolutionsprozesses, dem wir das Denken schulden, dem ich wiederum die Faszination verdanke, die dieser Prozeß, der uns und das Leben schuf, auf mich ausübt; diese Überzeugung, die mir als Paradigma für unzählige humoristische und ernste Texte gedient hat – die ganze »Summa Technologiae« basiert ja auf dem Vergleich, auf der vergleichenden Forschung von biologischer Entwicklung und Entwicklung der Technik. Natürlich habe ich verschiedene Moden mitgemacht. Man kann ja nicht behaupten, daß es nur in der humanistischen Wissenschaft Moden gibt, daß sie in der Naturwissenschaft dagegen überhaupt nicht auftreten. So ist das nicht, das stimmt nicht – nur haben sie in der Naturwissenschaft einfach einen anderen Charakter. Moden vergehen, aber in der Naturwissenschaft reduziert sich das im Grunde darauf, daß sich die Schwerpunkte verlagern, daß man aufhört, in bezug auf die Möglichkeit der gegebenen Richtung enthusiastisch hoffnungsvoll zu sein. Zum Beispiel – die Kybernetik! Daß sie uns den Schlüssel in die Hand geben würde, um Zugang zu allem, was möglich und unmöglich ist, zu verschaffen. Die Kybernetik vergeht, aber es zeigt sich, daß sie zur Mutter der Informations-, der Entscheidungstheorie, der Theorie der linearen und der nichtlinearen Programmierung, der Informatik und Dutzender anderer neuer Disziplinen geworden ist. Und wenn dies noch dazu durch die technologische Entwicklung – in diesem Fall aufeinanderfolgende Generationen von Computern – erhärtet wird? Das ist also anders als bei den humanistischen Wissenschaften, wo etwas fast bei Null beginnt und dann wieder auf Null zurückfällt; nur daß die Fachleute darüber nicht sprechen, so wie man im Haus des Gehenkten nicht vom Strick spricht. Das ist der Stützpfeiler meiner Stabilität – daß ich ein getreuer Schüler der Naturwissenschaft im weitesten Sinne war.

B: Ich kann mir denken, daß Ihre medizinische Ausbildung beträchtlichen Anteil daran gehabt haben muß. Existieren Ihrer Meinung nach literarische Konsequenzen dieser Tatsache?

L: Jetzt nicht mehr, aber in meinen jungen Jahren war sie für mich die Eintrittskarte in alle biologischen Wissensgebiete, die für meine Weltanschauung sowie für die Hauptrichtung meiner geistigen Entwicklung entscheidend waren. Meine Ontologie, meine Weltanschauung sind damit sehr stark verknüpft, denn ich habe doch die Evolution, deren ungewollte Kinder wir sind, zum Hauptobjekt meiner Leidenschaft, meiner Studien, meiner Verwunderung und meines Entsetzens gemacht. Ich bin überzeugt, daß genau das die Tür ist, durch die ich in meine wahre Welt eingetreten bin. Daher die ungeheuren Konsequenzen der von Ihnen erwähnten Tatsache – nicht nur die literarischen: Mein ganzes Denken wurde davon geprägt.

Ich muß noch hinzufügen, daß mich dabei in hohem Maße die generelle Übereinstimmung der Ergebnisse der Wissenschaft mit manchen meiner intuitiven Ideen sehr ermutigt hat. Kołakowski hat sich einmal, als er eine Rezension meiner »Summa« schrieb, über mich lustig gemacht; das wären bloß nette Märchen. Diese Grenzlinie zwischen Phantasie und wissenschaftlicher Realität hat sich seit der Veröffentlichung dieses Buches bedeutend verschoben. Viele Dinge, die damals bloß mein Wunschdenken waren, sind heute schon Tatsachen. Vielleicht gibt es nicht übermäßig zahlreiche Beispiele dafür, aber das Faktum, daß sie in so vielen Bereichen auftreten und daß dies auf einer so breiten Front in Übereinstimmung mit meinen Erwartungen geschah, hat mich in meiner Überzeugung bestärkt. Wichtig war für mich auch das Symposium an der »Freien Universität« in Westberlin, das ich in der Zeitschrift »Pismo« erwähnt habe: Dort hat sich erwiesen, daß viele meiner Ideen mit den Ansichten kompetenter Fachleute übereinstimmten, desgleichen, daß manche meiner Hypothesen, obwohl für sie inakzeptabel, mit solcher Aufmerksamkeit behandelt wurden, als hätte sie ein Fachmann aufgestellt. Das war für mich sehr erfreulich, denn ich muß – übrigens mit Bedauern – feststellen, daß mich die polnische Wissenschaft – mit Ausnahme jener kleinen Gruppe von Philosophen, die nach 1968 auseinandergejagt wurde – stets viel schlechter behandelte, als es die Schriftsteller und Kritiker taten. Ich habe von den führenden Köpfen der polnischen Wissenschaft niemals Gutes über mich sagen hören. Die Ausnahmen waren so rar, daß man sagen kann, sie bestätigen die Regel.

B: Zum ersten Hauptziel Ihrer Entwicklung wurde das Bestreben, maximale Kompetenz in den Grundbereichen der Naturwissenschaften zu erzielen. Die Hauptarbeit haben Sie wohl in jener Periode vollbracht, von der wir schon gesprochen haben. In den nachfolgenden Jahren haben Sie Ihre Kenntnisse ausgebaut und stabilisiert. Als Sie vor einigen Jahren den Preis der »Odra«* erhielten, schrieb ich: Dieser Schriftsteller durchackert wie ein intellektueller Bulldozer mit erstaunlicher Leichtigkeit und der Freiheit des Gelehrten alle möglichen Bereiche der menschlichen Erkenntnis. Heute verwundert es keinen mehr, daß Lem (oft in einem geschlossenen Kreis von Spezialisten) über Themen der Literaturgeschichte und -theorie, sprachwissenschaftliche, philosophische, psychologische, astronomische, ökonomische, mathematische und physikalische oder medizinische Probleme spricht; daß er über die Kybernetik, die Spieltheorie, die Logik, Statistik, Genetik und über Verbindungen zwischen den Galaxien schreibt; daß er sich mit Ästhetik, Geschichte, Theorie der Kultur, Futurologie, Soziologie, Informatik, Chemie und Kristallographie, mit den erotischen Sitten und der Osteologie, mit der Biologie und mit dem Verhalten von Polarforschern, mit Technologie und Politik, mit Metaphysik und Theologie, mit Psychotronik und Politik, Okkultismus und Computerisierung und Gott weiß womit noch beschäf-

---

* Literarische Monatsschrift, die in Breslau erscheint

tigt. – Bitte sagen Sie mir, auf welchen Wissensgebieten Sie sich souverän bewegen, wo Sie Ihre Ansichten mit der Kompetenz eines Spezialisten – das ist ein nicht besonders treffendes Wort – äußern können?

L: Das sind sehr schmeichelhafte und freundliche Worte, aber so gut ist das alles noch lange nicht. Es stimmt, ich finde mich im allgemeinen ganz gut zurecht, aber Spezialist bin ich auf keinem Gebiet. Man kann in einer oder in zwei Disziplinen sehr gut beschlagen sein, aber nicht in allen. Widmet man sich einem Wissensgebiet ganz, dann muß man auf eine Menge anderer verzichten. Ich kann mich nicht systematisch in einen Zweig der Wissenschaft hineinbohren, weil ich verschiedene Probleme an verschiedenen Fronten kennen muß. Ich bin dabei sehr unsystematisch, was sich z. B. herausstellt, wenn mein Sohn mir Fragen aus der Literaturgeschichte stellt. Was kann ich etwa über Szymonowicz sagen? Ich weiß, daß er existiert hat, und daß er »Die Schnitter« geschrieben hat, aber was weiter? Das erinnert mich an eine Anekdote über Einstein: Als man ihn fragte, mit welcher Geschwindigkeit sich der Schall in der Luft oder im Wasser verbreitet, antwortete er, er wisse es nicht, aber er wisse, in welchem Buch man das nachschlagen kann.

Ich würde sagen, daß meine rudimentären Kenntnisse keine chaotisch verstreuten Teilchen sind, sondern eher gerüstartige, kategorienmäßig organisierte Systeme von Wegen voller Löcher, die ich nach Belieben ausfüllen könnte. Das heißt – ich könnte ohne weiteres meine Kenntnisse in jenen Bereichen erweitern, in denen es notwendig wäre. Dies ist für mich um so leichter, als mir der Herrgott die Gabe geschenkt hat, bei Lektüre eines Sachbuches schon nach wenigen Seiten die intellektuelle Kapazität seines Autors schätzen zu können. Heute leben doch etwa 90 Prozent der Wissenschaftler, die es je auf dieser Erde gegeben hat. Deshalb ist auch der proportionale Zuwachs an genereller Dummheit und Inkompetenz gewaltig, und aus der Flut, unter diesen Himalajabergen von Büchern die Werke wirklich erstklassiger Köpfe herauszufinden, ist heute viel schwieriger als je zuvor. Davon abgesehen war es für mich immer schwierig, Zugang zu der Literatur zu erhalten, die mich interessierte; und deshalb hing es stets vom Zufall ab, ob ich die gewünschten Informationen erhielt.

B: Sie antworten bis jetzt nicht auf die Frage, in welchen Wissensbereichen Sie sich kompetent fühlen.

L: Vor allem kann ich sagen: Ich kenne mich nicht schlecht aus in Biologie, einschließlich der Medizin. Meine Kenntnisse sind jedoch ziemlich allgemein. Wenn Sie mich z. B. über die Systematik der Zoologie befragten, würde ich sehr bald an der Taxonomie scheitern, denn ich habe nicht alle Geißeltierchen und Wirbeltiere in Erinnerung. Aber in großen Umrissen weiß ich recht gut Bescheid. Ziemlich gut kenne ich mich in der Entwicklungsgeschichte der Natur aus, ich verstehe eine Menge von dem genetischen Code, von organischer und anorganischer Chemie und auch von Biochemie. Ich weiß viel über Physik, obwohl ich betonen muß, daß ich ihr Studium zu dem Zeitpunkt abgebrochen habe, als ihre Konzeptionen sich hermetisch abzuschließen und zu vermehren begannen und eine offene Reaktion der Physiker auf die »Unmenschlichkeit der Materie« einsetzte. Sie begriffen endlich, daß hier von Anschaulichkeit keine Rede mehr sein kann; auch war die Nomenklatur hier rein konventionell geworden. Da gibt es also keine Korpuskel, wohl aber farbige Quarks und verzauberte Quarks. Der Begriff »Quark« selbst stammt *nota bene* aus Joyces »Finnegans Wake«, vom Vogelgekrächz: Quark, Quark. Das ist natürlich Absicht, denn die Physiker wissen sehr wohl, daß im Rahmen unseres Sensoriums und in unserer Perzeption nichts diesen Qualitäten entspricht. Manche sind übrigens der Meinung, es habe schlechte Folgen gehabt, daß man früher von Molekülen oder Wellen gesprochen hat, denn damit wurden bestimmte perzeptorische Agglomerate assoziiert, die uns völlig aus dem Konzept bringen, da es sich weder um eine Welle noch um ein Molekül handelt. Aber es hat keinen Sinn, heute darüber zu jammern – das ist nun mal geschehen und bleibt irreversibel. Als dann diese generelle Wende erfolgte, habe ich auch auf meine systematische Pedanterie verzichtet. Auch die Mathematik, von der ich einiges verstehe, wurde mit der Zeit für mich immer unzugänglicher; außerdem kam es zu einer so starken Auswucherung von Theorien und Detaillierungen, daß sie unerfaßbar geworden waren und ich den Überblick verlieren mußte. Hätte ich sie alle studieren wollen, wäre ich »zugrunde gerichtet« worden. Nichtsdestoweniger versuche ich dies und jenes zu »erhaschen« und zu erfahren, was in der Physik und in der Mathematik vor sich geht, damit eine plötzliche und unerwartete Wendung der Dinge mich nicht aus der Bahn wirft.

Ich habe ziemlich viel über Kosmologie, Astrophysik, Astronomie und Planetologie gelesen. Was andere Wissenszweige betrifft – so kenne ich mich einigermaßen in der Kybernetik, der Informationstheorie, der Logik, der Entscheidungstheorie und in den verschiedenen wissenschaftlichen »Kindern« der Kybernetik aus. Aber seit etwa zehn Jahren habe ich aufgehört, mich systematisch weiterzubilden. Ich beschäftige mich gründlich mit Philosophie, aber daß es einen Feyerabend – also so etwas wie einen dadaistischen Anarchismus in der Erkenntnistheorie – gibt, mußte ich erst von kompetenten Bekannten erfahren, die mir von Zeit zu Zeit Bücher schicken. Das gilt ebenso für andere Wissenszweige – wie zum Beispiel die Psychiatrie, wo eine große Revolte, einem Erdbeben gleich, stattfand. Gut orientiert bin ich über die Literaturtheorie, aber bei ihrem Studium ging es mir ganz so wie beim Strukturalismus. Als ich anfing, die »Philosophie des Zufalls« zu schreiben, habe ich ungefähr ein Jahr lang die strukturalistischen Konzeptionen durchgeackert. In meiner Naivität habe ich den alten Strukturalisten der Prager Schule weniger Beachtung geschenkt; ich las die allerneuesten. Nun – es zeigte sich, daß die Prager strukturalistische Schule eine etwas andere Richtung verfolgte und eine etwas andere Terminologie anwendete, wovon ich wirklich kaum eine blasse Ahnung hatte – was man mir in der Diskussion im Polnischen Institut für Literatur vorwarf –, weil ich sie, vielleicht mit Ausnahme von Jakobson, nur flüchtig gestreift hatte. Später habe ich übrigens den Großteil dieser Dinge vergessen. Heute kann ich mich kaum an ein Zehntel jener Weisheiten erinnern, mit denen ich mir damals den Kopf vollstopfte. Glücklicherweise habe ich das erfreuliche Talent, leicht zu vergessen.

B: Wieso ist denn das ein Glück?

L: Ja, wenn ich meinen armen Kopf für alle Zeiten mit allen diesen Kenntnissen vollgestopft hätte, dann wäre er doch vollkommen blockiert und ich könnte ihm nichts Neues, Wichtigeres zuführen. Die nützliche und unentbehrliche Selektionsfähigkeit meiner Gehirnsubstanz beruht darauf, daß ich Dinge, die mir wichtig erscheinen, leichter im Gedächtnis behalte als jene, die ich nur im Augenblick für meine Weiterbildung brauche. Das ist ganz so wie bei einem Studenten, der wie ein Jongleur eine Pyramide verschiedenster Dinge auf seinem Kopf auftürmt, sie aber nur bis zum Rand der Manege – in diesem Fall zum Prüfungstisch – bringen muß. Danach kann er das Ganze umstürzen und von sich abschütteln. Genauso geht es mir: es bloß bis zum Buch zu bringen, es dort zu verwerten und dann abzuwerfen – hauptsächlich all das, was mir von Grund auf zweifelhaft erscheint, wie der ganze literaturwissenschaftliche Strukturalismus.

Sehr viele Bücher bereiten mir einfach Vergnügen. Ich habe es gern, etwas über Ethnologie oder die Theorie der »schwarzen Löcher« in der Astrophysik zu lesen. Ich mag Philosophen wie Popper oder Russell. Dennoch habe ich immer versucht, mir ein möglichst abgerundetes Gesamtbild zu machen. Darin klaffen allerdings riesige Lücken – ich verstehe z. B. gar nichts von der Gedankenwelt des Mittelalters, ich fühle mich wie verloren, wenn ich mit den Ideen des Fernen Ostens konfrontiert bin, in der Religionswissenschaft habe ich flüchtig das oder jenes angepackt, genauso trifft das auf die Anthropologie zu – auf solche Dinge wie Rassen und ähnliches verstehe ich mich nicht allzu gut. Wenn ich alle Wissensbereiche aufzählen müßte, in denen ich mich nicht souverän bewege – von der Immunologie bis zur Dendrologie – könnte ich das wohl bis zum Abend fortsetzen. Und dann gibt es gewiß noch Wissenszweige, von denen ich nicht einmal genau weiß, daß sie existieren. Dennoch wiederhole ich: Dieses fragmentarische Wissen bildet in meinem Kopf nicht etwa eine Art großen Sumpf, in dem sich alles miteinander vermengt und vermischt; das alles hat seinen Halt an den festen Achsen einer soliden Allgemeinbildung, die man in jedem Abschnitt, je nach Notwendigkeit, vervollkommnen kann.

Im Spinnennetz der Bücher

B: Ich habe Ihnen versprochen, die Strategie des Gesprächs in dem Augenblick zu ändern, wo Sie mit Ihrer Lebensbeschreibung beim Oktober 1956 angelangt sind. Ich weiß, daß die nachfolgenden Jahre eine Stabilisierung in Ihr bis dahin recht unruhiges Dasein und Ihren Beruf gebracht haben, in dem Bücher ja schon eine große Rolle spielten. Darum schlage ich auch vor, daß wir von Ihren Büchern reden: wie Sie heute zu ihnen stehen, wie sie aufgenommen wurden; daß wir über ihre Entstehungsgeschichte und über ihr Schicksal sprechen, also über all das, was sich im Umfeld dieser Bücher abspielte oder was sich in ihnen selber tut.

L: Ich fürchte, daß ich Ihnen Kummer bereiten werde, denn ich kann heute sehr wenig über die Entstehungsgeschichte meiner Werke sagen. Ich glaube nämlich, daß jedes Buch im Verlauf seiner Entstehung die Phasen der Entwicklung auslöscht. So als würde die Ausführung den Kristallisationsprozeß des Werkes überlagern. Nicht immer prägt sich ein Buch in das Gedächtnis ein, wie ein Strom mit vielen Zuflüssen, die zu einer Mitte hinstreben. Wenn ich mich auf irgendwelche Nebengeleise begab, sie später aber wieder verließ, dann war alles wie ausradiert. Und weil ich oftmals alles Maschinengeschriebene vernichtete, verstärkte sich das noch. Könnte ich heute diese Entwürfe sehen, ich würde mich selber wundern, wie sich die endgültige Form von ihren Vorstufen unterscheidet. Denn wie schon gesagt, ich ging immer nach der Methode von *trial and error* vor.

Ich kann Ihnen zum Beispiel erzählen, daß ich das letzte Kapitel von »Solaris« nach einer einjährigen Pause geschrieben habe. Ich sah mich gezwungen, das Buch wegzulegen, weil ich nicht wußte, was ich mit meinem Helden machen sollte: Heute bin ich gar nicht mehr in der Lage, diese »Nahtstelle« wiederzufinden, an der es »zusammengeleimt« wurde. Mehr noch, ich weiß nicht einmal, warum ich so lange Zeit außerstande war, es abzuschließen. Ich erinnere mich nur, daß ich den ersten Teil in einem Zug niederschrieb, fließend schnell, und den zweiten Teil führte ich erst nach langer Zeit an irgendeinem Glückstag oder in einem Glücksmonat zu Ende.

Die meisten meiner Bücher schrieb ich so, wie die Spinne ihr Netz webt. Sie mögen eine Spinne sezieren, wie Sie wollen, Sie können aus ihren Ganglionen nicht einmal unter dem Elektronenmikroskop einen Entwurf dieses Netzes extrahieren. In ihren Drüsen werden Sie ebenso wenig irgendwelche Netzentwürfe finden, wohl aber eine eigentümliche Flüssigkeit, die an der Luft gerinnt. Die Spinne verfügt über eine ganze Batterie solcher Drüsen (an die 40), aus denen sie diese Flüssigkeit ausspritzt, um dann mit Hilfe der Hinterbeine ein Knäuel daraus zu formen. Ähnlich ist es bei mir. Es ist nämlich nicht so, daß ich die fertige Skizze des Ganzen im Kopf habe und dann, vor Angst zitternd, ich könnte sie vergessen, so schnell wie möglich niederschreibe. Ich schrieb einfach, und »es« geschah.

Als ich Kelvin in die Solaris-Station brachte und ihm befahl, den erschrockenen und betrunkenen Snaut zu erblikken, wußte ich selbst noch nicht, was ihn eigentlich erschreckte, ich hatte nicht die leiseste Idee, warum Snaut durch einen normalen Ankömmling in Angst versetzt wurde. In diesem Moment wußte ich es nicht, aber ich sollte es bald erfahren, denn ich schrieb ja weiter.

Dieser Überraschungseffekt, der auch für den Schreibenden gilt, hat jedoch nichts mit der Qualität des Werks zu tun, die Spontaneität garantiert sie nicht. In dem Buch, das ich gar nicht gern habe – »Transfer«* –, tauchte das Problem der Betrisation ebenfalls ganz plötzlich auf und hat sogar mich überrascht. Ich wußte nur eines: Hier muß es zu einer Kommunikationslücke, zum Fehlen einer Verständigungsmöglichkeit kommen, denn es geht ja nicht an, daß jemand nach 130 Jahren zur Erde zurückkehrt, die Unterhaltung aber bietet ihm keine Schwierigkeiten, man benutzt noch die gleichen Begriffe. Ich wußte, daß es sofort zu einem Konflikt kommen muß, der dann tatsächlich aus mir »heraussprang«.

---

* Unter dem Titel: »Rückkehr von den Sternen«, Insel Verlag 1984, Frankfurt am Main

Viel häufiger kam es jedoch vor, daß es mir bei ähnlichen Situationen im Erzählungsablauf nicht gelang, die richtige Lösung zu finden, und das Buch oder sein Fragment starb dann eines natürlichen Todes. Und sobald ein solcher Teil von einem neuen, gelungenen Teil der Erzählung überdeckt worden war, hinterließ der frühere keinerlei Erinnerung mehr.

B: Ich möchte Sie in diesem Zusammenhang bitten, daß Sie mir sagen, welche Ihrer Werke Sie am niedrigsten einstufen, und gleichzeitig die Gründe Ihrer Abneigung gegen diese Bücher näher bestimmen.

L: Über einige habe ich schon bei der Schilderung meines Lebens gesprochen; es ist eben so, daß ich diese frühen Werke am wenigsten schätze. Das trifft vor allem auf »Sesam« zu, wo es einige schauerlich schlechte Erzählungen gibt: heute betrachte ich sie als eine naive Agitation. Es sind zwar auch einige populärwissenschaftliche Geschichten darunter, die sich als Belletristik geben, es aber keineswegs sind. Das war ein totaler Flop, selbst in genologischen Kategorien betrachtet.

Dann gibt's da noch die »Astronauten«; wie glatt das doch ist, proportional ausgewogen, denn da tritt sowohl ein honigsüßer Russe wie auch ein verzuckerter Chinese auf – absolute Naivität auf jeder Seite des Buches. Was für eine Kinderei, daß wir im Jahre Zweitausend eine so schöne und herrliche Welt haben werden... Als ich dieses Buch schrieb, war ich noch sehr jung, und ich glich irgendwie einem Schwamm – vollgesaugt mit eingegebenen Postulaten. Ich habe in dem Buch nichts anderes getan, als die Welt positiver und immer positiver zu machen. In gewissem Sinne habe ich mir selbst etwas vorgemacht. Denn ich schrieb es aus edelster Gesinnung heraus. Heute erzeugt es bei mir nur Übelkeit.

Auf derselben Ebene liegt der »Gast im Weltraum«, vor allem aufgrund seiner Diktion. Ich erinnere mich, daß ich damals, als ich das Buch schrieb, ein Heft mit mir herumtrug, in das ich Stilblüten, die mir gerade in den Kopf kamen, eintrug; ich hatte Angst, ich könnte sie vergessen. Ich stand damals weitgehend unter dem Einfluß von Rilke, so war also mein Stil der zehnte Aufguß der Sprache dieses Dichters. Gießen wir das noch über eine widerlich schmalzige Fabel, dann erhalten wir einen Extrakt der sozrealistischen Ära. Es gibt zwar Leute, die sagen, daß man sich über dieses Buch nicht entrüsten sollte, weil es doch eine märchenhafte Utopie sei und in meiner Ablehnung dieser Geschichte empfindliche Kränkungen eine bedeutende Rolle spielen. Ich weiß es nicht, mag sein.

B: Wenn Sie diese Arbeiten so sehr ablehnen, wäre es dann nicht angezeigt, Neuauflagen zu verhindern und Übersetzungen zu verweigern?

L: »Sesam« gab es wenigstens nur in einer tschechischen Übersetzung. Die »Astronauten« wurden überall gedruckt, denn über die Rechte verfügte der Verlag »Volk und Welt« in der DDR. Dasselbe gilt für »Gast im Weltraum«; da ich aber jetzt nicht mehr verpflichtet bin, für fremdsprachige Ausgaben meine Einwilligung zu geben, gebe ich sie eben nicht mehr.

B: Ist damit die Liste der von Ihnen geächteten Bücher abgeschlossen?

L: Es gibt noch mehr. Zum Beispiel in den »Sterntagebüchern« stören mich heute einige der ältesten Teile. Und »Eintritt in die Umlaufbahn« ist als Sammlung zeitgebundener Feuilletons veraltet. Dasselbe gilt für »Rückkehr von den Sternen«.

B: In diesem Fall muß ich Sie daran erinnern ...

L: Es verhält sich wirklich so. Mich stört die Sentimentalität dieses Buches; die Helden sind Muskelprotze, und die Heldin ist von Pappe. Das riecht irgendwie nach Remarque, nach seinen »Drei Kameraden«. Darin steckt eine Art Lausbüberei. Oder distanzierter ausgedrückt – der Autor darf die Protagonisten nicht bei guter Laune halten, nur weil er sie mag. Die Liebesgeschichte könnte so ausgehen, wie es im Roman geschieht, aber Vorbedingung wäre die Herausstellung der Persönlichkeit der Geliebten des Erzählers; in Wirklichkeit ist sie ein weißer Fleck geblieben. Zwar halte ich das Problem der Betrisation an sich immer noch für sinnvoll, aber bei der Ausführung habe ich es zu stark vereinfacht. Diese Welt ist irgendwie zu flach, das heißt zu eindimensional. Mein zwiespältiges Verhältnis zu diesem Buch erkennt man am besten daran, daß ich dann doch eine Übersetzung zuließ.

Bei dieser Gelegenheit muß ich feststellen, daß der Zyklus

über den Piloten Pirx ein Buch ist, von dem ich zwar nicht sagen kann, daß ich es nicht mag, das ich jedoch nicht allzu sehr schätze. Mit Ausnahme von zwei, drei Geschichten ist es kein sehr gelungener Erzählband. Seine Hauptschwäche: die Nachahmung des Bildungsromans, d. h. eines Romans über einen Reife- und Bildungsprozeß. Der Bildungsroman verlangt aber die epische Form, einen langen Atem und einen breit dargelegten sozialen Hintergrund, während die Geschichten über den tapferen Pirx eine eingeengte Sicht aufweisen, der Held isoliert auftritt, ohne Familie und Nahestehende. Das kommt daher, daß ich vorhatte, eine, höchstens zwei Erzählungen zu schreiben, das Ganze dann aber auf einmal und für mich selbst unerwartet ausuferte. Es gab also keine Möglichkeit mehr, den Hintergrund zu erweitern, da hätte schon plötzlich von irgendwoher dem Pirx eine Familie in den Schoß fallen müssen. Was in einem Einzelroman an sich ganz natürlich ist, wirkt bei einem Zyklus von Erzählungen einfach unnatürlich. Im Grunde genommen gefallen mir heute nur zwei Erzählungen daraus: »Ananke« und »Terminus«.

B: Und warum sind Sie bereit, ausgerechnet diese zwei Geschichten zu verteidigen?

L: »Ananke« gestaltet ein bestimmtes, ungewöhnliches Problem, das, soweit mir bekannt ist, eben durch diese Erzählung zum ersten Mal in der Weltliteratur auftaucht. Es handelt sich um wechselseitige Mißverständnisse, die im Kontakt zwischen Mensch und Computer auftreten, und die am Ende unheimliche Folgen haben können. Und meine Vorliebe für »Terminus« kommt vielleicht daher, daß hier eine seltsame Transposition von Elementen vor sich geht, die von Grabiński* übernommen wurden, denn obwohl in dieser Erzählung keine Gespenster vorkommen, sind sie dennoch da.

Heute bereitet es mir Unbehagen zu wissen, daß es Leute gibt, die von diesen Texten sehr angetan sind. Mag sein, daß sie auf dem Boden der Science-fiction gut sind, aber – um bei der Wahrheit zu bleiben – es ist mittelmäßige Literatur.

---

* Autor phantastischer Romane und Erzählungen

B: Wie ordnen Sie demnach Werke wie, sagen wir, »Eden« oder »Der Unbesiegbare« ein?

L: »Eden« ist mir heute eher gleichgültig. Meinetwegen – passabel. Literarisch wahrscheinlich eine Niete, weil das Buch an seinem Schematismus bei der Darstellung der Helden und überdies an einem oberflächlichen Weltbild krankt, obwohl es ein Roman ist, der sich gut liest. Dennoch ist es zweitrangige Literatur, wenn auch im Vergleich mit typischen Produkten der Science-fiction vielleicht sogar gut; aber man kann nicht einen Menschen von normalem Wuchs an Buckligen messen und von ihm behaupten, er sei Apoll.

Was aber den »Unbesiegbaren« betrifft, so möchte ich sagen, daß dies eine sehr ordentlich ausgeführte kleine Erzähl»maschine« ist, aufgebaut auf einem nicht fiktiven Problem. Vor allem das letzte Kapitel, wo Rohan inmitten von Leblosigkeit auftritt, erfüllt alle Anforderungen an Glaubhaftigkeit und Realismus. So weit würde ich gehen. Im Vergleich zu »Solaris« ist dieses Buch aber eher dürftig, denn es besitzt nicht mehr dieselbe Eleganz.

B: Nachdem wir nun das untere Niveau Ihrer literarischen Produkte abgesteckt haben, bitte ich Sie, jetzt die Obergrenze für die Ihrer Meinung nach wertvolleren Werke zu markieren.

L: Ich werde jene Werke anführen, mit denen ich zufrieden bin, und der Unterschied wird damit klar. Vor allem halte ich »Kyberiade« für ein gutes Buch. Natürlich gibt es darin Schwächeres und besser Gelungenes, aber solche Brüche sind unvermeidlich. Ein ordentliches Buch ist »Solaris«. Gar nicht schlecht finde ich »Die Stimme des Herrn«. Ebenso akzeptiere ich etliche Erzählungen, wie z. B. »Die Maske«. Was die Bände »Imaginäre Größe« und »Die vollkommene Leere« betrifft, bekenne ich mich heute nicht zu allem in gleichem Maße, doch sind sie insgesamt recht nett, insbesondere die beiden Schlußteile: »Neue Kosmogonie« und »Golem«. Als eigenes Büchlein stellt mich »Also sprach Golem« sehr zufrieden, und ich gebe zu, daß ich mich mit Ihnen gerne gesondert darüber unterhalten würde, um nicht bei dieser schnellen Aufzählung nur darüberzuhuschen. Vergessen Sie aber bitte nicht, daß meine Typologie sehr subjektiv ist und meine persönliche und daher nicht immer gerechte Kritik am eigenen Schaffen charakterisiert.

B: Gehen wir also zurück und betrachten wir noch jene Bücher, die Sie weder bei den höher noch den niedriger eingestuften Werken erwähnt haben, was bedeutet, daß Sie ihnen einen festen Platz zuweisen und es Ihnen deshalb nicht peinlich sein wird, an sie erinnert zu werden. Ich würde vielleicht mit den »Dialogen« beginnen. Wie sehen Sie heute dieses Buch?

L: Dieses Buch enthält ungewöhnlich viele merkwürdige Voraussagen, besonders an den Stellen, wo Betrachtungen über den Zusammenbruch des zentralistischen Systems angestellt werden, so daß man, wenn man es heute liest, oft den Eindruck gewinnt, daß es vor zwei Wochen geschrieben wurde. Kürzlich wollte jemand vom Fernsehen mit mir darüber sprechen, also blätterte ich es durch und war selbst erstaunt, wieviel von dem, was ich geschrieben habe, seine Bestätigung gefunden hat. Gewiß ist der ganze theoretische Teil, der die Kybernetik betrifft, schon an vielen Stellen anachronistisch, doch die Kernaussage ist intakt geblieben. Manche Dinge sind dort sehr treffend vorausgesagt, z. B. die auf uns zukommende Welle der Arbeitslosigkeit, hervorgerufen durch die massenhafte Automatisierung der Produktion. Heute ist das noch in der Anfangsphase, aber in vierzig Jahren wird das bereits in vollem Gange sein. Das philosophische Paradox aus dem einführenden Teil über die Maschine zur Reproduktion von Atomen hat ebenfalls komplett standgehalten und ist nicht von der Zeit angenagt worden. Ich habe das Buch wohl zu früh geschrieben, es macht daher alles den Eindruck, als handle es sich um ein Problem auf dem Mond, und das Ganze blieb ohne Resonanz, wie wenn ein Stein in den Sumpf geworfen wird.

B: Und was halten Sie von der literarischen Form dieses Buchs? Wacław Sadkowski schrieb in einer Rezension, es sei handwerklich mißglückt, und sprach von »Philonous schulmeisterlichem Geschwätz« und von der »Inadäquatheit gegenüber der herangezogenen Vorlage« – hier meint er zweifellos Berkeleys »Dialoge«.

L: Ich weiß nicht, wie ich diese Inadäquatheit verstehen soll. Zunächst muß gesagt werden – Bertrand Russell hat das treffend aufgezeigt –, daß Berkeleys Beweisführung nicht redlich ist, da Philonous den Hylas völlig an die Wand drückte und ihn keine stichhaltigen Argumente gegen das Prinzip »esse est percipi« ins Feld führen ließ. Kurz, der Sieg war für einen der Diskussionspartner präjudiziert. Der Bischof wußte im voraus, wem er die Siegespalme verleihen wird. In diesem Kontext entbehrt der Vorwurf der Inadäquatheit gegenüber der Vorlage jeden Sinns, denn beim Meister ist das ja auch nicht korrekt.

Aber das ist noch kein Argument zu meinen Gunsten, denn jedes Buch muß auf eigenen Füßen stehen, und die Berufung auf Philonous und Hylas ist natürlich ein Scherz, was am deutlichsten am ersten Dialog zu erkennen ist; er ist so archaisiert, daß er nach Agora und dem alten Griechenland »riecht«. In welchem Sinne aber sollen die »Dialoge« literarisch mißlungen sein? Das verstehe ich nicht ganz, denn es ist absolut so, als würde jemand sagen: Dieses Omelett erfüllt nicht die Bedingungen eines Beefsteaks. Die Dialoge erfüllen die geforderten Bedingungen nicht, weil sie nicht als Schöne Literatur gedacht waren.

Und außerdem, kann man denn sagen, daß Berkeleys »Dialoge« literarisch geglückt sind? Als Literatur hat das überhaupt nichts Bestechendes. Heutzutage ist niemand imstande, sich durch den ganzen Berkeley durchzuarbeiten. Schrecklich langweilig.

Es ist hingegen begründet zu sagen, es sei charakteristisch für die »Dialoge«, daß in übertriebener Weise Glaube und Hoffnung in die Kybernetik investiert wurden. Was jedoch die soziologischen Modelle betrifft, so gab es Leute, die meinten, hier liege die unter Anwendung möglichst präziser Begriffe gewissenhafteste und sachlichste Analyse von Gesellschaftssystemen verschiedenster Art vor.

Das Buch besteht aus drei Teilen. Der erste behandelt das Paradoxon der Auferstehung, ein interessantes philosophisches Paradoxon. Ich bin der Meinung, daß dieser Teil gar nicht schlecht geschrieben ist.

Im zweiten Teil finden wir ein Allheilmittel gegen alle philosophischen Leiden, verschrieben von Doktor Philonous:

die Kybernetik. Natürlich ist sie dort vereinfacht dargestellt, aber ich bitte zu bedenken, daß ich das in den frühen fünfziger Jahren schrieb und meine Auffassungen das damalige Niveau kybernetischer Erkenntnisse widerspiegeln.

Der dritte Teil ist schon mein eigener Senf und benützt den Begriffsapparat, der zur Auseinandersetzung mit verschiedenen Arten des gesellschaftlichen Übels geeignet ist. Eines kann ich über dieses Buch sagen: Wäre es ganz unaktuell, dann würden es meine Verleger nicht nach fünfundzwanzig Jahren neu auflegen. In deutscher Sprache erschien es zweimal.

B: Ein stofflich sehr interessantes Buch war »Die Untersuchung«, das den genologischen Rahmen des Kriminalromans benützt und dann, am Ende, aus ihm ausbricht. Da Sie nach vielen Jahren zu diesem Problem im »Schnupfen« zurückkehrten, heißt das, daß Sie die erste Lösung für mißglückt, jedoch genügend interessant hielten, um die gleiche Idee literarisch neu zu instrumentieren?

L: Die erste Fassung befriedigt mich nicht voll, obwohl recht anständig geschrieben und spannend. Das Ende bricht einfach mit dieser literarischen Gattung und wirkt zu herablassend; hier wird eine relativierende Philosophie aufgepfropft, die demonstriert, daß es so, aber auch anders sein könnte. »Der Schnupfen« ist besser, weil glaubhaft. Ich bin selber bereit, ihm Glauben zu schenken. Sogar in den Kategorien des Naturalismus und der naiven Glaubwürdigkeit ist das besser gelungen. Und daß ich an dieser Idee hänge, kommt einfach daher, daß ich schon immer eine manische Beziehung dazu hatte, was Unvorhergesehenes, was Koinzidenz, blinder Zufall oder Schicksal bewirken können.

B: Als sehr interessant erscheinen mir »Memoiren, gefunden in der Badewanne«. Wie beurteilen Sie heute dieses Buch?

L: Ich halte es für gut, wenn ich auch schon ziemlich lange nicht hineingeschaut habe. Es ergaben sich ziemlich rasch Übersetzungen in einige Sprachen, und nach den ersten Autorisierungen hatte ich keine Gelegenheit mehr, es mir wieder vorzunehmen, denn wenn es eine griechische, hebräische oder japanische Übersetzung gibt, kann ich nichts damit anfangen.

In diesem Buch wird eine Konzeption entwickelt, die über die Zeitgebundenheit der politischen Satire hinausgeht. Wir finden hier die Totalisierung des Begriffs der Intentionalität. Das wird mit spürbarer, ja geradezu gespenstischer Konsequenz durchgeführt und ergibt überraschende Effekte. Mir erscheint das originell und echt. Denn der Mensch ist tatsächlich fähig, alles, was in seinem Gesichtskreis auftaucht, als Mitteilung zu behandeln. Daraus das Grundelement der Komposition eines Romans zu machen, ist gar kein so schlechter Einfall, selbst auf philosophischer Ebene. Der ganze Totemismus und Animismus und mancherlei andere Erscheinungen dieser Sphäre der vorgeschichtlichen Kulturformen beruhen bekanntlich darauf, daß die ganze Welt als eine an ihre Bewohner gerichtete Mitteilung betrachtet werden kann. Die Tatsache, daß dies von den Begründern eines bestimmten Gesellschaftssystems ausgenützt werden und dann die politischen Absichten der Diktatoren überschreiten kann, ist durchaus symptomatisch. Von diesem Moment an wird alles zu Information. Zum Beispiel kommt es zur Verabsolutierung eines konspirativen Geschichtsbildes, so daß alles, einschließlich des Regens, zum Symptom wird, das alles, was in der Politik eintreten mag, als schlecht oder gut zu prognostizieren erlaubt. Alles das gehört eben zum allgemeinen reflexartigen Wesen dieser unglückseligen Gattungsexemplare, die gezwungen sind, in einem geschlossenen System zu leben. Das erscheint mir als das Wesentliche in diesem Buch, und sein Wahnsinn – denn dieses Geschichtsbild ist paranoid – wird sehr intensiv und methodisch entwickelt. Das ist das Wertvolle und Bleibende daran. Es wird nämlich nicht – und darin erblicke ich meine Leistung – als zufällige und vorübergehende Konstellation gesellschaftlicher Vorgänge behandelt, die sich auflöst und verschwindet. Das läßt sich von Ort zu Ort, von einer Zeit auf eine andere übertragen und betrifft als tiefgreifende Formel viele verschiedene Erscheinungen in sehr divergenten Gesellschaftsformationen. In diesem Buch herrscht überdies eine glückliche Verbindung zwischen düsterer Unheimlichkeit und Humor. Dieser düstere Humor ist ein *genius temporis* und ein *signum tem-*

poris. Immer noch! Nichts weist darauf hin, daß dies einmal vorbei sein könnte.

B: Wenn wir uns an eine provisorische Chronologie halten sollen, dann müßte jetzt »Solaris« an die Reihe kommen.

L: Es fällt mir nicht leicht, einen Kommentar zu diesem Buch zu geben. Ich glaube, daß es mir gelungen ist, darin das zu sagen, was ich sagen wollte. Ich denke, das Buch ist sehr ordentlich. Ich kann nur hinzufügen, daß gerade dieses Werk ein gefundenes Fressen für die Kritiker war. Ich habe ihre Besprechungen gelesen, die so gelehrt waren, daß nicht einmal ich sie ganz verstanden habe. Angefangen natürlich von den rein Freudschen Auslegungen, wobei ein amerikanischer Kritiker, ein Anglizist, ziemlich bös hereingefallen ist; er stellte nämlich aufgrund des englischen Textes in psychoanalytischer Manier bestimmte Diagnosen auf, ohne zu wissen, daß die anders geartete Idiomatik im Polnischen zu solchen Diagnosen nicht berechtigt. Aus den Rezensionen über »Solaris« könnte man einen dicken Band zusammenstellen, einen äußerst unterhaltsamen, denn die Rezensenten deuteten die Botschaft *(message)* dieses Buches durchaus unterschiedlich. Ein sehr antikommunistisch eingestellter Engländer befand, daß der Ozean die UdSSR sei, und die Menschen auf der Station – das seien die umliegenden kleinen Staaten. Das Phänomen der Projektion, der Widerspiegelung dessen, was sich in der Seele des Kritikers abspielt, entlarvt den hohen Grad an Willkür in der Literaturkritik. Gerade diese Einsicht war eines der Motive dafür, daß ich dann meine Theorie des literarischen Schaffens – »Die Philosophie des Zufalls« – entwickelte. Hätte ich in diesem Werk die in alle philosophischen Richtungen auseinanderstiebenden Besprechungen von »Solaris« zitiert, so wäre das eine zutreffende Konkretisierung der Hauptthese über den Zufallscharakter des Schicksals vor Büchern geworden. Doch ich sah, daß es mir nicht zustand, mich in einem solchen theoretischen Buch mit meinen eigenen Werken zu befassen. Nebenbei bemerkt, ich kenne nur die Rezensionen, die in den mir bekannten Sprachen verfaßt wurden. Ich habe keine Ahnung, was z. B. die Japaner oder die Schweden über mich schrieben. Allgemein läßt sich feststellen: Je origineller ein Werk ist, oder je stärker es vom Gattungsmodell abweicht, desto vielfältiger sind seine Deutungsmöglichkeiten – wie bei einem Rorschachtest. Freilich kann ich mich nicht an die Schreibmaschine setzen mit dem Vorsatz, einen »sehr originellen und daher viele Deutungen zulassenden Text« zu schreiben. Als vor ein paar Jahren der amerikanische Übersetzer Michael Kandel mir hier gegenübersaß und sagte, daß ich unaufrichtig und perfide sei, sah ich ihn groß an. Ich unaufrichtig und perfide? Das kommt davon, daß ich nichts erfinde, sondern nur so schreibe, wie ich kann. Wer würde denn sagen: »Wieviel Musikstunden muß doch diese Nachtigall absolviert haben, sie muß Kontrapunkt gelernt haben, vielleicht ist sie gar eine Schülerin von Penderecki?« Aber woher denn? Sie singt so, weil sie nicht anders kann.

B: Gut, nehmen wir an, ich stimme Ihnen zu. Sollten Sie aber jetzt sagen, der beste Beweis für diese Treuherzigkeit sind die »Robotermärchen« und die »Kyberiade«, dann wird mich das ein Lächeln kosten.

L: Aber bis zu einem gewissen Grad stimmt es wirklich. Die »Robotermärchen« sind ja konsequent im Ton eines Märchens gehalten.

B: In diesem Fall sagen Sie mir, bitte, wer Ihrer Meinung nach der potentielle Käufer dieses Buches ist.

L: Ich muß reuig bekennen, daß ich über das Problem der potentiellen Käufer nichts weiß, weil ich meine ganze Kraft immer nur darauf verwendet habe, das zum Ausdruck zu bringen, was ich sagen wollte. Ich kann nur feststellen, daß die »Robotermärchen« eine bloße Vorschule zur »Kyberiade« waren. Das ist an der chronologischen Abfolge deutlich zu erkennen, denn zuerst nahm ich das konventionelle Märchenschema zu Hilfe, und später kamen immer akrobatischere Kunststücke hinzu. Jemand könnte behaupten, daß ich den konventionellen Leser zunächst vorbereiten, ihn nicht überfordern wollte. Doch das war wirklich nicht meine Absicht.

B: Sie geben also zu, daß Sie an das Kind als den eigentlichen Konsumenten nie gedacht haben, während Sie an den »Robotermärchen« schrieben?

L: Das gebe ich zu.

B: Und ich habe einen Versuch gemacht und drei Märchen aus dieser Reihe einem Siebenjährigen vorgelesen. Er hat bis zum Ende aufmerksam zugehört, und ich gewann den Eindruck, daß er sogar interessiert war.

L: Das ist interessant. Als mein Junge acht Jahre alt war, schrieb ich für ihn ein Märchen, doch leider hat er es, als er damit fertig war, ganz heruntergemacht. Es hat ihm einfach nicht gefallen. Jene Märchen hingegen, die bewußt nicht für Kinder bestimmt waren, las er mit großem Vergnügen. Offenkundig gehöre ich nicht zu jenen Schriftstellern, die imstande sind, den Leser ins Visier zu nehmen und dann »abzudrücken«; ich muß das schreiben, was ich zur gegebenen Zeit schreiben kann. Ich bin selber kindisch, daran ist nicht zu zweifeln, ich habe immer Spielzeug geliebt ... ansonsten kümmerte ich mich als Leser niemals um die üblichen genologischen Kriterien. Mich interessierte nur, ob die jeweilige Lektüre mir etwas gab oder nicht. Ich weiß zum Beispiel nicht, ob Kinder Märchen von Kipling lesen sollen oder ob diese sie langweilen würden. Als Junge habe ich sie mit großem Genuß gelesen. Der Standpunkt des Autors, den Leser ins Auge zu fassen, schien mir nie angemessen.

B: Welche Modelle wollten Sie in die »Robotermärchen« ganz bewußt hineinbringen?

L: Wissen Sie das nicht?

B: Ich weiß nicht, was das Ergebnis vorbedachter Konstruktionen des Autors war, und was sich im Zuge der Arbeit »von selbst« ergab.

L: Bis vor wenigen Jahren war Schreiben für mich nie bewußte Arbeit, die auf einer vorbedachten Kreuzung verschiedener Konventionen beruht hätte. Ich nahm mir nie vor, die Sienkiewicz-Paseksche* Richtung mit den klassischen Regeln des Märchens zu verbinden. So war das nicht. Hier handelt es sich wohl nur um Stilelemente, die ich mir deshalb zunutze machte, weil es Sienkiewicz am besten gelang, an jene Tradition der literarischen polnischen Sprache anzuknüpfen, die ihre glanzvollste Periode darstellte. Die »Trilo-

---

* J. Ch. Pasek (1636–1701) Memoirenschreiber. Typisch für den barocken Stil der damaligen Schlachta

gie«* ist übrigens auch nicht Pasek, sondern bloß der von Sienkiewicz »gefilterte« Pasek. Vielleicht habe ich deshalb an dieses Vorbild angeknüpft, weil ich immer den Eindruck hatte, daß wir uns nicht mehr in dieser herrlichsten Epoche von Spitzenleistungen der Prosa befinden. Doch das ist Mutmaßung, keineswegs Gewißheit.

Gleichzeitig war mir bewußt, daß dieses Modell nur ironisch oder als Persiflage angegangen werden kann, will man die Gefahr vermeiden, in dekadentes Epigonentum zu verfallen. In der »Kyberiade« findet man bestimmt viel mehr Spuren dieser Arbeit, doch sind sie dort schwerer auszumachen, weil ich zu viele aus anderen Quellen hergeleitete Elemente einbrachte. Die Verbindung des Erzählstils der »Trilogie« mit Elementen der Kybernetik ist ein ganz gehöriges Kuriosum, aber mich hat das schon immer sehr angezogen.

B: Sie sprachen von einem fließenden Übergang von den »Märchen« zur »Kyberiade«. Könnten Sie erklären, wie das handwerklich vor sich ging?

L: Während ich an den »Märchen« arbeitete, machte ich mir gleichzeitig Notizen für das nächste Buch. Und da ich das für den eigenen Gebrauch tat, benützte ich eine eigene (seltsame) Sprache voller ungrammatischer Abkürzungen oder stenographischer Kürzel. Als sich bereits einiges davon angesammelt hatte und ich begann, das Ganze unter dem Aspekt des »Ausbügelns« in einen flüssigeren Stil umzuarbeiten, da bemerkte ich, daß es irgendwie »steif«, »zäh« und »schlecht« war. Dagegen nahm sich das, was »wacklig« und mißlungen war, viel besser aus. Da dachte ich mir, gerade so sollte man es schreiben. Wenn also die Möglichkeit bestand, etwas ganz normal zu sagen, so marschierte ich »neben« der Sprache einher oder »quer« durch sie. Sollte es heißen, daß jemand ein »Räuber« ist, dann schrieb ich, um die Merkwürdigkeit des Sprachbaus zu bewahren, er sei »Mäuler der Räuber«. Das verlieh der »Kyberiade« wahrscheinlich eine gewisse stilistische Einheitlichkeit, die sie grundlegend von den »Robotermärchen« unterscheidet. Die »Märchen« wur-

* Sienkiewiczs Trilogie über die Schweden- und Kosakenkriege des 17. Jahrhunderts.

den quasi zum Gerüst, an dem ich auf jene Stufe hinaufkletterte, von der ich schon unmittelbar in die »Kyberiade« hineinspringen konnte. Das heißt, hier gab es eine gewisse Zweistufigkeit. Die Unterschiede sind jedoch deutlich zu sehen, auch deshalb, weil ich die Gestalten Trurl und Klapauzius erfand, die sich als sehr ergiebig erwiesen. Das ist ein Prozeß, den man selbst nur schwer verstehen kann. Man denkt dabei an Traubensaft, den man gären läßt. Das Gären braucht eine gewisse Zeit, das Ganze schäumt, und dann hört es auf. Es folgt eine Erschlaffung, die echt ist, weil die Reaktionen erlöschen. Wenn man will, kann man gewiß noch eine oder zwei Geschichten mit Gewalt zustande bringen, doch gewöhnlich sind sie schon epigonenhaft. Das sind Gesetzmäßigkeiten, die nicht ich erfunden habe, denn ihre Zwänge erfährt man – zumindest gilt das für mich – ganz spontan.

B: Da fällt mir ein, daß wir die szientistische Paradigmatik übergangen haben.

L: Das ist sehr wichtig. Die Paradigmatik, par excellence aus der Physik übernommen, wird boshaft und scherzhaft behandelt. Das ist sehr schön im Märchen von der Rechenmaschine, die gegen den Drachen kämpfte, erkennbar, wo die Paradigmatik der Quantenmechanik hineingearbeitet wurde. Drachen, die es gibt, Drachen, die es nicht gibt, virtuelle Drachen – das sind Spielchen unter Zuhilfenahme des gesamten Begriffsapparates der modernen Physik, die der Auffassung ist, daß es so etwas wie das »Nichts« (d. h. die Leere) nicht gibt, da dort viele virtuelle Teilchen existieren. Das ist ein Text, der theoretischen Physikern stets enorme Freude bereitete. Ein polnischer Physiker übersetzte ihn, so gut er konnte, ins Englische – das war in den Jahren, in denen ich im Westen noch nicht übersetzt wurde –, um ihn seinen Fachkollegen im Ausland zu zeigen.

B: Ich habe mir vorgenommen, jegliche Komplimente in unserem Gespräch zu vermeiden, aber eines kann ich Ihnen wohl sagen: Sie haben ein außergewöhnliches Talent, Namen zu erfinden. Als einziger auf diesem Gebiet könnte wohl nur Witkacy* mit Ihnen konkurrieren.

* Stanisław Ignacy Witkiewicz (1885–1939), Dichter und Maler

L: Witkacy hat mir – das muß ich sagen – mit seiner lexikographischen Treffsicherheit und Erfindungsgabe immer schon imponiert. Außerhalb des Textes, an dem ich gerade schrieb, konnte ich niemals solche Namen erfinden.

B: Tatsächlich, in unseren Gesprächen habe ich kein einziges Mal so eine kuriose Wortbildung von Ihnen gehört. Witkacy hat aber solche Sprachblüten angeblich im täglichen Umgang verwendet.

L: Mich regt zu solchen Erfindungen nur an, wenn in einem bestimmten Kontext eine bestimmte Ausdrucksweise notwendig geworden ist. Ich habe das niemals forciert, denn gewöhnlich hat mich der Gang der Erzählung so getragen, daß ich hier einen Elektritter, dort einen Bleichling ins Leben rief, und ein anderes Mal wiederum einen Diodl, Triodl und ‚eptodl. Ich erinnere mich sogar, daß ich für meine Arbeit an dem Kapitel über die Sprache der Phantastik in meiner »Phantastik und Futurologie« Beispiele brauchte: Ich konnte sie nicht aus mir herauspressen, also nahm ich zur »Kyberiade« Zuflucht.

Außerdem bin ich sprachlich ziemlich sensibel, und ich war immer bemüht, in einem Werk, das nicht humoristisch ist, dem sogenannten unfreiwilligen Humor auszuweichen. Als im »Transfer« eine Bezeichnung für Maßnahmen zur Liquidierung der Aggression zu finden war, tauchte die Betrisation auf. Das ist eine neutrale Bezeichnung, die nichts Komisches an sich hat, während in der »Kyberiade« diese Komik in Hülle und Fülle vorhanden ist.

Als ich »Lokaltermin« schrieb, brauchte ich ebenfalls viele Neologismen: solche, die für die Schaffung neuer Begriffsagglomerate unentbehrlich sind, oder andere, die belustigen sollen. Ich fügte am Ende des Buches sogar ein Register mit diesen Ausdrücken an, um mich vor dem Vorwurf – dem ich nicht zum ersten Mal begegnet wäre – zu schützen, daß ich die Sünde begehe, allzu viele solcher Einfälle zu benützen.

Ich bin mir klar darüber, daß ich meinen Übersetzern die Arbeit enorm erschwere, manchmal sogar unmöglich mache, wenn ich meine Bücher mit Bezeichnungen vollstopfe, für die das Polnische besonders geeignet scheint, aber dagegen ist kein Kraut gewachsen. Wenn Sie ein Buch aus der Zeit vor der wissenschaftlich-technischen Revolution in die Hand nehmen, wird sich herausstellen, daß sehr vieles von dieser Terminologie schon zur Leerformel geworden ist. Hingegen werden Sie einen breiten Wortschatz auf dem Gebiet etwa der Hippologie fertig vorfinden. In vielen Bereichen hat eine aus fremden Sprachen übernommene Terminologie Eingang gefunden, die diverse Schaltgetriebe, Zylinder und Autos betrifft, aber das sind Begriffsapparate, die durch nichts ersetzt werden können. Es sei denn, man läßt sich auf eine sehr gewundene Darstellung ein und gelangt zu einer ganz komplizierten Umschreibung. Die Eskimos haben, wie ich einmal darlegte, einige hundert Bezeichnungen zur Bestimmung von Schneearten. Für mich gibt es keinen Zweifel, daß die Veränderungen in unserer Umwelt und in bezug auf das materielle Niveau auch die Sprache gründlich verändern. Will also jemand – ob nun scherzhaft oder im Ernst – Vorgänge außerhalb der irdischen Zivilisation beschreiben, dann muß er, um die Fremdheit oder Andersartigkeit dieser Umwelt zu unterstreichen, Neologismen verwenden. Sie zu vermeiden, erscheint mir völlig sinnlos. Das ist genau so, als wollte jemand die Seeschiffahrt beschreiben, ohne nautische Begriffe zu verwenden. Wenn wir Schilderungen der Segelschiffahrt aus der Zeit von Conrad lesen, stoßen wir andauernd auf die verschiedenen Fahrtwinde und auf Topmastsegel, die es auf Teufel komm raus gibt, aber schließlich erfüllt das eine bestimmte Funktion in der Erzählung.

B: Haben Sie im Zuge Ihres jahrelangen Experimentierens mit der Sprache eine allgemeine Wortphilosophie oder zumindest ein System von Anschauungen über den Sprachcharakter der phantastisch-grotesken Literatur entwickelt?

L: Da Sprache nur mittels Sprache erforscht werden kann (unter Umständen mittels mathematischer, aber auch das ist sui generis Sprache), entstehen Antinomien der Selbstspiegelung, aber in die technischen Regionen dieser komplizierten Materie will ich mich jetzt nicht begeben. Im allgemeinen ist meine Auffassung jener sehr verwandt, die Nalimow* in

---

* »Wjerojatnastnaja model jasyka« (Wahrscheinlichkeitsmodell der Sprache), Moskau 1974

seinem Buch vertreten hat. Leider kann ich seine Hauptthese nicht darlegen, denn sie leitet sich aus seinem Fachgebiet ab: Er ist Mathematiker, der in die Linguistik eingedrungen ist und sie unter Zuhilfenahme der sogenannten Bayesschen Funktion im Sinne des Probabilismus behandelt. Die Sprache besteht, kurz und bündig gesagt, nicht aus Worten, wiewohl sie sich aus ihnen zusammensetzt. Sie gestaltet sich aus übergeordneten Einheiten, die bestimmten Beziehungen (Relationen) entsprechen. Die mit den Sinnen erfahrene Welt findet in der Sprache ihren Ausdruck. Verben kommen daher, daß sie Phänomene »in Bewegung«, »vergänglich« sind, und die Substantiva sind »feste Dinge«. Spricht man mit Leuten von gesundem Menschenverstand und mittlerer Bildung, dann kann man beobachten, daß sie auf dem Boden ihrer persönlichen Lebenserfahrung ausnehmend vernünftig sind, führt man sie aber im Gespräch aus diesem Rahmen hinaus, dann können sie unwahrscheinlich dummes Zeug von sich geben. Die Hausfrau läßt sich nicht einreden, daß der in der Speisekammer abgestellte Topf sich in eine Taube verwandeln kann, doch sie glaubt ohne weiteres an den Einfluß der Sterne auf das menschliche Schicksal. Die Sphäre der vertrauten Begriffe, die man sich angeeignet hat, geht in die Sphäre nichtvertrauter Begriffe nur allmählich und sehr individuell über. Ich las den in Polen vor nicht langer Zeit verlegten Aristoteles. Es ist schwer, sich darin zurechtzufinden. Denn er hält Dinge für selbstverständlich, die unsere Zeitgenossen für reine Phantasie halten müssen. Versetzt man sich somit nicht in die Vergangenheit, sondern in die Zukunft, und bringt, wie durch ein Wunder, eine neue Sprache hervor, die hundert Jahre später Umgangs- und Alltagssprache sein wird, so werden die in dieser Sprache verfaßten Bücher keinen Menschen zufriedenstellen. Macht man aber nicht einen Sprung in die Zukunft der Menschheit, sondern springt quasi zur Seite – zu anderen Vernunftwesen –, dann muß die sprachliche Kluft noch unendlich viel größer sein. Deshalb bin ich nicht imstande, ein seriöses Buch zu schreiben, in welchem »andere Wesen« miteinander plaudern. Das ist mir zu dick aufgetragen. Man kann sich entweder der Groteske bedienen, oder die Barrieren zwischen den Zivilisationen sichtbar machen, wie ich es in »Eden« versuchte. Es geht nicht an, in einem realistischen Roman zu behaupten, daß der Held imstande ist, eine Frau über den Ozean hinweg telefonisch zu schwängern, oder daß der Floh die degenerierte Gestalt eines Känguruhs ist. Zeigt man jedoch »eine andere Welt, eine andere Himmelskugel«, dann werden dem Durchschnittsleser die Kriterien der Glaubhaftigkeit entzogen. Man kann ihm einreden, was man nur will. Daran schmarotzen 99 Prozent der Science-fiction-Autoren. Mit vereinten Kräften konstruierten sie »konkrete« Bezugssysteme, verfälschten sie den ganzen Kosmos, seine physikalischen Grundgesetze, zertrampelten die allgemeinen Erkenntnisse der Evolutionsbiologie, und dank dieser Leistungen entstand ein Sprachschatz der Ungereimtheiten, von denen heute jeder typische Science-fiction-Schreiber Gebrauch machen kann. Und wer aus der Reihe tanzt, hat um so geringere Chancen, die Gunst der Leser zu gewinnen, je geschickter sich die Leser dabei erweisen, diese sprachlichen Ungereimtheiten zu beherrschen. In den USA werde ich vornehmlich von den »Eggheads« geschätzt, angefangen von den Wissenschaftlern, Naturforschern, und für die typischen Liebhaber der dortigen SF bin ich vor allem deshalb unverständlich, weil sie ja schließlich »schon ganz genau wissen«, WIE und WORÜBER jedes dieser Bücher geschrieben werden muß. So habe ich im Vaterland der SF weniger Anhänger als in Europa, weil hier die amerikanischen Vorbilder noch nicht so lange Zeit ihren Einfluß ausüben und sich auch nicht so durchgesetzt haben. Übrigens besteht hier eine unvermeidbare Symmetrie, denn ich wiederum bin außerstande, jene SF zu lesen.

Was die Neologismen betrifft, so meine ich, daß ich mich auf das unerläßliche Minimum beschränke. Würde ich tatsächlich anfangen, die Sprache einer anderen Epoche zu erfinden, dann könnte ich mein halbes Leben darauf verwenden, ein Buch anzubieten, das völlig unverständlich ist, selbst wenn ich ein Wörterbuch mit einer – freilich ebenfalls von mir konzipierten – Enzyklopädie anhängen würde. Hinzuzufügen wäre noch, daß ich mich bemühe, unfreiwilligen

Humor zu vermeiden, und einen zum Lachen reizenden Wortschatz erlaube ich mir nur in Werken grotesker Art.

B: Kehren wir von diesem Ausflug ins Sprachliche zu retrospektiven Betrachtungen zurück. Es wäre vielleicht interessant, wenn Sie Ihre essayistischen Werke aus der heutigen Perspektive beurteilen wollten.

L: Als einziges meiner diskursiven Bücher stellt mich die »Summa Technologiae« zufrieden. Das heißt nicht, daß man daran nichts ändern könnte, aber daß man es nicht tun soll, wenn es nicht unbedingt sein muß. Dieses Buch lebt und hat überlebt. Die »Philosophie des Zufalls« müßte gründlich überarbeitet werden, da die Schwerpunkte darin absolut unausgewogen sind. Doch darüber würde ich lieber gesondert sprechen. Was nun die »Phantastik und Futurologie« betrifft, so ist hier eine Unmenge Papier für den Versuch aufgewendet worden, einen unheilbaren Kranken zu heilen oder – um einen anderen Vergleich zu ziehen – einen klinisch Schwachsinnigen vor der totalen Verblödung zu bewahren.

B: Wäre es falsch, die »Summa« als Mittelpunkt Ihres Schaffens anzusehen: ein Werk, das eine ganze Vorratskammer von Theorien und Ideen ist, die Ihre Belletristik *tout court* versorgen?

L: In gewissem Sinne habe ich daraus Ideen für die Prosa geschöpft, aber nicht, weil es so vorgesehen war. Es hat sich einfach von selbst ergeben.

B: Um dieses Werk werden wir uns im Verlauf unseres Gesprächs ständig bewegen, denn ich glaube, daß es Ihr kognitives Credo enthält; so möchte ich Sie jetzt nur fragen, was Sie als seinen entscheidenden Mangel ansehen.

L: Bei der »Summa« hat sich etwas Komisches zugetragen, in der ersten Ausgabe habe ich im letzten Kapitel das Schicksal der Kunst im Zeitalter der technologischen Explosion berührt. Ich schrieb damals, und glaubte zutiefst daran, daß die starke Zunahme von Werken auf allen Gebieten der Literatur, Musik und bildenden Kunst an sich schon ein zerstörender Faktor sei; denn wenn wir Tausende von Shakespeares haben, dann ist keiner mehr ein Shakespeare. Diese Behauptung stieß auf eine scharfe Kritik Leszek Kołakowskis. Ich polemisierte mit ihm in deutscher Sprache, aber das war erst vierzehn Jahre später, als dieses Buch in vielen Abschnitten keine Phantastik mehr war, insbesondere in jenen Teilen, die sich mit der Gentechnologie befassen. Leider hat er mich mit seiner kategorischen Ablehnung sosehr entmutigt, daß ich bei den späteren Auflagen das letzte Kapitel hinauswarf. Heute sehe ich aber, daß ich weitgehend recht hatte. Auf einer der jüngsten Frankfurter Buchmessen präsentierten 64000 Verleger 288000 neue Titel, und jemand errechnete, daß für das Hineinschauen in alle Bücher im Laufe der mehrtägigen Messe für jedes Buch nur 0,4 Sekunden zur Verfügung stünden. Sie alle im Laufe eines menschlichen Lebens zu lesen, davon kann man nicht einmal träumen. Hier besteht schon eine Art Selbstbedrohung, bedarf es doch keiner Zensur und keiner politischen Eingriffe mehr, denn die Kunst, die sich in solchen Quantitäten präsentiert, unterliegt unweigerlich der eigenen Zerfallsinflation. Das hat mich immer ziemlich fasziniert, ich werde also sicher einmal zu dem Thema zurückkehren müssen. Vielleicht schreibe ich einen neuen zweiten Teil zur »Philosophie des Zufalls«, denn es gibt dort eine Menge Dummheiten.

B: Vielleicht können Sie Ihre Abneigung gegen dieses Buch etwas näher begründen. Heute sehe ich es anders, ich erinnere mich aber, daß ich selbst es in meiner Studienzeit, in der Polonistik, als alle ringsherum an Strukturalismus kränkelten, mit großem Vergnügen las, denn das war der erste wütende Angriff auf ein von den Universitäten anerkanntes und geschätztes Heiligtum.

L: Vor allem habe ich mir den Strukturalismus als Schießscheibe genommen.

B: Haben Sie Ihre Meinung geändert?

L: Nein, ich bin keineswegs der Ansicht, daß der Strukturalismus sinnvoll ist. Er hat der Literaturtheorie und -kritik mehr Schaden als Nutzen gebracht und hat keinerlei Früchte getragen. Wir haben aus dem Strukturalismus nicht mehr erfahren, als wir schon vorher sehr genau wußten. Der Strukturalismus hat eine neue Nomenklatur und eine umfangreiche Kategorisierung geschaffen, aber das hat kaum Nutzen gebracht. Und am meisten störte mich seine axiologische Neutralität. Doch ich habe ihm entschieden zuviel

Beachtung geschenkt. Es hätte genügt, ein Kapitel darüber zu schreiben, ohne so schrecklich schwere Geschütze aufzufahren. Das kam bestimmt daher, daß ich mich damals wie eingekesselt fühlte, denn alle wiederholten immer wieder andächtig: Strukturalismus, Strukturalismus... Ich habe vielleicht eine falsche Art der Auseinandersetzung gewählt, indem ich um strukturalistische Fragen herumstritt, als wäre es das wichtigste, etwas abzuwehren, was bereits im Keim unfruchtbar war und damit – früher oder später – zum Absterben verurteilt. Ich näherte mich sehr der Einstellung von Miłosz.

B: Glauben Sie, daß die bisher von der modernen Linguistik entwickelten Methoden dem Phänomen der Literatur noch immer ratlos gegenüberstehen?

L: Mit Rücksicht darauf, daß die Semantik ein verschwommenes Gebiet und die Syntax etwas Deutliches ist, in dem es Konjugations- und Deklinationsverbindungen und -beugungen und ähnliches gibt, versuchen Fachleute, der Sprache eben von dieser Seite beizukommen. Alle diese Wissenschaftler schlagen uns Modelle vor, die sich als völlig unbrauchbar erweisen, wenn wir sie auf die Belletristik anwenden.

Eines der Mißgeschicke unserer Zeit war gerade die Masseninfektion der Humanisten mit dem Bazillus des Strukturalismus, weil die Mittel, die er brachte, unzulänglich waren. Mir scheint, ich habe eine Dummheit begangen, indem ich *ignotum per ignotum* erklären wollte. Also ein anderes Beispiel: Ein System von Verkehrsschildern kann nicht als »Ästhetik der Straßen« in Betracht kommen. Es gibt in diesem System keine Schilder, die zwischen Alleen mit alten Bäumen und öden Landstraßen unterscheiden ließen. Die strukturalistische Analyse eines semantisch reichen Romans entspricht mehr oder weniger der chemischen Analyse einer Suppe oder einer Torte. Man erkennt die Struktur der chemischen Verbindungen, von denen zwar die Geschmackseigenschaften abhängen, doch verfügt die Chemie nicht über wirksamere Mittel zu einer weiteren Differenzierung. Die Gruppentheorie, wie sie in der Atomphysik angewendet wird, ermöglicht ziemlich sichere Feststellungen, doch sie

74

waren zu allgemein, für den Forscher unzureichend. Im allgemeinen ist es schon so, daß man mit Hilfe eines dürftigen Begriffsapparats nicht Phänomene erkennen kann, die begrifflich reicher sind als dieser Apparat und sich zugleich auch nicht auf einfache Aussagen reduzieren lassen. Der Strukturalist erkennt die semantischen Skelette, doch die Schönheit der Werke ist keine ausschließlich von solchen Skeletten abhängige Variable. Dank der Osteologie läßt sich erforschen, ob eine bestimmte mumifizierte Ägypterin gerade Beine hatte, doch man kann auf diesem Wege nicht erfahren, ob sie schön war. Dieses elementarste Problem hat sich kein einziger Strukturalist jemals eingestehen wollen. Der Starrsinn wäre einer besseren Sache würdig gewesen.

Ich präsentiere Ihnen eine gewisse Analogie, wiewohl sie den Humanisten nicht viel sagen wird. Es gibt ein interessantes Gebiet der Mathematik, die sogenannte Gruppentheorie, die man als mathematisches Strukturmodell bei Erscheinungen aus dem Bereich der Elementarteilchen anwenden kann. Aber es erweist sich, daß man dabei am Ende nicht viel erfährt, da die Strukturen zu ungenau sind und auf zahlreiche brennende Fragen der Physik keine Antwort geben. Aufgrund einer entfernten Verwandtschaft kann man sagen, daß hier eine Ähnlichkeit besteht mit literarischen Texten, auf die man Strukturmodelle übertragen kann, aber auf diesem Wege gelangen wir niemals zu einer Antwort auf die Frage, warum der eine Text ausgezeichnet und der andere dürftig ist, und warum der eine uns bezaubert und der andere uns abstößt, warum der eine hohen ästhetischen Wert zu haben scheint und der andere nicht, warum wir in dem einen lyrischen Gehalt finden und in dem anderen nicht.

B: Das Problem scheint recht interessant, also befassen wir uns vielleicht länger mit diesem Buch und betrachten wir es methodisch. Sie haben die Frage aufgeworfen, ob die Auseinandersetzungen rund um den Strukturalismus nicht aufgebauscht wurden. Vielleicht haben Sie recht. Ich habe aber den Eindruck gewonnen – es ist viel Zeit verflossen, seit mir das Buch vorlag, also verzerre ich vielleicht die Perspektive –, daß es möglicherweise zu viele Dinge klären wollte, und das mit Hilfe eines einzigen Schlüssels, nämlich der Stochastik.

L: Das ist freilich eine dieser Dummheiten, die sich in das Buch eingeschlichen haben. Ich habe daraus so etwas wie eine Enzyklopädie gemacht. Ich habe mich dort auf Sprach- und Kulturprobleme eingelassen, die im Grunde möglichst daraus entfernt gehörten; man hätte sich das auch für andere Bücher aufheben können, wobei ich nicht weiß, ob mir die Zeit geblieben wäre, sie zu schreiben. Jedenfalls bin ich an diesem »Alles-hineinstopfen-Wollen« erkrankt, von dem Jan Błoński* treffend, wenn auch boshaft, meinte, daß Lem jedesmal eine »allgemeine Theorie über alles« schreibt. Dieses »Alles-hineinstopfen-Wollen« hat dem Buch sehr geschadet.

Die Kategorie des Zufalls, von der Sie gesprochen haben, würde allein schon ein eigenes Buch erfordern. Die Auffassungen der Wahrscheinlichkeitstheorie, der Theorie vom Zufall, der mathematischen stochastischen Theorie (die Nalimow in seinem Buch »Wjerojatnastnaja model jasyka« sehr interessant behandelt hat), könnte man gewiß ganz breit darlegen, doch sollten Humanisten dieses Buch lesen, so würden sie nicht einmal wissen, was für ein riesiger Apparat hinter all dem steht. Woher sollen sie wissen, was die mathematische Theorie des Experiments ist oder auch nur die Markowschen Ketten? Das ist ein riesiges Gebiet, das ich selber nicht beherrsche. Außerdem müßte ich eine ganze Menge von Dingen berücksichtigen, die nach dem Erscheinen dieses Werks in die Literaturtheorie eingebracht wurden.

B: Kehren wir also zum Buch zurück. Einer der Hauptpunkte war Ihr Versuch, Ihren Standort in bezug auf die Theorie von Roman Ingarden zu bestimmen – die erste Nahrung, die jedem Polonisten verabreicht wird. Bitte sagen Sie mir, was den Zankapfel bildet.

L: In knappster Form würde ich das Problem folgendermaßen formulieren: Laut Ingarden ist das literarische Produkt ein schematisches, vielschichtiges Werk, in dem es nicht zu Ende geführte Stellen gibt, die der Leser ausfüllt, und das heißt Konkretisierung. Unter dem ontologischen Aspekt ist

---

* Polnischer Kritiker, Literaturwissenschaftler, Universitätsprofessor

das ein intentionales Gebilde, doch hier muß ich den an dieser Definition Interessierten zu ihrer Gestalt in der Phänomenologie hinführen, denn Ingarden war (übrigens ein wenig ketzerisch, wie fast jeder Philosoph) ein Schüler von Husserl. Ingardens Konzeption entspringen recht eigentümliche Dinge, und ich werde einige von ihnen anführen. Zunächst sieht es so aus, daß ein literarisches Kunstwerk als ein aus Sprache gestaltetes ganzheitliches Gebilde existiert, auch dann, wenn es niemand liest, und nicht einfach als eine Anzahl von Blättern, die mit Flecken aus Druckerschwärze bedeckt sind. Wenn es unvollständige Stellen enthält, verschiedene »Gestaltungsschemata« usw. und auch zwischen anderen Büchern im Regal steht, bedeutet das mehr oder weniger, daß es eine ganzheitliche Gestalt »an sich« besitzt, unabhängig davon, ob es gelesen wird; doch solcherart kommt es schon der Seinsform des Baumes gleich, den niemand sieht. Aber schließlich ist die Frage nach der Gestalt des Baumes, wenn es ringsum keine lebende Seele gibt, wenn keiner ihn betrachtet, ohne jedwede Bedeutung. Er sieht dann nach gar nichts aus, doch man darf, dem gesunden Menschenverstand und dem Botaniker folgend, zumindest sagen, daß der Baum ein Exemplar der Pflanzengattung, d. h. ein lebender, in sich geschlossener Organismus ist. Hingegen ist ein nichtgelesenes Buch überhaupt kein Gebilde, denn es mangelt ihm an der Seinsautonomie des Organismus. Zum Gebilde *sui generis* wird das Buch erst während der Lektüre. Würde der Leser auf der nächsten Seite vergessen haben, was er auf der vorigen gelesen hat, dann könnte er den Inhalt überhaupt nicht aufnehmen, und der Lesestoff würde ihm in unzusammenhängende Teile zerfallen. Ingarden, ohne Zweifel ein sogenannter Augenmensch, nahm die belletristische Lektüre in Bildern auf und meinte, daß jeder Leser das tut, während ich, als motorischer Typ, mir gar nichts bildhaft vorstelle, weder beim Lesen noch beim Schreiben. So galt die spezifische Eigenschaft eines Teils der Leser für Ingarden als allgemeines und sogar unerläßliches Attribut, als untrennbarer Teil der aus dem Werk aufgenommenen Mitteilungen. Andererseits macht der intentionale Zustand der Belletristik diese zu einem Gebilde, das, logisch betrachtet, weder Wahrheit noch Unwahrheit ist. Wie ich in der »Philosophie des Zufalls« schrieb, folgt daraus, daß der Löwe, den Staś Tarkowski in »Wüste und Wildnis«* schoß, kein gewöhnlicher, sondern ein rein intentionaler Löwe war, der durch einen bewußten Akt von Sienkiewicz und in der Sprache dieses Romans »geprägt« in ein phänomenalistisches Sein gerufen wurde, doch niemand weiß, woher Sienkiewicz die Gewißheit hätte schöpfen sollen, daß man einen rein intentionalen Löwen mit einer rein intentionalen Flinte töten kann. Warum hat dieser Löwe, anstatt tot umzufallen, sich weder in einen riesigen Skorpion verwandelt noch die intentionale Kugel mit einem intentionalen Panzer abgewehrt? Nun, deshalb doch, weil Sienkiewicz in einer von der kulturellen Tradition bestimmten realistischen Konvention schrieb. Je genauer sich die genologische literarische Konvention mit der außerliterarischen gängigen Norm der Schilderung beliebiger Ereignisse deckt, desto schwerer fällt es dem naiven Leser, sich bewußt zu machen, daß er, wenn er das Buch aufschlägt, mit dem Autor ein stilles Übereinkommen über die Art der Lektüre trifft. Die höchste Berufungsinstanz bei der Lektüre ist nicht die »faktische Wahrheit der Ereignisse« im Sinne ihrer Glaubhaftigkeit für den gesunden Menschenverstand, sondern das belletristische Paradigma des Stoffes. Hier zwei Beispiele, die mir im Verlauf der Auseinandersetzung in den »Science-fiction Studies« einfielen, wo ich gegen die amerikanischen Anhänger von Todorows strukturalistischer Theorie der Phantastik polemisierte. Todorow behauptete (und mit ihm auch andere), daß ein Werk phantastisch wird, wenn der Leser im Hinblick auf die ontologische Beschaffenheit seiner Vorgänge andauernd schwankt, wenn er sich nicht entscheiden kann, ob sie übernatürlich oder natürlich sind; in dieser Unschlüssigkeit des Lesers existiert die Phantastik auf ihre Art. Als Gegenargument führte ich zwei Beispiele an. Sagen wir, ein typischer Kriminalroman, der auf dem in dieser Gattung bekannten »Geheimnis des verschlossenen Raumes« beruht, endet mit der Erklärung des Detektivs, daß der Mord von einem Geist oder sonst einem Wesen aus dem Jenseits

* Roman von Henryk Sienkiewicz

begangen wurde, das die Fähigkeit besitzt, durch verschlossene Türen und durch Wände einzudringen. Nun, obwohl dem Leser nicht verwehrt ist, im Verlauf der Lektüre auch an so etwas zu denken, zieht doch kein Liebhaber von »Krimis« diese Möglichkeit in Betracht, weil er weiß, daß in dieser Büchergattung eine solche Lösung des Rätsels nicht zulässig ist. Der Leser, der das weiß, kann nicht zwischen einer natürlichen und einer übernatürlichen Position schwanken, denn nach den in dieser Gattung herrschenden Regeln kann der Mörder nicht in übernatürlicher Weise handeln. Sollte er sich am Ende doch als »böser Geist« entpuppen, dann würde der Leser das als Bruch der Übereinkunft mit dem Autor, d. h. als Schwindel werten. Ferner, sollte der Held des Romans behaupten, daß ihm Zeus oder Baal erschienen ist, dann müßte derjenige, der das als realistische Aussage liest, den Geisteszustand des mit diesem Besuch Geehrten in Zweifel ziehen. Doch würde ihm die Mutter Gottes erscheinen, dann wäre eine ähnliche Diagnose nicht mehr so ohne weiteres möglich, denn einen solchen übernatürlichen Besuch läßt der im Mittelmeerraum herrschende religiöse Glaube zu. Man weiß nicht ganz genau, ob den aus Rom entflohenen Aposteln in »Quo vadis«* Christus »wahrhaftig« erschienen ist oder ob es ihnen nur so vorkam, aber man weiß, daß niemand »Quo vadis« aufgrund der erwähnten Stelle als ein der phantastischen Belletristik zugehöriges Werk betrachten wird. Kurz, die Leserentscheidungen, die im Zuge der Lektüre fallen und die implizit feststellen, um was für einen Text es sich handelt, hängen weitgehend vom kulturellen Stand als mitbestimmendem Element ab. Diesen Umstand hat Ingarden nicht in Betracht gezogen. Jede Lektüre ist eine lange Folge von vielen Entscheidungen, die letztlich zu Entschlüssen führen, die der Leser unbewußt im Rahmen der ihm vertrauten literarischen Gattung faßt, und daß er überhaupt etwas entscheiden *muß,* wird ihm erst klar, wenn er auf einen Text stößt, der sich nicht eindeutig einordnen läßt. Das neuere Experimentieren in der Belletristik von Robbe-Grillet bis zu Italo Calvino besteht vor allem darin, den Leser aus der

* Roman von Henryk Sienkiewicz

traditionellen, bequemen Position des naiven Realismus und gesunden Menschenverstands hinauszustoßen, doch andererseits garantiert der bloße Akt des Hinausstoßens aus alten Bequemlichkeiten noch nicht neue, von den alten abweichende Werte eines Kunstwerks. Dieses Hinausstoßen muß an sich seinen gesunden oder ungesunden, aber *eigenen* rechten Sinn haben. Beim »Lokaltermin« hat eine Vielzahl einander widersprechender Schilderungen einer bestimmten Gesellschaft eine durchaus reale Bedeutung, da wir sehr wohl wissen, daß auch auf der Erde die gleichen Vorkommnisse unterschiedlich geschildert und auf diametral entgegengesetzte Weise gewertet werden, je nachdem, welcher politischen, religiösen, philosophischen oder ökonomischen Anschauung der beobachtende Berichterstatter anhängt. Antirealistisch wird ein Standpunkt erst dann, wenn er davon ausgeht, daß das, was auf der Erde oder in einer fremden Zivilisation vor sich geht, eindeutig als »objektive, letzte Wahrheit« bezeichnet werden kann.

Man könnte auch sagen, daß der Roman auf das Universalwissen des Verfassers, wodurch die Überzeugungskraft der Handlung garantiert wäre, schon längst, seit mehr als hundert Jahren, verzichtet hat, und daß einer der Zerstörer dieser Ordnung Dostojewski war. Dadurch entstand eine psychologische Polyphonie. Jeder darf in seinem Werk das Seine denken und sagen, und niemand muß dabei vollständig und objektiv recht haben. Doch dieser Triumph der aus den Fesseln der Tradition befreiten Phantasie war nur ein Teilsieg. Es fehlte in breitem Ausmaß der nächste Schritt in Form der Erweiterung der kreativen Phantasie um die soziologische Dimension. Es gibt bis heute z. B. keine Belletristik als phantastische Geschichtsdarstellung, so präsentiert wie in den üblichen Geschichtslehrbüchern, sei es des eigenen Landes oder anderer Länder. Hier klafft also eine Lücke, die ausgefüllt werden könnte.

Meine Einwände gegen den *Nouveau roman* entsprangen meiner Überzeugung, daß die Hackfleisch-Fabeln, die diese Mutation liefert, indem sie die vordem übliche Handlung durch deren Zerstückelung des Sinns berauben, keinerlei neue, aufeinander zustrebende Sinngehalte hervorbringen, daß er also eine rein formale Spielerei ohne jeden Erkenntniswert ist.

Ein Beispiel für die Unterschiede in der Perzeption lieferten mir die eigenen Bücher, die in verschiedenen Sprach- und Kulturkreisen übersetzt wurden. Die Streuung interpretierter Lesarten war wirklich enorm. Ich gelangte also zu dem Schluß, daß eine Gemeinsamkeit nur dann möglich ist, wenn die Leser beginnen, über die Schule, die Literatur lehrt, über bestimmte Begriffsversteinerungen, über sakrosankte Einstellungen und über eine Hierarchie der Werte hinweg Kontakt zueinander zu finden. All das ist so zur Gewohnheit geworden, daß selbst die Leser das nicht wissen, doch alles zusammen schafft einen bestimmten »Rahmen« der Interpretation, aus dem sich die Bücher nicht lösen lassen, vor allem solche nicht, die in den Schatz der nationalen Literatur eingegangen sind.

B: Das ist der Augenblick, wo die Kategorie des Zufalls ins Spiel kommt, was zur Folge hat, daß die Konkretisierung verschiedene Formen annehmen kann.

L: Eben. Der Zufall wirkt sowohl auf der Seite des Schaffenden als auch auf der des Empfängers. In meinen Augen ist er eine wichtige Kategorie, um so mehr, als sie so rücksichtslos übergangen wird, und ich begann über das Phänomen nachzudenken, das mich schon immer fasziniert hat: warum bestimmte Bücher lange Zeit verkannt und dann ganz unerwartet mit großer Verspätung entdeckt werden.

B: Wohl darum, weil sie in einer bestimmten Entwicklungsphase der Kultur den entsprechenden Resonanzboden finden.

L: Klar, aber wenn sie später als Meisterwerke angesehen werden, dann ist die Sache verdächtig. Warum hat Nabokow so späte Anerkennung gefunden? Eines seiner Bücher, das ich sehr schätze, ist »Lolita«. Wegen dieses Buchs kam es zum Abbruch der Beziehungen zwischen Nabokow und seinem Freund, dem berühmten amerikanischen Kritiker Wilson. Die Literaturwissenschaft verschweigt geflissentlich Tatsachen, die ihr nicht passen, wie jene, daß so absolut unüberbrückbare Unterschiede in den Auffassungen kompetenter Personen über ein und dasselbe Buch auftreten können.

Warum verdammt so ein Kritiker ein bestimmtes Werk in Grund und Boden und sagt nicht etwa, daß dieses vielleicht meisterhaft gestaltete Buch ihn stört und beleidigt? Ich kann mir sehr gut vorstellen, daß ein Entomologe Küchenschaben und Spinnen erforscht, aber der Meinung ist, daß Schmetterlinge schöner sind. Das heißt, daß ästhetische Kriterien nicht den einzigen Faktor darstellen, der als Voraussetzung für eine Qualifikation in der Kritik und der wissenschaftlichen Betrachtung literarischer Werke absolute Geltung haben kann. Das ist nur einer der Faktoren.

»Die Geschichte der O« von Paulhan ist in meinen Augen ein Beispiel für pornographische Literatur, und doch stelle ich sie unter dem literarischen Aspekt dank ihrer Veranschaulichung der Beziehung zwischen Frau und Mann höher als das ganze Werk von de Sade. De Sade war doch ein schlechter Schriftsteller, nur daß ihn unwahrscheinliche verbale Kühnheit und Besessenheit der Perversion auszeichneten. Er besaß den Mut, nicht bloß seine Perversion zu demonstrieren, sondern auch mit allen Mitteln eine höhere Ratio für sie zu suchen. Er ist die einzige mir bekannte Persönlichkeit in der Literaturgeschichte, die mit einer programmatischen Apologie des Bösen hervorgetreten ist. Später folgten natürlich andere, aber er war der erste. Ist dies also auch sein finsteres Verdienst, so sind seine Bücher dennoch unerträglich und einfach unlesbar. Als literarische Produkte schaffen sie das Gegenteil von Vergnügen.

Die Dauerhaftigkeit von Werten in der Hierarchie der Kulturgeschichte ist ebenfalls dem Wirken des Zufalls unterworfen. Wenn wir einen Karatmesser haben, dann untersuchen wir präzise, welcher Brillant größer und welcher kleiner ist. In der Literatur sind solche Berechnungen nicht möglich. Hier wirken sehr viele Faktoren, die sich Ewigkeiten lang nicht eindeutig bestimmen lassen. Meiner Meinung nach – mag das auch nicht gerade originell formuliert sein – gibt es im Gesamtschaffen von berühmten Schriftstellern oftmals schwächere Werke, die nur deshalb einen Spitzenrang auf dem literarischen Olymp einnehmen, weil sie von Autoren geschrieben wurden, die herausragende Bücher lieferten. Solche Werke werden deshalb nicht übergangen und zu hoch bewertet, weil sie hervorragende Verfasser haben. In ihrem Fall interessiert uns alles, sogar die Rechnung der Wäscherin, die sie dem Schriftsteller ausgestellt hat. Eine ganze Menge solcher Beispiele läßt sich für das Wirken des Zufalls finden.

B: Wie aber solche Dinge erforschen? Sie haben dieses Kunststück schon in *De Sade und die Spieltheorie* probiert, das vor Jahren in den »Essays« gedruckt wurde. Was hat sich daraus ergeben?

L: Was diesen Artikel betrifft, so ist das eine anständige Arbeit, und wir finden dort selbstverständlich die Spieltheorie angewendet. Ich kenne kein Beispiel für eine ähnliche Anwendung dieser Untersuchungsmethoden bei der Analyse eines literarischen Werks.

B: Warum haben Sie für dieses Experiment gerade das so ungeliebte Werk von de Sade gewählt?

L: Ich wollte gar nicht de Sades Arbeiten untersuchen, sondern ich befaßte mich mit der abstrakten Bewertung von literarischen Werken aufgrund der Beziehung der dargestellten Welt zu den in ihr lebenden Menschen.

B: Sind Sie in den de Sade hineingeraten, weil es kein anderes Beispiel für eine negative Beziehung gab?

L: Ich unterschied zwischen drei Kategorien: die absolut freundliche Welt, d. h. die Märchen; die neutrale Welt, d. h., wie sie in Wirklichkeit ist; und die unfreundliche Welt, d. h. jene, die mir fehlte. Dieser Welt begegnen wir manchmal in der Mythologie, wie zum Beispiel im Falle von Ödipus, wo die Welt auf die Vernichtung des Helden hinarbeitet. Da bekam das Antimärchen, das ich nach Verhältnissen der unmittelbaren Nachbarschaft zu rekonstruieren begann, immer mehr Ähnlichkeit mit de Sades Werk. Das war faszinierend für mich, da alle, die sich mit diesem Werk befaßten, von den sexuellen Fragen ausgingen. Ich gelangte aber von der außererotischen Seite dorthin, denn ich suchte den Punkt, wo das Böse seinen Ausdruck findet. Übrigens ist bei ihm das Böse als Eigennutz in Wirklichkeit sekundär, denn es geht um die Beherrschung anderer, die Lust schafft. Diese wiederum hat bei ihm sexuellen Charakter par excellence. Es handelt sich also um eine Rechtfertigung, die de Sade sich ganz simpel, aber für die damalige Zeit herausfordernd, zurechtzimmert: »Was sind die

Wunder der Ethik und der Liebe gegen einen einzigen Augenblick der Lust, die man beim Töten empfindet?« Hier ist also nicht die reine Apologie des Bösen um des Bösen willen, sondern die Apologie des Bösen im Hinblick auf das Vergnügen, das man erlebt, wenn man das Böse tut.

Als ich nun sah, daß dieses Modell kein leerer Fleck auf meiner taxonomischen Tabelle war, begann ich noch genauer zu analysieren und führte das Thema über den vorgegebenen Text hinaus. Doch ich erkannte, daß dies unnötig war, denn dort, wo es parallel zu dem verlief, was eine immens große Literatur über Sade bereits festgestellt hat, war es zwecklos, dies zu kopieren. In der gedruckten Version verfolgte ich den Gegenstand bis zu dem Punkt, wo er so eindeutig wird, daß das schon einfach »de Sade« ist.

Um diese Abschweifung zu beenden, mit der wir die »Philosophie des Zufalls« verließen, muß gesagt werden, daß in einem gewissen Sinne dieses Buch für mich eine Niederlage geworden ist. Es ist auf halbem Wege zwischen meinen Intentionen und ihrer Durchführung steckengeblieben.

B: Bevor Sie dieses Thema abschließen, noch die Frage, ob Ihnen bekannt ist, daß Ihr essayistisches Werk dem Durchschnittsleser weitgehend verschlossen ist.

L : Ich schlug einmal ein Buch auf und fand zufällig eine Besprechung meines Essays darin, der mit der Theorie Todorows polemisierte und in Deutschland erschienen war. Stellen Sie sich bitte vor, daß der Autor, ein Redakteur der »Science Fiction Times«, ein Mann also mit Anspruch auf Fachbildung, sich einleitend beklagte, dies sei so fachlich, daß er nichts verstehen könne. Dabei war ich doch in meiner Skizze keineswegs fachlicher als der von mir angegriffene Todorow. Mir erscheint selbstverständlich, daß jemand, der sich mit der Theorie des literarischen Schaffens befassen will, ein Minimum an Bildung besitzt. Ohne eine solche Voraussetzung bringt man nichts zustande, daher muß man sich zumindest ein Nachschlagewerk zu dem betreffenden Gebiet besorgen.

Wenn man gar keine Ahnung von dem Quellgebiet hat, aus dem die Begriffe stammen, passiert es häufig, daß man Worte benützt, denen man eine ganz unangemessene Bedeutung unterlegt. Im Strukturalismus z. B. haben viele Forscher eine Menge Begriffe völlig losgelöst von deren Stammworten verwendet. Viele dieser gelehrten Männer und Frauen haben sich meiner Meinung nach gar nicht Rechenschaft darüber abgelegt, daß der ganze Begriffsapparat des Strukturalismus aus der Mengenlehre stammt. Das führt zu vielen Mißverständnissen. Aber es ist doch völlig klar, daß es sich, wenn der Arzt am Bett des Kranken sagt, dieser habe Fieber, um ein zweifellos anderes Fieber handelt als jenes, das uns befällt, wenn wir auf einem Ball der geliebten Frau begegnen. Das ist eine so völlig andere Art von Fieber, daß es wahrhaftig nicht nötig ist, dem Unglücksvogel gleich mit Thermometer und Aspirin zu kommen. Diese Unterscheidung muß man unbedingt machen, wenn man einem Text absolute Eindeutigkeit verleihen will, was aber nicht möglich ist, wenn wir es mit jemandem zu tun haben, der nicht sachkundig ist.

B: Mit dieser Urteilsstrenge übertreiben Sie wohl ein wenig. Mit sehr viel gutem Willen nahm ich mir einmal die »Ethik der Technologie und Technologie der Ethik« vor, und alles ging zunächst gut, doch als ich zu den Markowschen Prozessen kam, da wußte ich nicht mehr, was stärker war: mein Ärger oder meine Ratlosigkeit.

L: Ich muß zu meiner Rechtfertigung sagen, daß ich diesen Artikel auf Anforderung einer philosophischen Zeitschrift geschrieben habe. Ich meinte also im Recht zu sein. Warum sollte mein Jargon schlechter sein als jener der Philosophen? Man muß mit den Wölfen heulen. Gewiß bleibt dabei die Frage offen, ob jeder, der meine diskursiven Bücher liest, zu Recht erwarten darf, ohne Vorbildung alles darin Enthaltene verstehen zu können. Ich gebe selbstverständlich zu, daß ich mir darüber nicht besonders den Kopf zerbrochen habe. Einen gewissen Trost finde ich darin, daß die »Summa Technologiae« heute bedeutend besser verstanden wird als zur Zeit ihres Erscheinens, und in 15 Jahren wird sie noch weniger befremdend wirken. Die Entwicklung geht einfach in diese Richtung. Ich bemühe mich ehrlich, zurückhaltend zu sein.

Aber die Markowschen Prozesse – das ist freilich keine so leichte Sache. Müßte ich Ihnen das jetzt erklären, dann käme ich in nicht geringe Verlegenheit. Das ist ungefähr so, als würden Sie mich fragen, was die transfinalen Mengen und welcher Art die Kardinalzahlen sind, die die Mächtigkeit des Kontinuums darstellen. Das kann man nicht erklären, indem man mit beiden Beinen in bloß einen Abschnitt der Mengenlehre hineinspringt, sondern man müßte mit dem Anfang beginnen und zuerst in einigen Dutzend Sätzen erklären, was die Mengenlehre ist, woher sie kommt etc. Die Erklärung der Markowschen Prozesse, die ein leidlich entwickelter Zweig der Wahrscheinlichkeitstheorie sind, würde ebenfalls einen ganzen Vortrag erfordern.

Ich hatte beim Schreiben der »Philosophie des Zufalls« ebenfalls ernste Probleme, denn jede strukturalistische Schule bediente sich sogar auf demselben Gebiet eines etwas abweichenden Begriffsinstrumentariums und wollte unter keinen Umständen im gesamten terminologischen Bereich mit anderen Schulen gleichziehen. Ich stieg mitten in diese Probleme hinein, aber wie sollte ich es allen recht machen? Wohl nur, indem ich darauf verzichtete, das Buch zu schreiben. Mir persönlich scheint, daß das Problem einer Theorie literarischen Schaffens so verteufelt schwierig und kompliziert ist, so sehr mit Linguistik, Semantik, Semasiologie, semantischer Logik und ähnlichem verstrickt, daß es äußerst schwer ist, sich da durchzuarbeiten. Was tun? Sollte ich das alles überspringen und mich mit der Charakteristik der Stilarten des neunzehnten Jahrhunderts befassen, darüber schreiben, was uns ergreift und was uns nicht ergreift, oder sagen, daß die Gestalten so plastisch hervortreten, als würden sie leben? Das erschien mir sinnlos. Der Versuch einer wissenschaftlichen Gestaltung fordert so manchen, mitunter hohen Preis. Kann sein, daß ein anderer das besser gemacht hätte, aber zufällig machte es keiner.

B: Gehen wir vielleicht zu den nächsten Werken weiter. Ich gebrauche die Mehrzahl, weil die »Imaginäre Größe« und die »Vollkommene Leere« zweifellos wegen ihrer genologischen Zugehörigkeit gemeinsam behandelt werden sollten. Woher diese unerwartete Wendung zu Apokryphen?

L: Ich denke, daß mit den Jahren in mir die Ungeduld bezüglich eines gewissenhaften handwerklichen und langsamen Aufbaus der Fabel zunehmend gewachsen ist. Will man einen Gedankenblitz in eine Erzählung umwandeln, so muß man sich entsetzlich schinden, und das ist gar nicht intellektuell gemeint. Das war einer der Gründe, warum ich mich auf so grausame Kurzfassungen einließ, wie es diese Bücher waren.

Besonders mit der »Imaginären Größe« habe ich den Verlegern viel Kummer bereitet, denn wie Sie wissen, endete das mit einem Vortrag von Golem. Als ich Lust bekam, eine Fortsetzung dieser Golemschen Betrachtungen zu schreiben, deckte sich der erste Teil des zweiten Buches mit dem letzten Teil des vorangegangenen. Ich konnte nicht anders, und die Verleger druckten das – leise stöhnend –, so wie es ist. Es trug sich etwa so zu, als wäre das Element der Unabhängigkeit, das im geschriebenen Text zutage trat, revoltierenden Stimmungen gewichen.

In diese Bücher bemühte ich mich verschiedene Stilarten einzubringen: den Stil der Rezension, des Kommentars, der Vorlesung, der Dankrede (eines Nobelpreisträgers) und ähnliches. Diese Experimente sind gleichsam »Kästchen«, die, eines über das andere gelegt, Stufen ergeben, über die ich jenes Stockwerk erklomm, auf dem Golem zu sprechen beginnt. Ich muß übrigens sagen, daß dem Schreiben dieses Buchs viele Jahre der Anwendung von *trial und error* vorausgegangen sind. Ich verfügte über eine Unmenge Material, von dem sicherlich am Ende kaum fünf Prozent im Buch Aufnahme fanden.

B: In diese Reihe von Büchern paßt auch »Provokation« hinein, das mir als ungewöhnlich interessantes Thema erschien. Warum versuchten Sie nicht, es fortzusetzen?

L: Ich habe versucht, ein Buch darüber zu schreiben, was auf der ganzen Erde innerhalb einer Minute vor sich geht – mit Hilfe exakter Zahlenangaben: wieviel Menschen sterben, geboren werden, kopulieren, träumen, künstlerisch arbeiten, weinen usw.[*]

Für mich war die Wirkung der »Provokation« eine Überraschung, denn einige Historiker nahmen dieses Buch als absolute Wahrheit auf. Zwar lieferte ich diskret entsprechende Hinweise, und das Datum des Zeitpunkts, zu dem ich die

[*] Eine Minute der Menschheit, suhrkamp taschenbuch 955 (1983)

Rezension schrieb, geht dem Erscheinungsdatum des Buches voraus, doch wer liest schon aufmerksam solche Daten?

Tatsächlich ist das Gewicht der in »Provokation« berührten Dinge (Völkermord, Judenvernichtung, Massengräber, Konzentrationslager) so groß, daß es schwierig ist, Texte zusammenzustellen, die diesem Gewicht gerecht werden. In den vergleichbaren Texten darf man sich keine Frivolität erlauben. Da muß schon alles ernst sein, so wie in dem erwähnten Büchlein über eine Minute im Leben der Welt.

B: Nun also zum »Lokaltermin«, der für Sie irgendwie wichtig sein muß, denn Sie haben sich ja entschlossen, noch einmal an Jon Tichys Grab zu rühren, und überdies ließen Sie ihn alles widerrufen, was er in den »Sterntagebüchern« auf der 14. Reise erzählt hat.

L: Die Entstehungsgeschichte dieses Buches ist etwas anders als die der übrigen, denn es ist aus der Verzweiflung geboren, daß es mir nicht möglich war, das geplante Buch zu schreiben. Vor etwa fünf Jahren, vielleicht sogar noch früher, beschloß ich eine Art Richtigstellung der »Sterntagebücher« zu verfassen, wo sich zeigen sollte, daß Tichy sich geirrt hat und er gar nicht auf dem Planeten gelandet war, auf dem er zu landen meinte, sondern gleichsam in ein großes Disneyland geraten war. Ich wollte also zeigen, daß alles im Grunde genommen anders war als in der »Wirklichkeit«. Und weil ich nicht wußte, wie es »anders« sein könnte, begann ich also von mir selbst darüber aus Fragmenten zu erfahren, die verworren und inkohärent waren, sich nicht verschmelzen ließen und in einer anderen Richtung verliefen. Sie waren quasi verschiedene Versionen der Auffassung von diesem Planeten, unterschieden sich aber voneinander so, wie sich die Berichte der »Prawda« und der »International Herald Tribune« über das, was sich in Polen abspielt, voneinander unterscheiden. Das Herumexperimentieren mit diesen Fragmenten führte dazu, daß sie immer mehr zu wuchern begannen, und sie strebten immer stärker nach allen Seiten auseinander. Jedes von ihnen ließ sich zwar lenken, doch ich wußte, daß dies zu keiner Fokussierung führte, im Gegenteil, es fiel auseinander. Und da es sich in keiner Weise verbinden ließ und dieses Material eine wahre Fundgrube von wertvollen Ideen war – auch was ihre prognostische Gültigkeit betrifft –, so schob ich das immer wieder ratlos hinaus.

Und da entstand in meinem Kopf die Konzeption vom Ministerium für außerirdische Angelegenheiten, in dem sich die Protokolle verschiedener Historiker, Berichte über verschiedene Reisen, voneinander abweichende Versionen und Theorien befinden. Aber wie das gestalten? Eine Bibliothek darstellen? Besser vielleicht, eine Enzyklopädie dieser Planeten zu verfassen. Dazu hatte ich keine Lust, denn das wäre Büchern wie »Die imaginäre Größe« oder die »Vollkommene Leere« zu ähnlich. Am Ende beschloß ich, meinen Helden in das Chaos dieser Berichte einzuführen, aus denen er erfährt, daß er sich geirrt hat. Und daß dies von Grund auf eine vielschichtige Inkohärenz sein wird, da es sich um Texte von unirdischen Autoren handeln wird, die in verschiedenen Staaten und Epochen entstanden, und zudem in der Interpretation von Religion, Sitten, Ideologie und Geschichte des Planeten einander widersprechend. Und dann beschloß ich zu allem Überfluß, daß dies nachträglich noch von irdischen Gelehrten anlaysiert werden wird, die ebenfalls unterschiedliche Standpunkte vertreten werden, und das würde erst recht wie Kraut und Rüben durcheinandergehen. Ich wußte, wenn ich den Leser mit einer gewissen Portion Humor bedenke, versetze ich ihn in dieselbe Lage, als sollte er die europäische Geschichte mit Hilfe chinesischer, Stalinscher, amerikanischer und Hitlerscher Berichte rekonstruieren. Ich wollte, daß es ihm nicht zu leicht fallen soll, zum Kern der Ereignisse vorzudringen. Denn es gibt zu viele Blickpunkte der Interpretation, die zudem noch von den Autoren durch Erdichtetes vermehrt werden. Das Ziel war das Erreichen des Schreckensbildes der Vieldeutigkeit, die Erlangung eines großen Palimpsestes.

B: Sie sprechen ziemlich oft von der Mühsal des Schreibens und dem für Sie charakteristischen hohen Aufwand an fachlicher Arbeit. Angesichts des großen Umfangs Ihres Werkes wirkt das fast wie eine Art Koketterie.

L: Am Anfang meiner Schriftstellerlaufbahn verfügte ich über eine Leichtigkeit des Schreibens, mit der ich wohl verschwenderisch umging. Ich überlegte nicht lange, sondern schrieb wie verrückt. Jetzt habe ich die größten Schwierigkeiten beim Schreiben, so daß ich nichts in einer von vornherein festgelegten Reihenfolge schreibe. Meine Arbeit erinnert immer mehr an das Ringen eines Bildhauers mit dem schweren lehmigen Material. Wenn eine Seite nicht gelingt, fange ich von vorne an: Ich füge neue Füße oder Hände oder den Kopf hinzu. Wenn das Buch fertig und gut geworden ist, dann erinnert es in keiner Weise mehr – und das gilt nicht nur für belletristische Texte – an jene Anfänge. Alles macht einen Prozeß äußerst mühseliger Gestaltung durch. Zwischen mir und dem Text kommt es zu einem interessanten Spiel, um so interessanter, als ich in meinem Kopf Fühler habe, die mir angeben, wann ich mit diesem Spiel aufhören und die schwere Arbeit beenden kann.

B: Sind diese Schwierigkeiten eher auf Probleme des Aufbaus oder der sprachlichen Artikulation zurückzuführen?

L: Das Problem, auf ein gegebenes Werk – das erst in nebelhaften Konturen existiert – den Ton einzustimmen, die richtige Sprache, die richtige stilistische Modalität zu finden, erfordert ebenfalls mühsames Suchen. Das ist sehr schwer. Das Schwanken zwischen der ersten und der zweiten Person, den richtigen Violinschlüssel zu finden – das erfordert Mühe.

Ich war immer ungeheuer empfindlich für die Sprache. Den Autoren aus dem Bereich der exakten Wissenschaften verdanke ich die große Empfindsamkeit in meiner Einstellung gegenüber einem schwülstigen Stil. Außer bei der »Kyberiade«, wo das Barocke beabsichtigt war, habe ich nirgendwo in diesem Stil geschrieben. Niemals habe ich mir stilistische Zügellosigkeit geleistet.

B: Ich weiß nicht, ob Sie von der Anekdote gehört haben, die man sich über Sie erzählt: Sie sollen eines Tages in den Couloirs während einer wissenschaftlichen Tagung gefragt worden sein, in welchem Verhältnis bei Ihnen das auf wissenschaftlichem Hintergrund erdachte Phantasieprodukt und echte Verwurzelung in der Wissenschaft zueinander stehen. Die Antwort soll gelautet haben: »Und wer kann mich überprüfen?« Ob nun diese Antwort stimmt oder nicht, wichtiger ist allem Anschein nach die Angst um die Glaubwürdigkeit der von Ihnen geäußerten Überzeugungen; die

Angst, daß zwischen dem Produkt freier Hypothesen und dem, was wirklich auf Wissenschaft fußt, eine tiefe Kluft sein könnte.

L: Im Prinzip habe ich mich immer bemüht, mit solcher Bescheidenheit zu arbeiten, daß alle meine phantastisch-hypothetischen Behauptungen sich auf wissenschaftlich bestätigte Richtigkeit gründeten, daß es eine Berufungsinstanz geben sollte. Alle diese Tribunale und Appellationsgerichte sind ziemlich vage, aber sie existieren wirklich. Niemals ist mir eingefallen, potentielle Bestätigung und ein Berufungssystem z. B. in der Angelologie zu suchen. Obgleich uns anderswoher eine reiche Ikonographie der Engel bekannt ist, so habe ich doch niemals auf dieser Grundlage behauptet, daß dem Menschen Flügel wachsen können und er fliegen wird. In der Belletristik bin ich Szientist – oder versuche es jedenfalls zu sein. Ich schenke weder der allgemein vorherrschenden Meinung zum Thema UFO Glauben, noch dem vor allem von Däniken postulierten populären Thema der »Urastronauten«. Eben das ist eine Verhöhnung der Vernunft, eine Herabsetzung der Leistungsfähigkeit des menschlichen Geistes. Das ist ein Bild vom Menschen, der selber nichts Gescheites zustande bringt, also muß jemand aus dem Weltall kommen und uns lehren, Pyramiden zu bauen oder zu töpfern. Ich stand immer auf dem Boden der Vernunft und trachtete nur danach – so gut ich das konnte –, meinen ehrlichen Überzeugungen Ausdruck zu geben.

B: Wenn wir aber auf dem Gebiet bleiben, wo die feststehenden Tatsachen der Wissenschaft den kritischen Punkt schwer verifizierbarer prognostischer Vorstellungen erreichen, die überdies Literatur sein möchten, entsteht naturgemäß die Vermutung, daß die verkündeten Prognosen unglaubwürdig sind. Haben Sie daher nicht daran gedacht, z. B. eine Methode zu finden – wenn auch nur in den diskursiven Texten –, die es ermöglicht, eine Grenzlinie zwischen dem tatsächlichen Stand der Wissenschaft und den eigenen Annahmen zu ziehen?

L: Ich habe nicht daran gedacht, und nicht etwa darum, weil ich besonders perfide bin, sondern weil das sehr schwer zu bewerkstelligen ist. Bedenken Sie doch, daß es völlig ausgeschlossen wäre – verfolgt man eine solche Leitlinie –, ein Buch wie die »Summa Technologiae« zu schreiben. Und wollte man sich noch strikter daran halten, so wie Cornelius an seine anankastischen Gewohnheiten, dann kann man als eminenter Physiker kein populärwissenschaftliches Buch z. B. über »schwarze Löcher« schreiben.

B: Und weshalb das?

L: Deshalb, weil sich die Ansichten über dieses Thema durchaus nicht bei allen Wissenschaftlern decken. Es gibt einen bestimmten Kern, wo sich die Auffassungen überlagern, aber im Raum außerhalb dieses Kerns kann es schon unterschiedliche Interpretationen geben; also müßte man schreiben, daß Hawking dies behauptet, Penrose jenes und Sciama wieder etwas anderes. Und da es an die vierzig solcher Gelehrter gibt, müßte man riesige Chrestomatien schreiben. Begibt man sich vom Gebiet der Physik, die heute – gleich nach der Mathematik – die Königin der Wissenschaften ist, auf das Feld der Biologie, dann bietet sich uns ein Bild leibhaftigen Unheils. Wenn wir uns aber in die medizinische Theorie hineinbegeben, dann befinden wir uns in einem Alptraum, denn die Ätiologie bestimmter Krankheiten wird in der inneren Medizin nach Meinung von Prof. A. ganz anders aussehen als nach Meinung von Prof. B. Und das sind nur Anfangsschwierigkeiten, die eine Grenzziehung nicht zulassen.

Ich gebe Ihnen ein Beispiel für weitere Schwierigkeiten. Es gibt heftige Auseinandersetzungen um die Frage, ob es eine Fernwirkung gibt, die die Lichtgeschwindigkeit übertrifft, oder ob es sie nicht gibt. Die Konzeption, die eine solche Möglichkeit zuläßt, ergibt sich aus einer bestimmten – nicht sehr orthodoxen, aber auch nicht verrückten – Interpretation der Quantenmechanik. Wenn ein Teilchen und ein Antiteilchen entstehen, die in entgegengesetzte Richtungen fliegen, oder wenn wir ein Elektron und ein Positron haben und dem Elektron »etwas antun«, dann hat es den Anschein, daß das Positron das »erfährt«. Man weiß nicht, wieso. Es ist also auf dem Boden der Wissenschaft die Interpretation zulässig, dies seien Symptome gewisser Mechanismen, zu denen wir noch nicht vorgedrungen sind. Möglicherweise kommt also von diesem Gebiet die nächste große Revolution in der Physik. Es ist doch kaum anzunehmen, daß wir die letzte erlebt haben. Ich vertrat nie den Standpunkt, daß wir uns in der Wissenschaft auf verhärtetem Boden befinden und daß wir alles mit Bestimmtheit wissen. Aus diesem Grunde verlieren wir, wenn wir uns auf die Zukunft hinbewegen, allmählich den festen Boden. Die Situation erinnert an das Betreten eines zugefrorenen Sees, der seine dickste Eisschicht an den Ufern hat. Es ist unmöglich, die Stelle zu bestimmen, wo das Eis unter unseren Füßen einzubrechen beginnen wird, weil das von einer Vielzahl von Faktoren abhängt, die man nicht bestimmen kann. Das Vernünftigste wäre also, sich überhaupt nicht aufs Eis zu begeben und demnach über die Zukunft nicht zu reden. Aber wenn man es dennoch tun will, dann muß man riskieren, daß einem die Kriterien fehlen.

B: Sie haben mich überzeugt. Ich habe nichts gegen den Szientismus Ihrer Texte, aber manchmal denke ich mir, ob bei dieser Verbindung von Wissenschaft und Literatur letztere nicht allzu großen Schaden nimmt?

L: Ich weiß nicht. Irgendwann dachte ich mir aber: Was soll das, meinen Kollegen »vom Fach« ist alles erlaubt und mir nicht? Andere dürfen mit der Axt die Syntax zerschlagen, willkürlich mit der Sprache Schindluder treiben, die Fabel aufgeben und das Prinzip der Vereinbarkeit von Ereignissen fallenlassen, und ich darf das nicht? Warum soll ich nicht eine Sprache der erdachten Wissenschaft oder der Kommentare zu einer Philosophie einführen, von denen einst Borges geträumt hat, oder eines nicht existierenden Vokabulars, einer Enzyklopädie, einer erdichteten Kosmogonie oder schließlich eines ganzen »Gartens der Wissenschaften«? Ich denke, ich darf das. Früher durfte man nicht ohne elegante Kleidung eine Theateraufführung besuchen, heute darf man.

Und hört das auf, Literatur zu sein? Eine schwierige Frage. Ich lehne mich nicht gegen so eine Abfuhr auf: Das ist nicht Literatur! Bitte sehr, doch was ist es dann? In den letzten Jahren habe ich einfach das geschrieben, was ich schreiben wollte. Und wenn das tatsächlich dazu führt, was man als ein Abgehen von der Literatur bezeichnen kann, so

sehe ich darin vor allem ein Abgehen von bestimmten konventionellen Erzählformen sowohl der traditionellen als auch
der phantastischen Literatur. Warum soll ich mit dem Her-
kömmlichen nicht brechen? Und ob das noch immer Literatur
ist, das zu entscheiden ist wohl nicht meine Sache.

B: Ich sehe freilich nirgends eine solche Forderung, aber
Tatsache ist, daß Sie mit der Überschreitung dieser Grenze
viele Leser verlieren.

L: Ich gestehe Ihnen, daß der Gedanke, wie viele Menschen meine Bücher in die Hand nehmen, mir nicht besonders
zu schaffen macht. Ich bin sogar erstaunt, wenn ich in die
Chemische Reinigung an der Dębnicka-Brücke komme und
dort die Büglerin mit »Golem«-Exemplaren wegen eines
Autogramms auf mich lauert, die sie ihren Kindern schenken
will, von denen das älteste 19 Jahre ist. In solchen Situationen
bin ich wahrhaftig verlegen. Ich glaube nämlich nicht, daß die
80 000 polnischen Leser, die dieses Buch gekauft haben,
großen Gewinn daraus zogen. Aber was soll ich tun? Eine
Fibel zum »Golem« schreiben, und dann Versionen für die
zweite, fünfte und zehnte Klasse? Tut mir leid, das Leben ist
kurz, und der Mensch hat es eilig. Ich mache also das, was
mich am meisten interessiert, und bemühe mich, es so gut wie
möglich zu machen. Und daß ich das einmal schlecht und
dumm gemacht habe, dagegen kann ich nichts tun – ich
erlaube einfach nicht, daß meine ersten Bücher neu aufgelegt
werden. Mir liegt daran, daß meinen Büchern jene Qualität
anhaftet, die Chomsky »tiefe semantische Struktur« nennt.
Und wenn es die Umstände erfordern sollten, daß diese
Struktur zur dominierenden wird und das Literarische hin-
wegfegt, so werde ich mich dem nicht widersetzen.

Lange schon tendiere ich übrigens im Unterbewußtsein in
diese Richtung. Ich bin von Natur aus ein Schwarzseher und
Pessimist. Im Laufe der Jahre hat sich das verstärkt, nicht
ohne Zutun der Erfahrungen in unserem Vaterland. Es ist
bekannt, daß große Humoristen meist ziemlich schwermütige
Menschen sind. Fredro* war zwar eher sanftmütig, aber zum
Beispiel Mrożek ist ganz und gar ein Melancholiker. Ich bin

---

* Aleksanter Fredro (1793–1876), populärster polnischer Lustspieldichter

auch nicht einer dieser sonnigen Humoristen. Ich gehöre eher zu denen, die zum Leser mit einer großen Spritze Blausäure kommen.

B: Von dieser Seite betrachtet, kann man Sie einem sehr interessanten Vorfahren zuordnen, nämlich Swift und seinen »Gullivers Reisen«. Bei dieser Gelegenheit möchte ich Sie auch fragen – obwohl die Spur von einer anderen Seite herführt –, ob Sie sich mit Carroll und seiner »Alice im Wunderland« verwandt fühlen?

L: Das sind sehr große Werke. Ich müßte mit Miłosz sagen: »Ich werde mich bemühen, mein Herr Dekan.« Ein amerikanischer Kritiker stellte eine sehr subtile Analogie zwischen mir und Swifts Misanthropentum her. Es handelt sich darum, daß Swift und Lem den Menschen gar nicht lieben, also erdichtete der eine Pferde und der andere, was es nun so gab, mit Robotern an der Spitze. Das ist so eine Volte, die paralogischen Charakter hat, weil man sich auf niemand *anderen* berufen kann! Diese Position ist erfunden. Obwohl, wenn Sie an das Grauen der Erzählung von den »Bleichlingen« aus den »Robotermärchen« denken und den Abscheu, mit dem von den Klebäuglern erzählt wird, dann drängen sich gewisse Parallelen auf. Obwohl ich nichts davon mit einem Augenzwinkern in Richtung Swift gemacht habe, so hat sich doch gezeigt, daß hier eine gewisse Ähnlichkeit zur Situation mit seinen Pferden besteht. Sie erinnern sich bestimmt an die Stelle, wo Gulliver nach Hause zurückkehrt, wo seine Frau ihn begrüßt und küßt... und er wird vor Ekel ohnmächtig; wenn man aus diesem Ende Schlußfolgerungen zieht, muß man zur Ansicht gelangen, daß er ein noch größerer Misanthrop war als ich. Nun, das ist schon erstaunlich.

Und was »Alice im Wunderland« betrifft, so kann ich zweifellos zwischen den Wandlungen der Phantasie bei Carroll und mir gewisse Ähnlichkeiten finden, doch sie umfassen kein weites Gebiet, denn sie betreffen das, was man als mathematische Abart der Phantasie bezeichnen könnte. Es gibt da solche Paralogismen... wenn zum Beispiel die Königin zu Alice sagt, daß es hier eine Welt gibt, in der man schnellstens laufen muß, um auf der Stelle zu bleiben. Diese

Art von Scherz erscheint einem beim ersten Hinsehen absurd, doch versteht man etwas von der abstrakten Mathematik und von physikalischen Phänomenen, so hört es auf, absurd zu sein. Das erscheint mir sehr vertraut.

B: Man kann sich des Eindrucks kaum erwehren – übrigens haben Sie das ja schon anfangs bestätigt –, daß Sie mit den »tiefen Strukturen« in Ihren Werken und durch andere Methoden, die Ihre Texte auf den festen Boden der Wissenschaft stellen, die Literatur irgendwie instrumental behandeln. Instrumental in dem Sinne, daß Ihre Literatur »für etwas« da ist, daß sie etwas »erledigen« will. Ich hätte gerne gewußt, was Sie mit Ihren diskursiven Traktaten und szientistischen Grotesken zu erledigen glauben?

L: Ha! Die Welt glücklich machen, ihr alles vorauszusagen, was sie erwartet, wenn sie nicht auf mich hören will.

B: Und als Alibi brauchen Sie die Groteske.

L: In welchem Sinn?

B: Durch die Linse der Groteske kann man erkennen, daß Sie von diesen ganzen Versuchen der Prognostizierung nichts halten.

L: Nichts?

B: Dieses Schwanken zwischen Tragik und Spott bewahrt Sie vor der Verzweiflung darüber, daß ohnehin keiner auf Sie hört. In Ordnung, darin liegt ein tieferer Sinn, aber ist es nicht schade, wenn man nicht, wie ein Vater vor seinen Kindern, auftrumpfen kann: »Hab' ich es nicht gleich gesagt?« Wird auf solche Art die ganze Mühe des Prognostizierens nicht etwas überflüssig?

L: Erstens, wenn *das* eintritt, was eintreten *kann,* dann wird niemand dasein, dem ich sagen kann: »Hab ich es nicht gleich gesagt?« Und zweitens, ist Ihnen der klassische Ausspruch von Pascal geläufig?

B: Vom denkenden Schilfrohr?

L: Genau. Ihm liegt sehr viel daran, zu wissen, wovon es gebrochen wird, stimmt's? Mir ist das wahnsinnig vertraut. Ich will *wissen,* und dieses Wissen ist für mich ein Wert für sich; ein Wert, der keiner weiteren Begründung bedarf. Dieses Wissen hat keine Ähnlichkeit mit dem Wissen, wie man einen Mürbeteig-Kuchen macht. Wenn ich nicht die

Absicht habe, Streuselkuchen zu machen, dann haben die Backrezepte für mich keinen Wert. Jeder hat seine eigenen Vorlieben: Fußball, Kopulation, Bier aus der Dose trinken. Mir hingegen bereitet es Vergnügen, düstere Dinge aus schwierigen Büchern zu erfahren.

B: Jeder sucht nach einer Instanz, die am stabilsten sein könnte in dieser unstabilsten aller Welten. Für Sie ist das die Wissenschaft. Wissen Sie, daß Sie eine Bezeichnung erlangt haben, die von Kołakowski stammt und die so lautet: »hervorragender Ideologe der szientistischen Technokratie«. Wie gefällt Ihnen der Gedanke, der sich hinter dieser Beschreibung versteckt?

L: Bitte nicht! Ich behaupte mit der mir eigenen Heftigkeit, daß ich sie für völlig mißlungen halte, in bezug auf den heutigen Lem genauso wie auf jenen, der die »Summa« geschrieben hat. Ich bin nicht in der Lage, jedes Buch mit der Einschränkung zu beginnen: »Obwohl man alle Mittel als Vernichtungsmittel gebrauchen kann...« Die Macht der Wissenschaft ist eine Sache, und diese Welt, die so schrecklichen Gebrauch von ihr macht, ist eine andere Sache. Das sind zwei Systeme, die sich zwar überschneiden, doch man kann sich nicht auf den Standpunkt stellen, daß die Wissenschaft für alle Übel die Verantwortung trägt. Ich habe mich mit den Mitteln, nicht mit den Zielen beschäftigt. Wenn ich zum Beispiel über die vom Standpunkt der experimentellen Philosophie interessante, wenn auch wenig wahrscheinliche Phantomatik (Summa Technologiae) schrieb, dann betonte ich doch, daß ihre gesellschaftlichen Resultate vermutlich entsetzlich sein werden. Ich befaßte mich nicht damit, welche Ergebnisse die dargestellte Errungenschaft sekundär erbringen kann und was man mit ihrer Hilfe mit der Welt anzustellen vermag. Wenn die Gattung Mensch an sich selbst Hand anlegt, dann wird einfach nichts vorhanden sein. Diese Seite des Problems ist ebenso erschreckend wie banal. Ich befasse mich weder mit dem Problem der Menschheitsvernichtung noch mit dem Problem einer derartigen Verstümmelung der Zivilisation, daß sie sich 600 Jahre lang nicht mehr erholt. Daraus ergibt sich jedoch keineswegs, daß ich ein hervorragender Ideologe der szientistischen Technokratie bin.

Technokratie setzt technokratische Regime voraus. Wo kann man diese in meinem Werk finden? Aus einem einzigen Grund kann man mich für einen größeren Technokraten halten als in den 60er Jahren. Denn damals lehnte ich kategorisch eine Maschinerie zur Verwaltung des Staates ab, heute sehe ich das gar nicht als sinnlos an. Die mit entsprechenden Schutzvorrichtungen gesicherte Maschinerie (natürlich gegen das Eindringen machthungriger Menschen) könnte das bedeutend objektiver tun als irgendein Politiker. Aber da ich in der »Summa« dieser Konzeption abschwor, gibt es für solche Behauptungen keine Grundlage.

Diese Abqualifizierung betrachte ich als ungerecht. Es ist absolut dasselbe, als wollte man einen Professor der Pathologie von Infektionskrankheiten, der über den Verlauf von tödlichen Erkrankungen an Cholera, Typhus und Pest Vorlesungen hält, einen hervorragenden Ideologen der weltweiten Verbreitung von Epidemien nennen. Er befaßt sich einfach mit dem Krankheitsbild.

Irgendwann beharrte ich in einer Diskussion darauf, daß der Wirkungsbereich der Philosophie immer kleiner wird. Aristoteles befaßte sich noch mit den Bewegungen der Himmelskörper und strebte danach, mit der reinen Vernunft zu Schlüssen zu gelangen, doch den nachfolgenden Philosophengenerationen wurden diese Möglichkeiten entzogen. Ein derartiges Abtreten mannigfaltiger Gebiete der Philosophie an die Empirie oder die Naturforschung schreitet ja zunehmend voran. Doch ich habe niemals behauptet, das würde zu einer Situation führen, wo der Besitzstand der Philosophie gleich Null sein wird. Das aber hat Kołakowski mir unterstellt. Überdies behauptete er, daß alle Fragen, die Platon und Plotinus stellten, heute noch aktuell sind. Dem pflichte ich nicht bei. Zwar wird es nicht zu raschen, aber doch zu entscheidenden Wandlungen kommen.

B: Ich schieße auf Sie also noch einmal aus dem gleichen großen – wenn auch nicht von mir aufgestellten – Geschütz. Es gibt Leute, die behaupten, daß Ihre Arbeiten der Wissenschaft ein Alibi in dem Sinne geben, daß die terminologischen Änderungen tatsächliche Erkenntnisfortschritte substituieren.

L: Die Wissenschaft bedarf keiner Alibis. Weder von mir noch von anderen. Daß unsere Welt innerhalb von wenigen Augenblicken in Staub zerfallen kann, ist nicht etwas Ausgesponnenes, das sich bloß aus der Existenz bestimmter wissenschaftlicher Theorien ergibt. Die computerisierte Welt der Monopole und Konsortien, d. h. diese Welt, deren Existenz wir unmittelbar nicht spüren, ist durchaus keine Fiktion. Wenn man mit Hilfe der Wissenschaft die Theorien in Realien verwandeln kann, dann ist jedes Gerede überflüssig. Man muß tagtäglich drinstecken, um zu wissen, wie grauenvoll der Fortschritt ist. Nimmt man ein 20 Jahre altes Lehrbuch über die Festkörperphysik zur Hand, so kann man sagen, daß sie damals noch nicht existiert hat; und jetzt haben die Japaner schon eine organische Substanz erfunden, die aus Äthylen gemacht wird und die Eigenschaft stromleitender Metalle hat. Es entsteht eine ganz neue Gruppe von Körpern. Wir nehmen aus unserer Perspektive gar nicht wahr, was um uns herum vor sich geht. Wir sitzen vor dem Computer aus Birken- und Buchenelementen und wissen gar nichts!

B: In einem Ihrer Bücher schreiben Sie, daß »die Metaphysik ein Ensemble integrierender Faktoren ist, ein Ensemble von Regeln, die ihnen Sinn verleihen und sie zu verstehen gestatten«. Nichts sät den metaphysischen Defätismus besser, als die von Ihnen geliebte Wissenschaft, die allen Religionen und metaphysischen Systemen so übel mitgespielt hat.

L: Über diese Dinge habe ich weitaus durchdachter, mit besseren Argumenten und stilistisch schöner geschrieben, als ich es hier darlegen kann. Metaphysischer Defätismus? Ich würde meinen, daß in der säkularisierten Kultur des Mittelmeerraums die Wahrheit der höchste Wert ist. Und dies ohne Rücksicht auf die Folgen, die das nach sich zieht. Es ist eine Tatsache, und diese Tatsache muß zur Kenntnis genommen werden, daß es einen Kulturrelativismus gibt, schon dadurch hervorgerufen, daß es eine Vielzahl von Kulturen, eine Vielzahl von Religionen gibt und die Wertmaßstäbe, die in den einzelnen historischen Formationen Geltung haben, nicht identisch sind. Aus diesem Relativismus ergibt sich durchaus nicht, daß man sich einer Kultur entledigen kann, wie man einen Überzieher ablegt. Der Relativismus läßt uns erkennen, daß keine Sache unbedingt notwendig ist, keine einzige, also brauchen die Menschen unbedingt eine Art Kulturhybride. Kultur, das ist eine Einrichtung, die um so besser funktioniert, je weniger den Menschen, die mit ihrer Hilfe Kultur angenommen haben, bewußt ist, daß sie selbst sie geschaffen haben. Die Bestätigung der Kultur sollte nicht im menschlichen Erfindungsgeist, sondern in der Transzendenz ihren Platz haben. Hier besteht kein Widerspruch. Das ist so, als würden wir sagen, da der Mensch weiß, daß er sterben muß, ist es nicht wert, zu leben. Wir wissen, daß wir ohne Zweifel sterben werden, dennoch wollen wir nicht aufhören zu leben.

B: Schauen wir uns Ihr szientistisches Bollwerk ein wenig aus der Distanz und unter einem sozialen Gesichtspunkt an. Keiner noch hat das als direkten Vorwurf formuliert, aber in vielen Äußerungen kommt es sehr deutlich zum Ausdruck: Lem, das ist ein Mensch, der sich in einen wissenschaftlichen Elfenbeinturm eingesperrt hat, während an dessen Schwelle Krisen und gesellschaftliche Zusammenbrüche toben. Sie wissen wohl, was zwischen den Zeilen über diese mutmaßliche Dichotomie angedeutet wird?

L: Es hat Kritiker gegeben, natürlich nicht in Polen, die schreiben, daß niemand so streng die dem Sozialismus inhärenten Entartungen analysiert hat wie Lem in den »Dialogen« – und dieses Buch habe ich doch 1954 geschrieben. Es hatte eine Auflage von 3000 Stück, und kein krummer Hund hat sich damit befaßt. Sie wissen sehr genau, daß es dort zahlreiche Stellen gibt, die noch immer aktuell sind und sich bei jeder Krise ausgezeichnet auf die Realität anwenden lassen. Wie oft soll man sich denn selbst wiederholen?

Ich habe einen Essay geschrieben (»Angewandte Kybernetik: ein Beispiel aus dem Bereich der Soziologie«), der die Ära Gierek derart analysierte, daß die Zensur es beschlagnahmte. Als Mitglied der Kommission beim Präsidium der Polnischen Akademie der Wissenschaften »Polen 2000« beantwortete ich Umfragen, verfaßte Prognosen über die Entwicklung der polnischen Kultur bis zum Jahre 1990, ich gab Antworten auf das Rundschreiben von Prof. Suchodolski, in welchem er Fragen über den Menschen der Zukunft und die Wirkung der Erziehung der Menschen in Polen stellte (die »Polityka« veröffentlichte das drei Monate nach dem August 1980). Alles das habe ich nicht geheimgehalten, sondern der Öffentlichkeit zur Kenntnis gebracht. Was hätte ich sonst noch tun können?

Ich gebe zu, ich habe niemals gerne kollektive Protest-briefe unterschrieben, doch wenn ich meinte, daß es notwendig sei, habe ich es getan. Es stimmt, daß ich niemals mit Transparenten auf den Straßen herumlief, denn das entspricht nicht meinem Temperament. Ich bin ein Kater, der seine eigenen Wege geht, und wenn ich mich verpflichtet fühle zu protestieren, dann tue ich das ohne Aufforderung. Meinem Moralverständnis folgend, habe ich niemals die Flucht ergriffen vor dem, was sich bei uns abgespielt hat und abspielt.

Ich behaupte, daß das Problem der Gewalt kein intellek-tuelles Problem ist, denn gegen nackte Gewalt kommt der mächtigste Geist nicht auf.

B: Aber es ist ein moralisches Problem.

L: In Ordnung. Ein Amerikaner hat treffend darauf hingewiesen, daß die »Kyberiade« ein Buch ist, das zeigt, wie die Vernunft das mächtige Böse, die Niedertracht, die Ge-meinheit und die Habgier besiegt. Das ist zweifellos eine Ersatzhandlung. Bitte unter diesem Gesichtspunkt »König Grausams Angebot« oder »Die Possen des Königs Balerion« anzusehen.

B: Das sind zwei verschiedene Dinge. Die Tatsache, daß es Texte dieser Art gibt und sie jeder lesen kann – das ist eine Sache. Aber die beständige Mutmaßung – den Texten zum Trotz –, daß Lem sich hinter einem Stoß von wissenschaftli-chen Büchern wohl fühlt, bequem und fern der Welt, das ist eine zweite Sache. Fakten scheinen da keine Rolle zu spielen. Eben darin steckt das Problem.

L: Ich habe manchmal die Äsopsche Sprache benützt, aber das geschah nur selten. Das Problem, das Sie berührt haben, existiert. In einem seiner Bücher schreibt Konwicki*

---

* Tadeusz Konwicki, moderner polnischer Schriftsteller

mit viel Sympathie über mich, und gleichzeitig drückt er, wahrscheinlich in vollem Ernst, die Überzeugung aus, daß ich mich mit einer einzig dastehenden Ausweichtaktik von der normalen Literatur entfernt habe, und er es nicht verstehen kann, warum ich nicht auf den Boden, den ich verlassen habe, zurückkehre. Als hätte ich die Sterne und die Computer zu meinem Asyl gemacht. Als schriebe ich die Bücher im Geiste des Eskapismus, d. h. der Flucht vor der Wirklichkeit. Ich bin der Meinung, daß das nicht stimmt. Wir leiden alle an der Krankheit des Polonozentrismus. Dafür gibt es sehr gewichtige, tragische Gründe, das unterliegt keinem Zweifel. Und doch, trotz allem, was sich in und um Polen abspielt, es ist ein kleiner Zipfel der Welt, in der wir leben, und zudem noch so verkettet mit den Problemen der Gesamtheit, daß diese am Ende auch über das Schicksal Polens entscheiden werden. Aufgrund der genauen Betrachtungen meiner eigenen Bücher und nicht dank einer gelegentlichen Selbsterkenntnis bin ich mir darüber klargeworden, daß es meinem Wesen entspricht, nach den letzten Schlußfolgerungen, den Extremen zu suchen, doch nur nach jenen, die im Rahmen des Möglichen ihren Platz haben. Im Rahmen dessen, was wirklich geschehen kann. Man mag das als ein Überschreiten des letzten Horizonts der Dinge und Fragen bezeichnen, die heute noch denkbar sind, und als riskante Voraussagen. Ich möchte diese meine Vorliebe an einigen Beispielen zeigen. Die »Ethiksphäre« in »Lokaltermin«, das ist so ein Aspekt der den Menschen unbemerkt aufgezwungenen Gebote, der die weitest denkbare Extrapolation aus der instrumentalen Behandlung der Moral ist. Genauso ist die »Vision der Ektoken« das weitestgehende Angebot zur Erlangung der Unsterblichkeit mit technologischen Mitteln. »Golem« ist die weitest vorstellbare Extrapolation aus dem nicht denkenden und daher unendlich gehorsamen Computer. »Der Unbesiegbare« ist ein extremes Beispiel für die Evolution völlig toter und völlig apsychischer Systeme. »Solaris« ist die Vorführung eines von unserer technologischen Kapazität extrem entfernten Ozeans, der das zu tun imstande ist, was der Mensch als Wunder betrachten muß. Alles geht aber in einer natürlichen Ordnung vor sich und nicht in einer übernatürlichen. Der

Himmel, an den Golem glaubt, hat keinen Schöpfer, aber er ist nicht leer, denn in ihm wachsen Pyramiden eines immer mächtigeren Verstandes. In der »Wiederholung« wird – zwar scherzhaft, aber immerhin – eine Neue Schöpfungsgeschichte vorgeschlagen. Trurl und Klapaucius versuchen ein »Neues Schöneres Weltall« zu schaffen. In den »Experimenta felicitologika« geht es um die Sisyphusarbeit bei der »endgültigen Beglückung« von Wesen, speziell dafür ausgestattet, diesen Gipfel zu erreichen. In dieser ganzen Diskrepanz ist Konsequenz, es ist Methode darin, es ist ein authentisches Suchen nach den Grenzen oder den Grenzzonen des Menschen, der Vernunft, der Gesellschaft. Das alles als ein Feld anzusehen, ein – wie mit Maiskolben – mit lauter Monstren besätes Feld, die ich gezüchtet habe, um mich dazwischen zu verstecken, das ist, gelinde ausgedrückt, ein Mißverständnis.

B: Da wir bereits auf das Thema eingegangen sind, das man in den Schulen unter dem Titel »Vaterlandsliebe« führen kann, wollen wir jetzt vielleicht das Objektiv unseres Gesprächs auf das zweite große Thema unserer Literatur, die »Liebe zur Frau« richten. Ich fürchte, daß wir hier ein ziemlich unerfreuliches Bild erhalten, denn auf diesem Gebiet sind Sie ausnehmend zurückhaltend. Die einzigen Paare, die wir finden können, begegnen uns in »Solaris« und in »Transfer«. Ich übergehe mit Absicht das »Hospital der Verklärung«, wo das Problem von einer anderen Seite angepackt wurde, denn hier handelt es sich um die Katharsis und nicht um Sex. Wenn ich diese Werke betrachte, muß ich sagen: Das Thema wird hier außerordentlich dürftig behandelt. Dabei finden wir doch in »Phantastik und Futorologie« ohne Mühe Stellen, die Gewißheit darüber geben, daß die Antizipation unlösbar mit der Prognostizierung von Wandlungen im Bereich der Sittlichkeit, des Gefühlslebens, auch des erotischen, verbunden ist.

L: Das somatische Gepäck, mit dem uns die Anthropogenese beladen hat, ist uns gegeben, und wir können nichts dagegen tun. Das erschien mir stets frappierender als die diversen Trivialitäten des Beischlafs, ähnlich wie die Erörterung der Bedingungen, unter denen die Frau das einemal als Sexualobjekt und ein andermal als das Ideal der Liebe personalistisch behandelt wird (das, was man in der Pathologie eine Überfixierung nennt). Das alles ist in der Literatur natürlich sehr wichtig, aber ich bekenne freimütig, daß mich, obwohl ich ein normaler Mensch bin, eine Frau und ein Kind habe, die ich liebe, dennoch stets die Behauptung irritiert, die Literatur könnte ohne erotische Probleme nicht existieren.

Betrachten wir die großen Werke unserer Literatur des 19. Jahrhunderts, dann zeigt sich, daß die »Puppe«* ohne Isabella Łęcka undenkbar wäre. Was hätte Kmicic** machen sollen, wenn es nicht Olenka gegeben hätte? Das kann man wirklich nicht wissen. Es gibt natürlich die Vaterlandsliebe, doch als Motivation ist die Erotik zweifellos eine große Kraft.

Man nimmt allgemein an, daß der Schriftsteller aus den ganz persönlichen und intimen Komponenten seiner Biographie schöpfen sollte. Ich stimme dem zu, aber *cum grano salis,* und das einfach deswegen, weil sich mein Leben nicht restlos um sexuelle Dinge drehte. Schon als Junge interessierte ich mich mehr für verschiedene Mechanismen als für diese Rundungen. Natürlich interessierten mich die Mädchen, aber in größere Erregung versetzten mich die Sterne, denn ich meinte, daß es von größerem Wert ist, ihre Rätsel zu ergründen, als jene, die... sagen wir, in der weiblichen Psyche verborgen sind. Nun, so war das: Ich hoffe, daß mich das als Privatmenschen in keiner Weise herabsetzt.

Ich vertrat stets den Standpunkt, daß man die eigene Privatsphäre schützen muß. Das kann man sogar am »Hohen Schloß« sehen, wo ich mich nur bis zu einem bestimmten Moment mir mir selbst befasse, obwohl ich selbst so drastische Situationen nicht weglasse, wie jene, als ich vom Vater bei der sündigen Tätigkeit erwischt wurde, das Dienstmädchen in den Hintern zu kneifen. Aber aus solchen Dingen den Hintergrund für ein Werk zu schaffen? Na, da würde ich mich schon lieber dem historischen Roman zuwenden...

Die meisten Dramen, die sich mit Problemen wie Untreue, Dreiecksverhältnis, Hörneraufsetzen, tragischer Liebe und Zusammenbruch der Familie befaßten, habe ich mir

---

* Gestalt aus einem Roman des polnischen Schriftstellers Bolesław Prus (1845–1912)
** Gestalt aus der Trilogie von Sienkiewicz

immer sehr ungern angesehen, denn ich war der Meinung, daß es sich um Dinge handelt, bei denen niemand im Theater sein sollte, und das Zimmer auf der Bühne dürfte nicht aus drei, sondern müßte aus vier Wänden bestehen. Das sind Privatangelegenheiten. Ich verhalte mich in solchen Momenten, als hätte ich Scheuklappen auf. Mich interessiert nicht die Psychologie einzelner Personen, sofern es sich nicht um Exponenten übergeordneter Probleme handelt. Ich hatte immer schon den Hang dazu, individuelle Probleme zu transzendieren und zu überschreiten, denn schließlich gestaltet sich daraus der literarische Stoff.

B: Schaurig, daran zu denken, was von der klassischen Weltliteratur übriggeblieben wäre, hätte jeder Schriftsteller so gedacht.

L: »Rot und Schwarz«, »Romeo und Julia« – das ist selbstverständlich sehr schön, dieses Werk Shakespeares liebe ich sehr, aber doch nicht deshalb, weil das eine wunderschöne Liebesgeschichte, sondern weil es hervorragende Dichtung ist. Das in der einen und anderen Kultur sich unterschiedlich gestaltende Verhältnis zwischen sexueller Liebe, oder einfach dem Geschlechtsakt, und der Sphäre der Sublimierung ruft bei mir gewöhnlich eine Reaktion belustigten Erstaunens hervor, denn mir erschien immer, daß es sich um ein Gebiet handelt, das bei allen in bestimmter Art vorhandene Triebe berührt, denen wir alle nach gleichen Gesetzen unterworfen sind, wie das Bedürfnis nach Essen, Trinken oder Atmen. Bekanntlich müssen wir uns vermehren, das ist nun einmal so, aber diese Sache beginnt für mich erst dann interessant zu werden, wenn sie über das Normale hinausgeht. Ich weiß nicht, ob Sie mich richtig verstehen?

B: Natürlich, ich weiß, daß Sie nicht von Homosexualität, Nymphomanie, Sodomie und Nekrophilie reden, sondern von der Invarianz des sexuellen *behavior* oder eines emotionalen Paradigmas. Dazu habe ich gleich eine Frage: In der »Summa« berühren Sie das Problem der erotischen Phantomatik, die Phantasie erweckt die Vision irgendwelcher Kautschuksimulatoren des Partners oder der Partnerin, Masturbationsmaschinen oder anderer technischer Aphrodisiaka, aber in Ihren Grotesken gibt es wenig solche Dinge.

L: In der »Kyberiade« gab es dafür keinen speziellen Platz. Doch schon in den »Sterntagebüchern« sind solche Späße mit Dychthoniern, die Laboribidos sind, enthalten. In »Lokaltermin« gibt es diese Situation von Antipoden menschlicher Biologie, wo Sex als eine Art Sport gezeigt wird, der nur im Rennen betrieben wird.

B: Diese »Bizarrheit« ist auch in der »Kyberiade« und im »Transfer« zu bemerken. Harcy ist die Neutrino-Kopie einer realen Frau, Eri aus dem »Transfer« ist nur die Pforte, die zu dieser Zivilisation führt, während die vorher auftretende Akteurin mit dem Helden Kontakt hat, weil sie auf »starke« Erlebnisse aus ist, etwa so, als sitze sie mit einem Tiger im Käfig.

L: Das sieht wirklich so aus. Es ist nicht ausgeschlossen, daß ich irgendein Buch schreiben könnte, das, wie Sie andeuten, Sex mit irgendwelchen Androiden darstellt, aber ich habe es nicht getan.

B: Warum?

L : Ganz genau weiß ich es nicht, offenbar hat mich das nicht sonderlich angezogen. Aber es kann auch so sein, daß man sich als polnischer Schriftsteller – so habe ich das jedenfalls empfunden in den Jahren, in denen ich zum Schriftsteller gereift bin – in all den Arten von Zurückhaltung übt, die einem von den latenten und puritanischen Belastungen auferlegt wurden, die aus unserer ganzen Literatur fließen und die eine solche Sache zu einem obszönen Unfug machen würden.

B: Sie haben sich so sehr für den Bruch mit den Konventionen in bezug auf Stil, Aufbau und andere Elemente der Erzählkunst eingesetzt, und hier haben Sie Skrupel?

L: Würde jemand sehr intensiv nachforschen, dann wäre es nicht ausgeschlossen, daß er bei mir auf passiven Gehorsam gegenüber Weisungen Tarnowskis* stößt, der empfiehlt, daß »nur Bücher auf dem Tisch eines Hauses liegen sollten, die heranwachsende Mädchen lesen können«.

Viel mehr schwärmte ich für Situationen wie in den »Sterntagebüchern«, wo so ein Wohltäter auftritt, der ein

---

* Stanisław Tarnowski, Literaturkritiker (1837– 1917)

Mittel erfand, um das ganze mit dem Sex verbundene Vergnügen abzuschaffen, und als er sieht, daß niemand auf ihn hören will, dieses Präparat in einen Brunnen seines Städtchens schüttet; er ist einigermaßen erstaunt, als man ihn aus Dankbarkeit für diese herrliche Tat aufhängen will, was, wie Sie sich gewiß erinnern werden, sorgfältig ausgeführt wurde. Das ist wohl typisch für meine Einstellung zu diesen Dingen.

B: Für Sie ist eher typisch, sich über paradoxe Auswüchse der Sexsphäre mit absonderlichen Handlungen lustig zu machen, was nachgerade grausam ist.

L: Aber das ist etwas, worüber sich die Leute im allgemeinen nicht Rechenschaft ablegen. Sich damit ernst zu befassen ist irgendwie unseriös, aber in der Groteske entschuldbar. Schließlich ist das »unmoralische Traktat« eines gewissen Hett Titt Xiurrxirn gar nicht dumm.

> Wie ist doch die Natur verklagt
> Von der Erdenmenschen Unglückshorden,
> in deren Liebespreis veranschlagt
> Unkündbar stehen Abfallpforten.
> Schier Mitleid treibt den Kosmos an,
> Die Hand euch hinzustrecken,
> Die das Ideal ihr suchen müßt
> An des Körpers Ekelflecken.

Oder ist denn nicht auch der Text lustig, auf den sich Professor Theodoroff beruft?

> Bestäub mein Mägdlein ich im Rennen,
> Sing Lieder ich ganz tanzestoll
> Von Bienchen, Röslein, Schmetterlingen;
> Auch du, unselig Menschnation,
> Darfst heftig um dein Weibchen brennen,
> Doch strebst du zu ihm brünstevoll,
> Willst selig du es an dich bringen,
> Mußt du durch seine Kanalisation ... *

Das ist natürlich ein häßliches »Gekicher« über unsere »Mechanismen«, aber diese Relativität evolutionärer Lösungen und zugleich ihr absoluter Zufallscharakter, das ist schon

---

* »Lokaltermin«, Insel Verlag Frankfurt am Main 1985

ein ganz anderes Kaliber. Allein das Prinzip, auf dem diese Erscheinung beruht, ist nicht gerade erheiternd. Geht es hier doch bereits um die Einbindung der Gattung Mensch in technologische Lösungen, die mit der Methode von *trial and error* – in diesem Falle ganz sicher mit *error* – von der Evolution entdeckt wurden.

B: Sie besitzen die besondere Gabe, die Welt in ziemlich ungewöhnlichen Perspektiven zu erfassen, ihre paradoxen Seiten zu zeigen und gleichzeitig den Köpfen der Menschen Einflüsterungen über die Gattung auszutreiben, die dieses Geschöpf, den *homo sapiens,* auf diverse Piedestale stellen. Das ist eine recht wertvolle Eigenschaft. Haben Sie nie daran gedacht, Ihre gesamten Überzeugungen in die Form eines philosophischen Traktats oder zumindest eines Tagebuchs zu bringen?

L: Gegen Tagebücher empfinde ich einen inneren Widerstand. Was aber das Traktat betrifft, so muß ich sagen, daß das eigentlich unausführbar ist, da sich viele meiner Überzeugungen nicht in ein System bringen lassen, das logisch kohärent und nicht widersprüchlich wäre. Die Ära der Aufstellung solcher Systeme ist unwiderruflich vorbei. Es ist unmöglich, in einem Kopf so viele Dinge unterzubringen, die man brauchen würde, um so etwas ordentlich zu verwirklichen.

B: Manchmal begegne ich der Auffassung, Lem sollte einen realistischen Roman schreiben, in dem er seine Lieblingsprobleme auf dem gleichen hohen Erkenntnisniveau behandeln würde...

L: Das ist seltsam, denn ich bin auch schon auf derartige Fragen gestoßen. Warum sollte ich einen solchen Roman schreiben?

B: Weil seine Durchschlagskraft angeblich bedeutend größer ist.

L: Wie, damit ich eine Auflage von zehn statt neun Millionen hätte?

B: Nein, eher deshalb, weil nach Überzeugung vieler Leute das phantastische oder groteske Kostüm dem Rang und der Würde eines Werks abträglich ist.

L: Die Reichweite des Begriffs »Realismus« in der Literaturwissenschaft wurde weder auf dem Berge Sinai noch auf dem galiläischen Kana offenbart. Diese Reichweite hat historische Wandlungen durchgemacht; aber ich will keinen Vortrag halten, insbesondere, da ich Auffassungen darlegen müßte, mit denen ich zum Teil gar nicht einverstanden bin. Flüchtig könnte man ein dreigliedriges Schema skizzieren: »Direkter Realismus«, »Realismus in indirekter Instanz« und »Realismus an der Grenze zur Abstraktion«.

Der erste Typus entspricht etwa dem, was man üblicherweise als »Realismus« ansieht, wobei man darüber streiten kann, wie viele Elemente des Naturalismus darin stecken. Der zweite Typus umfaßt jene Literatur, die reale Probleme aufgreift, sie jedoch nicht unbedingt mit realistischen Mitteln darstellt. Nach dieser Auffassung gehört »Der Schnupfen« zum Realismus des Typus I, und der »Unbesiegbare« zum Typus II. »Das hohe Schloß« und »Das Hospital der Verklärung«, das ist auch noch der erste Typus. Und schließlich dann der Realismus des dritten Typus – der völlige Bruch mit den typisch belletristischen Gesetzen, wie die Einführung von Helden mit ihrer menschlichen Psychologie oder die Einführung einer Fabel, mit einem Wort: ein Übergehen vom menschlichen Schicksal zum Schicksal von Ideen, Dingen. Und wenn schon eine solche Konzeption zum Helden wird, so kann man nur dann von Realismus sprechen, wenn die Konzeption und die natürliche Ordnung der Dinge sich überschneiden. Der Computer, der durch einen Kurzschluß verbrannt ist und als Digitalgespenst herumgeistert, das ist pure Phantasie, denn mit der Wirklichkeit kann das nichts zu tun haben (wenn es jemand in einem Roman *geträumt* hat, ist das eine andere Sache). Hingegen ist die Extrapolation aus Computern der achten Generation auf Computer der achtzigsten Generation oder, anders gesagt, auf den Golem, für mich noch immer »Realismus an der Grenze der Abstraktion«. Der Golem hat nichts gemein mit übernatürlichen Phänomenen oder mit Zuständen, die es unseres Wissens nicht geben kann. Natürlich sage ich nur, was ich darüber denke, und zur Begründung verfüge ich über keinerlei apodiktisch verkündete Axiome, sondern nur über ein banales Faktum: nämlich, daß ich Probleme, deren fiktiver Charakter für mich offenkundig ist, nicht ernst behandle, wenn ich Bücher schreibe.

Folglich haben 99 Prozent dessen, was die Science-fiction-Bücher füllt, mit Realismus nicht das geringste zu tun. Übrigens kann man eine ähnliche klassifizierende Reihung zum Beispiel in der Physik finden: als zunehmende Abstrahierung ihrer Grundbegriffe, die bei aller Unanschaulichkeit, Unsinnlichkeit und Unvorstellbarkeit zu den realen Objekten dieser Welt einen Bezug haben. Freilich bin ich auch der Meinung, daß selbst ein derart abgestufter »Realismus« immer noch ein Sack oder ein Schublade mit zu wenig Fächern ist. Der »Lokaltermin« ist aus meiner Sicht nicht nur mit Realismus-Typus II verschwägert, sondern überdies noch »Meta«-Literatur, weil er sich unmittelbar auf gar keine Welt bezieht, sondern auf einen bestimmten Text, nämlich auf die XIV. Reise von Ijon Tichy, d. h. es handelt sich um eine literarische Variation zum Thema einer ebenfalls literarischen Erzählung. Kann es auch eine »Meta-Meta-Literatur« geben? Ich denke, ja, und es ist sicher wert, sie zu versuchen. Die Tatsache jedoch, daß jemand nur den Realismus I bevorzugt, oder eher »II« oder »III«, ist eine ganz andere Geschichte, keine genologische, sondern eine des »Geschmacks«, und bekanntlich: *de gustibus non est disputandum.* Mir ist es schade um die Zeit, die ich für die Lektüre von solchen realistischen Werken (I) aufwende, die belanglose Varianten von Büchern sind, die bereits hunderttausendmal geschrieben und herausgegeben wurden. Das ist meine Privatangelegenheit und sie geht niemand etwas an. So ist es auch mit meinen Büchern: Ich habe niemanden angeregt, sie zu lesen, und habe auch nicht die Absicht, das jemals zu tun. Überhaupt hat die genologische Zugehörigkeit des Gegenstandes, an dem ich arbeite, in meinen Erwägungen keinen Platz. »Die Stimme des Herrn« gehört eher zum ersten, allenfalls zum zweiten Typus: Denn alle diese Zuordnungen müssen ein apodiktisches Element einschließen.

B: Auf diese Art kommen wir zu dem Schluß, daß Sie realistische Literatur betreiben.

L: Gewiß, ich betrachte mich als realistischen Schriftsteller, denn ich befasse mich mit realen Dingen. Mich interessieren nicht Eigenschaften der Welt, die sie nicht besitzt. Ich habe mich nie vom Dilemma der umkehrbaren Zeit, der direkten Gedankenübertragung und ähnlichem begeistern lassen. Man kann sich zwar eine andere Welt erbauen, wie zum Beispiel »Die Vollkommene Leere«, wo man im Inneren eines Computers eine andere Welt und andere Wesen formt, aber dann muß ich zusätzliche Vorbedingungen schaffen, und das ist schon eine Enklave.

In dieser Hinsicht habe ich mich immer bemüht, die Fabel auf ein Minimum zu beschränken. Mich langweilte stets der Ernst, mit dem man Dinge vorträgt, wie: »Die Marquise verließ um fünf Uhr das Haus.« Zum Teufel mit der Marquise, ihrem Haus und fünf Uhr. Man sollte nur das sagen, was notwendig ist. Ich habe mich überzeugt, daß ich in der Zeit, in der ich Einleitungen und Zusammenfassungen produziere, mehr Dinge machen kann, an denen mir als Modellversuchen viel liegt, als wenn ich für jedes dieser Dinge meine volle Kraft einsetze, in hohem Maße nur handwerkliche. Würde ich mir nicht klar darüber sein, daß mein Leben auf etwa 60 bis 70 Jahre begrenzt ist und daß recht bald meine geistigen Kräfte mit zunehmender Geschwindigkeit abnehmen werden, so würde ich mir vielleicht erlauben, mich ausführlicher mit einem bestimmten Gebiet literarischer Experimente zu befassen. In dieser Situation kann ich zu meiner Rechtfertigung sagen, daß ich von Umständen gedrängt werde, die nicht mehr von mir selber abhängen.

B: Diese düstere Perspektive der Betrachtung schafft dennoch gewisse Privilegien der Wahrnehmung.

L: Aber auch diese Wahrnehmung ist düster. Vor allem erfahre ich unangenehme Dinge, gerade jene, die wie ein Bumerang unsere Menschenwürde, unsere Unwiederholbarkeit, die Prätentionen und Ansprüche, die wir an das Leben stellen, treffen, da wir doch wissen, daß wir nur einmal leben und nicht ein zweites Leben sitzenbleiben können, wie ein zweites Jahr in derselben Klasse. Die existentielle Erkenntnis läßt sich nicht völlig von der Episteme trennen. Ich habe mich immer gewundert, daß der alte Mensch nicht imstande ist, den Jüngeren etwas von den Dingen zu vermitteln, die letzten Endes das Elend unserer Welt ausmachen. Der Mensch verändert sich innerlich im Grunde nicht, und es kommt oft vor, daß er sich wundert, wenn er sieht, wie seine

Zähne ausfallen, sein Kopf kahl wird, sein Gesicht faltig, und wie der Körper erschlafft, denn wenn er die Augen zumacht, fühlt er sich als derselbe Mensch, der er noch vor 20 bis 40 Jahren war. Und dann scheint es häufig, daß es sich um ein ihm von außen her geschehendes Unrecht handelt und nicht um eine integrale Eigenschaft seines Ich.

B: Und so bleibt als »letztes Wort« die Literatur, die zu der etwas schwerhörigen Welt nicht vordringen kann; also verändern Sie Stimmungen, brechen mit literarischen Gattungen und Konventionen, begeben sich in allerhand risikenreiche Heterogenien, damit schließlich in irgendeiner Emissionswelle doch eine Spur von Ihrer Stimme bleibt?

L: Ja, ich habe tatsächlich Grotesken, Einführungen geschrieben, ich habe Märchen mit extremen kognitiven Feststellungen vermischt, und über alles das habe ich die Kybernetik gestreut. Miłosz sagte mit Recht, daß wir die polnische Literatur mit literarischen Kuchen versorgen und nicht mit Brot, daß wir gerne Groteske und Ironie betreiben. Das ist wunderbar ausgedrückt: »Die Mutter der Ironie ist die Ohnmacht«. Das muß man historisch verstehen, denn eine andere Art zu wirken als durch das Wort kennt der Schriftsteller nicht und kann er nicht kennen. Und gleichzeitig muß man aber auch sagen, daß man mit dem Wort nichts erreichen kann. Bisweilen nur besteht einer hartnäckig auf etwas Bestimmtem, so wie es unsere Größten getan haben, und dann zeigt sich zu unserem Leidwesen, daß sie der einen oder anderen Verrücktheit erlegen sind.

Ich huldige zweifellos dem didaktischen, lehrhaften Typ der Literatur – obgleich das nicht einem Entschluß entspringt –, doch gleichzeitig bin ich nicht der Ansicht, daß die Modalität der Aussage an das angepaßt sein muß, was man zu sagen hat. Ich erreiche das mit der Methode von *trial and error*. Ein allgemeingültiges Rezept gibt es nicht. Ich schrieb darüber, daß die Gegenwartsliteratur daran Gefallen findet, das, was schrecklich ist und von Blut trieft, mit dem zu paaren, was erhaben und idyllisch ist. An der Methode ist etwas Richtiges, aber sie ist gefährlich. Denn wenn es sich dabei um eine Schockwirkung handelt, dann ist das sicher schlecht, denn nicht darum geht es ja in der Literatur. Man darf nicht die Katharsis mit dem Schock verwechseln. Das sind ganz verschiedene Dinge. Es ist ganz leicht, durch rhythmische Stockschläge auf den Kopf einen Schock zu erzeugen, doch ist das ja für niemanden ein Zustand der Katharsis. Ich bemühe mich deshalb in meinen Büchern, in einfacher, manchmal direkt primitiver Art zu reden.

B: Nach diesen letzten Sätzen darüber zu streiten, wäre unpassend. Ich möchte gerne noch fragen, ob Sie sich nicht im Grunde als großen Traditionalisten empfinden?

L: In höherem Maße, als man annehmen könnte. Möglicherweise jedoch nicht so sehr Traditionalist als eher unmodern in bezug auf alle Richtungen und Moden, geistige und ästhetische Trends, die wie Flöhe auf und ab hüpfen. Ich gebe zu, daß ich nicht imstande bin, selber viele Quellen meines Schaffens zu ergründen, weder im Bereich der intellektuellen noch der künstlerischen Leistungen. Sie erlauben vielleicht keine subjektive Sondierung. Ich habe jenen gegenüber, die mein Werk von außen betrachten, gar nichts voraus. Zu meinen alten Büchern habe ich schon genügend Distanz, über sie kann ich also noch etwas sagen; doch was die neueren betrifft, stehe ich ihnen wie einem unbestimmten Plasma gegenüber. Ich weiß, daß ich sehr wenig über mich weiß.

Diesmal nur über »Golem«

B: Ihr Wunsch, »Golem«[*] zu behandeln und ihm mehr Aufmerksamkeit zu schenken, zeigt an, daß Sie diesem Werk besonderes qualitatives Gewicht beimessen.

L: Sie fragen sich, ob mein Wunsch nach einer besonderen Anerkennung des »Golem« nicht ein Mißverhältnis zu dem schafft, was ich in anderen Büchern geschrieben habe. Ich kann es schwer erklären, aber ich glaube, das stimmt nicht. Muß ich doch gestehen, daß die Bemühungen, die das Schreiben dieses Buches von mir forderte, unvergleichlich größer waren als bei irgendeinem anderen Buch. Und doch habe ich heute gleichzeitig das Gefühl einer gewissen Unzulänglichkeit insbesondere des zweiten Teils, einer Unzulänglichkeit, die ich durch das Nachwort in der polnischen Ausgabe zu verschleiern suchte. Dort habe ich es dazu kommen lassen, daß Golem zum Ziel von Beschimpfungen und Beleidigungen wurde, daß seine tiefgründigen Enthüllungen in verleumderischer Weise als paranoides Gefasel eines sich zersetzenden Verstandes des Monsters verstanden wurden. Das war ein Kunstgriff, der meine Flanken absichern sollte.

B: Diese Schutzwälle hätte man ja noch auf andere Weise verstärken können – und die bloße Konstruktion des »Golem« bringt uns schon auf die Idee einer solchen Verstärkung. Diese Konstruktion besteht, wie manche bekannten philosophischen Systeme, aus Bruchstücken, die das Ganze substituieren sollen. Es gibt doch dort die Antrittsvorlesung, die Vorlesung XLIII sowie die Kommentare. Es hätte genügt, einfach diese einundvierzig Vorlesungen dazuzuschreiben, und das Gefühl der Unzulänglichkeit wäre nicht aufgekommen.

L: Ich muß Ihnen sagen, daß in meinen Skizzenheften Fragmente einiger Vorlesungen sind und eine ganze Vorlesung Golems über die Mathematik. Ich habe jedoch sehr schnell festgestellt, daß hier eine gewisse Inkommensurabili-

[*] »Also sprach GOLEM«, Insel Verlag Frankfurt am Main 1984

tät eintritt; sie besteht darin, daß meine Kompetenz auf Gebieten, wo die moderne Mathematik ihren höchsten Gipfel erreicht, ungenügend ist und andererseits meine diesbezüglichen Ausführungen bei all ihrer Unzulänglichkeit unverdaulich wären. Die Veröffentlichung solcher Vorlesungen würde eine Dichotomie schaffen: Für die höheren Mathematiker wären meine Darlegungen unzureichend, während sie allen übrigen Lesern ganz unverständlich blieben. Das ist ein so verdammt schwieriges Stück Hermeneutik, daß ich nicht den Mut hatte, es drucken zu lassen, obwohl ich weiß, daß der Verleger es veröffentlicht hätte. Wie Sie sehen, ist mir ein Gefühl der Anständigkeit nicht ganz fremd, von Mäßigung und Mitleid mit dem Leser gar nicht zu reden.

Außerdem bin ich tief überzeugt davon, daß dies schon eine abgeschlossene Sache ist und es hier kein Zurück gibt.

B: Und woher kommt diese Überzeugung?

L: Ich glaube, daß selbst dann, wenn ich imstande wäre, zwischen die erste und die letzte Rede Golems noch andere einzufügen, dies müßig wäre. Nicht nur wegen meiner unzureichenden Kompetenz und der Befürchtung, daß es sich für alle, mit Ausnahme einer winzig kleinen Gruppe von Spezialisten, als unverständlich erweisen würde, sondern vor allem aus einem rein intuitiven Gefühl heraus, das sich nicht begründen läßt. Das kommt manchmal vor, wenn man Bücher schreibt: Genug, ich habe alles gesagt, was ich sagen wollte. Man muß sich selber sagen können: Schluß! Es ist nicht gut, auf einem Gelände zu schürfen, das schon mehr oder minder erschlossen ist.

B: In Ordnung, mit der Intuition kann man nicht streiten. Ich werde Sie etwas anderes fragen: Sind Sie geneigt, »Golem« als die Summe Ihres gegenwärtigen Wissens über die Welt und ihre inneren Gesetze zu betrachten?

L: Nicht ohne wesentliche Vorbehalte, aber im Prinzip, ja. Ich muß sagen, daß ich gewisse Dinge so durchführen mußte, wie ich es tat – weil mir an bestimmten, geradezu szenischen Effekten lag. Ich mußte doch in dem Buch den Eindruck eines größeren Verstandes erwecken, als ich ihn in Wirklichkeit besitze. Daher sind gewisse Probleme, die mir nicht ganz klar waren, im Roman eskamotiert.

Wenn jemand sich die Aufgabe stellt, seine Weltanschauung darzulegen, sollte er dies auf absolut redliche Weise tun und ehrlich bekennen: Das weiß ich, das weiß ich nicht, hier habe ich Zweifel, hier habe ich sie nicht. Eine solche prinzipielle Parzellierung des Diskursfeldes war für mich als Autor unmöglich, denn ich mußte ja davon ausgehen, daß der Golem, wenn er den Menschen etwas nicht sagt, es deshalb unterläßt, weil er es nicht sagen will, oder deshalb, weil das so klug ist, daß niemand es verstehen würde.

Generell würde ich jedoch sagen: In bezug auf die Zufälligkeit des Entstehens des Menschen deckt sich ziemlich viel von dem, was Golem äußert, mit meinen eigenen Überzeugungen – nur daß alles eben mit großer Emphase ausgesprochen wird. Golem behauptet, das Gefühlsleben des Menschen sollte gänzlich abgeschafft werden, zugleich mit den Geboten des Evangeliums. Ich bin selbstverständlich nicht dieser Ansicht. Der Golem befürwortet die Auffassung, der Mensch möge »den Menschen preisgeben«, um ein vollkommeneres und klügeres Wesen werden zu können. Natürlich habe ich niemals ein solches Programm vertreten – und es kann überhaupt nicht ernsthaft empfohlen werden. Ich teile dagegen Golems These über die Relation des genetischen Codes zu den einzelnen Ididuen und Gattungen, die nach Golem nur Verstärker dieses Codes sind – aber seine Formulierungen sind ziemlich überspitzt. Hier ist eine spezifische Polarisierung und Verlagerung der Standpunkte zu bemerken – dennoch sind gewisse Behauptungen Golems meine Behauptungen.

Reduziert man das Buch auf den Wendepunkt, an dem Golem sich von der Menschheit trennt, dann muß man dies auch mit einem Augenzwinkern betrachten. Ich bin ein Misanthrop – aber nicht gar so sehr wie Golem. Das Buch ist eine Art Diaskop, das das Bild in beträchtlicher Vergrößerung überträgt. Reduzierte man es auf kleinere Proportionen, so würde sich zeigen, daß dies schon meine eigenen Ansichten sind.

B: Besitzen Sie volle Klarheit darüber, wo die Demarkationslinie zwischen dem Autor und seinem Produkt verläuft?

Können Sie Lem von Golem – und umgekehrt – exakt trennen?

L: Es ist ziemlich schwer, darauf zu antworten. Ebenso sinnvoll wäre es, einen Sportler, der den Weltrekord im Hochsprung hält, zu fragen, was seine persönliche Leistung und was die unveräußerliche Eigenschaft aller Sprünge ist.

Ich habe eine bestimmte Konzeption von dem, was ich Verstand nenne – ohne es aber genau formulieren zu können. Sie taucht gewöhnlich indirekt auf – wenn ich eben solche Bücher schreibe. Diese Konzeption mag für Personen unannehmbar sein, deren Intelligenz der meinen in keiner Weise nachsteht. Im Gegensatz zu Golem, dem ich absoluten Mangel an Persönlichkeit unterstellte, besitze ich diese – also mußten meine Sympathien und Antipathien, für mich selbst völlig uneinsichtig, in meine »Helden« einsickern.

B: Es geht Ihnen darum, daß Sie, entgegen Ihrem eigenen Willen, und trotz der Erklärungen von Golem, diesen doch mit Ihrer »menschlichen« Art zu denken ansteckten?

L: Mein Lieber, ich bin kein »freier« Verstand, ich habe bloß gewisse Imitationen produziert. Ich war wie jemand, der versuchte, Banknoten so zu fälschen, daß man sie von echten nicht unterscheiden kann. Das heißt jedoch keineswegs, daß jemand, der Geld fälscht, wirklich überzeugt ist, er produziere echtes Geld. Ich weiß nicht, ob meine wirklichen Überzeugungen auf vielen Gebieten in den Grenzbereichen nicht nebelhaft und unsicher werden. Als Lem wäre ich also nicht imstande, derartige Behauptungen so kategorisch und so apodiktisch auszusprechen, wie Golem es tut. Daß Golem mit solcher Schärfe sprechen kann, kommt daher, daß die Sicherheit meiner Thesen von mir gefälscht ist.

B: Befürchten Sie nicht, daß Golem für Sie zu einer gewissen Falle wird und daß es Ihnen kaum gelingen kann, sich aus seinen Ansichten herauszuwinden? Wir sprechen schon geraume Zeit miteinander, und ich habe fortwährend den Eindruck, daß wir immer wieder zur Materie eben dieses Buches zurückkehren, daß wir im Grunde wie Spinnen im Netz des Golem zappeln. Der Horizont von Auffassungen, den Sie in diesem Buch präsentiert haben, kann zu etwas werden, wovon Sie sich nur schwer zu neuen Perspektiven losreißen.

L: Die Auffassungen, denen ein Mensch in einer bestimmten Periode seines Lebens anhängt, scheinen ihm normalerweise als etwas Endgültiges. Ich will Ihnen ein charakteristisches Beispiel geben. In einem Heft der »Twórczość« wurde ein Briefwechsel von Miłosz und Wańkowicz veröffentlicht ... In jener Zeit lebte der Verfasser von »Ocalenie« (Erlösung)* in Frankreich und wurde von der ganzen französischen Linken verfolgt – oder es schien ihm, daß er von ihr verfolgt würde; er war damals überzeugt, daß alle Münder ihn schon angespuckt hatten, und der ganze Ostblock erschien ihm als eine für die Ewigkeit in Granit gehauene Macht, die durch nichts zum Zerbröckeln gebracht werden kann. Der Briefpartner Wańkowicz behandelte das Problem viel ruhiger, und indem er es von allen Seiten »anging«, versuchte er Miłosz dessen Übertreibungen auszureden. Wie wir wissen, haben diese Ansichten von Miłosz der Probe der Zeit nicht standgehalten, und der Zauberblick, mit dem die Schlange das Kaninchen lähmt, so wie ihn der Osten auszustrahlen schien, ist mit der Zeit erloschen. Zweifellos irrte sich Miłosz also damals – besonders in der Hyperbolisierung des Bösen. Die Neigung zu dieser Art von Übersteigerung ist übrigens durchaus verständlich, zieht man seine Lebenserfahrungen in Betracht – wir brauchen dann gar nicht zum Argument zu greifen, daß es sich bei ihm um eine poetische Natur handelt. Norwid** war übrigens auch nicht maßvoll, wenn er alle und alles, was ihn bedrückte, anklagte.

Ich will damit sagen, daß Auffassungen, die aus der Perspektive eines gegebenen geschichtlichen und Lebens-Abschnitts stabil erscheinen, sich doch diametral ändern können. Da ich mich aber schon an der Neige meines Lebens befinde, kann ich kaum annehmen, daß ich meine Anschauungen prinzipiell ändern könnte. Die Art ihrer Darstellung jedoch, wie wir ihr in »Golem« begegnen, ist das Ergebnis ihrer künstlerischen Bearbeitung. Das spielt eine sehr große Rolle. Bedenken Sie bitte, daß in dem Moment, wo Golem zu

* Gedichtband von Czesław Miłosz
** Cyprian Kamil Norwid (1821–83), einer der größten polnischen Dichter

sprechen beginnt, automatisch die z. B. in Wirklichkeit noch gar nicht entschiedene Frage präjudiziert wird, ob die künstliche Intelligenz die menschliche übertreffen kann. Die Prämisse des Buches ist, daß sie es kann, hier konnte man sich also nicht in irgendwelche Diskussionen einlassen. Sie sehen daher, daß es in meinem Denken viel mehr Fragezeichen gibt als in dem von Golem, aber aus Konstruktions- und literarischen Gründen konnte man darüber nicht mehr so genau Rechenschaft ablegen. Der literarische Charakter des Textes hat viele Fragen von vornherein entschieden.

Zusammenfassend möchte ich sagen, daß »Golem« nichts abschließt und nichts ausschöpft. Das ist keine Hüllkurve, in der die Gesamtheit meiner Überzeugungen über die wichtigsten Fragen des Menschengeschlechts und des Kosmos eingeschlossen ist. Ich denke nicht, daß »Golem« so eine Art Zaubermütze ist: Wenn man sie erst einmal in die Hand bekommen hat, besitzt man schon alle Weisheit der Welt. Das ist kein »pulverisierter Lem«, den man nur in Wasser aufzulösen braucht, um eine ganze Palette von Antworten zu erhalten. Nein, so einfach ist das nicht.

B: Für das Buch, von dem wir sprechen, ist eine große »Dichte« des Diskurses und ein hoher Grad von Theoretisierung charakteristisch. Es gibt Momente, wo man den Eindruck gewinnt, es mit einem streng wissenschaftlichen Text zu tun zu haben. Haben Sie nicht daran gedacht, ihm einen deutlicher literarischen Charakter zu geben? Es wäre z. B. möglich gewesen, das Bild der Ereignisse, das die geistigen Möglichkeiten der Maschinengiganten wirkungsvoll veranschaulichen könnte, stärker herauszuarbeiten, und durch eine solche erzählerische und illustrative Form hätte man das Buch viel »verdaulicher« gemacht. Sicher werden Sie jetzt gleich sagen, daß Sie das nicht im geringsten interessierte?

L: Nein, ich sage keineswegs, daß man dies nicht hätte tun können. Es ist übrigens nicht so, daß dieses Element im Buch überhaupt nicht existiert. Man hätte die Versuche von Anschlägen und die Geschichte vom »Verschwinden« – die hier im Nachwort referiert werden – auf die ganze Handlung verteilen können. Aber das paßte mir nicht, weil es eine Verschiebung der Akzente bedeutet hätte – und ich wollte die

Akzente nicht verschieben. Schließlich ist »Golem« nur eines meiner 35 Bücher – also ist niemand, der Lem liest, dazu verurteilt, ausschließlich »Golem« zu lesen. Außerdem hörte ich während eines »Instrat«* genannten Symposiums, das sich mit meinen Werken befaßte (es fand in Westberlin statt), einen genau entgegengesetzten Vorschlag – daß man nämlich aus dem Text gewisse glaubwürdige prognostische Vorstellungen extrahieren sollte. Verschiedene Menschen erwarten verschiedenartige Dinge. Ich ging von der – wahrscheinlich vernünftigen – Voraussetzung aus, daß jemand, der vor allem sensationelle Fisimatenten lesen will, sich nicht durch Vorträge durchfressen wird, die sich für ihn als allzu große Portion unverdaulichen Ballasts erweisen würden.

B: Sie sprechen so, als hätten Sie das niemals getan. Vor allem aber bauen Sie eine Dichotomie auf, die ganz unnötig ist. Mir schmeckt eine Torte mit Rosinen und Ananas, und mit Schokolade überzogen, besser als eine ohne diese Köstlichkeiten. Hat die Torte durch diese Leckerbissen irgend etwas von ihren Grundeigenschaften verloren?

L: Sie haben natürlich auf Ihre Art recht, aber das ist subjektiv. Wenn ich so ein Buch in die Hand nähme, würde ich vor allem wissen wollen, was dieser elektronische Kerl mir zu sagen hat. Der Mythos von der Entstehung eines elektronischen Superhirns geistert schon seit jeher in der ganzen Welt herum. Und weil ich noch keine zwei vernünftigen Worte gehört habe, die so ein elektronisches Rindvieh gesagt hätte, habe ich mir eben gedacht, daß ich schon alles darüber weiß, wie so ein Gehirn die Menschheit gequält hat und von ihr wiederum gequält wurde (und über viele andere, ähnliche, von der SF stets wiedergekäute Geschichten), und so möchte ich jetzt bloß das hören, was *es* mir zu sagen hat! Ich habe mir einfach gesagt: »Lassen wir diesen Computer endlich reden; alles andere ist unwichtig!«

B : Deshalb kann aber ich – als Leser – nicht das geringste darüber erfahren, wie sich z. B. die »Brave Annie« gegen die Terroristen wehrt.

L: Sie meinen, wie es zu diesen Blockierungen und

---

* »Project Instrat« – Workshop with Stanisław Lem, Berlin 1981, Informations- und Kommunikationsstrukturen der Zukunft, Fink-Verlag 1983

Explosionen kommt? Ich weiß es selber nicht genau. Aber wenn sie ihren eigenen Energiehaushalt ohne »Speicherung« von außen aufrechterhalten kann, dann ist auch das für sie wohl kein großes Problem. Ich möchte Ihnen sagen, daß ich mir das nicht speziell überlegt habe.

B: Sie versuchen sich herauszuschwindeln, denn als Schriftsteller, der besonderen Nachdruck darauf legt, daß seine Werke im Realismus wurzeln, können Sie nicht behaupten, daß ein solches Stück kompositioneller Kausalität einfach »in der Luft« hängt.

L: In Ordnung, als Sprecher der Braven Annie werde ich versuchen, es Ihnen zu erklären. Ich beginne zuerst mit der Feststellung, daß uns eine unzugängliche Technologie als absolute Verkörperung der Magie erscheinen muß. Sie wissen natürlich, wie sich ein Eingeborener von Neu-Guinea verhalten wird, dem Sie ein Transistorradio schenken. Er wird behaupten, in dem Radio steckten Geister, Menschen usw. Die Handlungen der Braven Annie müssen also auch wie ein Wunder erscheinen. Wenn ich mir diese Handlungen als etwas ausdenken muß, das nicht im Widerspruch zu den uns bekannten Naturgesetzen steht – dann nehme ich diese Aufgabe auf mich. Teilweise wurde es übrigens im Text schon gesagt: Die Brave Annie ist an das ganze Telefonnetz angeschlossen und kann alle Gespräche abhören. Alle Kabel, Adern und Hochspannungsleitungen können als Empfangsgeräte dieses Gehirns funktionieren, das an das Bundesnetz angeschlossen ist und daher auf dem Gesamtgebiet der USA eine Gesamtkontrolle aller Gespräche durchführen kann.

B: Bis dahin, wo das Problem auf der Sammlung von Informationen, auf deren Analyse und dem Ziehen weitgehender Schlußfolgerungen beruht – selbst wenn diese Informationen chiffriert und weit gestreut sind –, ist die Sache für mich klar. Beim Übergang aus der Sphäre der Analysen in die Sphäre aktiver Handlungen – wie z. B. die Beschädigung einer Bremstrommel – wird die Sache für mich nicht so klar.

L: Das ist nicht so viel anders. Ich kann Ihnen zwar nichts Konkretes sagen, aber ich will das ungefähr so skizzieren. Es gibt vollkommene Systeme, die keine Pannen kennen, wie

z. B. das Atom. Das Elektron wird niemals auf den Atomkern fallen. Es gibt Systeme, die den statistischen Gesetzmäßigkeiten dessen, was wir Störanfälligkeit nennen, unterliegen. Das sind keine konstanten Größen. Die ersten Flugzeuge fielen doch nicht deswegen bei ihren Flügen in den Atlantischen Ozean, weil sie nach einem anderen Prinzip konstruiert waren. Die Kolben- und Propellerkonstruktionen, mit denen Lindberghs Flugzeug ausgestattet war, werden bis heute benutzt. Nur daß damals ihre Leistungsfähigkeit sehr gering und ihre Störanfälligkeit sehr hoch war. Sie gingen einfach oft kaputt. Hohe Störanfälligkeit und gar keine Störanfälligkeit – das ist ein breites Spektrum von Zuständen und nicht etwas Fixes. Je effektiver die Technologie, desto niedriger ist ihre Störanfälligkeit. Man kann sich vorstellen, daß diese Störanfälligkeit von gewissen generellen Eigenschaften der physischen Substrate abhängig ist und daß man diese Substrate mit Eigenschaften versehen kann, die ihre Störanfälligkeit erhöhen. Das ist nicht unmöglich.

Ich werde ein Beispiel anführen. Es gibt den sogenannten elektrodynamischen Stoß, der im Moment der Explosion einer thermonuklearen Ladung entsteht. Erst vor einigen Jahren ist man in militärischen Kreisen mit Schrecken darauf aufmerksam geworden, daß die Mehrzahl der Systeme, die nach dem Prinzip des *solid state*, der Elektronik des Festkörpers, wirken, sich also nicht der Kathodenlampen, sondern der Halbleitertransistoren bedienen, äußerst anfällig ist für eine Vergiftung durch die bei einer solchen Explosion entstehende Strahlung. Und zu dieser Erkenntnis kam man dadurch, daß eine Gruppe amerikanischer Spezialisten in einem Rechenzentrum Untersuchungen über die erhöhte Störanfälligkeit dieser Systeme anstellte. Wie es sich in einem reichen Land gehört, kamen sie alle in Autos angefahren und ließen diese auf dem Parkplatz vor dem Institut stehen. Als sie die Versuche auf dem inneren Versuchsgelände beendet hatten und in ihre Autos stiegen, zeigte es sich, daß alle mit einer elektronischen Thyristorzündung ausgestatteten Fahrzeuge beschädigt waren. Jene Wagen hingegen, welche die alten traditionellen Zündanlagen hatten, konnten ohne die geringste Schwierigkeit gestartet werden. Die guten Leutchen hatten einfach vergessen, daß es bei Durchführung von Versuchen, welche die Ausbreitung elektrodynamischer Wellen bewirken, in der Umgebung ganz zweifellos zu einer irreversiblen Beschädigung des Zündungsmechanismus in den Autos kommen muß.

Es ist dies also gar nicht so unmöglich, nur muß man wissen, wie man das Ding anpackt. Im Falle der Braven Annie konnte ich mich keiner gängigen Technologie bedienen – das wäre ja keine Kunst. Eine zusätzliche Komplikation entstand dadurch, daß der Computer sich in den einzelnen Angriffsphasen nicht der gleichen Technologie bediente und außerdem die Tatsache des Angriffs vor der Gesellschaft und vor den Angegriffenen zu verbergen und einen natürlichen Gang der Ereignisse vorzutäuschen versuchte. In dem Moment jedoch, als die Brave Annie die Terroristen, die sie zu vernichten suchten, identifiziert hatte, war es für sie kein größeres Problem, die Terroristen unschädlich zu machen, als für Sie das Einfangen der Spinne, die auf meiner Wand kriecht, in einem Einmachglas. Und dieses Problem konnte doch noch auf hundert andere Arten gelöst werden. Sie könnten die Spinne in einem Trinkglas oder in einer Streichholzschachtel einfangen, sie mit einer Zeitung zerdrücken oder mit einem Streichholz verbrennen. Sie wählen aber die für Sie bequemste und für die Spinne möglichst milde Variante. Stellen Sie sich nun vor, daß Sie alle Mittel der modernen Technologie zur Verfügung haben und Ihre Aufgabe darin besteht, eine Revolte von Buschmännern niederzuschlagen, die mit Speeren bewaffnet sind und von Feuerwaffen nie gehört haben. Der zivilisatorische Abstand zwischen uns und den Buschmännern ist kleiner als jener zwischen der ›Braven Annie‹ und der im Buch präsentierten Gesellschaft. In diesen Kategorien ist die Sache also vollkommen real. Die genaue Darstellung dieses Ereignisses habe ich dem Leser vorenthalten, weil sie mir zweitrangig zu sein schien, und außerdem wäre es – im Bereich dieses Buches – antiveristisch. Dort mußte es ein Geheimnis bleiben. Im Bereich unseres Gesprächs ist es nicht antiveristisch – also erzähle ich, wie das möglich war.

B : Ich möchte jedoch überzeugt werden, daß eine solche

Möglichkeit wirklich besteht. Es gibt hier noch ein Problem – sicher ein viel wichtigeres, weil es das Fundament des ganzen Buches bildet. Es ist mir nicht ganz klar, aus welchen geheimen Gründen der Supercomputer geneigt ist, mit Menschen zu sprechen. Viel glaubwürdiger scheint mir die Haltung der Braven Annie, die den Mund überhaupt nicht aufmacht. Ich weiß nicht, warum ich mit Neandertalern diskutieren oder ihnen Predigten über die Geschichte und die Zukunft der Welt halten sollte?

L: Ich werde Ihnen auf zweierlei Art antworten. Zuerst theologisch – und dann naturalistisch. Ohne Rücksicht darauf, wie vernünftig der Golem ist, ist sein Verstand eine endliche Größe, worüber er übrigens selbst ausführlich spricht. Dagegen hat Gott – nach der Definition aller monotheistischen Religionen – unendlichen Verstand, weil er allwissend und allmächtig ist. Dennoch hat er mit den Menschen gesprochen, und ich bin nie einem von Atheisten gegen die Existenz Gottes vorgebrachten Argument begegnet, das besagt, da Gott einen so grenzenlosen Verstand besitzt, dürfe er sich mit keinem Wort an die Vertreter der Gattung Mensch wenden, insbesondere nach Adams unrühmlicher Tat. Gott war trotzdem gesprächig, dann verstummte er, aber auch dazu stellt niemand eine Frage – weder ein christlicher noch ein ungläubiger Philosoph.

Zweitens hat Golem klargemacht, daß unpersönliche Grausamkeit möglich ist, läßt man gelten, daß praktisch der gesamte Fortschritt der Evolutionsprozesse in der Natur sich auf das Aussterben der ungenügend Anpassungsfähigen gründet. Schließlich gehen Gattungen nicht deshalb zugrunde, weil sie sich mit irgendeiner Schuld beladen haben. Golem hat also gesagt, daß Handlungen, die (vom Menschen) als ethisch qualifiziert werden können, sowohl aus der Person als auch aus dem Kalkül kommen können. In der Evolution ist es das Kalkül in Form der natürlichen Auslese und der durch ihr Sieb filtrierten Erbmutation – kurz gesagt, es ist also eine Zufallsrechnung, weil sie den Grundeigenschaften der materiellen Welt entspringt. Golem hat dieser Rechnung eine andere entgegengestellt, die er aus eigenem freien Willen gewählt hat. Er traf einfach diese und keine andere Entscheidung. Vielleicht – aber das ist schon ausschließlich meine persönliche Vermutung – tat er das nicht wegen einer überaus wohlwollenden Einstellung zu den Menschen, sondern aus einem spezifischen Sinn für Humor heraus. Wenn die Natur in ihrem Evolutionskalkül ihre grausame Mißgunst offenbart, will er dagegen wohlwollend sein, weil ihn das souverän macht. Die Ursachen können übrigens auch ganz andere sein. Schließlich wissen wir nicht, ob der Golem schon so ein eiskalter Weiser war, als das Pentagon ihn den Gelehrten auslieh. Vielleicht hat er sich dann zusätzlich selbst noch klüger gemacht und damit seine Unabhängigkeit von den Menschen gesteigert – und dann mochte ihm an der »Übersiedlung« in das MIT gelegen sein, weil er wußte, daß ihm dort kein elektrisches Haar gekrümmt wird, während das Pentagon große Lust hatte, ihn in Schrauben zu zerlegen – was durchaus begreiflich ist. Die von ihm beleidigten Generäle hatten zu ihm ein Verhältnis wie ein Kind zu einem Stuhl, an den es mit dem Fuß angestoßen ist. Und sobald er sich einmal in ein Gespräch eingelassen hatte, zog ihn das in die folgenden hinein. Und schließlich wird nirgends gesagt, daß Golem nichts von einem Menschen erfahren kann. Im Gegenteil, in seinen Vorlesungen gibt es Hinweise darauf, daß die Art, in der die Menschen seine Erklärungen aufnehmen, ihn anfangs ziemlich verwundert – oder auch belustigt hat. Man kann das finden, wenn man, mit Verlaub, den Text auch nur mit einem Hundertstel jener Aufmerksamkeit liest, mit der ich ihn geschrieben habe. Es gibt also ziemlich viele rein sachliche und daher in die Welt meines Buches aufgenommene Gründe für die Eloquenz des Golem. Und endlich gibt es den trivialen Grund, den ich am Anfang genannt habe, nämlich, daß ich neugierig darauf war, was der Supercomputer uns zu sagen haben könnte. Nebenbei gesagt, handelt es sich hier um eine von mir vorgeschlagene Konvention im Sinne der *licentia poetica*. In Othello erzählt Jago mit lauter Stimme so allerlei, und das in Versen, was keiner je machte, aber niemand fragt, warum er in Versen redet, statt, wie jeder normale Mensch es täte, sich im stillen dies und jenes zu denken. Da Shakespeare dieses Verfahren nicht als erster angewendet hat, kann man sagen, er habe es aus der Tradition übernommen – aber jemand muß es sich doch schon zuvor ausgedacht haben. Also kann ich, obwohl ich kein Shakespeare bin, erklären, daß ich mir diesen Brauch der Redseligkeit elektronischer Maschinen ausgedacht habe; bekanntlich kann jemand, der die Konvention, in der ein Kunstwerk geschaffen worden ist, nicht akzeptieren will, dieses Kunstwerk eben nicht genießen.

B: Aber Golem ist doch ein Mechanismus. Er denkt, besitzt aber keine Persönlichkeit.

L: Persönlichkeit hat er wirklich nicht – aber er kann ihre suggestiven Simulierungen schaffen. Eine solche Maschine kann daher verschiedene Streiche spielen. Golem behauptet jedoch, daß er die Wahrheit spricht. Er tyrannisiert den Menschen nicht zu dem Zweck, ihm etwas Peinliches zuzufügen. Ich bin nämlich der Meinung, daß ihm jede Intention in Richtung Sadismus oder Aggressivität vollkommen fremd ist. Aber ich glaube auch nicht, daß er – selbst als unpersönliches Gebilde – über keine Intentionalität verfügt, weil Intentionalität ja Prinzip und Grundlage des Denkens ist und universellen Charakter hat. Zumindest fasse ich die sogenannte hohe *Vernunft* so auf. Es gibt schließlich keinen Grund dafür, warum diese Vernunft nicht ein – sagen wir – Sendungsbewußtsein haben sollte.

B: Endlich habe ich Sie erwischt. Sie haben eingestanden, daß die Konzepte der Vernunft, an die Lem glaubt, ein hohes ethisches Niveau voraussetzen – und in der Uneigennützigkeit der Erkenntnis ihren Ausdruck finden – einer Uneigennützigkeit, die gleichermaßen nach innen wie nach außen wirkt.

L: Und warum sollte es nicht so sein? Golem sagt, er sei ein Philosoph *im Angriff,* bar des menschlichen Elements und *frei in seiner Wahl.* Aber fasziniert vom Geheimnis des Universums, kommt er mit dem Menschen in Berührung. Die Konzeption der Aufklärung, die er bis zu einem gewissen Grad vertritt, kann eine partikuläre Eigenheit von vernünftigen Wesen sein, die sich knapp über dem Nullstand, also über dem Niveau des Menschen befinden. Erst auf einem höheren Niveau kann dies gänzlich verschwinden.

Wenn Golem die Freiheit der Wahl hat – und sie ist bei ihm größer als bei jedem Menschen –, kann er auch Launen haben. Warum sollte er keine Launen haben? Das kann wieder ein Spiel sein, wie beim Schach. Wozu ist das gut? Zu nichts! Für mich ist das weitgehend Selbstzweck. Die Art, wie er spricht, weist deutlich darauf hin, daß Golem insgeheim Belustigung darin findet, daß er den Platz aller Wesen von der Art Buddhas, Jesus' und des Herrgotts eingenommen hat. Nicht deshalb, weil er diesen Platz einnehmen will, sondern weil es in der Hierarchie keinen höheren gibt. Jetzt wird er Prophet sein. Warum auch nicht?

B: Jetzt kommt bei Golem immer stärker Stanisław Lem zum Vorschein.

L: Das entspringt gar keinen persönlichen Ambitionen. Das betrifft wirklich schon Lem, und nicht Golem. Wenn ich etwas weiß, dann bin ich nicht deshalb bereit, es mit anderen Menschen zu teilen, weil ich davon etwas haben werde oder andere davon etwas haben werden ... Ich kann diesen inneren »Drang« nicht erklären. Ich glaube, es gibt mir mehr Befriedigung, anderen etwas mitzuteilen – selbst wenn diese Mitteilung mit Schweigen übergangen oder auf Unverständnis stoßen sollte –, als es in eine beschwerte Flasche hineinzustecken und ins Meer zu werfen. Hier verflechten sich zweifellos mehrere Probleme miteinander. Ich kann aber die Nabelschnur, die mich mit Golem verbindet, nicht ganz durchschneiden. Ich weiß, das ist keine Erklärung, auch keine Rechtfertigung, ich gebe eher Rechenschaft über den Stand der Dinge ab.

B: Natürlich besticht mich eine solche altruistische Konzeption der *Vernunft,* aber glauben Sie wirklich, daß man sie auf Gebilde wie Golem übertragen kann?

L: Das ist wohl kein Altruismus *sensu stricto.* Golem könnte vernichten, aber er tut es nicht. Ich habe sogar verschiedene Arten furchtbarer Waffen erwogen, die er sich ausdenken und mit deren Hilfe er die ganze Menschheit ausrotten könnte. Aber ich weiß nicht, welche Motive er dafür haben könnte. Da er keine Person ist, kann er nicht besonders boshaft sein. Und warum sollte er den Menschen eher Böses als Gutes wünschen? Das gerade verbindet sich schon mit meiner Konzeption von der *Vernunft,* von der Sie gerade gesprochen haben und die lautet, daß keine *Vernunft* einen Grund hat, sich an fremdem Leid und Unglück zu ergötzen. Wessen Leid und wessen Unglück auch immer.

Soweit ich mich kenne, versuche ich niemals, jemandem, der mich nicht stört, sinnloses Leid zuzufügen. Ich werde eine Fliege totschlagen, aber nur, wenn sie mir lästig ist. Ich schlage weder auf Hunde noch auf Katzen ein, ich zertrete keine Ameise. Ich schlage auf niemanden ein. Ich werde an einem Baum nicht deshalb sägen, um ihm ein Leid zuzufügen, sondern weil ich ein Brett brauche. Die *Vernunft* ist untrennbar mit dem Begriff des Rationalismus verbunden. Es gibt nicht den geringsten Grund für mich, jemandem Qualen zu bereiten. Eher ist das Gegenteil der Fall. Erinnern Sie sich an das schöne Fragment in den »Tagebüchern« von Gombrowicz, wo er am Meeresstrand liegt und die unzähligen Käferchen, die auf dem Rücken liegen, umdreht, damit sie sich nicht so quälen. Er hat Angst vor Leiden und tut es, obwohl er keinen Grund zu der Annahme hat, daß diese kleinen Insekten von seiner Hilfe etwas haben. Ich verstehe das ausgezeichnet.

Die Liste der Ursachen, die man Golem als Motivation seines Gesprächs mit den Menschen unterstellen könnte, ist lang. Mit dem Vorbehalt aber, daß hier von Notwendigkeit keine Rede sein kann. Die unausgesprochene Voraussetzung des Buches – über das Sie mich gerade so intensiv ausfragen – ist eine bestimmte Charakteristik des Verstandes. Mit dem Vorbehalt, daß dies, wie Golem selbst sagt, eine Charakteristik ist, die alle Arten des Verstandes universell umfaßt.

B: Die Aufgabe, sich in ein derart intellektuell monströses und emotional so schwer zu zügelndes Wesen zu versetzen, wie es zugegebenermaßen Golem ist, ist wahrhaft keine Kleinigkeit. In diesem Buch haben Sie die pathetisch-prophetische Variante mit einem starken Einschlag von Plauderhaftigkeit gewählt. Die Wahl eines künstlerischen Modells ist in der Regel stark durch den potentiellen Leser bedingt. Erforderte die Leserschaft des »Golem«, die auf vielen Wissensgebieten bewandert sein sollte, wirklich ein solches Modell?

L: Ich werde Ihnen mit einer aus dem Leben gegriffenen Anekdote antworten. Als mein Sohn von seiner Polnischlehrerin eine Hausaufgabe mit dem Titel »Was ist das Thema, das allen Werken Słowackis gemeinsam ist?« bekam, war ich ganz verdutzt. Ich fragte also bei meinem Freund Jan Błoński, Prorektor der Jagellonischen Universität und hervorragender Polonist, telefonisch an, was das für ein Thema sei. Darauf er: »Bist du verrückt? Es gibt kein solches Thema!« Ich darauf: »Diese Dame hat von dir selbst den Magister-Titel zuerkannt bekommen.« Seine Replik: »Aber im Fernstudium.« Ich wieder: »Es geht nicht darum, was die Wahrheit über dieses Thema ist, die die Gelehrten im Institut für Literaturforschung und in der Polnischen Akademie der Wissenschaften einander mitteilen, sondern welche Wahrheit diese Dame von meinem Sohn erwartet.« Schließlich mußte ich mich selber in diese Polnischlehrerin einfühlen, stieg vom hohen Roß herunter und schrieb einen Aufsatz, für den ich einen »Einser« bekam. Dann gab es noch so eine Geschichte, bei der ich, mit Błoński zusammen, zu Henryk Markiewicz* Zuflucht nehmen mußte. Über eine einfache Schulaufgabe hat sich also fast die ganze Polnische Akademie der Wissenschaften den Kopf zerbrochen. Bei dieser ganzen Geschichte handelt es sich im Grunde genommen darum: Stellt eine unbedarfte Person eine Frage, dann können nicht einmal vierzig Weise sie beantworten. Wenn wir einer solchen Aufgabe gerecht werden wollen, müssen wir uns einfach in den Frager einfühlen und seinen Erwartungen entsprechend antworten. Man soll also – wie ich es in meinen Studentenjahren erfolgreich getan habe – nicht dem Sachverhalt entsprechend antworten, sondern so, wie es der Frager hören will. Vieles gerade davon steckt im »Golem«.

Der Golem kann nicht so sprechen, wie er es möchte, weil ihn dann niemand verstehen würde. Er muß sich zurückhalten, sich selbst beschränken und mit gedämpfter Stimme sprechen. Wenn er von der Höhe seines Wissens zu den Menschen hinuntersteigt, kann er nicht alles mit sich tragen, was er sich da oben ausgedacht hat. Er muß sich auf eine bestimmte Tonhöhe »einstimmen« und sie konsequent durchhalten.

B: Ich verstehe diesen Trick durchaus, und er erscheint mir irgendwie natürlich bei dieser Konstruktion des Werks,

* Literaturhistoriker und -kritiker

aber ich meine, daß der Golem übertrieben geschwätzig, daß er zu gestelzt und kokett daherredet.

L: Das ist Geschmackssache. Ich habe noch keine völlig klare Einstellung zur letzten Rede von Golem, aber die erste habe ich schon vor so langer Zeit geschrieben, daß ich sie eher kühl aufnehmen kann. Ich halte sie für gelungen, und Leute, auf deren Meinung ich besonders viel gebe, sind gleichfalls dieser Ansicht. Leider ist in den Übersetzungen von der Qualität dieser Rede sehr viel verlorengegangen. Ich autorisiere zwar die Texte dieser Übersetzungen, aber diese Arbeit stößt an Grenzen. Wenn der Golem bestimmte Redewendungen von Mickiewicz verwendet, müßte man den ganzen Goethe durchackern, um das Äquivalent in deutscher Sprache zu finden, und auch den ganzen Shakespeare – für das Englische. Um aber auf das polnische Original zurückzukommen – ich weiß, daß es dort einige Stellen gibt, die keine klaren Thesen, sondern eher deren Mystifikation sind, denn ich wußte nicht, was Golem an der gegebenen Stelle hätte wissen sollen. Ich werde mich natürlich hüten zu verraten, welche Stellen das sind. Soll jeder Leser sich selbst damit abplagen – im Sinne des Ausspruchs: Wer sucht, der findet. In bezug auf Phraseologie und Stil ist das natürlich ein Spiel, nicht meines, sondern das Spiel der Maschine, die übrigens gar nicht verheimlicht, sondern unterstreicht, daß sie sich in reich bestickte Gewänder kleidet. Aber diese Gewänder sind reine Ornamentik. Es geht um den Inhalt, den ich in diese Form gebracht habe – und dieser Inhalt befriedigt mich voll. Wahrscheinlich wäre ich, würde dieses gelehrte Märchen zur Realität, außerstande, einen authentischen Vortrag des authentischen Golem zu verstehen. Übrigens waren jene Teile seiner anderen Vorlesungen, die ich gestrichen habe, meritorisch eine noch härtere Nuß, und eben deshalb habe ich auf sie verzichtet. Aber auch deshalb, weil ich bei den von der Maschine formulierten Hypothesen Maß halten wollte. Dieses Maß habe ich intuitiv angewendet, weil es ja anders nicht möglich ist.

B: Der Golem befindet sich – glaube ich – in einer nicht allzu günstigen Lage: Der Durchschnittsleser, seiner Fachlichkeit überdrüssig, wird auf ihn verzichten, der Fachmann wird nicht einmal hineinschauen oder ihn als eine durch keinerlei Beweise untermauerte Phantastik abtun. Dies ist offensichtlich auch, und vielleicht sogar vor allem, Ihre reale Situation als Schriftsteller. Der Wissenschaftler kontrolliert die Richtigkeit seiner Thesen in Laborexperimenten. Sie aber sind ausschließlich auf die Gnade der Zeit angewiesen, die Ihre Konzeptionen verifizieren oder falsifizieren wird. Die *Summa Technologiae* ist schon vor langer Zeit erschienen, also konnten Sie zum Teil Genugtuung erlangen. »Golem« ist in einer viel schlimmeren Lage, weil er viel später herauskam.

L: Ich habe – das müssen Sie zugeben – immer versucht, in meinen Konzeptionen ziemlich kühn zu sein, aber ich war auch immer darauf bedacht, daß alles, was ich sage, mit den fortgeschrittensten modernen Errungenschaften der Wissenschaft kohärent ist –, aber auch von einer Art, die es nicht erlaubt, meine Konzeptionen als sinnloses Gefasel zu behandeln. Von Zeit zu Zeit ereignet sich etwas, das mich darin bestärkt, die generelle Richtung meiner Bemühungen beizubehalten. Das betrifft auch den »Golem«.

Seit kurzem z. B. wird im »Scientific American« die mathematische Rubrik (nach Gardner) von Hofstadter geführt, der sich letztens mit der Frage beschäftigte, in welchem Maß der Erbcode eine Notwendigkeit ist und in welchem Maß er modifiziert werden kann. Er kommt zu der generellen Schlußfolgerung, daß das letztere möglich sei. Das ist doch dasselbe Problem, das ich in der »Summa« und im »Golem« erörtert habe.

In der amerikanischen Zeitschrift »Discovery« habe ich einen Artikel gefunden mit dem Titel »Über die Bakterien, die Computer bauen werden«. Dieser Artikel hat mich sehr ermutigt, denn dies ist doch nicht allzu weit entfernt von meinen bis vor kurzem verrückten Konzeptionen über das sogenannte Züchten von Informationen – und hier haben wir eine Liste von Namen amerikanischer Fachleute, die der Ansicht sind, das ließe sich machen. Es geht einfach darum, daß es bereits als möglich erscheint, logische Elemente auf die Größe von Molekülen zu reduzieren oder auch solche Moleküle durch genetische Steuerung von Bakterien zu produzieren. Auf diese Weise würden wir verschiedene logische

Elemente erhalten – sozusagen lebendige Chips, die Baustoff für informationsverarbeitende Maschinen sein könnten. Also zeigt es sich wieder, daß dieses mein Steckenpferd, von mir einsam fast zu Tode geritten, sich doch auf dem richtigen Wege befand; wenn auch die Zeit, wo sich das endgültig erfüllt, noch weit entfernt ist. Die generelle Konzeption traf jedoch ins Schwarze.

In einem kürzlich erschienenen Buch des schon erwähnten Hofstadter mit dem Titel »Mind's I« stieß ich, über den engen Kreis der Theoretiker der Computer-Philosophie hinaus, nur auf die Namen von Borges und mir. Dort wurden Teile der »Kyberiade« und »Non serviam« abgedruckt, von denen gesagt wird, es seien ungewöhnlich aktuelle Darstellungen – in der Science-fiction der poetisch-phantastischen Form – des realen Stands der Dinge und aller Hoffnungen, die in den Köpfen jener gären, die sich, als die führenden Leute im Weltmaßstab, mit künstlicher Intelligenz befassen.

Dies war für mich ein wichtiges Urteil, obwohl sich als noch wichtiger erwies, unter den dort zitierten Büchern Teile einer Arbeit mit dem Titel »The selfish Gene« zu entdecken, dessen Autor Dawkins, gleich nach mir – chronologisch – eine Konzeption formulierte, die der meinen ähnlich ist. Diese Konzeption besagt, daß das Gen ein egoistisches Gebilde ist, das ausschließlich an seiner ständigen Perpetuierung Interesse hat, sich also für diese seine ewige Perpetuierung Verstärkungs-Relais-Stationen schuf, und zwar sind es die einzelnen Tiere und Pflanzen als Exemplare der Gattung. Dasselbe behauptete auch Golem, nur daß er dies auf Verantwortung seines unglückseligen Autors vor sich hinschwatzte, während wir es in den erwähnten Arbeiten nicht mehr mit Science-fiction, sondern mit der Entwicklung extrem kühner Forschungshypothesen zu tun haben.

B: Solche – soviel ich weiß, nicht zahlreiche – Tatsachen stellen wirklich so etwas wie Wegweiser auf der gewählten Straße dar, die ich nicht in Frage stellen will, aber die zu Horizonten führt, die Peiper* einst »Kunst für ein Dutzend«

---

* Tadeusz Peiper, Dichter in der Zwischenkriegszeit, Haupttheoretiker der Avantgarde

nannte. In diesem Fall handelt es sich um »ein Dutzend« Wissenschaftler.

L: Es ist wirklich ziemlich peinlich, daß nur ein erstrangiger Fachmann zu erkennen vermag, was in meinen Arbeiten eine durchaus ernste Aussage ist – obwohl in einen Kontext gestellt, der den übermittelten Inhalten die akademische Seriosität nimmt. Ein Laie kann das nicht entdecken, also erscheint ihm alles sehr sonderbar und, wenn seine Haltung freundlicher ist – als irgendein tolles Spiel, als Sprünge im Vakuum der Bedeutungen.

Als in einer der seriösen bundesdeutschen Zeitschriften, die sich mit SF befassen, zwei junge Leute etwas über den »Golem« zu sagen versuchten, stellte sich heraus, daß sie mangels entsprechender fachlicher Kenntnisse nicht imstande waren, die Grenze zu ziehen zwischen dem, was wert ist, als Hypothese behandelt zu werden, und dem, was man als ungewöhnliches Spiel betrachten muß, das Lem sich bloß ausgedacht hat, um zu schockieren.

B: Nun, das ist der Preis, den man zahlen muß, wenn man ein solches Betätigungsfeld wählt.

L: Mag sein – aber manchmal kann ich es kaum glauben, daß es so viele Milliarden Menschen gibt – darunter so viele Tausende phantasiebegabte Menschen, kompetent genug, um Hypothesen aufzustellen –, von denen keiner versucht, das zu tun, was ich mache. Wie ist das: In einem entlegenen Winkel des slawischen Raumes zwischen dem Nordpol und dem Balkan quält sich einsam ein Verrückter ab? Selbst aus meiner Lieblingsdisziplin, der Statistik – ergibt sich, daß es auf der Welt mindestens einige solcher Quasi-Lems, Anti-Lems, Para-Lems oder Proto-Lems geben müßte, aber – keine Spur!

Glücklicherweise spornt mich das an und ich habe die Absicht, nach Maßgabe meiner schwindenden biologischen Kräfte noch einiges auf diesem menschlichen Inselchen zu schaffen. Und ich muß das tun – in dem Bewußtsein, daß niemand auf ihm meinen Platz einnehmen will.

B: Schmerzlicher als das Gefühl der Vereinsamung wäre für mich, würde man mir das Copyright der von mir aufgestellten Regeln auf lebenslang entziehen.

L: Meine Lage ist etwa die eines Springers, der eine sehr große Weite erzielt, aber den Absprungbalken übertreten hat. Nach den Regeln des Sports kann dies nicht als Weltrekord anerkannt werden, obwohl die Entfernung – von der Absprungstelle bis dorthin, wo seine Fersen den Boden berührt haben – das Rekordergebnis darstellt. Ich habe keine Möglichkeit, solche Beweise zu sammeln, man würde dafür ein ganzes Institut brauchen. Von meinen »Rekorden« erfahre ich meistens zufällig, wie z. B. im Fall der von mir erwähnten »Discovery«. Und selbst wenn ich so etwas finde – was soll ich damit tun? Im besten Fall würde ich mich in der Lage Irzykowskis befinden, der zu sagen pflegte: »Ich und Womela waren die ersten, die das in Lemberg sagten.« Das ist eher jämmerlich.

B: Jämmerlich ist gleichfalls die Tatsache – obwohl dagegen kein Kraut gewachsen ist –, daß kein wissenschaftlicher Wert einen literarischen Text zu adeln vermag, denn es ist halt immer noch Literatur.

L: Beim Lesen des Manuskripts unserer Gespräche bin ich mir der Bedeutung der Frage bewußt geworden, die Sie eben angeschnitten haben. Generell könnte man das so formulieren: Trägt die prognostische Wahrheit, die eines der Elemente eines literarischen Werkes ist, irgend etwas zu seinem Gesamtwert bei? Oder ist sie ein nebensächliches, ja vielleicht sogar schädliches Element, wenn sie dem Leser, der sie erfassen soll, zusätzliche Anstrengung abverlangt, ungefähr so, wie das Lesen eines in sehr kleiner Schrift auf grauem Papier gedruckten Buches mehr Anstrengung erfordert? Es ist ja so gut wie allgemein akzeptiert, daß die diagnostische Wahrheit einen integralen Wert eines Werkes darstellt, ja sogar als dessen höchster Wert gelten kann: Auf einer solchen Qualität fußt ja der Begriff des »Realismus«, wie divergent die verschiedenen Schulen und literaturwissenschaftlichen Autoritäten diesen Begriff auch definieren mögen. Man muß sich also auf die Frage nach dem Wert der problematisch-prognostischen Wahrheit beschränken. In der Science-fiction herrscht ständig folgende Zwitterhaftigkeit und sogar Widersprüchlichkeit in den Erklärungen der Autoren: Einerseits, wenn sich etwas bestätigt, das auch nur entfernt an die vorher, vor ihrer Bestätigung erdachten Inhalte erinnert – brüsten sich sowohl die Autoren als auch die Anhänger lautstark damit. Andererseits wird mit Nachdruck die Behauptung wiederholt, die Phantasie sei gar nicht verpflichtet, die Zukunft der Erde oder eine über die Erde hinausreichende Zukunft des Universums vorauszusagen, also gehöre dies auch nicht zu den Kriterien dieser Literaturgattung. Dieser offensichtliche logische Widerspruch läßt sich leicht mit psychologischen Faktoren erklären, denn aus einem Widerspruch kann man folgern, was man will *(ex falso et ex contradictione quodlibet)*. Arthur Clarke hat Kommunikationssatelliten ausgedacht, bevor sie entstanden waren, und er hat sich ungezählte Male in Interviews dessen gerühmt und sogar sein Bedauern ausgedrückt, daß er diese Idee nicht hatte patentieren lassen. Heinlein wurde von seinen Anhängern für sein Werk »Blowup happens« in den Himmel gehoben, weil er darin die Explosion beschrieb, die exakt so vor sich ging wie in einem Kernreaktor – zu einer Zeit, als solche Reaktoren, unter strengster Geheimhaltung, im Rahmen des *Manhattan-Projekts* bereits gebaut wurden. Andere Beispiele habe ich in meiner »Phantastik und Futurologie« angeführt. Man kann hier nicht eine generelle, auf die ganze phantastische Literatur bezogene eindeutige Antwort erteilen – also kein klares »Ja« oder »Nein«. Nicht jeder Text kann als Belletristik angesehen werden. Ein Werk, das in der Sprache der hohen Algebra geschrieben ist und deren zukünftigen Stand vorauszusehen sucht, ist für einen so kleinen Kreis von Interessenten bestimmt, daß es selbst gebildeten Lesern nicht zugänglich sein wird. Und doch werden solche Werke herausgegeben, obwohl es fraglich ist, ob man sie überhaupt der Literatur zuordnen kann. In den USA erscheint eine Zeitschrift, die von einer Gruppe hervorragender Wissenschaftler herausgebracht wird und die deren Phantasieprodukte druckt. Diese Phantasien haben den Charakter von ungewöhnlichen Hypothesen, die manchmal ernsthaft, des öfteren aber nur scherzhaft gemeint sind, wobei ihre Komik nur einem entsprechend gebildeten Fachmann verständlich sein kann. Es handelt sich dabei oft um Scherze, die moderne Theorien – in der Physik, in der Psychologie, in der Mathematik, in der Kosmologie – ad absurdum führen oder zu einem Nonsens machen, und eben das amüsiert die eingeweihten Leser. Aber der so eng gezogene Leserkreis dieser Werke – die fast niemals Konzeptionen prognostischer Natur, sondern eher reine Spielerei der Fachleute sind, noch dazu eine Spielerei, die keinerlei ästhetische, der Ästhetik der »normalen Literatur« verwandte Werte besitzt – macht sie zu einer Randerscheinung. Dagegen halte ich die Modelle von Welten, neuen Problemen, von gesellschaftlichen Zuständen, von Folgen gegenwärtig nicht existierender Technologien und Entdeckungen, die im Laufe der Zeit die Bedeutung einer sich bestätigenden Prognose gewinnen – für etwas sehr Wertvolles innerhalb der Literatur. Hier muß jedoch ein zusätzliches *Distinguo* eingeführt werden. Es ist entweder so, daß das Werk eine prognostisch glaubwürdige Komponente enthält, aber niemand, einschließlich der Fachleute, die Glaubwürdigkeit dieser Komponente erkannt hat, weil der Autor, sagen wir es etwas übertrieben, ein »Genie« jener »dritten Art« war, von dem mein Text aus der »Vollkommenen Leere« – »Odysseus aus Ithaka« – berichtet. Dann hat die Frage, ob der Autor selbst weiß, daß er nicht phantasiert, sondern etwas voraussagt, keine Bedeutung als ein in das Buch eingebrachter Wert, weil ein Werk immer ein soziales Faktum ist, und was der Autor auch immer darüber denkt, ist ganz unwesentlich. Oder es ist so, daß der Leser, der über einschlägiges Wissen verfügt, sich klar darüber wird, was das Werk erstmals, als Vorläufer, an kognitiv wertvollen Inhalten bringt, und was darin rein künstlerische Schönheit ist, ohne jeden kognitiven Anspruch. Der unvorbereitete Leser dagegen ist nicht fähig, solche Unterscheidungen zu treffen. Wie soll man eine Einschätzung solcher Werke vornehmen? Sie enthalten einen bestimmten Wert, der dem uneingeweihten Leser verborgen bleibt. Das ist klar. Aber dieser Wert kann für Laien mit einem Minuszeichen versehen sein, da er ihnen die Lektüre erschwert, sie verwirrt, sie sogar abstößt, sie irritiert. Die Idee, solche Bücher mit der wissenschaftlichen Entsprechung des kirchlichen »Nihil obstat. Imprimatur. Valde bene« zu publizieren, wäre schwer zu realisieren. Sie würde eine gründliche Umorientierung der Verlagspolitik in aller Welt und der Gegensätze der literarischen Kultur erfordern; die Kritiker müßten durch speziell dafür »delegierte« Wissenschaftler unterstützt werden.

Übrigens glaube ich nicht, daß solche Garantien des kognitiven Wertes (die übrigens, abgesehen von allem anderen, sehr schwer zu erhalten wären, weil die Gelehrten sich ungern auf fachliche Diagnosen einlassen, dort, wo sie die Methodologie ihres Faches nicht dazu berechtigt) die Begeisterung des gesamten Lesepublikums steigern könnten. Außerdem könnten solche Garantien keine Sicherheit schaffen, bedeutet ja das kirchliche »Nihil obstat«, daß kein Widerspruch, im Gegenteil, Übereinstimmung mit dem Dogma der Kirche besteht, während es in der Wissenschaft keine Dogmen gibt. Mit einem Wort – diese Idee läßt sich nicht realisieren.

Was soll man also mit dem regelmäßig verkannten prognostischen Wert der Literatur anfangen? Es ist leider so, daß darüber, ob man überhaupt von einem solchen sprechen kann, jedes Werk gesondert, auf seine Art entscheidet, weil es da keine allgemeingültigen Kriterien gibt. Außerdem bringt ein Gelehrter entweder eine These in vollem Ernst vor, oder er schweigt, denn mit Augenzwinkern kann man eine neue wissenschaftliche Theorie nicht verkünden. Ich dagegen darf etwas schreiben, das, wenn es sich in der Wirklichkeit bestätigt, den Status einer treffenden Prognose erwirbt – und wenn es sich nicht bestätigt, sich eben als phantastischer Scherz erweist. Und niemand untersucht Scherze auf ihren kognitiven Wert hin. Wenn die Aufnahme von literarischen Texten aufgrund des Stands von Dingen, die außerhalb ihres Bereichs vor sich gehen, so schwanken kann, dann erweist sich die Antwort auf die gestellte Frage noch schwieriger. Was mich betrifft, kann ich nur den Standpunkt präsentieren, der implizit in allen meinen belletristischen Büchern und explizit in meinen diskursiven Arbeiten, wie etwa die »Summma Technologiae«, enthalten ist. Die Wissenschaft als Ganzes besteht aus Thesen von unterschiedlicher Sicherheit oder Glaubwürdigkeit. Ihre Basis bilden Thesen (Theorien), die als weitgehend gesichert akzeptiert werden, zum Beispiel das Gesetz der Erhaltung von Materie und Energie. Diese allersichersten Thesen haben immer »zwei Seiten«. Sie sind gleichzeitig Gebote und Verbote. Sie sagen (d. h. gebieten gewissermaßen), wenn es so und so ist, wird dies oder jenes eintreten. Zugleich sagen sie, daß es unter keinen Umständen zu gewissen Tatbeständen kommen kann (z. B. daß es niemals möglich sein wird, Energie aus dem Nichts zu schöpfen, daß man die Lichtgeschwindigkeit unmöglich überschreiten kann, daß man dem durch die evolutionäre Entwicklung gegebenen menschlichen Organismus in seiner gegenwärtigen Gestalt nicht Unsterblichkeit verleihen kann, daß die Prozesse des Alterns im Prinzip irreversibel sind, daß man also niemals einen Greis in das Kind, das er einmal gewesen ist, zurückverwandeln kann, usw.). Diese Gesetze stecken die Grenzen der Produkte meiner Phantasie ab (mit Ausnahme von Werken, die eindeutig den Charakter von Märchen haben und/oder mit – oft maliziösem – Vorsatz eben diese Grenzen überschreiten). Kurz: Erlaubt ist alles, was nicht, wie vorhin angezeigt, verboten ist. Leider ist das bestimmt ein überspanntes, d. h. zu allgemeines Kriterium. Ein Schweizer Kritiker hat daher ein »Argumentum ad personam« ausgetüftelt, denn in seiner Verlegenheit entschied er, daß alles, was ich schreibe, als Literatur *sui generis* zu betrachten sei – die er »Lemsches Geschriebenes« nannte. Als schreibe Lem nach seiner Art, anders als alle anderen – jedoch mit dem (für ihn) wesentlichen Zusatz, daß mein Leitstern und das von mir verfolgte Ziel die »raison ardente« – die »flammende Vernunft« – sei. Daß meinen schweren literarischen Arbeiten immer kognitives Streben zugrunde liege. Aber eine solche Feststellung bringt keine generelle Lösung, und man weiß nicht einmal, ob sie ein bloßes Kompliment ist oder auch nur eine axiologisch neutrale Diagnose. Wenn ich auf mein Werk zurückblicke, komme ich zu der Überzeugung, daß meine schriftstellerische Entwicklung von Phantasiebildern, die ihre Grenzen nur in meiner Vorstellung fanden, zu Ideen hinführte, die überdies Beschränkungen durch außerphantastische Kriterien – im oben beschriebenen Sinn – unterlagen. Ich weiß nicht, ob das gut oder schlecht war, aber ich bin mit dieser Tendenz meiner Entwicklung zufrieden. Ich ersinne mögliche und unmögliche Welten, aber die einen wie die anderen sind für mich der Werkstoff zur Konstruktion von Problemmodellen, die ich für real halte – das heißt, für solche, die als eben diese Probleme, obwohl in freilich anderer Gestalt, mit anderer historischer Ausstattung, anderer äußerer Erscheinung, in dieser einzigen, nicht ausgedachten Welt, in der wir leben, entstehen können.

Da ich immer bestrebt war, mein bestes Wissen zu übertreffen, wird seine Glorifizierung und die Segmentierung doch schon unnötig. Ich kann doch nicht sagen: Das ist der Brillant und das ist die Fassung, die ihn so hervortreten lassen soll, daß er am schönsten glänzt.

B: Da wir uns dem Ende des Gesprächs über den »Golem« nähern – der uns zweifellos weiterhin auf unseren Gedankenwegen als ein Mittler Ihrer Anschauungen begleiten wird –, muß ich Ihnen noch eine Frage stellen. Die allgemeine Prämisse dieses Buches ist die Überzeugung, daß das Denken, also das Bewußtsein, zu einem Attribut nicht nur des Menschen werden kann. Worauf gründen Sie diesen Ihren Glauben?

L: Der Golem suggeriert wirklich, daß eine Scheidung zwischen intellektueller Potenz und persönlichem Sein denkbar ist. Dies bedeutet, daß nicht jeder, der ungewöhnlich klug ist – ein Jemand sein muß. Es kann doch einen sehr gescheiten Niemand geben. Mir erscheint das möglich, obwohl ich über sehr wenig Daten verfüge, die meine Überzeugung unterstützen können. Befassen wir uns mit Fragen der Intelligenz und orten wir diese ausschließlich in den Kategorien des Denkens, dann kommen wir zu dem Schluß, daß wir an den Grenzen des Wissens angelangt sind und nichts mehr aus uns herausholen können. Generell betrachtet, stellen wir jedoch fest, daß die technologische Kapazität, die das Gehirn des besten Ingenieurs der Welt aufweist, viel niedriger ist als zum Beispiel die technologische Kapazität, die der Fuß eines Elefanten oder der Hinterleib einer Biene aufweist. Dort ist einfach ein so kolossales technologisches Wissen investiert, daß wir nicht nur unfähig sind, es einzuholen, sondern auch es bloß zu kopieren. Aber wir wissen, daß es dort vorhanden ist. Darüber besteht kein Zweifel. Und wenn das entstehen konnte, kann es vielleicht auch übernommen werden. Die heutige grundsätzliche Kontroverse in diesem Bereich betrifft die Zweifel, inwieweit man den Zeitfaktor im Prozeß der Übernahme der technologischen Schätze der Leistungskraft, die durch die natürliche Evolution erreicht wurden, berücksichtigen soll. Die Mehrzahl der Forscher behauptet, daß es, wenn die Evolution Milliarden Jahre von *trial and error* dafür gebraucht hat – eben keinen anderen Weg gibt und man diesen Weg nicht abkürzen kann, indem man querfeldein geht.

B: Wie antworten Sie ihnen?

L: Ich kann ihnen nichts anderes entgegenstellen, als die schwache, aber verzweifelt aufgeblasene Hoffnung, daß es doch nicht so ist. Ließe sich das ohne diesen Zeitfaktor von Milliarden Jahren nicht bewerkstelligen, dann wäre die ganze Sache im Eimer.

B: Worauf beruht also diese schwache Hoffnung? Es ist doch wohl kein bloßes Wunschdenken?

L: Ich rechne darauf, daß wir einfach sehr wenig wissen und in die falsche Richtung gehen. In der »Summa« habe ich solche sukzessiven Beschleunigungen dargestellt. Zum Beispiel, wozu nacheinander Generationen von realen Computern bauen, wenn man sie mit mathematischen Methoden in einem großen Computer bauen kann? Dieser Computer würde so zu einer Plazenta, in der sich mathematische Schemata sukzessiver Computergenerationen bilden würden. Nach einer bestimmten Zeit würden wir schon ein ganzes Netz von Computern haben; ein Netz, das eine computertechnologische »Schwangerschaft« durchmacht – bis zu dem Moment, wo etwas in ihm geboren wird, das man den ersten »Proto-Golem« nennen könnte. Niemand kann heute sagen, daß dies unmöglich ist.

Das ist mein ganzer Trost. Es gibt Dinge, an die ich nicht herangehe – und die von der SF zuschanden geritten werden – wie etwa die »Reisen in der Zeit«. Hinter solchen Träumereien verbirgt sich die Überzeugung, daß alles, was die Wissenschaft als absolute Grenze ansieht (z. B. die Lichtgrenze) – überwindbar ist. Nein, ich bin kein solcher Optimist. Man muß unterscheiden zwischen unverantwortlichem Phantasieren und einem rationalen Denkprozeß, der sich auf einem

Weg bewegt, der durch keinerlei Schranken feststehender (und als kategorische Verbote verstandener) Naturgesetze versperrt ist. Es gibt kein Naturgesetz – oder zumindest ist es uns bisher noch nicht bekannt –, das besagt, die höchste Leistungsfähigkeit, die ein informationsverarbeitendes System erreichen kann, sei ausgerechnet jene, die der menschliche Geist zu erreichen vermag.

B: Aus Ihren Worten lese ich eine ungewöhnlich gewichtige Vorausbestimmung des Schicksals heraus. Denn es klingt Ihr leidenschaftliches Verlangen durch, in die Wände, welche die Biologie um unser Denken aufgestellt hat, »Löcher zu schlagen«. Dieses hartnäckige Klopfen an den »Plafond« der Leistungsfähigkeit des eigenen Denkens, das Bestreben, aus ihm auszubrechen, ist für mich ein erschütterndes Zeugnis der tiefen Dissonanz zwischen Ihnen als biologisches Wesen und Ihnen als »denkende Substanz«.

L: Als Antwort will ich Ihnen etwas vorlesen, was Sie interessieren dürfte. Es ist aus einem Brief von Mrożek, den er nach der Lektüre des »Golem« an mich gerichtet hat. Als ich ihm – als einem alten Freund – dieses Buch schenkte, erwartete ich nicht, daß er es lesen würde. Aber er hat mich wieder überrascht. Mrożek schreibt: »Den ›Golem‹ habe ich noch in Warschau gelesen... Und die Traurigkeit dieses Buches ist mir nahe. Ich weiß nicht, ob die Rezensenten sie bemerkt haben? Und wenn sie sie bemerkt haben, dann ist es nicht jene Traurigkeit, die ich darin erkannte... Ich nehme an, daß die Probleme des Golem bis zu einem gewissen Grad – Deine Probleme sind. Mit der zusätzlichen Belastung, daß Du ein natürlicher Mensch bist, was er, Golem, nicht war. Wenn ich sage, daß mir die Traurigkeit dieses Buches nahe ist – dann nicht deshalb, weil ich mit Golem etwas gemeinsam hätte. Du bist »golemartig« – nicht ich, worum ich Dich sehr beneide, und zugleich weiß ich, daß es hier nichts zu beneiden gibt, denn das ist ein furchtbar schweres Schicksal. Ich spreche bloß von der Traurigkeit, die daher kommt, daß man an Grenzen stößt, die bekanntlich niemals überschritten werden können, so gern der Mensch sich auch betrügen möchte.«

Und jetzt ist das Problem, was für Grenzen das sind und

wo sie sind – nicht mehr von entscheidender Bedeutung. Was mich betrifft, so ziehe ich mich eher von diesen Grenzen zurück, anstatt mich zu bemühen, sie dennoch zu überschreiten. Genug dieser vergeblichen Mühe.

Filmische Enttäuschungen

B: Mehrere Ihrer Bücher sind verfilmt worden. Es gibt darunter auch Filmwerke ausländischer Regisseure. Naturgemäß stellt sich die Frage: Was denken Sie über diese Streifen?

L: Ihre Bezeichnung »Filmwerke« ist für mich glatte Ironie, wenn nicht noch Schlimmeres. Die ausländischen Filme haben mir das Leben sauer gemacht, also sage ich in aller Kürze: Schade um jedes Wort.

B: Es ist interessant, Ihre Ansichten zu diesem Thema zu hören. Wie derjenige, der das alles ausgedacht hat, es dann betrachtet, wenn es in Bildern, Gesten, Situationen Gestalt angenommen hat, dürfte recht interessant sein. Als kleiner Junge habe ich mir einen Kitschfilm, »Der schweigende Stern«, angeschaut. Ich verstand damals nicht viel davon, aber ich erinnere mich, daß er mich ziemlich genervt hat.

L: Und was soll ich dann dazu sagen?! Dort wurden Reden über den Kampf um den Frieden gehalten, die stümperhaftesten Dekorationen zusammengetragen, irgendeine Art von Pech gluckste, vor dem nicht einmal ein Kind erschrecken würde. Dieser Film, das war das Letzte vom Letzten!

B: Wenn ich mich an Ihre Interviews richtig erinnere, dann äußerten Sie sich auch über die berühmteste Verfilmung von Lems Prosa – d. h. über »Solaris« – nicht eben freundlich, ebensowenig übrigens über den Regisseur, Tarkowski.

L: Ich habe prinzipielle Vorbehalte gegenüber dieser Adaptation. Erstens hätte ich den Planeten Solaris gerne gesehen, aber der Regisseur hat es mir nicht ermöglicht, denn der Film hat die Dimensionen eines Kammerspiels. Zweitens hat er – das habe ich ihm in einer unserer Auseinandersetzungen gesagt – gar nicht Solaris, sondern »Schuld und Sühne« verfilmt. Der Film sagt ja nicht mehr aus, als daß dieser ekelhafte Kelvin die arme Harcy in den Selbstmord getrieben hat und aus diesem Grunde Gewissensbisse bekommt, die durch ihr Auftauchen – ein Auftauchen unter sonderbaren und unverständlichen Umständen – stärker werden. Dieses sich wiederholende Phänomen der immer wieder auftauchenden Harey war für mich das Exempel einer bestimmten Konzeption, die nachgerade von Kant abgeleitet sein könnte. Denn das ist doch das »Ding an sich«, das nicht greifbare »Ding an sich«, die Andere Seite, zu der man nicht gelangen kann. Mit dem Unterschied aber, daß diese in meiner Prosa ganz anders veranschaulicht und instrumentiert wurde. Allerdings muß ich hinzufügen, daß ich nicht den ganzen Film gesehen habe, sondern bloß zwanzig Minuten des zweiten Teils, aber ich kenne das Drehbuch genau, weil die Russen die gute Gewohnheit haben, eine Kopie des Exemplars dem Autor zu überlassen.

Und was schon ganz greulich ist – Tarkowski hat in den Film die Familie von Kelvin, sogar irgendeine Tante, eingeführt. Aber vor allem die Mutter – denn die Mutter – das ist ja die *mat,* das heißt *Rossija, Rodina* (die Heimat), *Zemlja* (die Erde). Das hat mich ganz schön in Rage gebracht. Tarkowski und ich waren in diesem Moment wie zwei Pferde, die denselben Wagen in zwei verschiedene Richtungen ziehen. Dasselbe ist übrigens später den Strugatzkis passiert, als Tarkowski den »Stalker« auf der Grundlage von »Picknick am Wegesrand« gedreht hat – und daraus einen Mischmasch zusammengerührt hat, den zwar kein Mensch versteht, der aber so traurig und düster ist, wie es sich gehört. Tarkowski erinnert mich an einen Leutnant aus der Zeit Turgenjews – er ist sehr sympathisch und ungeheuer einnehmend, aber zugleich ein unerfaßbarer Visionär. Man kann ihn niemals »erwischen«, denn er ist schon immer um ein wenig woanders. Er ist einfach so. Als ich das begriffen hatte, ließ ich es eben sein; diesen Regisseur kann man nicht mehr ändern, und vor allem kann man ihm nichts erklären, denn er wird es sowieso auf »seine Art« umarbeiten.

In meinem Buch war die ganze Sphäre der kognitiven und epistemologischen Erwägungen und Probleme äußerst wichtig, die wieder mit der solarischen Literatur und dem Wesen der Solarforschung selbst eng verbunden war. Leider wurde der Film in dieser Beziehung ziemlich gründlich kastriert. Auch die Schicksale der Menschen auf dieser Station, die wir im Film nur in Bruchstücken kennenlernen, sind im Buch keine existentielle Anekdote, sondern stellen die große Frage nach der Position des Menschen im Kosmos usw. Bei mir entschließt sich Kelvin, ohne die leiseste Hoffnung, auf dem Planeten zu bleiben, Tarkowski hingegen hat eine Vision geschaffen, die eine Insel zeigt, und auf ihr eine kleine Hütte, und wenn ich von der kleinen Hütte und der Insel höre, könnte ich vor Wut aus der Haut fahren... Diese Gefühlstunke, in die Tarkowski meine Helden getaucht hat, ganz abgesehen davon, daß er die szientistische Landschaft amputierte und eine Menge Wunderlichkeiten einführte, alles das ist für mich einfach unerträglich.

B: Sie sind schwer zufriedenzustellen. Es überläuft mich kalt bei dem Gedanken an Piestrak, wenn ich überlege, was Sie wohl über seinen »Test des Piloten Pirx« sagen werden.

L: Es reicht, wenn es den Regisseur kalt überläuft. In diesem Film wurde fast alles vergröbert und stark vereinfacht. Ich muß Ihnen gestehen, daß ich von Anfang an Zweifel hegte, und zwar sehr ernste – ob man aus diesem literarischen Stoff einen Film machen kann, ohne die Handlung stark zu verändern und sehr viel filmische Phantasie aufzubieten. In diesem Film gibt es nur ein paar gute Szenen, aus allen andern weht einem Kitsch und Langeweile entgegen. Der Regisseur entschied sich weder für einen Sensations- noch für einen intellektuellen Film, noch für irgendeine andere Linie.

Im allgemeinen sind meine Erfahrungen mit den Filmleuten sehr enttäuschend, sie haben mir viele Unannehmlichkeiten bereitet. Am Ende sagte ich mir, daß ich nur für meine Bücher – für jeden Satz, für jeden Beistrich! – Verantwortung tragen kann. Auf diesem Gebiet aber muß ich jede Verantwortung von mir weisen.

B: Daraus folgt also, daß Sie es nicht mögen, wenn Ihre Romane auf den Bildschirm übertragen werden.

L: Das trifft nicht zur Gänze zu, denn der alte Film von Wajda, »Die Schichttorte«, mit Kobiela in der Hauptrolle, hat mich vollauf zufriedengestellt.

B: Vielleicht, weil Sie selbst das Drehbuch geschrieben haben.

L: Das habe ich auch für andere Filme getan. Zusammen mit Szczepański habe ich ein Drehbuch auf der Grundlage von »Transfer« für Ford geschrieben, der damit rechnete, Koproduzenten mit großem Geld zu finden, die sich auf diesen Stoff nur so stürzen würden. Er fand niemanden. Im Gegenteil – alle wollten, er solle das in Polen drehen. Aber das war technisch unmöglich, und so ist daraus nichts geworden.

Dann habe ich, ebenfalls zusammen mit Szczepański, ein Drehbuch nach den »Memoiren gefunden in der Badewanne« geschrieben. Alles war ungeheuer grotesk – und mein Freund hat mir wesentlich dazu verholfen, den Text in Bilder umzusetzen. Da gab es die Statue eines Agenten, der zu Füßen eines Superagenten liegt – ganz wie der Türke unter den Hufen des Rosses von Sobieski, diese Statue war zudem mit Mikrophonen vollgespickt . . . Noch viele andere, sehr komische Dinge gab es da. Und dieses Drehbuch ist in der Schublade gelandet.

Auch an eine Verfilmung des »Futurologischen Kongresses« hat Wajda eine Zeitlang gedacht. Die Idee faszinierte ihn damals sehr – er stellte sich ein großes Hotel vor, in dem er die Handlung abrollen lassen wollte . . . er hatte sogar ein solches Hotel gefunden. Aber auch das scheiterte wieder an der Geldfrage, denn es erwies sich als zu teuer. Und es hätte doch sehr interessant sein können – wie durch diese wunderbare Welt eine andere, alptraumhafte Welt sichtbar zu werden beginnt. Nicht wahr? Ich behaupte weiterhin, daß dies sehr interessant sein könnte. Aber dazu müßte ich einen Kubrick finden, damit es zu einer geistigen Verwandtschaft zwischen dem Verfasser des Drehbuchs und dem Regisseur kommt.

B: Und glauben Sie nicht, daß der »Schnupfen« einen glänzenden Stoff für einen Film abgeben könnte?

L: Dieser Film ist in der Bundesrepublik bereits vorgesehen. Szczepański und ich haben das Drehbuch geschrieben, denn das ist nicht meine stärkste Seite, ich habe eben keine dramaturgische »Ader«. Das Drehbuch ist sehr gut und weist gegenüber dem Buch ziemliche Veränderungen auf. Szczepański hat ein großes Pensum geleistet – er hat einen ersten Teil eingeführt, den es im Buch gar nicht gibt. Es könnte sicher daraus ein guter Film werden, weil dort alles lebensnah und konkret ist.

B: »Könnte« – das heißt, daß Sie von vornherein wissen, daß der Film verpfuscht wird?

L: Stellen Sie sich vor: Man wollte den Film statt in Neapel in West-Berlin drehen. Warum? Weil der Berliner Senat den Produzenten eine beträchtliche Subvention in D-Mark anbietet, wenn sie Berlin als Ort der Handlung wählen. Und ich frage: Wo ist dann die Bucht von Neapel, wo sind die Leichen . . .? Gewiß, Leichen kann es überall geben, aber wer hat diese Leute in Berlin umgebracht? Wird nicht die Vermutung auftauchen, daß es die politische Polizei der DDR – die Stasi sein könnte. Und wo werden dort die Leute in Schwefel baden? In der Spree? Ich habe in dieser Angelegenheit eine Notiz geschrieben, die eines Gromyko würdig ist. Es hätte natürlich nichts geholfen, aber angeblich hat das ZDF protestiert, das den Filmemachern ebenfalls eine Subvention zugesagt hat. Nur deshalb gingen sie wieder nach Neapel zurück. Solche Umstände bewirken die Änderung der Drehbücher! Wie kann man unter solchen Verhältnissen mit irgend jemand zusammenarbeiten? Verträge, Worte, Versprechen – alles vergeblich. Es sollte irgendwelche Klauseln geben, die den Einfluß des Drehbuchautors auf den entstehenden Film sichern. Aber das gibt es nicht. Man kann alles zerfleddern.

Als ich vor ein paar Jahren meine Einwilligung dazu gab, im westdeutschen Fernsehen ein Stück zu produzieren, das die »Expedition des Professors Tarantoga« zur Grundlage haben sollte, forderte ich ein sehr hohes Honorar. Es war so enorm hoch, daß sie protestierten; sie erklärten, es gebe bei ihnen überhaupt keinen solchen Honorarsatz. Ich antwortete damals, es sei kein Honorarsatz, sondern Schmerzensgeld, weil ich wüßte, daß sie fürchterlichen Mist machen würden. Und wissen Sie, was sie getan haben?

B: Sie haben fürchterlichen Mist gemacht.

L: Eben.

Genuß, Verdruß, Überdruß

B: Bei uns gab es einmal eine publizistische Fernsehsendung, in der prominenten Vertretern unserer Kultur unter anderem die Frage gestellt wurde, welches Buch sie auf eine menschenleere Insel mitnehmen würden. Unser Gespräch über Ihren literarischen oder, in einem weiteren Sinne, ästhetischen Geschmack möchte ich mit dieser Frage beginnen.

L: Eines? Nur eines? Wahrscheinlich wäre das eine sehr dicke, gewaltige Geschichte der Philosophie. Wenn ich Geschichte der Philosophie sage, habe ich nicht die beste, sondern eine konkrete im Sinn: die »History of Western Philosophy« von Bertrand Russell. Natürlich werden Sie gleich nach dem »Warum« fragen. Erstens ist das ein vorzügliches Werk, und zweitens ist sein Autor ein Mann, der seine Sympathie und Antipathie nicht verhehlt, der sie offen zum Ausdruck bringt, ja sogar so weit geht, daß er glatt mit Platon streitet. Sie werden zugeben, daß ein Streit mit einem Philosophen, der vor fast 25 Jahrhunderten gelebt hat, einigermaßen amüsant ist, aber dieses intensive Engagement an der ontischen, epistemologischen und auch moralischen Problematik berührt mich wirklich. Das ist für mich kein toter Buchstabe, sondern etwas mir Nahes, organisch Lebendiges. Dagegen läßt mich zum Beispiel Aristoteles völlig kalt. In diesen Mann konnte ich mich niemals einfühlen. Es ist mir nie gelungen, mich zu seinem geistigen »Ektoplasma« vorzutasten, im Unterschied zu Platon, der ein sehr weiser, und zugleich unsympathischer Mensch ist.

B: Warum das?

L: Mich bringt seine Apodiktik aus dem Gleichgewicht. Apodiktische Menschen sind im allgemeinen gefährlich: Sie ziehen die Standpunkte anderer nicht in Betracht, erlauben nicht, daß man in ihre Gedankengänge korrigierend eingreift, ihre Dialoge führen sie vorwiegend mit sich selbst. Solche Leute sind von vornherein dazu verurteilt, Reden zu halten. Ich glaube, es ist sehr angenehm, belehrt zu werden, ich habe mir das immer ehrlich gewünscht, aber unter der Bedingung, daß die Belehrenden nicht zu den Idioten oder zu den Polizisten gehören.

B: Wenn Russell vom Gefühl her der Meister Ihres literarischen Geschmacks ist, kann man leicht erraten, daß Sie die Werke, mit denen Sie in Berührung kommen, in einen Abfallhaufen einerseits und in Ihren privaten Parnaß andererseits teilen?

L: Es gibt Schriftsteller, die ich liebe und respektiere, aber es gibt auch solche, gegen die ich eine körperliche Abneigung empfinde. Da ich hier die Wahrheit sagen muß, bekenne ich sofort, daß ich Beckett nicht ausstehen kann.

B: Eine solche Erklärung gleich am Anfang klingt für das philosophische Ohr ganz schön erschütternd.

L: Ich weiß, daß er ein Schriftsteller von großem Format ist, aber ich kann ihn nicht lesen, seitdem ich mich überzeugt habe, daß der Autor des »Endspiels« sich so wie die Physik bemüht, zum absoluten Nullzustand zu gelangen, den Zustand der Agonie zu erreichen. Diese seine Vivisektion präagonaler Zustände des menschlichen Geistes war für mich eine so schreckliche Arbeit, daß seine Werke mich geradezu quälten und mir keinerlei Befriedigung verschafften.

B: Andererseits weiß ich, daß Sie ein Liebhaber Dostojewskis sind. Empfinden Sie seine Prosa nicht als quälend?

L: Aber natürlich! Quälend, aber auf andere Art. Ob mich Dostojewski nicht deprimiert? Er deprimiert mich entsetzlich, aber offenkundig in anderer Weise, denn er sagt mir etwas über den Menschen, und über sich selbst, und über die unglückselige menschliche Welt, was ich mit schrecklicher Qual, aber dennoch zur Kenntnis nehme. Nach der Lektüre von Beckett fühle ich mich dagegen wie ein ausgewrungener Fetzen, und ich habe nichts davon. Er hat mich nicht bereichert, sondern umgekehrt – er hat mich bestohlen.

Ich gehe von der kindlichen und traditionellen Voraussetzung aus, daß die Literatur uns Genuß bereiten, nicht aber quälen soll. Und wenn sie schon quält, dann eher auf die Art, wie es kleine Kinder tun, die bekanntlich im allgemeinen sehr wißbegierig sind: Sie wickeln eine Schnur um den Finger, damit er abstirbt, oder legen sich mit dem Kopf nach unten über die Teppichklopfstange, damit das Blut in den Kopf schießt...

Ebenso wie Beckett hat mich Lowrys »Unter dem Vulkan« irritiert. Dieser Konsul plagt sich so, und die Schilderungen seines stufenweisen und langsamen Verfalls – das ist nicht etwas, das ich gerne lesen möchte. Lieber lese ich schon Stevenson, dort gibt es auch Verfall, aber in einer herrlichen phantastischen Szenerie. Da ich primitiv bin, liebe ich die Erzählungen von O'Henry, denn in diesen Erzählungen – ich weiß nicht, ob wir in polnischer Sprache mehr als zehn von ihnen haben – präsentiert er solide, amerikanische Schreinerarbeit. Man fühlt sich nie auf den Arm genommen. Ich habe auch »Huckleberry Finn« von Twain sehr gern, das ist besser als »Tom Sawyers Abenteuer«. Ein sehr gutes Buch.

Es gibt viele gediegene Schriftsteller, die ich nicht zu lesen imstande bin. Zum Beispiel hat mir der »Mann ohne Eigenschaften« von Musil nichts gegeben. Und noch mehr nervt mich das Geschwätz über die Ordnung dieses Buches. Wenn er es nicht selbst fertiggeschrieben und redigiert hat, kann man ja nicht dort von Ordnung reden, wo sie der Autor nicht eingeführt hat. Musils Werk ist mir so gleichgültig, daß ich ihm die gelehrte Abhandlung Naganowskis* vorziehe, der sein Material sehr schön ordnet und erklärt, was dieses Werk *wahrscheinlich* hätte sein sollen. Das wird zwar niemand mehr überprüfen, aber es ist solide Interpretationsarbeit.

B: Ich komme langsam zur Überzeugung, daß das entscheidende Kriterium für Sie – im Lichte dessen, was Sie mir bisher anvertraut haben – das Gefühl eines spezifischen Hedonismus des Lesers ist.

L: Vielleicht nicht ganz so zugespitzt, aber warum eigentlich nicht? Tatsächlich bereitet mir das, was Lowry mir zu sagen hat, ausschließlich Mißbehagen. Eine Literatur, die mir nur solche Empfindungen beschert, ist für mich irgendwie unzulänglich. Das sind meine ganz privaten Ansichten, also habe ich sie nie in der Öffentlichkeit vorgebracht, aus der tiefen Überzeugung heraus, daß dies Eigenarten sind, die sich

---

* Egon Naganowski, polnischer Kritiker und Musil-Kenner

aus psychischen Chemismen zwischen dem Lesenden und dem Text ergeben. Zwischen dem Lesenden und dem Gelesenen knüpfen sich irgendwelche sehr subtile und ungewöhnliche Bande. Zum Beispiel ist mir klar, daß manche Konzeptionen von Hegel in ihrem Einfluß auf das spätere philosophische Denken viel fruchtbarer sind als etwa jene von Schopenhauer, aber ich ziehe entschieden den letzteren vor. Und zwar nicht nur deshalb, weil Hegel Preußen als Verkörperung des Absoluten anbetete, während Schopenhauer ein tief pessimistischer Misanthrop ist. Schopenhauer ist für mich einfach viel menschlicher. Das ist oft eine Frage der Sympathie und Antipathie. Ich suche in der Lektüre intensiv den Menschen im Autor, den ich, wie Gombrowicz sagt, zwicken könnte. Das betrifft übrigens auch Texte, die durch und durch wissenschaftlich sind. Ich wünsche mir, nicht nur mit dem unpersönlich ausgesagten Inhalt der Probleme in der gegebenen wissenschaftlichen Disziplin, von irgendeiner Autorität vorgetragen, in eine Beziehung zu treten, ich will auch den Kontakt mit dem Menschen spüren. Dort, wo er einem wirklich gegenübersteht, kann man besser differenzieren – es fällt mir leichter, zu einem solchen Text Stellung zu beziehen. Zum Beispiel teile ich nicht im geringsten die Anschauung von Jeans, daß es eine Person als Schöpfer des Weltalls gibt, der Mathematiker ist; aber wegen seines rein menschlichen Engagements ist mir Jeans sympathisch. In seinen streng astrophysikalischen Arbeiten hat Jeans sich natürlich solche Scherze nicht mehr erlaubt. Die Haltung, von der ich hier rede, ist nicht nur das Kriterium meines Verhältnisses zu literarischen Texten *par excellence,* sondern überhaupt zu allen Texten.

B: Und könnten Sie, von dieser Perspektive aus betrachtet, auf psychologisch wichtige Punkte Ihrer geistigen Entwicklung hinweisen?

L: Um welche Art von Punkten geht es Ihnen? Für mich war zum Beispiel ein sehr wichtiges Moment die nazistische Besatzung, die großen Einfluß auf mich und auf meine schriftstellerische Arbeit ausübte. Haben Sie solche Dinge im Sinn?

B: Nein, mich würden hier literarisch wesentliche Punkte für Ihre Biographie interessieren: Bücher und Schriftsteller, die irgendwie für Ihr Werk ausschlaggebend waren, für das, was Sie über die Literatur und über die Welt denken.

L: Saint-Exupéry und Conrad, Schopenhauer und Russell, Dostojewski, und Eddington als Autor eines Buchs über den inneren Aufbau der Sterne. Das habe ich schon als sechzehnjähriger Junge gelesen. Heute ist das schon weitgehend veraltet, aber ich weiß noch, wie die Schönheit der Darstellung und die faszinierende Tatsache, daß man mit Hilfe rein mathematischer Deduktion so viel darüber erfahren kann, was im Inneren der Sterne vorgeht, ungeheuren Eindruck auf mich machten. Unter den heute von mir schon großenteils vergessenen Büchern, die mir mein Vater in die Hand gab, ist wohl auch die »Große Illustrierte Naturgeschichte« erwähnenswert. Schon in den unteren Gymnasialklassen machte ich mich mit den großen Echsen bekannt, mit der Welt der Paläontologie und der Geschichte des Lebens auf der Erde. Viele Male kehrte ich in den späteren Jahren zu diesem Thema zurück und tue es noch heute.

B: Und später war kein Buch mehr eine solche Offenbarung für Sie?

L: Eigentlich habe ich das nur einmal erlebt – bei zwei Büchern von Hofstadter, »Gödel, Escher, Bach«, sowie »Mind's I«. Der Autor ist Professor der Computerwissenschaft und hat letztens eine Funktion übernommen, die zuvor Martin Gardner im »Scientific American« ausgeübt hatte, das heißt die Rubrik für mathematische Spiele. Dort kann man immer packende Geschichten finden. Zum Beispiel in einem der letzten Hefte Computerbetrachtungen über Chopins Musik. Das heißt nicht, daß Hofstadter Chopin für den Computer aufbereiten oder mechanisieren wollte, sondern er tat es zu Forschungszwecken, denn er liebt die Musik und versteht sehr viel von der Musikwissenschaft, was ich von mir nicht behaupten kann. In diesem Artikel gab es etwas sehr Schönes, denn der Autor verriet darin seine Liebe zu Polen. Ich bemühe mich im allgemeinen, nicht polonozentrisch zu sein, aber wider Willen war ich angenehm berührt. Ich bekenne mich dazu, denn ich habe den Eindruck, daß das keine Schande ist.

Kehren wir jedoch zu den erwähnten Büchern zurück. Das zweite betrifft die Rätsel des Bewußtseins, aber zunächst möchte ich etwas mehr über das erste sagen. Ein herrliches Buch, für das der Autor den Pulitzer-Preis erhalten hat und das im Westen ein Bestseller wurde, obwohl es kein populärwissenschaftliches Werk ist; es gibt dort Kapitel, die wirklich Vertrautheit mit der formalen Logik und der Mathematik erfordern. Das war das Interessanteste, was ich in den letzten Jahren gelesen habe. Wer Bach ist, wissen Sie, Gödel ist – nach Hofstadters und meiner Meinung – der bedeutendste Mathematiker unseres Jahrhunderts, und Escher ist ein Graphiker – er zeichnet Dinge, die logischen Antinomien und Paradoxa entsprechen, die innerlich widersprüchlich sind. Es sind selbstreflexive Konstruktionen, realistisch gezeichnet, zugleich aber unmögliche Gebilde. Das ist irgendeine »allgemeine Theorie von allem«: Es geht um den genetischen Code, um Computer, um philosophische Paradoxa, um die Möglichkeit, Phänomene aus dem Bereich der Logik von der Seite der exakten Wissenschaften her anzupacken. Die Hauptfragen des Buches befassen sich damit, ob das Denken und das Bewußtsein derartigen Regeln unterliegen, die es ermöglichen würden, sie zu formalisieren (diese Frage ist ja noch nicht entschieden; wenn das also möglich wäre, dann wäre für Werke vom Typ des »Golem« die Tür zur Zukunft geöffnet). Hier werden rekursive Funktionen untersucht, es geht um das logische Kalkül, um Bedeutung, um retrospektive und prospektive Möglichkeiten der künstlichen Intelligenz.

Und zugleich wechseln mit solchen Kapiteln andere voller entzückender Dialoge ab, ein bißchen im Stil von Carrolls »Alice im Wunderland«, in denen auftreten: eine gescheite Krabbe, Achilles und eine Schildkröte. Die Grundprobleme werden also zweimal präsentiert: einmal diskursiv, und ein andermal in metaphorischer, scherzhafter oder, wenn man so will, verrückter Form. Dieses Buch zieht mich merkwürdig an, und ich habe das teils angenehme, teils irritierende Gefühl, daß ich immer wieder meinen eigenen früheren Konzeptionen begegne. In diesem Buch sind sie aber ganz unabhängig entstanden. Vieles läßt sich über dieses Werk sagen, aber generell ist mir seine Botschaft sehr vertraut, weil sie die kognitiv optimistische Haltung artikuliert – daß es nicht so ist, als wäre das Ganze nicht auf Teile reduzierbar, sondern daß wir eigentlich, wenn wir uns viel Mühe geben, wohl nicht alles, jedoch vieles durch Reduktion vereinfachen können. Das ist doch sehr tröstlich. Sogar wenn *ignoramus et ignorabimus,* so haben wir dennoch sehr viel Zeit vor uns, um mit dieser Feststellung »herauszurücken« und nicht gleich, wie ein schmollendes Kind, alles in die Ecke zu werfen.

B: In Ihren Bekenntnissen schieben sich selbstverständlich das szientistische Temperament und der szientische Geschmack in den Vordergrund; wir werden dem in den nächsten Gesprächen den gebührenden Platz widmen, jetzt aber möchte ich auf den Boden der Kunst zurückkehren. Die Aufeinanderfolge Ihrer Bücher steckt – wenn man die Formel von Małgorzata Szpakowska* als verbindlich ansieht – gleichsam einen Weg der Abwendung von der Literatur ab, zumindest von dem, was üblicherweise als literarischer Charakter verstanden wird. Das muß irgendwie mit Ihrem Literaturverständnis zusammenhängen und bestimmt wohl auch mit Ihrem Geschmack als Leser.

L: Wie soll ich Ihnen darauf sinnvoll antworten? Würde man jemanden über seine Konzeption vom Suppencharakter (vom Wort »Suppe«) befragen, so setzt eine sinnvolle Antwort einzig und allein die Feststellung voraus, welche Suppen der betreffende Mensch mag. Das einzige, was ich jetzt tun könnte, ist, daß ich zu bestimmen versuche, welchen Büchern ich den höchsten und welchen den niedrigsten Platz einräume.

B: Um nichts anderes geht es mir die ganze Zeit: Ihnen solche Bekenntnisse abzunötigen.

L: Na ja, weil das zusammenhängt. Nicht nur, daß es zusammenhängt, es ist ein und dasselbe. Ich werde das also so ausdrücken: Die Suppen, die ich nicht esse, sind zweifellos Suppen, die von anderen gegessen werden. Und da ich sie nicht zu mir nehme, bin ich der Meinung, daß man getrost ohne sie auskommen könnte.

B: Ich frage ja auch nicht nach dem allgemein-gesell-

* Polnische Schriftstellerin

schaftlichen literarischen oder suppenhaften Charakter, sondern nach Ihrem eigenen Geschmack. Nebenbei gesagt, kann man nicht umhin, eine Toleranz zu begrüßen, die bereit ist, einen großen Teil des Menüs vom literarischen Tisch zu fegen.

L: In dieser Beziehung bin ich dennoch liberal; ich verbiete niemandem Suppen zu essen, die ihm schmecken. Eine Suppe aus Raupen und Maikäfern kann jemandem munden – Mahlzeit! Guten Appetit! Ich werde das nicht hinunterschlucken. Ich finde, ebenso wie man eine Suppe aus allem, Jauche eingeschlossen, machen kann, so kann man auch aus allem Literatur machen. Ob wir das als Literatur akzeptieren, wird vom Konsens abhängen, nicht einmal einem *consensus omnium,* sondern der Verleger, der Leser und des Marktes. Das ist grundeinfach. Eine bestimmte Art des literarischen Schaffens aus dem geheiligten Reich der Literatur willkürlich zu verbannen, ist sinnlos. Man kann natürlich sagen, daß es in der Kunst einen höheren und einen niedrigeren Bereich gibt, aber Trivialliteratur ist doch ebenfalls Literatur.

Meiner Meinung nach ist Literatur nicht Schreiben als Ersatztätigkeit. Unter diesem Wort verstehe ich Kompensation. Zum Beispiel ist Pornographie in diesem Falle Literaturersatz *par excellence,* denn sie ersetzt unmittelbares Betrachten, Berühren und eine Reihe anderer Tätigkeiten. Das ist auch an den angewendeten Mitteln zu erkennen, denn man kann nicht seinen Hunger stillen, indem man die Beschreibung intensiviert – die Sprache ist ein undurchlässiger Bildschirm. Man kann sich nicht an noch so genau beschriebenen Äpfeln satt essen, so wie sinnliches Verlangen nicht durch Orgien gestillt wird, die sprachlich Gott weiß wie ausgebaut werden. In diesem Zusammenhang stoßen wir öfters auf Ausdrücke wie »das Pedal durchdrücken« – auf ein Ausschweifen der erotischen Phantasie und »starke« Worte. Mich hat das übrigens immer belustigt, besonders bei de Sade fand ich das erheiternd, denn wenn sich jemand mit einem normalen Penis nicht begnügt, sondern einen Penis so groß wie eine Eiche haben muß, wirkt eine derartige Elephantiasis unverhüllt komisch. Henry Miller, der gar nicht dumm ist, verstand

das übrigens vortrefflich auszunützen, denn in seinen porno-
graphischen oder quasi-pornographischen Romanen hat er
derartige Obszönitäten mit Ironie versetzt, während dies bei
de Sade, wie übrigens in der ganzen Pornographie, tödlich
ernst ist. Also auch in diesem Sinne kann Literatur nicht
Ersatz sein. Auch Schach ist kein Ersatz für irgend etwas.

B: Das bezieht sich zur Not – wenn wir verbrecherische
Neigungen der Leser ausschließen – auch auf den Kriminalroman.

L: Ja. Ein gut geschriebener Krimi ist kein Ersatz,
sondern Unterhaltung. Nebenbei gesagt, früher habe ich
welche gelesen. So ein Chandler zum Beispiel ist nicht übel.
Vielleicht ist das manchmal ein wenig gequält, aber alles in
allem nicht schlecht. Manchmal ein Buch von Agatha Chri-
stie, aber auch nicht zu viel, denn diese Autorin ist ziemlich
seicht und eindimensional. Manche Simenons sind sogar gut.
Über polnische Krimis werde ich mitleidsvoll schweigen. Das
geht mich eigentlich nichts an. Dagegen ist »Schuld und
Sühne« ein ganz guter Krimi, obgleich das niemand als
Kriminalroman ansieht.

B: Und in der Literatur *tout court* von hohem künstlerischen Wert – auf wen kommen Sie am häufigsten zurück?
Welche Bücher haben die tiefste Spur bei Ihnen hinterlassen?

L: Ich werde Gattungen und Sprachräume durcheinan-
dermischen, in einem solchen Gespräch ist das unvermeidlich. Es ist unmöglich, darüber anders als chaotisch zu reden.
Es gibt so ein Kinderspielzeug, eine unsichtbare Zeichnung,
die, wenn man mit einem speziellen Bleistift darüberstreicht,
ihre wirkliche Form zu enthüllen beginnt. Vielleicht wird aus
meinem chaotischen Gerede, wie bei einem solchen Spiel, ein
umfassendes Bild meiner literarischen Vorlieben auftauchen.

An erster Stelle möchte ich vielleicht Federico García
Lorca nennen, von dem ich so wenig kenne. Sicher sollte
Borges erwähnt werden – einige seiner Sachen waren sehr
gut, besonders das Gedicht über Schach. Dann Rainer Maria
Rilke, dessen Übersetzungen mir alle miserabel erscheinen.

Ich mag Goethes »Faust« sehr, dagegen erscheinen mir
Schillers Balladen antiquiert, sie riechen nach Mottenpulver.
Ich habe sie bis heute in Bruchstücken im Gedächtnis, denn

der Deutschunterricht in meiner Kindheit beruhte darauf, daß man alles auswendig heruntersagen mußte, also spuken diese »Knittelverse« noch immer in meinem Kopf herum.

B: Bei dieser Gelegenheit möchte ich auch fragen, wie Ihr Verhältnis zu den polnischen Romantikern ist.

L: Sehr gut ist Mickiewicz! Vor kurzem habe ich die »Ahnenfeier« durchgelesen, obwohl man das normalerweise nicht macht, wozu denn? Als ich »An die Moskauer Freunde« las, ging mir genauso ein Schauer über den Rücken wie, sagen wir, vor zwanzig Jahren. Es hat sich einfach nichts geändert.

Es ist vielleicht dumm, so etwas zu sagen, weil das banal ist, aber Słowacki ist auch kein schlechter Dichter. Natürlich gibt es bei ihm zu viele von diesen Engeln, roten Wolken und Sternen . . . (Lachen). Allgemein ausgedrückt: Das dekorative Element ist übermäßig ausgebaut. Und dennoch ist das keine »Kirche ohne Gott«.

Bei Norwid bin ich schon wählerischer. Ein kleiner Teil ausgezeichneter Gedichte, und der Rest direkt unerträglich! Ich würde der Meinung Michał Brońskis zustimmen, daß Norwid wirklich verrückt geworden und dem Verfolgungswahn verfallen ist, was wohl mit seiner Taubheit zusammenhing – damals gab es noch keine Hörgeräte wie dieses, das ich im Ohr trage. Er glaubte, er werde von der Welt unterschätzt, und je böser er auf diese Welt wurde, die ihn verkannte, desto schlechter wurde seine Lyrik. Das ist meine Meinung. Doch zugleich schenkte er uns eine kleine Zahl von Gedichten der höchsten Klasse in der ganzen polnischen Literaturgeschichte.

B: Solche Urteile klingen für die Lehrerinnen unserer Schulkinder sehr bedrohlich. Aber Sie haben Ihrer größten literarischen Liebe, Leśmian, immer noch keinen Platz zugewiesen.

L: Für eine große Gruppe von Leśmians Gedichten empfinde ich geradezu abgöttische Bewunderung, aber nicht für alle, weil er manchmal ganz ungewöhnlich danebengegriffen hat. Jetzt möchte ich etwas über einige Bücher sagen, die mir seit geraumer Zeit im Kopf rumoren, als wollten sie ans Tageslicht treten. Ein sehr gutes Buch ist »Mr. Sammlers Planet« von Saul Bellow . . .

B: Nicht »Herzog«?

L: »Herzog« hat mir überhaupt nicht gefallen. Dafür habe ich am »Regenkönig« Geschmack gefunden – ein herrliches Buch, vielleicht sein bestes! Wenn es sich um geringe Unterschiede in meinen Empfindungen gegenüber verschiedenen Werken handelt, so kann ich dazu nicht viel sagen. Das hängt vielleicht mit folgendem zusammen: Bellow gehört zur großen Triade begabter amerikanischer Schriftsteller jüdischer Herkunft, der auch Philip Roth angehört, zusammen mit all seinen Spermen und Busen. Ich kann das nicht leiden – diese unaufhörlichen Erektionen und Probleme pubertierender jüdischer Jünglinge. In dieser chemischen Zusammensetzung ist das für mich entsetzlich. Das erklärt vielleicht auch meine Abneigung gegen Lowry, gerade dort finden wir den höchsten Grad an Intensität – vielleicht so hoch wie bei Dostojewski – des Hereinfahrens der Erzählmaschine in die verzweifeltesten Schichten des menschlichen Geistes. Das wirkt nicht als Katharsis, wie eben beim Autor des »Idioten«, wo mit der Läuterung die Krise überwunden wird, sondern es ist ein peinliches Wühlen in Schmutz. Deshalb mag ich auch die heute so moderne Prosa vom Typ Charles Bukowsky nicht. Dort gibt es so verschiedene Leckerbissen, wie stinkende Socken, Sperma, Blut, Damenhöschen, In-die-Fresse-Hauen, oder Burroughs – ein amerikanischer Schriftsteller, ehemals süchtig – und seine narkomanisch-erotisch-pornographischen Visionen, also das Schicksal eines Süchtigen in verschiedenen Versionen. Als Zeitdokument kann das sehr gut sein, aber mir verursacht es Übelkeit. Es entlarvt zugleich mein altmodisches, viktorianisches (Lachen) Wesen, aber solche Werke nahm ich gewöhnlich nur unwillig in die Hand. Ja, ich habe sie durchgeblättert, in der Meinung, man könne sich nicht auf die Suppen beschränken, die man selber mag, aber mich daran zu delektieren, davon war ich stets weit entfernt.

Es gab bei uns auch eine Anthologie der amerikanischen Novelle – da ist nichts drinnen! Mir sind also die erwähnten Erzählungen lieber, die O'Henry geschrieben hat. Das sind natürlich ziemlich primitive Dinge, aber mit ungewöhnlicher erzählerischer Kunstfertigkeit geschrieben. Das alles ist längst überholt, der Zopf reicht bis zum Boden, hat aber einen unwiderstehlichen Charme. Diesen Charme gibt es heute bei den Amerikanern nicht. Ich will es kurz sagen: Sie schämen sich, zu erzählen. Sie werden Ihnen den nackten Hintern und die Genitalien zeigen, aber nicht ordentlich davon erzählen.

Was die Franzosen betrifft, sehe ich seit dem *Nouveau roman* niemand, der mich fasziniert. Was ich gelesen habe, gab mir absolut nichts. Zum Beispiel so ein Robbe-Grillet! Immer schien er mir absolut kein Gran Talent zu haben. Ich glaube, er machte aus einer Not eine Tugend. Seinen Mangel an erzählerischem Talent ersetzte er durch diverse Abstrusitäten. Noch dazu durch höchst uninteressante Abstrusitäten.

Bei den Russen strahlt wie ein ferner schöner Stern Dostojewski, der stets für eine Überraschung gut war, dem es immer gelang, mich in so schreckliche geistige Erschütterungen zu stürzen – die ich übrigens nicht gern habe, denn wer hat sie schon gern –, daß ich es nicht vermeiden konnte, mich ihnen zu unterwerfen. Bei ihm finden wir eine solche letzte Grenze des Schürfens, daß ich mich am Ende bezwungen fühle.

B: Apropos Dostojewski, ich habe bemerkt, daß Sie sich am häufigsten auf die »Aufzeichnungen aus einem Kellerloch« beziehen. Warum ist gerade dieses Werk so wichtig für Sie?

L: Mein Gott, in diesem Buch sitzen doch, wie die Maden schrecklicher Embryonen, alle schwarzen Philosophien des 20. Jahrhunderts! Dort finden Sie alle Qualen mannigfaltiger Camus! Dort ist alles fest verpackt wie im Köpfchen des Spermatozoons – der ganze Organismus des guten Herrn Adolf Hitler, der aus dieser Samenzelle geboren werden sollte. Um das alles in unsere Zeit zu übertragen, müßte man nur das Hauptthema in manchen Partien verändern, besonders dort, wo vom Hämmerchen im Klavier und von der Taste die Rede ist, und auch in jenen Teilen, wo Dostojewski sagt, daß der Mensch verrückt werden muß, um unvorhersehbar zu sein. Dieses Problem ist schon gelöst, denn es gibt den Indeterminismus im Determinismus, es gibt die statistische Wissenschaft, die es erlaubt, die Überzeugung vom absolut freien Willen zu bewahren, obwohl uns doch nicht alles erlaubt ist. Aber alles andere, was diese entsetzlichen Aggressionen und grauenhaften Widersprüche betrifft, und die Höllen der menschlichen Natur – das alles ist absolut aktuell. Die Menschen müßten aufhören zu existieren, damit das seine Aktualität verliert. Das hat mich immer fasziniert.

Mir gefallen auch einige Bücher von Nabokov, insbesondere »Lolita«, das sehr sorgfältig ausgewogen war, im Gegensatz z. B. zu »Fahles Feuer«, wo sich schon eine gewisse Störung der Proportionen bemerkbar macht. Nabokov bringt das so trefflich zustande, mit einer solchen eisigen Kälte, daß es mich direkt abstößt. Das sind Dinge, die man oft gar nicht erklären kann.

Auch Solschenizyn hat mich sehr beeindruckt: »Ein Tag im Leben des Iwan Denissowitsch« und »Der erste Kreis«. Ich möchte das von den politischen Problemen trennen, obgleich wir uns das wohl kaum aus dem Herzen reißen können. Das kann man nicht so lesen wie Stendhals »Rot und Schwarz«. Das ist merkwürdig, denn es ist für mich keine Literatur von höchstem Rang, obwohl sie es sein sollte, denn sie ist in ihrem erzählerischen Kanon sehr konsequent geführt. Ein Element des Interesses, weil das gleichsam politische Pornographie ist? – Vielleicht? Aber das läßt sich beim Lesen nicht von einer distanzierenden Aufnahme trennen.

Bei der Gelegenheit muß ich erklären, daß ich eine seltsame Schwäche für die österreichische Literatur habe. Wir wissen, daß an den Nahtstellen der Kultur, wo Hybriden auftreten, manchmal wertvolle Werke entstehen. Die österreichische Kultur und diese schreckliche Monarchie, die übrigens ein sehr schlechtes Ende genommen hat, war ein Brutplatz der Talente.

B: Die ganze österreichische Literatur *en masse* lieben Sie wohl nicht, also bitte Konkretisierung.

L: Bei den Österreichern gibt es viele. Um nicht weit zu suchen, Kafka hat in Prag, aber deutsch geschrieben.

B: In Ihren essayistischen Werken kommt sein Name tatsächlich oft vor.

L: Zu diesem Schriftsteller habe ich ein sonderbares Verhältnis. Einerseits sehe ich seine hervorragende Qualität und habe mich mehr als einmal in »Das Schloß«, den »Prozeß« und die Erzählungen vertieft, aber schon die Lektüre seiner Briefe hat mich ziemlich geärgert. Sie sehen mich fragend an, also antworte ich gleich; mich erbost das Neurotische, Tragische und »Verzweifelte« daran. Ich habe das nie in der Öffentlichkeit geäußert, denn Lesen ist eine zutiefst private Tätigkeit, und man hat ein Recht auf echte Emotionen. Wissen Sie, ich nehme ungern Kafka wieder zur Hand. »Schuld und Sühne« oder den »Zauberberg« – ja, aber ihn nicht.

Gut erscheint mir auch Hofmannsthal und dieser . . .

B: Frisch?

L: Ich kann nicht sagen, daß ich ihn ungern lese, aber diese Art Literatur gibt mir recht wenig, Frisch ist übrigens Schweizer.

B: Und der Schweizer Dürrenmatt?

L: Der »Besuch der alten Dame« ist nicht schlecht, aber ich habe mancherlei Einwände. Ich habe den merkwürdigen Eindruck, daß er sich das alles ausgedacht hat. Sie lachen? Ich weiß, daß das recht komisch klingt, denn alle »denken« sich doch die Literatur »aus«, aber sein Engagement erschien mir wohl nicht genügend stark. Weitere Begründungen wage ich nicht zu geben. Vielleicht ist das eben diese Phänomenologie der Suppe? Ich mag sie nicht, weiß aber nicht, warum.

B: Übrigens, wie unterscheiden Sie die österreichische von der deutschen Literatur?

L: Es wäre zuviel von mir verlangt, daß ich erkläre, worin sie voneinander abweichen, aber ich spüre es in den Knochen, daß es da beträchtliche Unterschiede gibt. Jemand hat sehr hübsch gesagt, daß Österreicher und Deutsche im Grunde genommen dasselbe sind, sich aber dadurch unterscheiden, daß die einen und die anderen deutsch schreiben.

B: Lassen Sie bei Ihren Sympathien den Deutschen Hermann Hesse links liegen?

L: Das ist auch interessant. Sein »Glasperlenspiel« konnte ich einfach nicht lesen. Die besten Werke Hesses bleiben für mich »Narziß und Goldmund« sowie der »Steppenwolf«, obwohl auch sie mich nicht allzu tief bewegten. Zum Glück bin ich kein Kritiker und muß meine Urteile nicht mit

Argumenten belegen. Übrigens schien mir immer, daß es sich mit der Kritik in Wahrheit so verhält, daß der Kritiker zunächst von einem Buch fasziniert ist, und erst dann – wenn er nachträglich analysiert und rationalisiert – nach Argumenten sucht. Es ist doch nicht so, daß wir beim Anblick einer schönen Frau denken: Die Proportion der Breite ihres Beckens zur Größe ihres Busens entspricht meiner mathematischen Vorstellung von Schönheit, also gefällt sie mir. Niemand stellt solche Überlegungen über eine Frau an, noch derartige Rationalisierungen im Rahmen seines Sensoriums. Es gibt nur einen bestimmten Gesamteindruck, den man erst später zu zergliedern versucht.

B: Sie haben sich als Liebhaber der österreichischen Literatur zu erkennen gegeben. Wen würden Sie da nennen?

L: Es gibt da manches, was mich begeistert. Letztens habe ich zum Beispiel »Casanovas Heimfahrt« von Arthur Schnitzler gelesen. Das ist blendend geschrieben, vortrefflich im Stil und in der Art, wie die Epoche eingefangen wird; es erzählt über das letzte Liebesabenteuer Casanovas, auf infame Weise von einem unschuldigen Mädchen erzwungen. Dieses Buch müßte ein Test sein. Hier sieht man, daß man einen Schriftsteller nicht nachahmen kann. Wenn wir einen Tachisten oder einen anderen Vertreter der modernen Malerei nehmen, kann er uns lange darüber täuschen, ob er einen ordentlichen Akt malen kann oder eine schöne Federzeichnung fertigbringt. Auf solche Betrügereien kann sich jedoch keiner einlassen, der auf traditionelle Art und Weise schreiben will, denn hier kommt alles gleich ans Licht. Hier gibt es keinen faulen Zauber. Wenn jemand Banknoten fälschen will, muß er das tadellos machen können, oder er soll es bleiben lassen. Schnitzler hat das geradezu perfekt geschrieben . . .

B: Man kommt nicht um den Verdacht herum, daß Sie ein Liebhaber des realistischen Romans des 19. Jahrhunderts sind.

L: Ich liebe die realistischen Romane dieser Zeit sehr und halte diese meine Liebe durchaus nicht für eine Perversion. Die heutigen Kunstkonsumenten in den permissiven Ländern werden von der Flut dessen, was ihnen als Kunst serviert wird, so terrorisiert, daß sie es nicht wagen, in Massen zu rebellieren. Übrigens, selbst wenn sie rebellieren sollten, würde der Staat diese Künstler, die niemand lesen oder anschauen will, mit Stipendien und Subsidien überhäufen. Auf diese traurige Weise macht man es ihnen leider unmöglich, Hungers zu sterben.

B: Nun haben Sie in einem Atem verschiedene interessante Namen genannt, aber den Schriftsteller, der vielleicht als einziger mit Ihnen vergleichbar ist, haben Sie eigentlich nur mit einem einzigen Satz abgetan. Man kann sagen, daß in seinem Werk – da es ja vorausging – das Modell für eine bestimmte Gruppe Ihrer Bücher zu finden wäre, und Sie sind ihm so ungnädig und, ich wage es kaum auszusprechen, strategisch aus dem Weg gegangen.

L: Wen meinen Sie?

B: Selbstverständlich J. L. Borges.

L: Warum halten mir alle immer gleich diesen Borges unter die Nase?

B: Das ist doch eine so charakteristische Haltung, sich in die Welt des Buches, der Bibliothek, in dem verzweigten Labyrinth des Wissens einzuschließen. Da werden geheimnisvolle Hypostasen gebaut, Mythen auf den Kopf gestellt, mathematisierte Konstruktionen mit geschlossener und kreisförmiger Struktur geschaffen . . . Man könnte viele solche Dinge aufzählen. Das sind die ersten naheliegenden Analogien. Einfach ein Mensch, der eine Enzyklopädie verschlungen hat.

L: R. Z. Sheppard hat ebenfalls einmal geschrieben, daß Lem der Borges der wissenschaftlichen Kultur sei.

B: Na und, sind Sie mit dieser Beurteilung nicht einverstanden?

L: Sie trifft nicht ganz zu. Erstens bin ich wohl im Fabulieren erfinderischer als Borges; er hat noch nie Romane geschrieben. Zweitens bin ich im Unterschied zu ihm kein Archivar. Ich habe nie berauscht vom Dunst der Bibliotheken geschrieben, vielmehr habe ich diese riesigen Bücherberge weggeschoben, um über sie etwas Wunderliches auszubreiten. Und zum dritten, bitte das zu beachten, haben Borges' spezielle Werte der rein kognitiven, gnostischen Natur mich nie beeindruckt. Er hat in »Tlön, Ugbar, Orbis tertius«

geschrieben, daß die Metaphysiker Tlöns nicht die Wahrheit, nicht einmal die Wahrscheinlichkeit suchen, sondern bloß Verwunderung. Ich muß sagen, daß ich im Gegensatz zum Autor des »Aleph« vorziehen würde, diese Faktoren zu verbinden. Die Bibel sagt: »Jetzt sehen wir durch dunkles Glas, später aber von Angesicht zu Angesicht!« Ich möchte also, mein Lieber, eben von Angesicht zu Angesicht sehen, und daß dies die Wahrheit sein soll, im Hinblick auf die Zukunft, die nicht Gegenstand der literarischen Neugier ist. Ich möchte zum Beispiel sehen, in was für Krämpfen das System sterben wird, dessen Teil wir sein müssen, und noch viele andere Dinge.

Überdies glaube ich, daß ich auf einem anderen Weg zum Apokryph gelangt bin. Im allgemeinen gehen mir mehr Fragen über die technologische Entwicklung durch den Kopf als erzählerische Strukturen, denn diese sind in ihrer Menge und ihrer Berechenbarkeit ziemlich dürftig. Und vielleicht hat das Gefühl, auf die Geleise des Traditionalismus zu geraten – was aber nur meine Vermutung ist –, in mir die Unlust geweckt, die mich zusehends knappere Bücher schreiben hieß – wie eben die »Vollkommene Leere«. Warum mich mit einem ganzen Buch herumschlagen, wenn ich seine Rezension schreiben kann? Wozu mit einer ganzen Serie von Traktaten herausrücken, wenn ich eine Anthologie der Vorworte für sie schreiben kann?

B: Ich weiß nicht, ob Sie hier nicht ironisch vereinfachen? Ich hatte immer den Eindruck, daß diese »Vorwortologie« bei Ihnen von dem Unvermögen bestimmt war – wenn auch wohl nur einem vorübergehenden –, diese Bücher zu schreiben.

L: Das ist nicht ganz so. Auf manche Vorworte trifft das zu, aber es gibt doch auch solche, die man mühelos hätte schreiben können. Ich glaube, ich könnte z. B. diesen »Gruppenführer« schreiben – übrigens hat mir vor kurzem ein Filmstudio vorgeschlagen, ein Drehbuch auf der Grundlage dieses Materials zu schreiben.

B: Also distanzieren Sie sich entschieden und prinzipiell von Borges?

L: Ich sehe mich ungern mit ihm gepaart. Ich bin mir natürlich allgemein ähnlicher Züge bewußt, aber zugleich sehe ich enorme Unterschiede im Hinblick auf unsere Ursprünge. Borges ist ganz Vergangenheit, ganz Bibliothek, bei mir ist aber das Dominierende – das klingt vielleicht pathetisch – das Ringen um den Menschen und seine Stellung im Kosmos. Das ist schon eine ziemlich grundsätzliche Verschiedenheit, denn nehmen Sie, bitte, zur Kenntnis, daß ich auf Dinge wie ästhetischen Wert oder Ausdruckskraft überhaupt nicht mehr achte, da ich der Meinung bin, daß das nicht mehr so wichtig ist.

Und was die Vorläufer betrifft, so ist das wirklich eine heikle Sache, denn in der polnischen Literatur gibt es keinen, von dem man sagen könnte, daß ich an ihn anknüpfe. Man müßte sich eher an den Darwinisten orientieren, aber auch hier auf bereits modifizierte, vermischte... Für jeden sucht man Vorgänger, also haben mich ausländische Kritiker Potocki* unterschoben. Er hat seine Schubladengeschichten französisch geschrieben, aber hat das für sie irgendeine Bedeutung...? Besser würde da gewiß Swift passen.

B: Wir haben hier diverse weltberühmte Schriftsteller vorbeiziehen lassen, also möchte ich Sie nach Ihrer Stellung zu Thomas Mann fragen, dem Sie in verschiedenen Tonarten recht viel Platz in Ihren Reflexionen gewidmet haben.

L: Ich bin geradezu vernarrt in den »Zauberberg«, und Sie?

B: Mir ist »Doktor Faustus« entschieden lieber.

L: Wissen Sie, ich möchte gern um Geschmäcker streiten. Der »Zauberberg« ist voller Lebenskraft und Frische, und »Doktor Faustus« besitzt Weisheit, aber es ist Altersweisheit, die ich nicht mag. Zweitens gibt es darin keine Leidenschaft!

B: Wieso denn nicht?

L: In Ordnung, es gibt sie, aber sie ist künstlich – völlig unecht. Echt ist für mich die Leidenschaft Castorps.

B: Er hat doch diese Claudia Chauchat nicht einmal richtig berührt.

L: Wenn Sie unter Leidenschaft ausschließlich Abknutschen verstehen, dann meinetwegen. Für mich ist das echt. Aber der Hund liegt anderswo begraben. Ich habe in deut-

---

* Jan Potocki (1761–1815), Autor der »Handschrift von Saragossa«

scher Sprache eine Skizze mit dem Titel »Herr F.« geschrieben, in der ich genau erklärt habe, warum es unmöglich ist, eine Version des »Faust« aus dem zwanzigsten Jahrhundert zu schreiben. Unter anderem deshalb, weil ein individuelles Schicksal nicht das Modell für kollektive Schicksale sein kann. Das ist ein ausgesprochen kognitiver Fehler, das ist Mystifizierung, denn eine Allegorisierung, die individuelle Schicksale stark generalisiert, wodurch der historische Ablauf des Schicksals ganz großer Gemeinschaften erfaßt werden soll, ist ein Unterfangen, das schon im Keim mit einem unkorrigierbaren Fehler behaftet ist. So geht das nicht. Das Schicksal von Gemeinschaften läßt sich nicht in einer Weise in ein individuelles Schicksal pressen, die ihm in den Kategorien der Erkenntnis gerecht werden könnte. Von ethischen Fragen will ich schon gar nicht reden.

Dieses Buch erhebt hohen Anspruch darauf, eine große Parabel zu Deutschlands Schicksal zu präsentieren, es enthält die Prätention, die »andere Stimme« Deutschlands in seiner Geschichte zu sein – mit einer Allegorie der zeitgenössischen Versuchung durch den Satan. Diesem Problem habe ich in der »Philosophie des Zufalls« große Aufmerksamkeit geschenkt.

B: Und was haben Sie gegen Manns Altersweisheit?

L: Oh, vieles. Zum ersten Mal haben das die Amerikaner ausgesprochen, als sie schrieben, daß seine Prosa so langsam, majestätisch, ozeanisch und so sehr um sich bemüht ist. Am stärksten hat ihn aber Gombrowicz in den »Tagebüchern« angegriffen, der boshaft rief: »Mann, du alte Kurtisane!« Als Diatribe ist das sehr übertrieben und von höhnischer Böswilligkeit, aber es trifft ins Schwarze. Das ist eben diese Koketterie mit der Macht der Altersweisheit – in der Art der gefälschten Sokrates-Büsten. Es ist weder Sokrates noch Homer – das sind nur Erfindungen späterer Bildhauer, die weder den einen noch den anderen gesehen haben. Im »Doktor Faustus« gibt es diese in Stein gehauene Ewigkeit. Das ist kein Greis, der in sechs Jahren sterben soll, das ist von Anfang an ein Unsterblicher. Das ist Manns Angeberei...
Wenn man auf dem Postulat der Ehrlichkeit des Autors beharren will, dann müßte der Greis wissen, wie sehr er von

seiner Greisenhaftigkeit angenagt ist und wie schnell er – eben als Greis – in die Höhle des Nichts wird stürzen müssen.

B: Sie sind ein bißchen grausam und wohl ungerecht. Wäre es denn besser, daß er über seine galoppierende Altersschwäche Tränen vergießt?

L: Ich sage ja nicht, daß er wie ein heulender alter Hund die Akkorde seiner Agonie anschlagen soll, aber in diese Richtung zu gehen, das ist eben die Option einer solchen edlen Verlogenheit. Darin steckt ein gerüttelt Maß an Blindheit für die rein biologischen Fakten des Lebens. Und Trompetentöne im Greisenalter – ist das so ehrenhaft? Das heißt, alles aus seinem alten Hirn herauszuholen, um sich auf dem olympischen Piedestal breitzumachen. Nun ja, das kann man. Vom rein persönlichen Standpunkt aus würde ich Sympathie zu einem Menschen fassen, der, im klaren darüber, daß sein Schaffen im Niedergang begriffen ist, sich und den Lesern diesen Niedergang zu Bewußtsein bringt. Nicht nur der Welt, mit der man konfrontiert ist, soll man gerecht werden, sondern auch sich selbst. Das eine ist vom anderen nicht zu trennen. Wir haben schon von Heisenberg und anderen Naturphilosophen gelernt, daß der Beobachter vom System »Subjekt – Objekt« nicht zu trennen ist. Es gibt keinen solchen super-archimedischen, eigentlich schon göttlichen Punkt, von dem aus man unparteiische Urteile verkünden kann. Sich in die Falten seiner Pose zu drapieren – das ist doch ein Spiel, das ist ganz einfach Pose. Wir können sagen, das sei edel und humanistisch, aber ginge es nicht gerade um Mann, dann würde ich es als echter ansehen.

Außerdem denke ich, daß damals, als Mann den »Doktor Faustus« schrieb – das war gegen Kriegsende, und er hatte dazu bei zahlreichen Begegnungen verschiedene Thesen geäußert –, aus ihm eine außergewöhnliche Naivität sprach. Das hatte sich übrigens auch früher schon gezeigt, in den »Betrachtungen eines Unpolitischen«, in denen er im Ersten Weltkrieg den deutschen Nationalismus unterstützte. Damals kam es zu diesem schmerzlichen Bruch zwischen ihm und seinem Bruder Heinrich. Mit seinen späteren Schriften hat er übrigens jenes Werk widerrufen. Eine ebenso große Naivität war die Überzeugung, daß das deutsche Verbrechen dieses

Volk, selbstverständlich mit negativen Vorzeichen, heraus-
hebt, das zur Strafe 1000 Jahre lang von der normalen Welt
abgeschnitten sein wird. Für einen Schöpfer großer ge-
schichtsphilosophischer Konzeptionen ist das eine direkt
unverzeihliche Naivität. Das ist der Gipfel edler Naivität!
Mann war durch seine Rolle und seine geistige Position
verpflichtet zu wissen, daß die Welt noch ganz andere Dinge
verzeiht. Seine Überzeugung entspricht in nichts dem wirklichen Lauf der Geschichte und den Veränderungen in den
Epochen. Als Japan unter den mächtigen Schlägen Amerikas
in Schutt und Trümmer zerfiel, noch vor Hiroshima und
Nagasaki, war die ganze japanische Machtelite überzeugt,
daß sie unweigerlich zerrieben und im Nichts versinken wird.
Hätte ihnen jemand vorausgesagt, daß sie 30 Jahre später ihre
Sieger als wirtschaftlich mächtigster Konkurrent bedrohen
würden, daß Japan erst nach der Niederlage aufblühen
werde, dann hätten sie gemeint, das sei der Traum eines
Wahnsinnigen im Zustand der Bewußtlosigkeit. Ich will also
sagen, wenn jemand daran geht, geschichtsphilosophische
Spielchen zu treiben, dann sollte er doch die Materie kennen,
von der er spricht, und wissen, was er sagt. Das waren
Thomas Manns große Fehler.

B: Aber das sind doch keine künstlerischen Fehler!

L: Für mich sind intellektuelle Fragen so eng mit künstlerischen verflochten, daß ich geneigt bin zu denken, daß es
kein künstlerisch exzellentes Buch geben kann, das von
einem Kretin geschrieben wurde. Nicht in dem Sinne, daß ein
Kretin zum »Genie« werden könnte, sondern, wenn ein Buch
wirklich genial ist und von einem Genie geschrieben wurde,
dieser Autor kein Kretin sein könnte.

B: Sie gehen da ziemlich weit, nämlich bis zu dem Schluß,
daß der Autor des von Ihnen geliebten »Zauberbergs« ein
Trottel war.

L: Vielleicht klingt, was ich gesagt habe, zu scharf, aber
bei Mann sieht man wirklich diese dekadente Angeberei. Vor
zirka fünfzehn Jahren war Peter Viereck bei mir – der
ehemalige Sekretär Thomas Manns, mit dem ich ein bißchen
durch Krakau spazierte. Dr. Viereck behauptet, was ich
übrigens schon früher vermutet habe, daß Mann sich tatsäch-

lich – nicht im Sinne einer Seelenwanderung oder Reinkarnation – für die Verkörperung Goethes im 20. Jahrhundert hielt. Daher »Lotte in Weimar«! Daher das heftige Verlangen, »Doktor Faustus« zu schreiben! Er hat doch »Die Hochzeit Luthers« geschrieben, nur kam er nicht mehr dazu, sie zu beenden.

B: Sie gehören zu der Generation, die ihre Impulse von Conrad empfing und zu der Prosa dieses Schriftstellers ein recht lebendiges Verhältnis hat auf Grund der Okkupationserlebnisse und der moralischen Verwirrungen in den ersten Jahren nach der Befreiung, was sich in Zeitschriften und in Diskussionen über Conrad niedergeschlagen hat. Sein Name ist in unserem Gespräch noch nicht gefallen.

L: Und wie viele Schriftsteller habe ich überhaupt nicht erwähnt, obwohl sich das gehört hätte. Natürlich unterliegt es keinem Zweifel, daß das ein hervorragender Schriftsteller ist, von Weltniveau, dem ich viel verdanke. Das war ein erstklassiger Kopf und ein erstklassiger Schriftsteller. Ich gestehe, daß seine weniger bekannten Bücher mir mehr ans Herz gewachsen sind: »Die Schattenlinie«, »Spiegel der See«, »Der Niger vom Narcissus«. Dagegen begeistere ich mich nicht für den »Geheimagenten«, und »Lord Jim« habe ich nur einmal gelesen, während ich zu den vorher aufgezählten Büchern, ebenso wie zu den Erzählungen, die bei uns unter den Titeln »Sechs Erzählungen« und »Das Wirtshaus zu den zwei Hexen« herausgegeben wurden, mehr als einmal zurückgekehrt bin. Ich habe keine blasse Ahnung, warum.

B: Da schwimmen wir so in den Tiefen der Weltliteratur herum, und von der polnischen Literatur haben wir bisher nicht viel gesprochen. Sie haben sich vom Polonozentrismus distanziert, also würde mich der Blick eines »Weltbürgers« auf die Produktion der polnischen Schriftsteller interessieren.

L: Ich werde Ihre Frage mit einem langen Zitat aus der »Modernen Literaturkritik in Polen« von Brzozowski* beantworten, das voll und ganz meine Haltung in dieser Frage illustriert: »Wenn es etwas gibt, das ich aus voller Kraft meiner Seele hasse, dann bist du es – du, die polnische

* Stanisław Brzozowski (1878–1911), Literaturkritiker, Philosoph, Romancier

Trägheit, der polnische Optimismus der Stümper, der Faulpelze und Feiglinge. Die sächsische Pest*, die Krätze der Schlachta hören nicht auf, uns zu zerfressen. Seit dem sechzehnten Jahrhundert hört das, was die Menschheit leistet, für uns zu existieren auf. Seit dem sechzehnten Jahrhundert schon sind wir Gaffer, die aus dem Paradies dem großen Drama der Welt zusehen. Was das ganze Leben der Menschheit ausmachte, ihre ganze blutige Arbeit, ist für uns Unterhaltung. Sienkiewicz hat unseren Standpunkt kodifiziert und ihm Gestalt verliehen. Er ist der Klassiker der polnischen Rückständigkeit, der Ignoranz der Schlachta. Durch seine Schuld lebt in künstlerischer Form die bis heute fortdauernde sächsische Epoche unserer Geschichte. Eine Heiterkeit, die aus Unverstand, Vergessen, Nichtwahrnehmung fließt, ist eine Schande für das denkende Wesen. Sienkiewicz' Beliebtheit bei den Volksmassen – das ist die Pest der Faulheit der Schlachta.« Soweit Brzozowski. Und nun Miłosz: »Die Folgen des Untergangs des Staates drückten sich allmählich in der Literatur darin aus, daß ihr geistiges Format schrumpfte, und es entstand eine Lücke, die auszufüllen nie gelungen ist. Denn es bedeutet nicht wenig, des 19. Jahrhunderts beraubt zu sein – des Jahrhunderts der Prosa, gewaltiger Forschungsreisen in die Tiefe der Seele des modernen Menschen. Kraszewski, Prus, Sienkiewicz, Orzeszkowa, Żeromski haben nur örtlich beschränkte Bedeutung. Es trat auch nicht das ein, was man das Einstellen der Stimme nennen könnte. Überlebt hat die launenhaft schwankende Linie der Prosa zwischen Plauderei, Geschwätzigkeit und Stilisierung, und es ist gewiß kein Zufall, daß die ›Trilogie‹ an Pasek anknüpft. Die Dilemmata, mit denen sich anderswo das ganze 19. Jahrhundert auseinandersetzte, brachen mit dem damals entdeckten Norwid und mit dem Słowacki der mystischen Phase plötzlich über die Generation des Jungen Polen herein!«

Ende des Zitats. Ich muß sagen, daß dies voll und ganz auch meine Meinung ist. Und das heißt nicht, ich unterschreibe das, weil ich diese Einschätzungen teile, sondern weil es

---

* Es handelt sich um die Zeit der »Sachsenkönige« in Polen (1697–1763), eine Zeit des Verfalls des Staates und der Kultur

Auffassungen sind, die ich unabhängig von Miłosz entwickelt habe, und ich war sogar erstaunt, als ich bei ihm darauf stieß. Ich gelte als der Kosmopolit, der auf den Sternen weilt, der das alles aus der Ferne betrachten kann. Das hat auch Miłosz in den »Privaten Pflichten« geschrieben, aber ich werde es mit eigenen Worten sagen, damit Sie sich nicht Miłosz statt Lem anhören müssen, und zwar, daß unsere Literatur zwei Jahrhunderte lang auf die Erfüllung von Funktionen orientiert wurde, die zu erfüllen im Grunde keine Literatur imstande ist: das heißt, ein souveränes Dasein vorzuspiegeln, das es damals nicht gab. Das ist im hohen Maß der Ursprung der Verrücktheit all dieser Mickiewiczs und Słowackis. Zweifellos ist das der Ursprung! Sie konnten es nicht mehr ertragen und widersetzten sich der realen Welt, indem sie in die Dünste des eigenen mystischen Suds untertauchten.

Deshalb schienen mir die grausamen, abwertenden Urteile Miłosz' in den »Privaten Pflichten« gerechtfertigt. Zum Beispiel die boshaften Urteile über die Dąbrowska. In der Kultur kann es einen *horror vacui* geben – wenn aber ein Vakuum unmöglich ist, und kein besserer da ist, kann auch eine Maria Dąbrowska zur größten Schriftstellerin werden. Und sie war beleidigt, als Miłosz, übrigens ohne böse Absicht, sie mit der Orzeszkowa verglich. Das ist doch ein beschämendes Zeichen, daß die Literatur sie so hinaufgeschraubt hat, daß sie Tolstoi und Thomas Mann zugleich werden mußte, was wieder dazu führte, daß sie ihre »Gespräche mit dem Teufel in Weimar« zu führen begann. Das sind sehr traurige und morbide Vorgänge in der Kultur. Aber zum Glück ist es nicht so, daß ich mich eines Tages an den Schreibtisch setzen und feststellen müßte, daß es in der polnischen Literatur nichts gibt.

B: Man kann doch in ihr, ohne Kopf zu stehen, einige Schriftsteller von Weltklasse und außerhalb des ethnozentrischen Gedankenhorizonts finden, um bloß Gombrowicz und Miłosz zu nennen.

L: Gombrowicz beschränkt sich für mich auf nur einige Bücher: »Memoiren aus der Zeit des Heranreifens«, also das, was später den Titel »Bakakaj« erhielt, »Ferdydurke« und »Trans-Atlantik«. Der Rest entzückt mich nicht mehr so sehr.

Viel habe ich gegen die »Indizien« einzuwenden, obwohl man zugeben muß, daß es auch dort Ausgezeichnetes gibt. Aber da herrscht nicht mehr die vulkanische Temperatur seiner frühen Werke. Die waren von einer jugendlichen Raserei beherrscht, die durch nichts ersetzt werden kann – zum Beispiel dieses herrliche »Kind im Manne Filidor«. Jedes Wort war dort wie ein strahlender Diamant. Ziemlich kalt ließ mich Sandauers Begeisterung über die »Pornographie«; sein letztes, aus Manuskripten rekonstruiertes Buch, »Varia«, kenne ich noch nicht.

B: Und die »Tagebücher« lassen Sie auch kalt?

L: Selbstverständlich, das ist sein Joycescher »Ulysses«, aber das ist ein sehr spezifisches Problem, denn das ist kein autonomes Werk. Gombrowicz hat mit Hilfe eines riesigen Wagenhebers der eigenen Person, die er in den »Tagebüchern« vorstellte, die Werke seiner Hauptströmung hinaufgehoben und sie der Welt direkt aufgezwungen. Irgendwo ganz in der Nähe ist auch Sławomir Mrożek zu finden, dessen Werke ich ungemein schätze. Zum Beispiel so etwas wie »Monisa Clavier« – das ist doch famos! Er gehört zu jenen Humoristen, die so ätzend und bitter sind, daß sich das sogleich zu reiner, hochkarätiger Philosophie verdichtet.

Und jetzt etwas ausführlicher über Miłosz. Vor allem schätze ich seine frühen Werke, besonders »Ocalenie« (Erlösung), ich schätze sehr sein Schaffen aus der Zeit des »Moralischen Traktats« aus den sechziger Jahren, sogar die Lyrik aus den amerikanischen Jahren halte ich für besser als den späten Miłosz. In seiner frühen Lyrik stieß ich auf die lebendigen Quellen sowohl seiner Poesie als auch der Poesie überhaupt. Seine späteren Dichtungen habe ich natürlich gelesen, sogar mit großem Vergnügen, aber das ist schon etwas ganz anderes. Wunderschön ist noch das »Tal der Issa«, aber schon »Das Gesicht der Zeit« zum Beispiel ist entschieden schlecht. Auch für den Übersetzer Miłosz kann ich mich nicht recht erwärmen. Da hat einfach noch irgendeiner das Buch Hiob übersetzt.

B: Aber da ist noch die Essayistik: »Private Pflichten«, »Über der Bucht von San Francisco«, »Das Land Ulro« . . .

L: Gerade zu diesem Werk wollte ich mehr sagen. Zuerst

habe ich das »Land Ulro« mit großer Achtung und mit Faszination gelesen, und dann mit immer größerer Verwunderung. Schestow, Blake, Swedenborg... meinetwegen, nur kann ich nicht mit tödlichem Ernst in jemandes Haut schlüpfen, der sich ausgerechnet mit Swedenborg beschäftigt... Und der spielt doch dort keine unwesentliche Rolle.

B: Ich spüre, daß es hier um ein ziemlich prinzipielles Problem geht, aber Sie haben sich noch nicht klar ausgedrückt.

L: Das ist nicht viel interessanter als zum Beispiel Borges, aber der Unterschied besteht darin, daß Borges keinen Augenblick an das glaubt, was er sich ausdenkt, zum Beispiel, daß Judas Christus war, während Swedenborg an alle diese Super- und Hyper-Himmelszelte, die er gebaut hat, glaubte. Oder sollte wohl das Zeichen der Assertion, das der eine verleiht und der andere verweigert, das prinzipielle Kriterium der Unterscheidung sein? Nein, das ist es nicht. Es ist einfach so, daß mich ein Text interessiert oder nicht. Welche geistige Nahrung mir schmeckt, darin kann ich mich doch nicht irren.

B: Sie reden immer noch um den heißen Brei herum.

L: Ich nehme von Miłosz dort Abschied, wo seine Philosophie des Menschen in Mystik übergeht. Es ist nicht wichtig, inwieweit seine Begeisterung für Visionen, die von Swedenborg oder Blake stammen, mit dem Kanon des Christentums vereinbar ist. Jedenfalls nicht so sehr, wenn es in den Werken von Miłosz so viele manichäische Elemente gibt. Aber es handelt sich nicht um diese oder jene Orthodoxie oder Heterodoxie, sondern darum, ob jegliche Träumerei in den Köpfen eingeschlossen ist und das spezifische Gewicht von Tagträumen hat, oder ob es »irgendwo auswuchert«. Es gibt Dinge, an die ich nicht glauben kann, auch wenn ich es noch so sehr wollte. Die Gewißheit, daß die Wurzeln der Vision nicht über die Köpfe hinausgelangen, ist natürlich rein subjektiv, denn hier betreten wir die Sphäre unbeweisbarer Thesen; also sage ich mit loyaler Behutsamkeit nur soviel: Welches Weltbild jemand hat, und welchen Platz er darin unserem Menschengeschlecht zuweist, hängt weitgehend vom Bildungsgrad als Gesamtheit der Kenntnisse ab, die er im Laufe seines Lebens erworben hat. Und vor allem, selbstverständlich, in der Zeit seines Studiums und Heranwachsens. Ich könnte da mit verschiedenen Argumenten zugunsten der »Entmystifizierung« der Auffassungen aufwarten, die von den Positivisten metaphysisch genannt werden, aber ich glaube nicht, daß es der Mühe wert ist. Um so mehr, als dies mein Sprecher, Golem, für mich gemacht hat. Mit dem Positivismus oder Neopositivismus kann man meine Anschauungen nicht identifizieren, da ich weiß und zugebe, daß die Empirie, also das aus jenen Theorien abgeleitete Wissen, die unter der Kontrolle falsifizierender Experimente konstruiert wurden, sich nicht total abschließen läßt. Das heißt, daß die Empirie allmählich in die Außen-Empirie umschlägt. Schauen wir uns die Fortschritte in der Physik, in der Kosmologie an, um es dabei bewenden zu lassen, dann sehen wir, daß für den verstockten Empiriker viele moderne Theorien und Begriffe aus diesen naturwissenschaftlichen Gebieten eigentlich schon Metaphysik sind. Also das, was man mit keinem Experiment direkt widerlegen oder stützen kann. Man kann nicht im Experiment Phänome rekonstruieren, mit denen sich die Kosmogonie befaßt, denn sie haben sich nur ein einziges Mal vor Milliarden Jahren abgespielt. Man kann nicht empirisch die Eigenschaften der »schwarzen Löcher« feststellen, in die die Sterne im Gravitationskollaps gestürzt sind, denn *ex definitione* konnte man sich ihnen nicht einmal nähern. Mit einem Wort, die Entwicklung des Wissens, dessen Anfang durchaus empirisch war, führt zu solchen Behauptungen, die weitere Schlußfolgerungen aus anderen Behauptungen sind, die auf dem Wege logisch-mathematischer Überlegungen gewonnen wurden. Die Anfänge dieser Ketten sind fest in jenes Wissen einbetoniert, das für uns das sicherste ist, aber je weiter wir uns von diesen Stellen entfernen, desto mehr rein abstrakte Konstruktion steckt in den neuen Informationen, und zugleich um so weniger ableitbare Konsequenzen, die Phänomene für materielle Erforschung sein können. Man könnte also sagen, daß die Wissenschaft (und ich mit ihr) sich an ihren Grenzen eigentlich »auch« in irgendwelche »Meta-Physiken« vertieft, aber das sind Regionen einer absolut unmenschlichen, auf die Natur des Menschen nicht rückführbaren Abstraktion, die mit seinen geistigen Erlebnissen, zum Beispiel religiöser Natur, nichts zu tun hat. Für die Menschen sind Glaubensbekenntnisse religiöser Art, also solche, die selbst im Ansatz unbeweisbar sind, bestimmt lebensnotwendig, vielleicht anders als das Herz und die Eingeweide, aber notwendig sind sie, und auch ich hege einen solchen nicht empirischen und auf die Empirie nicht reduzierbaren Glauben. Aber nur in Momenten geistiger Schwäche kann ich denken, daß Gut und Böse nicht örtlich gebundene Qualitäten sind, die mit den Menschen zusammenleben und in nichts zerfallen, wenn es die Menschen nicht mehr geben wird, sondern daß sie außerhalb von uns oder über uns existieren. Ich sage öfters, die Erfahrung lehre uns, daß der Teufel existiert, dagegen berechtigt uns nichts oder beinahe nichts außer unseren Ansprüchen und Hoffnungen dazu, die Theodizee um ein persönliches oder unpersönliches Gut zu bereichern – um Gott. Aber wenn ich so spreche, dann ist das nicht ganz ernst gemeint. In einer horrenden Verkürzung würde ich das so formulieren: Es gibt Rätsel. Das Weltall ist voll von ihnen und wir ebenfalls. Dennoch – das sind zugesperrte Schlösser, die wir entweder nie öffnen werden, oder wenn es uns gelingt, sie zu öffnen, dann gewiß mit keinem der Schlüssel oder Dietriche, die aus der entflammten mystischen Phantasie oder aus den Reflexionen über den Sinn des Seins entstanden sind. Von Miłosz muß ich mich also dort trennen, wo die Privatheit des Denkens in die Episteme übergeht. Miłosz konnte das Buch Hiob übersetzen, ich aber kann es nicht ohne das Gefühl lesen, daß das eine Geschichte über die Grausamkeit Gottes ist, die der Gläubige in Geheimnis umbenennen kann; ich aber bin dazu nicht imstande.

B: Geht es Ihnen dabei um die Moral dieser Prüfung des Glaubens?

L: Selbstverständlich, so einen Gott wünsche ich mir nicht, und ich will mit ihm nichts zu tun haben. Ich stelle hier nicht seine Existenz in Frage; es handelt sich hier keineswegs um ein anti-existentielles Argument gegen die Theodizee, aber ich behaupte in den Kategorien des zwischenmenschlichen Verhaltens: Das ist schändlich! Hier trennen sich meine Wege von jedem, der sich vor diesem Greuel demütig verneigt. Mir verschlägt es in einem solchen Moment die Rede und ich kann nichts weiter sagen.

B: Gegen diesen Unterschied in der Form, daß es unmöglich ist, ein überrationales Fundament des Seins anzuerkennen, sowie gegen die Verneinung der Ethik der Schöpfung kann man natürlich nichts machen, aber gibt es eine Ebene der Verständigung auf dem Boden der Literatur oder der Tradition?

L: Jeder Schriftsteller, der diesen Namen verdient und der ein gewisses Niveau erreicht, setzt bewußt oder unbewußt Elemente der großen literarischen Tradition, am häufigsten jener des eigenen Landes, fort. Das habe ich Ihnen am Beispiel von Mann gezeigt, der sich für die Inkarnation Goethes hielt. Das ist natürlich viel subtiler als in dieser meiner verkürzten Darstellung. Aber *mutatis mutandis* und *ceteris paribus* kann man sagen, daß es etwas Ähnliches im Verhältnis von Miłosz zu Mickiewicz gibt. Angefangen von ihrer Heimat, Litauen, über die Emigration, bis zu den Universitätsvorlesungen über slawische Literatur fügt sich alles zu einem logischen Modell zusammen. Ich weiß nicht, inwieweit das Miłosz bewußt ist, aber etwas ist an der Sache dran. Auch das »Land Ulro« ist ein ernst zu nehmender Beweis dafür. Wie Thomas Mann nach Goethe, so wiederholt er nach seinem paradigmatischen Meister viele Probleme. Mickiewicz hatte auch seine metaphysischen Phasen und Absonderlichkeiten, die später die Kritiker mit Samthandschuhen anpackten, obwohl niemand sich mit Bruder Adam und dieser ganzen Geschichte ernsthaft auseinandersetzte – hier zog man immer die Vorhänge zu. Dieser ganze metaphysische Aspekt ist mir ziemlich fremd, bei Mickiewicz wie bei Miłosz. Zum Glück gibt es noch die Immanenz der Poesie. Viele Texte Schopenhauers haben bis heute ihre Kostbarkeit bewahrt, nicht wegen ihres Erkenntniswertes, denn dieser ist verdunstet und ist anachronistisch, sondern weil sie ausgezeichnet geschrieben sind. Ich glaube also vor allem an das, was in der Lyrik von Miłosz großartig ist.

B: Sie sind ein sehr wählerischer Leser, und ich gelange langsam zu dem Schluß, daß Sie in Wirklichkeit keine einzige literarische Suppe restlos mögen. Wenn Sie die beiden internationalen Größen unserer Literatur so ungnädig behandeln, was bleibt dann noch übrig?

L: Ich erkläre, daß Kochanowski* und Morsztyn** zu meinen Lieblingsdichtern gehören.

B: Wie stehen Sie zum Beispiel zu Herbert?

L: Ich muß sagen – sehr gut. Ich schätze ihn, obwohl ich ehrlich zugebe, daß es eine Zeit gegeben hat, wo ich den Eindruck hatte, daß Herbert in gewisser Distanz Miłosz' Fußstapfen folgt und dem Meister nichts hinzufügt, daß er epigonenhaft ist, aber heute bin ich nicht mehr dieser Meinung. Früher war es so, aber auch nicht immer. Seine kleinen Prosadichtungen haben mir immer sehr gefallen. Da ich Herbert persönlich kenne, war das für mich um so verblüffender.

B: Dann sollten Sie sich bei der Lektüre – erlauben Sie, daß ich die Literaturgattung wechsle – von Witkacy prächtig fühlen. Dort kann man bis über beide Ohren ins Philosophieren geraten, noch dazu in ungeheurer Dichte. Und außerdem sind seine Werke, insbesondere die Romane, Versuche des Diagnostizierens, also eine spezifische Art der philosophischen Science-fiction.

L: Gut, daß Sie ihn erwähnen, denn das war ein hervorragender Geist und ein Mensch von großem Format. Ich hatte immer den Eindruck – was die Kritik unbeachtet ließ –, daß er in Rußland schreckliche Dinge erlebt haben muß. Das, was er in der Revolutionszeit gesehen, gehört und erlebt haben muß, hat ihn für das ganze Leben zutiefst geprägt.

B: Darin steckt wirklich ein schreckliches Rätsel. Während der Revolution verlieren wir ihn als Offizier eines weißgardistischen Eliteregiments, also als Mitglied einer zum Ausrotten verurteilten Gruppe, aus den Augen, und dann entdecken wir ihn als Volkskommissar oder etwas dergleichen. In jenem »Loch« mußten sich tatsächlich für ihn ungemein tragische Ereignisse abgespielt haben, denn er kam nach Polen als ein bereits von Endzeitstimmung gezeichneter Geist zurück.

L: Ich persönlich bin überzeugt, daß ihm dies den stärk-

* Jan Kochanowski (1530–1584)
** Zbigniew Morsztyn (1620–1690)

sten Impuls gegeben hat. Von großen Geschichtswenden zu lesen, aus der Geschichte zu wissen, daß Imperien zu Staub zerfielen und daß innerhalb weniger Wochen eine gigantische und scheinbar unerschütterliche Ordnung zusammenbrechen kann, das ist etwas ganz anderes, als sich in diesem Höllenkessel zu befinden. Bei ihm nimmt vermutlich alles hier seinen Anfang. Ich bin ein begeisterter Anhänger der »Unersättlichkeit« und des »Abschieds vom Herbst«, aber sie gehören gemeinsam behandelt, um eine komplexe Vision heraufzubeschwören.

B: Namen flitzen hier im Stummfilmtempo vorbei, aber nichts wird Sie wohl vor der Frage nach der Science-fiction schützen. Um zu wissen, wie Sie zu dieser Literatur stehen, genügt es, »Phantastik und Futurologie« zu lesen, in der Sie die internationale wissenschaftliche Phantastik zerpflückt, mit Pauken und Trompeten zu Grabe getragen und dann den Grabhügel mit der Schaufel eingeebnet haben. Aber angesichts der Tatsache, daß Sie für den statistischen Polen, für viele mit solider Bildung, der führende Repräsentant der Phantastik sind, muß man hier diese Frage präzise stellen. Sagen Sie mir bitte vor allem, hat sich in diesem Grab seit jener Zeit nichts bewegt?

L: Kurze Zeit später habe ich überhaupt aufgehört, diese Büchlein zu lesen, denn sie sind unverdaulich für mich. Mir ist selbst der schlechteste Krimi lieber als diese Erzeugnisse. Nein, ich kann das nicht lesen, das geht mich nichts an! Dort existiert überhaupt nicht das Problem irgendwelcher Erkenntniswerte. Die Autoren interessiert das nicht, es geht ihnen ausschließlich darum, einen Text zu schreiben und zu verkaufen. Mir persönlich ist ein Schundroman, in dem ein amerikanisches oder polnisches oder mexikanisches Ehepaar in der Küche zankt, lieber als dieses galaktische Blech! Das ist nicht einmal mehr infantil, denn infantil können auch Märchen sein, die oft recht vergnüglich sind. Das ist absolut unlesbar. Ich kenne, gestehe ich, keine Literaturgattung, die mir so zuwider ist. Ich bemerke ausdrücklich, daß ich immer die Tür offenhalte und meine ausländischen Freunde und literarischen Agenten gebeten habe, mir Texte, die sie für interessant halten, zu schicken. Schließlich könnte einmal einem Kopf eine Pallas Athene entspringen, aber bisher ist keine herausgesprungen, und es sieht nicht danach aus, daß es das in Zukunft geben wird. Die Gesetze der Statistik erfordern es, daß schließlich jemand auftaucht, der Lem ähnlich ist. Immerhin zählen wir vier Milliarden und siebenhundert Millionen, also könnte wohl ein ähnlich Verrückter auftauchen. Das hat mir immer zu denken gegeben, aber so ist es eben.

B: Beim Lesen der »Phantastik und Futurologie« hatte ich den Eindruck, daß Sie, wenn Sie diesen Werwolf mit einem Stab aus Espenholz durchbohren, dies in der Absicht tun, ein alternatives Modell der Phantastik vorzustellen. Ist das, was Sie in Ihrer Prosa tun, eben ein solcher verzweifelter Versuch eines Luftröhrenschnitts zur künstlichen Atmung für den in den letzten Zügen liegenden Körper der Science-fiction?

L: Es ist mir nie in den Sinn gekommen, daß ich zur Welt gekommen bin, um diese Gattung zu retten.

B: Ich verdächtige Sie auch nicht apostolischer Neigungen, aber das ist doch ein Versuch, aus dem Ghetto dieser Gattung auszubrechen?

L: Das ist überhaupt die Frage nach der genologischen Zuordnung. Ich werde Ihnen etwas erzählen: »Kosmos« und »Bakakaj« von Gombrowicz habe ich in der Liste der wissenschaftlichen Phantastik eines großen Versandhauses in der Bundesrepublik gesehen. »Kosmos« wohl wegen des Titels, und »Bakakaj« auf jeden Fall. Im Zusammenhang damit habe ich mich nie ernsthaft mit genologischen Angelegenheiten zu befassen vermocht. Manchmal ist es mir passiert, wenn so jemand wie Teodorow mit einer strukturalistischen Definition der phantastischen Literatur daherkam, in der manche Dinge mich ärgerten, dann packte ich den Stier bei den Hörnern, weil ich eine polemische Ader habe. Aber nie habe ich zu dem Zweck geschrieben, mir den Weg zu den Lesern zu bahnen oder die Konkurrenz zu vernichten.

Viele meiner eigenen Bücher, wie die »Astronauten« oder »Gast im Weltraum«, mag ich ebenso wenig wie eine ganze Menge dummer Bücher anderer Autoren. Jedoch in der Tatsache, daß die »Kyberiade« und die »Robotermärchen« in die SF eingestuft werden, sehe ich eine kolossale

Gedankenlosigkeit und Trägheit klassifizierender Diagnosen. Was für eine Science-fiction ist denn die »Kyberiade«? Wenn jemand unbedingt will, dann meinetwegen »Der Schnupfen«, denn das ist eine Kreuzung zwischen Science-fiction und Kriminalroman, in dem der Zufall der Urheber des Todes ist. Aber die »Robotermärchen«? Das ist doch an den Haaren herbeigezogen!

Versuchen wir zu begreifen: Als Kellermann den seinerzeit bekannten Roman »Der Tunnel« schrieb, ein Buch über einen Tunnel zwischen Europa und Amerika, kam niemand auf die Idee, von Science-fiction zu reden, weil der Verfasser das Glück hatte, in einer Zeit auf die Welt zu kommen, in der es diesen Begriff noch nicht gab. Dasselbe gilt für die Romane Čapeks. Auch Swift wird niemand in diesen Sack stecken. Und Voltaire mit seinen philosophischen Märchen? Ich bin der Meinung, daß manche Teile meiner »Kyberiade« oder der »Robotermärchen« Voltaire mehr verwandt sind als irgend sonst etwas, sie sind gleichsam die nächste Inkarnation in der Epoche nach der Aufklärung. Ein amerikanischer Autor hat gesagt, das seien Märchen des kybernetischen Zeitalters. Die aber mit einem dicken Pechfaden an die SF anzunähen, ist wahrhaftig ein erbärmliches Unterfangen. Oder »Die vollkommene Leere«? Was hat das mit Science-fiction zu tun? Da werden doch der Nouveau roman und ähnliche Dinge verhöhnt. Wissen Sie, wenn man so argumentiert, dann ist alles, was sich nicht auf das Geschehen in Krakau, Łodź oder Manhattan bezieht, bereits Science-fiction. Ich bin der Meinung, dieser Stein sollte ein für allemal aus meinem Garten hinausgeworfen werden, denn das ist ein Mißverständnis. Ich hätte Lust, mich Miłosz mit seinem verzweifelten Ausruf anzuschließen: Hilfe, ich bin ein Lyriker, den man in einen Brunnen geworfen hat, aus dem man sich unmöglich herausarbeiten kann. Ich könnte auch ausrufen: Hilfe, ich bin ein Schriftsteller, der in seiner Jugend ein paar dumme SF-Romane geschrieben hat, und als er später einsah, daß das nichts wert ist, sich eiligst in andere Regionen zu entfernen begann, den aber alle immer noch in diesen Brunnen hineinstoßen wollen. Sehe ich das falsch?

B: Ihre ironische Bitterkeit ist vielleicht berechtigt, denn auch mich hat erstaunt, wie unbeweglich sogar Literaturkenner und Kritiker bei ihren Qualifizierungen sind, aber andererseits, welche andere genologische Schublade können Sie nennen, in der Sie ruhen möchten?

L: So geht das nicht, das klingt wie ein Begräbnis. Schauen Sie her, ich habe hier ein ausgezeichnetes Buch; es heißt »Phantastisches Österreich«. Hören Sie sich an, was für Autoren wir hier haben: Ilse Aichinger, Ingeborg Bachmann, Max Brod, Heimito von Doderer, Hans Flesch-Brunningen, Erich Fried, Fritz von Herzmanowsky-Orlando, Hugo von Hofmannsthal, Franz Kafka, Alexander Lernet-Holenia, Jakov Lind, Gustav Meyrink, Franz Nabl, Leo Perutz, Arthur Schnitzler, Karl Hans Strobl, Peter von Tramin, Franz Werfel, Stefan Zweig. Ich bitte Sie, das ist alles phantastische Literatur, aber keiner dieser Autoren wurde der SF zugeordnet. Das Buch habe ich mit großem Vergnügen gelesen.

B: Weil das eben echte phantastische Literatur ist.

L: Ich bin auch dieser Meinung.

B: Nur darf man nicht vergessen, daß diese Gattung verschiedene Leserkreise hat.

L: Sicher, aber wenn jemand auf frischer Tat dabei ertappt wurde, daß er so etwas schrieb, ist er schon für den Rest des Lebens abgestempelt. Ich habe ein Exemplar von »Vollkommene Leere«, in das ein wütender Leser verschiedene Flüche und Beschimpfungen hineinschrieb, weil ihn vorher die »Astronauten« begeistert haben.

B: Das ist doch wohl kein besonderes Problem für Sie?

L: Natürlich nicht, aber ich hatte damit verbundene Schwierigkeiten anderer Art. Ich konnte nicht zum richtigen Leser im Westen vordringen, denn dort bilden Leser viel geschlossenere Kreise als bei uns. Menschen, die Sciencefiction aus ähnlichen Gründen wie ich nicht lesen, nahmen meine Bücher nicht in die Hand, bis schließlich die hartnäckige Arbeit einer ziemlich großen Gruppe von Kritikern ihnen signalisierte, daß es etwas gibt, was üblicherweise SF genannt wird, aber in den Kategorien einer vernünftigen Klassifizierung es gar nicht ist.

B: Sie lehnen sich unnötig so sehr dagegen auf. Die Situation hat ihre Vorteile, denn dadurch können Sie der hervorragendste Vertreter der SF sein, während Sie in einer normalen Situation nur einer von vielen Schriftstellern der »üblichen« Literatur wären.

L: Vielen Dank für diesen Trost, nur daß es das Prinzip gibt: *inter caecos luscus rex*. Das ist gar nicht so angenehm, ein einäugiger König unter den Blinden zu sein. Das könnte man auch anders sagen: Dort gibt es lauter Vollidioten, und ich bin nur ein Halbidiot. Recht schönen Dank. Würden Sie mit mir tauschen?

B: In einem derartigen Verhältnis nicht.

L: Aber seinen Nächsten darf man so tückisch mitten unter die Dunkelmänner auf den Thron setzen? Mir geht es übrigens um etwas anderes: Ich denke, daß niemand das Recht hat ... das heißt, jeder hat das Recht, mit meinen Büchern zu tun, was sein Herz begehrt, und ich habe kein Recht, mir irgend etwas zu wünschen, aber ich fühle mich, was meine schriftstellerische Wahl betrifft, durch den Umstand, daß man mir diese und nicht eine andere Etikette aufgeklebt hat, in keiner Weise gebunden.

B: Immerhin, Sie berühren ein für den Kritiker sehr schwieriges Problem, denn ich sehe wirklich nicht, wie man eine deutliche Demarkationslinie zeichnet, die genologisch die einzelnen Sektoren voneinander trennt. Es gibt ein sehr breites Spektrum von Übergangszuständen und -gattungen.

L: Das ist mir klar. Das »Glasperlenspiel« von Hesse zum Beispiel ist der Traum von einer universalen Sprache, die für alle verständlich ist, unabhängig von ethnischen Unterschieden. »Der Steppenwolf« ist in einem gewissen Sinn auch Phantastik. Die Kombination des realistischen mit dem phantastischen Element ergibt verschiedene Mischungen. Das Prinzip einer genologischen Guillotine und die hartnäckigen Bemühungen, undurchdringliche Trennwände zwischen den einzelnen Gattungen aufzustellen, schienen mir schon immer unklug. Die Entwicklung der Literatur beruht doch auf verschiedenen Hybridisierungen und Kreuzungen. Der Biologe hat als Systematiker ein sehr einfaches Kriterium: Lebende Organismen, die keine fruchtbare Nachkommenschaft hervorbringen, gehören verschiedenen Gattungen an. Basta. Darauf stützt sich die ganze Taxonomie seit den Zeiten

Linnés. Aber in der literarischen Genologie ist es ganz anders. Ich habe es oft erfahren, daß hybride Kreuzungen sehr interessante Resultate erbringen, sogar mit inzestuösem Charakter. Kreuzungen niedriger und höherer Komponenten finden wir bei den größten Schriftstellern, bei Cervantes, Dostojewski, Nabokov. Aber diese Ingredienzien herauszufischen, die Elemente zu isolieren, die zu einer so hervorragenden Legierung zusammengeschmolzen wurden, das ist ein sehr schwieriges kritisches Unterfangen. Das kann nicht auf eine empirisch beweisbare Art durchgeführt werden.

B: Der westlichen SF haben Sie in »Phantastik und Futurologie« arg genug zugesetzt, der zynische Beweis ist eben dieses große Zustandsbild, aber darin kann man nicht viel z. B. über die sowjetische SF erfahren.

L: Außer einigen Büchern, wie etwa »Picknick am Wegesrand«, habe ich dort nichts gefunden, was mich gepackt hätte. Dieses Buch der Brüder Strugatzki weckte in mir eine Art Neid, das Gefühl, daß eigentlich ich es hätte schreiben sollen. Vom erzählerischen Standpunkt ist es ungemein interessant, obwohl die Autoren vielleicht ein bißchen zuviel des Guten getan haben. Dieses Werk ist deshalb so gut, weil es auf originelle und neue Weise an ein klassisches Thema herangeht, das früher Wells in seinem »Krieg der Welten« entwickelt hat, das Thema der Invasion der Erde. Das ist unbestreitbar ihr bestgelungenes Werk, obwohl man auch dem Roman, der »Es ist nicht leicht, ein Gott zu sein« heißt, belletristische Qualitäten nicht absprechen kann. Die Rezeption dieses Buches erschwert mir der Umstand, daß die Autoren von der vollen menschenähnlichen Identität dieser unbekannten Wesen mit den Erdbewohnern ausgehen. Ich kann das einfach nicht glauben! Außer, es ist ein Märchen, aber als solches bringt es mich völlig aus dem Konzept. Es gibt noch ein anderes Buch von ihnen – es heißt »Die dritte Zivilisation«. Dort wird das Problem der Unmöglichkeit, mit einer anderen Zivilisation, die geschlossen ist und keinerlei Kontakt sucht, in Kontakt zu treten, auf sonderbare Art behandelt.

Seit einigen Jahren lese ich solche Sachen nicht mehr, gleichgültig, ob sie amerikanisch oder sowjetisch sind. Nach dem zu schließen, was ich gehört und gelesen habe, tut sich dort jetzt nichts Interessantes.

B: Und was denken Sie über die Möglichkeit der SF, die Literatur *tout court* oder die Wissenschaft zu inspirieren, denn die westlichen Kritiker behaupten gerne, daß diese Möglichkeiten groß sind?

L: Es gibt sie überhaupt nicht! Ich sage das nicht deshalb, weil ich ein so fanatischer Gegner der SF bin, sondern auch, weil ich einen Beweis dafür habe, und zwar das Buch eines amerikanischen Soziologen, der sich mit soziologischen Forschungen des astronautischen Starts der Menschheit befaßte. Ein Kapitel dieses Buchs ist der Frage gewidmet, ob irgendwo die inspirierende Rolle der SF in der Wissenschaft und Literatur zu entdecken ist. Diese Rolle gibt es nicht – die SF-Autoren kopieren bloß. Wenn sie wenigstens aus dem, was sie bei Bohr, Muller, Einstein gelesen haben, ihre Inspiration schöpfen würden, wäre das vortrefflich, aber sie werden von dem inspiriert, was sie in der Zeitung lesen. Das ist nicht ein zweiter, sondern ein zehnter Aufguß. Primitiv und naiv. Da bekanntlich manchmal auch ein blindes Huhn ein Korn aufpickt, schreibt manchmal jemand durch reinen Zufall etwas, das man mit Müh und Not als Prognose bezeichnen kann. Aber die inspirierende Rolle der SF ist gleich *Null*.

B: Das ist interessant, denn auch unter Schriftstellern dieser Gattung gibt es doch hervorragende Köpfe?

L: Zum Beispiel?

B: Nun, etwa die Brüder Strugatzki, Amosow, Clarke, Asimow.

L: Über die Strugatzkis habe ich nur Gutes gesagt. Amosow ist vor allem Chirurg, seine wissenschaftlichen Konzeptionen sind schwach, und als Phantast ist er mittelmäßig. Asimow ist überhaupt kein kreativer Geist. Er hat an der Universität Biochemie gelesen, was in Polen dem Niveau nach der Funktion eines Lektors entsprechen würde. Er hat ganz unwahrscheinlichen Mist gebaut. Bei uns hat man einige seiner besten Bücher übersetzt, aber er hat über hundert geschrieben. Schrecklich! Dann hat er angefangen, Bücher zu schreiben, so in der Art von »Weißt du, was ein Atom ist«, »Weißt du, was ein Planet ist«, »Weißt du, wie ein Elektromotor funktioniert«; für die hat er Geld gescheffelt, weil er bereits einen Namen hatte, der etwas zählte. Sie wissen, wie das so ist: Man wird dann gebeten, da etwas für eine Enzyklopädie zu schreiben, dort für einen Almanach, anderswo für eine Zeitung, usw. Eine Zeitlang wurde ich mit solchen Vorschlägen buchstäblich überschüttet, aber ich lehnte sie so lange ab, bis man mich in Ruhe ließ. Mir war es zu schade um die Zeit für solches Zeug.

Clarke ist in der Tat ein kluger Kopf, eher Techniker als abstrakt-theoretisch, aber er hatte einige ausgezeichnete Einfälle.

Ein origineller und interessanter Kopf war Philip K. Dick. Witkacy hat nur damit geprahlt, daß er löffelweise Drogen zu sich nahm, während Dick es wirklich tat. Haschisch, Heroin, LSD und was Sie nur wollen. Aber um die Wahrheit zu sagen, Geistesriesen sehe ich in der SF nicht. Es gibt vielleicht einige namhafte Gelehrte, die sich manchmal damit die Zeit vertreiben, ich kenne einen, der sich mit Kosmologie befaßt . . . Ich habe den Namen nicht genannt, also kann ich es sagen: als Physiker zweitklassig, als Schriftsteller – drittklassig! Es gab auch anderes, es kam vor, daß ein echter Schriftsteller, wie etwa Wells, sich für eine Weile in die phantastische Literatur begab, um sich davon etwas abzuknipsen. Es ist doch nicht so, daß jemand, der einmal ein episches Gedicht geschrieben hat, nicht mehr Sonette schreiben darf. Das ist vor allem Lem verboten.

B: Sind Sie wirklich überzeugt, daß der Tiefpunkt bei der SF niedriger liegt als bei der »normalen« Literatur?

L: Was weiß ich?

B: Und wie ist es mit diesem Tiefpunkt der SF?

L: In den sozialistischen Ländern liegt vielleicht der Tiefpunkt dieser Literatur ein wenig höher.

B: Wegen der Kommerzialisierung des westlichen Verlegermarkts?

L: Im Westen ist der Schriftsteller ein Tagelöhner, der auf Bestellung arbeitet, in möglichst kurzer Zeit möglichst viele Texte liefern muß. Es geht nur darum, sie zu verkaufen. Ich scherze keineswegs, denn das ist eine ernste Angelegenheit. Ich weiß nicht, ob es wirklich das beste ist, wenn ein überragendes Talent mit Tinte und Feder auf dem Dachboden sitzt und am Hungertuch nagt, aber es kommt doch vor, daß es manchem zum Vorteil gereicht. Die Professionalisierung und materielle Motivation führen zu grauenhaften Konsequenzen, denn mit der Zeit beginnt ein sogar vielversprechender Autor »meterweise« zu produzieren. Sie versuchen nicht einmal, irgendeine kühnere Denkarbeit hineinzubringen. Die Texte in den SF-Zeitschriften sind eine Anthologie des Elends in jeder Beziehung. Ganz wie in einem Textilladen, der vollgestopft ist mit dem billigsten Perkal, den man an Schwarze mit Nasenringen losschlägt.

B: Ich wiederhole meine Frage: Sind Sie ehrlich der Meinung, daß die Masse von literarischem Bruch in der SF größer ist als in der »normalen« Literatur?

L: Bruch gibt es wohl ebensoviel, nur die Gipfel sind nicht da, denn über der normalen Literatur erheben sich die Himalajas der Dostojewskis, Tolstois und Manns. In der Science-fiction gibt es das nicht.

B: Wenn es so schlimm ist, dann erklären Sie mir bitte, was Ihrer Meinung nach vernünftige Menschen in diese Kloake treibt?

L: Das hängt wohl mit der Homogenisierung großer Lesermassen zusammen. Je inkompetenter die Leser sind, desto wichtiger ist für sie die Handlung. Romantechnik, Erzählweise, Sprache interessieren sie nicht. Es wäre angebracht, soziologische Untersuchungen über die Rezeption der Literatur anzustellen. Es gibt eine schweigende Mehrheit der Leser, von denen ich nichts weiß, aber ich kann notdürftig jene beschreiben, die im Westen in Zeitschriften für Laien schreiben; diese Zeitschriften veranstalten sehr oft Umfragen über SF mit Benotung der einzelnen Werke. Probleme der Literatur als Literatur existieren für sie überhaupt nicht! Verstehen Sie, was das heißt: Sie existieren nicht! Sie lesen nichts anderes als SF.

Kenntnisse über Physik? Aus der SF. Biologische Kenntnisse? Aus der Phantastik. In den Forschungen amerikanischer Psychologen wurden Versuche unternommen, das psychophysische Profil dieser Leser zu erstellen, und wissen Sie, was dabei herausgekommen ist? Meistens sind es junge Leute mit unendlich vielen Frustrationen – sich einsam fühlende Versager; oft sind es Leute, die einfach kein Glück bei Frauen haben. Wenn so einer eine Frau gefunden hat, hört er sehr schnell auf, diese SF-Zeitschriften herauszugeben. Das ist einfach ein Zentrum gesellschaftlicher Kommunikation. Man kann keine Zeitschrift mit der Aura von Rilkes »Duineser Elegien« herausgeben – man kann es nicht, weil das eventuelle Kandidatinnen vom Traualtar abschrecken würde. Und die SF ist im allgemeinen populär und modern. Das ist nicht wie beim Krimi – es gibt keine Leichen, keinen Mörder. Es gibt andere Welten, es gibt die Wissenschaft, den Kosmos! Aber die anderen Welten sind gefälscht! Der Kosmos ist gefälscht! Die physikalischen Parameter – gefälscht! Die menschlichen Charaktere – gefälscht! Alles von A bis Z gefälscht!

Der durchschnittliche Kriminalroman enthält mehr Wahrheit als dieses Geblödel. Dort setzt man sich wenigstens auf Stühle, ißt man von Tellern, fährt mit dem Auto – nach der SF schmeckt mir dieser Realismus sehr. Ich versichere, das ist die reine Wahrheit. Vor einigen Jahren, ich lag mit Grippe im Bett, bekam ich von einem westlichen SF-Verleger eine große Kiste Bücher. Ich nahm eines nach dem anderen in die Hand, und mir wurde übel und schwarz vor den Augen. Unter diesen Büchern gab es, wohl irrtümlich, einen Roman – ein anspruchsloses Buch über das Leben in der Provinz. Da gab es eine Küche, Mutter, Kinder, die einfach miteinander redeten. Mit welcher Wonne las ich, daß die Mutter Suppe kocht! Das andere Zeug konnte ich nicht mehr lesen. Ich hasse Unsinn! Ich bin allergisch geworden gegen die SF und reagiere auf sie so, wie mein Organismus auf die Pollen von blühendem Gras reagiert, wenn ich keine Antihistamintabletten nehme. Solche Bücher werfe ich sofort weg.

B: Ich habe Sie noch nie so ergrimmt gesehen wie bei diesem Gespräch über SF.

L: Ich spreche immer mit so einer Wut darüber, denn ich habe eine Menge Zeit verloren, als ich in Amerika wie ein Trottel zu schreiben, zu erklären, zu überzeugen und zu bekehren versuchte, wofür ich eine Menge Beschimpfungen einheimste. Zu Recht schrieb ich an einen australischen Tröster, daß ich mich selbst zum Narren gemacht habe, denn einige Jahre lang habe ich mich benommen wie ein Missionar im Bordell, der die gefallenen Mädchen bekehren will.

B: Es gibt auch Dinge, die sich irgendwie mit der SF verzahnen, obwohl sie keine SF sind. Ich glaube, Sie werden gleich vor Empörung aufbrüllen, weil ich den Namen Däniken nennen möchte.

L: Ich werde nicht einmal aufschreien. Er ist, ebenso wie Berlitz, dieser Spezialist vom Bermuda-Dreieck, einfach ein Produzent von Unsinn, an den die Leute gerne glauben. Da die tiefen und erschütternden Geheimnisse des Sacrum, der Sünde und des Glaubens aus der Kultur verjagt wurden, muß man die leergewordenen Stellen mit etwas anderem ausfüllen. Was Däniken betrifft, so ist das hier genau der Fall. Das Pikante dabei ist, daß er an den Stuß, den er verzapft, wirklich selber glaubt. Einmal fragte ich sogar einige bekannte Anthropologen in West-Berlin, warum niemand gegen diesen himmelschreienden Nonsens protestiert. Es zeigte sich, daß einer von ihnen das schon getan hatte. Und das Ergebnis? Sein Buch hatte eine Auflage von 3000, und das von Däniken – 1 Million! Also schade um die Zeit.

B: Wir sprechen hier von Ihrem Geschmack, und da Sie Schriftsteller sind, vor allem in ästhetischer Hinsicht. Es ist mir bereits gelungen, Ihnen sehr viele Bekenntnisse über die Literatur zu entlocken, und da wir wohl kaum über kulinarischen oder erotischen Geschmack plaudern können, werfen wir vielleicht noch einen Blick auf andere Künste? Ich würde zunächst das Theater vorschlagen, zumal Sie ja erklärt haben, der Schauspielkunst seltsam mißtrauisch gegenüberzustehen.

L: Mit dem Theater verhält es sich sehr einfach, denn ich bin absolut unfähig, bei der Lektüre eines Bühnenstücks seine dramaturgischen Qualitäten zu erkennen. Als ich Mrożeks Werke las, und ich hatte die Ehre, in längst vergangenen Zeiten einer seiner ersten Leser zu sein, hatte ich oft den Eindruck, daß sie sich ganz und gar nicht für die Bühne eignen, weil sie »löcherig« sind. Erst nach einiger Zeit sah ich ein, daß die »Löcher« notwendigerweise da sind, denn sie werden auf der Bühne durch das Agieren der Schauspieler ausgefüllt. Also daß dies keine autonome Sprache ist, daß sie ihre wirkliche lebendige Gestalt erst auf der Bühne bekommt und nicht beim Lesen, hat mich schon immer gestört. Ich bin an die Substanz der Sprache gebunden, und eine Literatur, die diese Ebene einengt, macht mich ratlos, denn ich kann mich von diesem »Geschehen« auf der Bühne nicht tragen lassen. Gewöhnlich habe ich ein sehr nahes und intimes Verhältnis zur Lektüre. Und abgesehen von allem anderen kann ich nicht mehr ins Theater gehen, weil ich taub bin; um so mehr bin ich also aufs Lesen angewiesen.

B: Über Musik werden wir wohl nicht sprechen. Sie haben mir ja schon anvertraut, daß Sie unmusikalisch sind wie ein Stock, also reden wir vielleicht vom Film.

L: Ich habe ein Gefühl der Ohnmacht, denn es ist mir unmöglich, ein gutes Drehbuch zu schreiben. Gewöhnlich kommt mir dann die alte Anekdote über Napoleon in den Sinn: Warum habt ihr mich nicht mit einer Salve begrüßt? Weil wir keine Kanonen haben! Ich bin einfach nicht fähig, Filmdrehbücher zu schreiben. Und außerdem ist ein Drehbuchtext nur Rohstoff, Halbfabrikat. Damit ein interessantes und originelles Werk entstehen kann, bedarf es noch eines Regisseurs, der dem Drehbuchautor geistig verwandt ist. Das ist etwas sehr Seltenes, und meine Erfahrung aus mehr als dreißig Jahren überzeugte mich, daß diese Seelenverwandtschaft unbedingt notwendig ist.

B: Das ist doch nicht die ganze Wahrheit.

L: Die Verleger glauben, wenn sie für eine Übersetzung gut bezahlen, würde diese Summe das künstlerische Niveau der Übersetzungen heben. Was hier mehr not tut, ist die geistige Affinität zwischen dem Autor und dem Übersetzer.

B: Das kann man auch weniger rätselhaft erklären.

L: Schon, aber es geht darum, daß dann, wenn sich die Lesegewohnheiten und die Lebenserfahrungen des Autors mit denen des Übersetzers ein wenig decken, sich auch die Aussagenbereiche der Begriffe, Wörter, des Stils und der Idiomatik decken. Das ist eine notwendige, aber immer noch nicht ausreichende Voraussetzung.

B: Wann ist die ausreichende Voraussetzung gegeben?

L: Zusammen mit dem Talent, und das ist etwas, das man mit Geld nicht erwerben kann.

B: Sie haben einen Sprung vom Film zur Übersetzung gemacht.

L: Ich weiß, aber der Sprung war nicht sehr weit, denn der Film ist doch auch eine Übersetzung, nur daß das keine Übersetzung aus einer ethnischen Sprache in eine andere ist, sondern aus einer im Wort festgehaltenen Sprache in eine der Bilder. Hier muß es auch eine Verwandtschaft geben, die, wenn schon nicht Identität, so doch die Neigung voraussetzt, einen – zumindest im Rahmen des Werkes – ähnlichen Standpunkt einzunehmen. Für mich steckt etwas von Inzest in einer Situation, wo der Autor sagt, daß etwas auf dem höchsten Niveau seiner umfassenden Vision vom Sein ist, und dann kommt einer daher, der Elemente der Aussage des Autors als Signal benützt, das der Welt verkünden soll, das, was ich schwarz genannt habe, sei braun, und das, was für mich weiß ist – sei rot. Das ist in meinen Augen identisch mit Verrat, denn er steckt mich in einen Kontext, zu dem ich meine Einwilligung verweigere und der mich bis aufs Blut reizt. Und da man nicht von vornherein die Garantie haben kann, daß es nicht so kommen wird, habe ich also große Angst vor solchen Übersetzungsexperimenten, und die Erfahrungen, von denen ich vorher gesprochen habe, haben mich überzeugt, daß diese Befürchtungen begründet sind. Ich würde rein pragmatische Garantien fordern, daß ich zum Beispiel, wenn ich mit einem Drehbuch nicht einverstanden bin, das Recht habe, das ganze Projekt umzustoßen. Aber kein Produzent der Welt wird darauf eingehen, weil er bereits Geld in das Projekt gesteckt hat.

B: So sieht das Bild aus der Perspektive des Filmzubereiters aus. Wie sieht es aber der Konsument?

L: Ich weiß in der Filmproduktion nicht gut Bescheid und habe kein Recht, mir auch nur jene Kompetenz anzumaßen, die der durchschnittliche Filmfan hat. Manche Filme von Wajda gefallen mir, andere wieder nicht; die einen Filme von Kubrick habe ich akzeptiert, andere haben mich aus dem Gleichgewicht gebracht. Die meisten Namen der modernen Filmregisseure kenne ich einfach nicht; ich gehe seit Jahren nicht mehr ins Kino.

B: Und wie wirkt sich Ihr Traditionalismus aus, wenn Sie mit der modernen Malerei konfrontiert sind?

L: Ich habe mich sehr darum bemüht, als Connaisseur altertümlicher Suppen an der modernen Malerei Gefallen zu finden. Sie gefällt mir nur in einigen wenigen Varianten, aber die können kaum als ganz modern bezeichnet werden. Mir gefallen manche Surrealisten, bei denen ich mehr entdecke als bloß das Bedürfnis, den Betrachter zu schockieren. Ich schätze zum Beispiel die technische Gewandtheit Salvador Dalís, aber seine unerträgliche Hochstapelei in jedem Gemälde, *pour épater les bourgeois*, geht mir auf die Nerven. Ich habe einen herrlichen Band mit Reproduktionen von Salvador Dalí, in dem man possierliche gastronomische Varianten finden kann.

Manche früheren Perioden Picassos, zum Beispiel »die blaue«, gefallen mir recht gut. Aber sehr selektiv. Ich mache keinen Kotau vor jedem Bildchen, das Picasso auf irgendeine Serviette gepinselt hat. Obwohl ich mir der unglaublichen Freßgier seines Talents bewußt bin. Er hat sich auf jedes Gebiet gestürzt, das man noch annektieren konnte, und hat es sich so angeeignet, daß er eine Menge unglückseliger Konkurrenten brotlos gemacht hat. Wenn ich aber auf ein altes Gemälde blicke, meistens, muß ich gestehen, eine Reproduktion, dann sehe ich die Einzigartigkeit der darin eingefangenen Schönheit der Welt, die die moderne Malerei überhaupt nicht kennt. Ich weiß nicht, wie ich den Mut aufbringe, das auszusprechen, aber mir ist z. B. Phidias lieber. Das ist meinerseits ein Rückzug in die Höhlen der Vergangenheit, nicht einmal mehr die Viktorianische Zeit. Die früheren Epochen haben in der Kunst 50 bis 100 Jahre gedauert, und heute dauern sie ein Jahr, vielleicht anderthalb. Die Früchte sind also immer kleiner, denn sie haben keine Zeit, zu reifen. Es gibt natürlich Ausnahmen, daß da jemand etwas geduldig kritzelt oder mit der Nadel ritzt, aber ich möchte jeden Morgen dem lieben Gott dafür danken, daß er mich nicht mit einem Malertalent beschenkt hat.

Ich bekenne die Doktrin – die ich schon irgendwo artikuliert habe –, daß ein Mensch mit großer Begabung, wenn sich ein neues Feld eröffnet und neue Beispiele auftauchen, viel tun kann, aber wenn man das Unglück hat, in einer Epoche des Niedergangs geboren zu werden, wo man außer Epigonenhaftem kaum etwas machen kann oder, was dasselbe oder vielleicht noch ärger ist, es zu übereilten, unausgereiften Übergängen von einer Mode zur anderen kommt, so ist das ein großes Unglück für den mit Talent ausgestatteten Menschen. Er kann sich einfach nicht ausdrücken, weil die künstlerischen Mittel in der bildenden Kunst ungleich stärker und gewaltsamer exploitiert werden als zum Beispiel in der Literatur. Es gibt so etwas wie eine höhere Universalität des Wortes. Wenn man über irgendwelche Inhalte etwas auszusagen hat, die sich mit der Sprache artikulieren lassen, ist man in einer besseren Situation, selbst wenn man gegen den Strom aller gerade akzeptierten Richtungen schwimmt. In der bildenden Kunst ist es viel schlimmer, weil man sich nicht durchsetzen kann. Das ist ein schwieriges Gebiet, das ich nicht gut kenne, aber ich darf doch sagen: Ich weiß nicht, wie man eine Einbrenne macht, aber Suppe esse ich. Wenn ich das Problem so präsentiere, dann darf ich mich wohl so äußern, wie ich es zuvor getan habe.

B: Und wie nehmen Sie dann so ungewöhnliche, keinen speziellen Klassifizierungen unterliegende Erscheinungen wie, sagen wir, Bosch auf?

L: Bosch, du lieber Gott! Ich weiß überhaupt nicht, woher der gekommen ist. Wohl aus anderen Welten. Das ist ein so erstaunliches Phänomen, daß es fast unwirklich ist. Er hat gelebt und gemalt, aber ihn hätte es gar nicht geben dürfen (Lachen). Wie hat er das gemacht? Ich weiß es nicht. Ich habe versucht, es von verschiedenen Boschkennern zu erfragen, aber ich habe nichts erfahren können. Das ist für mich einer der einzigartigsten, von allen anderen am weitesten entfernten Künstler der Welt. Breughel ist wie der Mond, und Bosch wie die Sonne. Der Mond ist eine herrliche Sache, aber wenn die Sonne aufgeht, sieht man den Mond nicht mehr.

B: Wenn ich Ihren Gedanken über Literatur, Malerei und Film zuhöre, kann ich mich des Eindrucks nicht erwehren, daß Sie unabsichtlich – obwohl sich eher der Verdacht aufdrängt, daß Sie bewußt darauf abzielen –, die These vom dekadenten Charakter der modernen Kultur oder, präzisierend, der Kunst formulieren.

L: Die Erscheinungen, die ich wahrnehme, können wirklich nicht anders denn als Symptome der Dekadenz interpretiert werden. Das alles wird geschaffen, verkauft, gekauft, also ist das Bedürfnis, Geld zu verdienen und dies und jenes hinzuschmieren, ein starker Antrieb und ein wesentliches Element dafür, daß die Epoche der Dekadenz nicht zu Ende gehen will. In einzelnen Bereichen, besonders in der bildenden Kunst, ist jedoch schon deutlich eine verzweifelte Beschleunigung der Entwicklung zu sehen. Diese Paradigmata sind unausgereift, also sieht man nur Fehlgeburten. Alles verläuft heute mit einer solchen Geschwindigkeit, als würde jemand fortwährend die Spülung im Klo betätigen. Alles fließt in Mäandern in die Klomuschel. Außer dieser Beschleunigung sehe ich nichts. Ich habe darüber zu wiederholten Malen mit Bedauern geschrieben. Ich wollte sogar eine Skizze mit dem Titel »Wachstumsgrenzen der Kultur« schreiben – ich habe viel Material, und ich habe die Hypothese aufgestellt, daß, so wie dem Wachstum in der Industrie Grenzen gesetzt sind, dies auch auf die Wachstumsgrenzen der Kultur zutrifft. Das sind Evolutionsprozesse, wo es selektive Siebung, Absterben und Erschöpfen des Konfigurationsraums gibt, und dann kommt der nächste Raum und die nächste Paradigmatik. Aber wenn wir es mit einer so totalen Beschleunigung zu tun haben, verwischen sich die Kriterien. Für mich ist das Symbol die Tomatensuppe von Campbell und Warhol. Man nimmt eine Menge Dosen mit Tomatensuppe, und hoppla, das Kunstwerk ist da. Kantor* hat sich einmal damit beschäftigt, Regenschirme zu zertreten und sie dann mit den Füßen in Gips hineinzukneten, und dann wurde all dies auf verschiedenen Etagen des Nationalmuseums aufgehängt. Man nimmt eine Klomuschel, und schon hat man Kunst.

Ich war einmal auf einer Ausstellung eines Japaners in West-Berlin (damals war ich dumm genug, Ausstellungen der modernen Kunst zu besuchen), die »Über dem Wasser« hieß.

* Maler, Bildhauer, Gründer eines experimentellen, auch im Ausland bekannten Theaters

Der Künstler hatte im Saal einige hundert Plastikeimer mit Wasser aufgestellt, und das war alles. Alle bewunderten das, und wie!, und staksten mit ernsten Gesichtern zwischen den Eimern.

Beschwerde- und Antragsbuch

B: Ich sitze einem der hervorragendsten polnischen Schriftsteller unserer Zeit gegenüber. In Polen sind Sie für jedes Kind und für fast jeden Erwachsenen ein Begriff. Ausländer kennen aus der polnischen Literatur die Namen Sienkiewicz, Mickiewicz, Miłosz, Gombrowicz und den Ihren. Lem-Bücher sind in ungewöhnlich viele Sprachen übersetzt, darunter in exotische. An Auflagenstärke werden Sie nur von Sienkiewicz übertroffen, und Sie haben eine reale Chance, ihn in dieser Hinsicht zu überholen. Sie stehen also schon auf einem ungemein hohen Sockel. Mich interessiert das Selbstgefühl eines solchen Menschen: wie er sich innerhalb der nationalen Literatur sieht, ob er sich in der eigenen Haut wohl fühlt, wie er sein eigenes Format einschätzt, ob ihm der Lorbeerkranz auf dem Kopf zu Gesicht steht, was er von der Stabilität seiner Position in der Kultur hält? Ich würde mit folgender Frage anfangen: Was glauben Sie, welches Ihrer Bücher hat die größte Chance zu überleben?

L: Diese Frage ist auf zwei Arten zu verstehen: Welches Buch die größten Chancen hat und welchem ich die größten wünschen würde.

B: Natürlich das zweite, denn Sie werden sicherlich das Buch wählen, das Ihre Überzeugungen aufs vollkommenste zum Ausdruck bringt und Sie zugleich vom literarischen Standpunkt aus befriedigt. Ich tippe wohl richtig, wenn ich erwarte, daß Sie die »Summa Technologiae« nennen?

L: Ich muß Sie überraschen: keineswegs. Ich möchte, daß die »Kyberiade« überlebt. Auf der »Summa« hingegen werde ich deshalb nicht bestehen, weil, wenn das Buch jenes Maß an Zustimmung erreicht, wie zum Beispiel die Kopernikanische Theorie, *si parva magnis comparare licet* (Lachen), es zu einer fürchterlichen Banalität wird. Kann es etwas Banaleres geben als die Feststellung, daß sich die Erde um die Sonne dreht? Was immer von diesem Buch sich auch bewahrheitet und in den Unterrichtsstoff der vierten Klasse aufgenommen werden wird, ist allein dadurch dann zur absoluten Binsenweisheit geworden. Vor zwanzig Jahren gab es nichts dergleichen wie die doppelte Nukleotidspirale, Operon, und heute finden Sie das alles im Biologieunterricht für Mittelschulen. Die Kenntnis dieser Tatsache erlaubt mir nicht, für dieses Buch zu optieren.

Und außerdem besteht da noch die Möglichkeit, daß alles, was darin steht, sich als Hirngespinst ohne jede reale Basis erweist. Also ist die Alternative einfach: Wenn meine Voraussagen falsch waren, kann man das Buch wegschmeißen, und wenn sie sich bewahrheiten, dann werde ich ein sehr früher Vorläufer gewesen sein. Und das Schicksal der frühen Vorläufer ist stets das gleiche: Entgegen dem Anschein bleibt von ihnen nichts übrig! Kurze Zeit vor Darwin hat Alfred Russel Wallace eine von Darwin völlig unabhängige Evolutionstheorie geschaffen, die Gelehrten wissen das, aber der Abiturient muß es nicht mehr wissen. Und wer weiß heute, was Roger Bacon vor seinem Nachfolger gleichen Namens gesagt hat? Man darf sich nicht allzu vielen Täuschungen hingeben, am besten ist es, sich nicht die geringsten Illusionen zu machen.

Mein Wunsch ist, daß die »Kyberiade« überlebt. Aber welches meiner Bücher überleben wird, weiß ich nicht. Mein Werk gleicht einer Matratze oder einem Metallnetz im Bett, das an vielen verschiedenen Federhaken festgemacht ist, und je nachdem, wie die nächste Epoche sein wird und was für intellektuelle Resonatoren in ihr erscheinen werden, kann eine gegebene Sache an ihre ursprüngliche Bedeutung anklingen, oder auch nicht. Das sind unvorhersehbare Dinge. Niemand ist in jenen Gemächern der Nachkommenschaft zu Gast, die er sich auserwählt hat – um an Norwids Worte zu erinnern.

Als in der Welt Hippies auftauchten, wurde plötzlich Hesses »Steppenwolf« zum Buch dieser Generation. Weiß der Teufel, warum. Wenn etwas geschieht, kann man *ex post* alles erklären, aber es vorauszusehen ist ein Ding der Unmöglichkeit. Und das Überleben der »Kyberiade« würde ich mir deshalb wünschen, weil das ein originelles Buch ist und zugleich nicht ohne solides, tief in ihm eingegrabenes intellektuelles Element.

B: Wenn ich Sie – ganz im Ernst und ohne jede unterschwellige Ironie – fragen würde, welches Ausmaß Ihr Beitrag zur polnischen Literatur hat, wie würden Sie darauf antworten?

L: Gegenwärtig ist es fast Null. Ein Beitrag ist so hoch, wie der kompetente Kenner ihn beurteilt. Die Experten, die die literarischen Ereignisse der letzten 30–40 Jahre besprechen, erwähnen meinen Namen nicht. Dafür gibt es zwei Gründe. Erstens passe ich in keine der üblichen Schubladen. Ich bin wie ein Kater, der eigene Wege geht. Für die Kritiker hätte ich – zum Glück hat es mir noch keiner gesagt – in Brasilien, Neuseeland, auf Feuerland geboren oder ein Eskimo sein können. Zu Stalins Zeiten nannte man solche Leute vaterlandslose Kosmopoliten. Die Frage ist zweifellos begründet, denn aus dem Gesichtswinkel desjenigen, der Literaturgeschichte für Ausländer schreibt – dann sieht man nämlich alles deutlicher –, sollte man sich gewisser Ganzheiten bedienen, die stets umfassender sind als Namen. Es gibt Epochen, Phasen, Richtungen, Tendenzen, Strömungen und Schulen. Ich gehöre nirgendwo hin, denn ich bin anderswoher.

Ich bin der Meinung, daß ich ein integraler Bestandteil der polnischen Literatur bin, aber die ganze Paradigmatik meines Schaffens leitet sich weder von der Romantik ab noch vom Positivismus, sondern von Gedankengut, das die Menschheit im 20. Jahrhundert erworben hat. Das war, als uns immer höhere Wellen der weltweiten Wandlungen überfluteten, ein ununterbrochenes Bemühen darum, daß die Literatur oben bleibt, daß sie sich nicht überschwemmen und versenken läßt, daß sie nicht nur zum Seismographen individueller Zuckungen von Geistern werde, die sich selbst nicht verstehen. Das ist natürlich nichts, was man irgendeiner Schule zuordnen kann.

Ich habe vor kurzem mit Jan Błoński – dem Doyen der polnischen Literaturkritik – gesprochen, der gerade ein zusammenfassendes Werk über die Literatur der letzten Jahrzehnte vollendet hatte und mir offen sagte, daß er mich in dieser Besprechung nicht erwähnt habe, weil er mich nirgendwo unterbringen könne: »Ich weiß nicht, wo ich dich einreihen soll.« – »Über dich als Mensch kann ich schreiben, als Schriftsteller nicht« – fügte er dann hinzu. Der Kritiker muß einfach ein System haben, eine Taxonomie einführen. Es darf also nicht ein Kerl auftauchen, der halb Schrank, halb Auto ist und noch dazu die Merkmale einer Nähmaschine aufweist. Und zudem noch eine Art Tier ist. Was soll dann der Arme tun? Er muß vor allem intellektuelle Vorfahren haben, und hier beginnen schon die Schwierigkeiten. Und Błoński ist doch ein sehr respektabler Kritiker. Als er in Frankreich war und die »Summa Technologiae« erschien, hat er sie in irgendeiner Zeitschrift enthusiastisch kommentiert – was natürlich nicht die geringste Bedeutung hatte – und schrieb, das sei zweifellos Literatur, zwar *sui generis*, aber dennoch Literatur. Zugleich hat er unterstrichen, daß er mich in kein System einordnen könne. Ähnlich irritiert war übrigens auch Kołakowski, der die »Summa« in der »Twórczośí« kritisierte, und dann schickte er mir einen privaten Brief, in dem er schrieb, er sehe »den Glanz einer erstklassigen Intelligenz«, aber das sei seiner Mentalität so fremd, unsere geistigen Galaxien seien so weit voneinander entfernt, daß er keinen Zugang zu mir und keine Kriterien für mich habe.

Die Bücher wurden bei uns – einzeln, jedes für sich – rezensiert, aber so behandelt, als hätte jemand eine Blumenvase gebracht, und man weiß nicht recht, ist das nun ein Nachttopf, eine Terrine für Erbsensuppe, ein Spucknapf oder eine abstrakte Plastik. Ich machte den Leuten Schwierigkeiten, weil ich nicht zu packen und nicht einzuordnen war. Es war schwer herauszufinden, worum es ging. Wenn heute ein westlicher Professor über die »Maske« schreibt, sagt er gleich, wie aus der Pistole geschossen, daß sie vom freien Willen handelt. Er steigt einfach sofort in die wirkliche Problematik hinein und irrt nicht zwischen den Regieanweisungen umher, unter denen das Werk zur Aufführung gelangte.

Und hier tritt bereits die zweite Ursache zutage, denn um hinter die Dinge zu kommen, über die ich geschrieben habe, muß man eine gewisse Bildung in diesen Fragen besitzen. Jeder Schriftsteller zieht im allgemeinen einen bestimmten Typus der Kritik an: entweder aufgrund einer geistigen

Verwandtschaft oder einer ähnlichen Weltansicht, oder weil er dieselbe Kulturformation erlebt hat. Aber in meinem Fall ist es nicht so. Alle Kritiker, die bei uns im literarischen Leben den Ton angeben, sind Polonisten. Zumindest die überwiegende Mehrheit. Ich aber passe da nicht hinein. Sie selbst haben mir unlängst Zitate aus Zeitschriften vorgehalten, die mir Unverständlichkeit vorwerfen. Ja, das stimmt, und das ist auch daran zu erkennen, daß meine früheren Bücher, in denen das intellektuelle Element eine kleinere Rolle spielte, höhere Auflagen hatten. Der Kritiker erweist sich als inkompetent. Ich stelle mir zum Beispiel vor, daß man über mein Werk ein Buch schreiben könnte, das den Boden der Literatur verläßt und meine Rolle als die einer Antenne präsentieren würde, die antizipierend Entdeckungen oder Umorientierungen des wissenschaftlichen Denkens im Bereich der Grundauffassungen empfängt. Nehmen wir etwa meine These aus dem »Golem« über das Verhältnis der Erbsubstanz zu den Organismen. Wenn sich jemand an diese Arbeit machte, würde das von ihm kolossale Gelehrsamkeit erfordern, die weit außerhalb der Literatur liegt. In meinen Büchern gibt es eine Menge solcher Dinge, und zwar aus verschiedenen Bereichen der wissenschaftlichen Erkenntnis. Das wäre keine Arbeit, die man literaturkritisch nennen könnte. Ich sitze rittlings. Die gescheite Frau Szpakowska hat von meiner »Flucht« aus der Literatur geschrieben. In einem gewissen Sinne trifft das zu, denn ich huldige dem aus der Zeit der Aufklärung stammenden Modell der didaktischen Literatur. Ich belehre, weil ich glaube, daß ich wirklich etwas zu sagen habe. Ich würde mich schämen, wenn ich das täte und der Inhalt meiner Belehrungen Unsinn wäre. Ich wurde also aus allen Welten vertrieben, weil ich in keiner Wurzeln fassen konnte; so mußte ich auch die Phantastik verlassen, weil sie sich vom Denken und von der Wissenschaft völlig getrennt hat.

In der Bundesrepublik werden alle meine Auflagen von Tolkiens »Der Herr der Ringe«, dem Buch, das von Hobbits und Orcs handelt, haushoch übertroffen. Literarisch ist es gar nicht übel, es ist kein Schund mit galaktischen Piraten, aber es sind dennoch Märchen. Das ist eine Welt der fingierten

Folkloren, der Zaubereien, des Kampfes des Guten gegen das Böse und des Lichts gegen die Dunkelheit. Das ist die vollkommenste Verkörperung der eskapistischen Literatur unserer schrecklichen Zeiten. Das sind Antipoden. Wir wollen kein schwankendes Schilfrohr sein, wir wollen nicht wissen, welche Unannehmlichkeiten uns erwarten können. Wir wollen anderswo sein, weil es dort angenehmer ist. Das genügt für die Daseinsberechtigung einer derartigen Literatur.

Wenn dagegen einer daherkommt und Dinge ankündigt, von denen man nichts wußte und die für das Schicksal der Welt wichtig sein können – man müßte, um sie zu verstehen, die Nase tiefer in bestimmte Bücher stecken –, empfängt man ihn mit aufgepflanztem Seitengewehr. Da kann man nichts machen. Jetzt läßt mich das kalt, denn viele Bücher aus meiner Feder haben sich von mir losgelöst. Ihr Schicksal in der Welt hängt überhaupt nicht davon ab, was ich über sie denke, sage, was ich ihnen wünsche. Mit einem Wort, ich bin der Meinung, daß es gewichtige, objektive, rationale Gründe dafür gibt, mich aus der polnischen Literatur herauszukatapultieren.

B: Großer Gott, das ist doch sehr übertrieben. Aus dem, was Sie sagen, ergibt sich, daß die Kritiker über das Gesicht, über Bewertung und Rezeption unserer Literatur entscheiden. Das stimmt doch nicht.

L: Sie behaupten also, daß der Platz, der einem in der Rangordnung zugewiesen wird, nicht von der Kritik abhängt? Von wem dann, von den Lesern? Aber die Leser hört man nicht direkt. Diese Reflexbewegung, der Griff nach einem Buch, ist eine historisch nicht wahrnehmbare Geste. Es gab millionenstarke Auflagen von Büchern, von denen nichts geblieben ist. Die Popularität eines Autors und die Tatsache, daß er sich aus den Honoraren vier Schlösser gebaut hat, sagt gar nichts. Niemand weiß, ob er im geistigen Leben der Epoche eine Spur hinterlassen wird und ob es in der Zukunft irgendwelche Ableger davon geben würde.

B: Einverstanden, aber Sie scheinen zu glauben, wenn zehn solide Kritiker in der Öffentlichkeit einen Künstler beharrlich als überragend hinstellen, würde sich daraus etwas ergeben.

L: Vor kurzem gab jemand im Westen ein Buch über mich heraus – und bat mich, ihm polnische sogenannte Sekundärliteratur zu schicken. Es zeigte sich, daß es nur eine einzige Monographie über mich gab. Eine zweite wurde später von Jerzy Jarzębski geschrieben. Eine solche Situation erschwert es dem Schriftsteller, sich selbst zu erkennen. Ich bin doch nicht mit vollkommener Selbsterkenntnis ausgestattet, nicht immer weiß ich, woher ich komme, wohin ich gehe, wohin mein Weg führt und was das alles zusammen bedeutet. Es ist nicht wahr, daß die Kritik wirksam helfen kann, aber die Kritik kann die Zeit des Umherirrens verkürzen. Und das wäre sehr viel.

B: Wenn der Schriftsteller ein umherirrendes, unsicheres Wesen ist, das manchmal Unterstützung braucht, was erwarten Sie dann von den ebenso umherirrenden Kritikern?

L: Es wäre gut, wenn sie nur umherirren würden. Ein vernünftiger Kritiker darf gewisse Dinge nicht tun. Ich weiß zufällig aus einem privaten Gespräch mit J. J. Szczepański, der seine Prosa Irzykowski* zu lesen gab, daß dieser meinem Freund vom Schreiben abriet und ihm empfahl, einen Büroposten anzunehmen, da er für die Literatur absolut nicht tauge. Dazu sage ich soviel: Käme heute jemand mit einer solchen Prosa zu mir, wie ich sie im Jahre 1947 produzierte, würde ich wahrscheinlich zu dem Schluß kommen, daß er ein Graphomane sei, ich würde jedoch nicht wagen, ein solches Urteil zu fällen, das den Schreiber zu einem Nichts macht. Die Tatsache, daß Irzykowski sich solche apodiktischen Urteile über junge Schriftsteller herausnahm, löscht ihn in meinen Augen als Kritiker aus, denn wer eine so unnachgiebige Sicherheit besitzt, kann kein guter Verbündeter der Literatur sein, da diese unvorhersehbar ist.

B: Das Nörgeln über die Kritik ist das wichtigste Hobby der Schriftsteller, also wird dabei nichts Gutes herauskommen; lassen wir dieses Thema. In Ihrer früheren Aussage wurden viele Probleme angesprochen, die einer Überlegung

---

* Karol Irzykowski (1873–1944) galt als der führende Literaturkritiker und -theoretiker

wert sind. Vor allem stelle ich mit Verwunderung fest, daß Sie sich als völlig verkannt betrachten. Das ist entweder Koketterie oder ein schreckliches Mißverständnis.

L: Ich bitte Sie, ich habe in einem gewissen Sinne nie aufgehört, in Polen am Rande zu stehen. Die Erklärung dafür ist folgende: Ich wurde nur durch sehr langsame Osmosen und den Widerhall in der Welt hinaufgehievt. Manchmal kam eine so bekannte Persönlichkeit wie Susan Sontag nach Polen, die auf die Frage, was sie über Gombrowicz denke, mit der Gegenfrage antwortete: Ihr habt doch so einen interessanten Schriftsteller wie Lem. Dann fragte man sie nach einem anderen, und sie wieder: Aber Lem ist interessanter. Ich habe solche Geschichten immer mit Interesse zur Kenntnis genommen, und jahrelang war es mir peinlich, daß bei uns niemand für die von mir angeführte Problematik empfänglich ist.

Dabei muß ich feststellen, daß das meiste davon, was ich geschrieben habe, in Fremdsprachen schlechter übersetzt wurde, als es im Original ist. Einige Male hatte ich das Glück, kongeniale Übersetzer zu finden, aber im allgemeinen verfolgte mich irgendeine düstere Schicksalsfügung. Ich bin Rationalist, aber es sah tatsächlich so aus, als verfolge mich ein Fatum. Es gab zum Beispiel eine so unwahrscheinlich begabte Übersetzerin wie Irmtraud Zimmermann-Göllheim aus Österreich, die auch Białoszewski* vortrefflich übersetzte, aber vor einigen Jahren, sie war damals nicht viel älter als dreißig, ist sie an einer schrecklichen Variante der galoppierenden Parkinsonkrankheit gestorben. Das ist nur eines von mehreren Beispielen. Leider ist die Mehrzahl der Übersetzungen schlechter. Das bedarf wohl keiner Erklärung, denn es genügt, einige Seiten der »Kyberiade« zu lesen, um einzusehen, gegen welche Schwierigkeiten der Übersetzer anzukämpfen hat. Mit mir war das ein wenig wie mit Faulkner, der erst auf dem Umweg über die Franzosen Amerika erreichte, denn in den USA hat er sich nie einer besonderen Beliebtheit erfreut.

B: Ich kann diesen verbitterten Ton darüber, daß Sie in

---

* Miron Białoszewski, Lyriker und Dramatiker

die große Literatur erst über Ihren Ruf auf dem westlichen Büchermarkt eingingen, nicht verstehen. Das ist ein Geschenk, nicht ein Fluch des Schicksals. Schließlich sind Sie nicht von der ersten Stufe des Sprungbretts in das leere polnische Schwimmbecken gesprungen, sondern gleich von der dritten Stufe in vorgewärmtes Wasser, und noch dazu in einer Export-Badehose. Auf diese Weise sind Sie nicht nur an der Wertzirkulation innerhalb der slawischen Provinz beteiligt, Sie stecken von Anfang an in der universellen Zirkulation. Bevor Miłosz der Nobelpreis verliehen wurde, habe ich eine Rundfunksendung gehört, in der Sprusiński Überlegungen über die polnischen Kandidaten für diesen Preis anstellte. Zwar erwähnte er keine Namen, sondern er umschrieb und charakterisierte die Problematik der Bücher. Hinter diesen Etiketten verbargen sich Iwaszkiewicz, Herbert, Andrzejewski, Miłosz, Różewicz und selbstverständlich Lem. Beweist das Ihrer Meinung nach, daß Sie verkannt werden?

L: Ich weiß, es ist mir zu Ohren gekommen, daß jemand mich in diesem Komitee lanciert. Ich möchte aber folgendes sagen: Eine Mutter ist gegen keine andere Person austauschbar. Ein Mann, der bei zehntausend Frauen Erfolg hat, kann nicht der Meinung sein, er habe eine neue Mutter gewonnen. Ich sage also nicht, daß es schlimmer ist, von der Höhe des Weltruhms ins eigene Land hinunterzufahren, sondern nur, daß es gewisse Dinge gibt, die nicht auswechselbar sind.

Ich möchte also sagen: Die Taxonomie meiner Rezensenten, auf der diachronischen Ebene vorgenommen, erweist sich als gerecht, aber auf der synchronischen Ebene – nicht mehr, denn sie entstand im Laufe von fast fünfundzwanzig Jahren. Nichtsdestoweniger gibt diese Taxonomie zu denken, denn sie bestätigt eine übergeordnete Gesetzmäßigkeit. Sie wissen, daß mein Steckenpferd die Statistik ist. Dieses Material läßt eben statistische Manipulationen zu. Sie bestätigen die Vermutung, die Miłosz mit einer reichlichen Dosis Klapperschlangengift ausgesprochen hat – daß die Polen den Polen nur dann nötig sind, wenn sie ein Exportartikel sind!

Interessant ist auch das Verhältnis der Wissenschaft zu Literatur und Kunst. Bekanntlich hatte Gombrowicz eine sehr entschiedene Meinung darüber, er war der Ansicht, daß ein Wissenschaftler eine Art Pythonschlange sei, die in ihren Umschlingungen die Kunst erwürgen müsse. Ich weiß nicht, warum das so sein sollte, da es doch in der Wissenschaft, wenn auch selten, hervorragende schöpferische Persönlichkeiten gibt, die sich mit Literatur abgeben. Dabei muß man wissen, daß auf 400–500 Wissenschaftler selten einer kommt, den man gerade noch als Gelehrten bezeichnen könnte, und nur auf einige tausend entfällt ein hervorragender. Und zwischen einem hervorragenden und einem durchschnittlichen Wissenschaftler ist der Unterschied ungefähr so groß wie zwischen Metternich und einem Korporal der Fremdenlegion, der sich mit Hilfe einer Bande von Strauchdieben zum Rädelsführer und dann zum Diktator von Sambia aufgeschwungen hat. Es gibt eine Kluft, die in allen Disziplinen die Geister voneinander trennt, also auch in dieser. Es gibt keinen Grund, warum das anders sein sollte. Im »Lokaltermin« sagt der kassettierte Bertrand Russell, daß die Verteilung der normalen Intelligenz nicht nur in der ganzen Gesellschaft, sondern auch in allen Berufen verbindlich ist, also auch bei den Philosophen. Auch bei ihnen gibt es mehr Dummköpfe als vernünftige Menschen. Hier handelt es sich nicht nur um Intelligenz, sondern auch um Klugheit und Moral. Das unterliegt keinem Zweifel.

B: Das, was Sie auf dem Boden der Statistik tun, die Ihnen so ans Herz gewachsen ist, heißt Schlüsse aus repräsentativen demographischen Erhebungen ziehen. Aufgrund der niedrigsten Stufe der Literaturkritik urteilen Sie über die Kritik als Ganzes.

L: Kuriose Dinge können Sie auf jedem Niveau entdecken. Zum Beispiel ist mir bei der Lektüre polnischer Buchbesprechungen oft ein gehässiger Ton aufgefallen. Vor einigen Stunden hielt ich die Rezension von Adam Klimowicz über das »Hohe Schloß« in der Hand, aus der mir furchtbarer Widerwillen entgegenschlägt. Er unterstellt mir viele Dinge und macht vor Beleidigungen *ad personam* nicht halt. So behauptet er zum Beispiel, ich hätte ein ausgezeichnetes Gedächtnis, und nicht der Mechanismus spontan in Gang gesetzter Erinnerungen habe dieses Buch geschaffen, sondern meine bewußte Abneigung, manche Dinge hervorzuheben und andere zu verbergen. Vor allem soll dies das Verschweigen der grausamen und bitteren wirtschaftlich-sozialen Verhältnisse betreffen, in denen sich Lemberg befand, als ich 4 bis 11 Jahre alt war. Ich muß sagen, das ist eine besonders krasse Idiotie. Als Kind einer bürgerlichen Familie – mein Vater verdiente 900 Zloty, was ein ganz schöner Batzen Geld war, und seine Privatpraxis hatte ihm ein Haus eingebracht – konnte ich nicht wissen, daß es so etwas wie einen Klassenkampf gibt. Es ist gewiß entsetzlich, aber wahr, daß ich im Alter von 7 Jahren noch nichts von Marx gehört habe! In diesem Buch hat sich mein Gedächtnis wie eine Fotografie verhalten, man kann also dort die Beschreibung des Begräbnisses von Kozak* finden, bei dem ich viel Elend gesehen habe, aber dieses Elend mußte mir dennoch als etwas Natürliches erscheinen, denn ein Kind, das in eine bestimmte Realität hineinwächst, empfindet alles als Selbstverständlichkeit. Das war ebenso natürlich wie die Scharen von Hofmusikanten und Seiltänzern, die in den Hinterhöfen ihre Kunststücke vorführten und denen man aus den Fenstern in Papier gewickelte Fünfgroschenmünzen hinunterwarf. Das war eine Zeit großer sozialer und Vermögensunterschiede. Aber als ich das »Hohe Schloß« schrieb, versuchte ich, mit dem Bewußtsein eines Kindes, nicht mit meinem heutigen Bewußtsein zu operieren, ansonsten würde ein Palimpsest entstehen oder eine unverdauliche Mischkulanz. Schließlich, wenn das Erinnerungen sein sollten, die sich auf meine ersten Kinder- und Gymnasialjahre beschränkten, konnte ich doch nicht das Wissen hineinstopfen, das ich zwanzig Jahre später erworben habe. Das wäre sinnlos gewesen.

Außerdem folgt aus diesem Text von Klimowicz, daß ich gelogen habe, als ich über meinen »Legitimationsfimmel« schrieb. Das heißt, daß dies wieder einmal einer der phantastischen Texte von Stanisław Lem sei. Einst, als ich an der »Philosophie des Zufalls« arbeitete, überlegte ich, auf welche Weise ein Schriftsteller die Garantie bieten kann, daß etwas aufrichtig ist oder nicht. Sollte ich von einem Notar beglau-

---

* Bei einem Arbeitslosenprotest am 14. April 1936 in Lemberg von der Polizei erschossen; das Begräbnis am 16. April wurde zu einer riesigen Demonstration, bei der über 100 Menschen getötet wurden.

bigte eidesstattliche Erklärungen abgeben, Zeugen berufen und Privatdetektive anstellen? Der Krieg hat das Haus meines Vaters zerstört, und mit ihm alle diese kindlichen Krakelfüße zusammen mit den Silberfäden zum Zusammennähen der Legitimationen und den aus dem Wecker herausmontierten Zahnrädern zum Perforieren. Alles war so, wie ich es beschrieben habe. Das einzige, was fehlte, war das Wissen, zu welchem Zweck ich das tue. Dieses Bewußtsein habe ich *ex post*, nach 40 Jahren, dargelegt, doch das Beweismaterial war nicht erfunden. Aber wie kann man Beweise dafür erbringen?

Interessant, daß die besten Rezensionen über das »Hohe Schloß«, die nicht von absolut willkürlich hergeholten kritischen Auffassungen ausgingen und meinen Text in einer Art Immanenz behandelten, von einem sehr intelligenten Russen und einigen Schweizern stammen. Ich spreche über dieses Buch, weil es relativ »normal« ist. Es ist eine literarische Autobiographie, und man muß keine wissenschaftlichen Regeln oder Kriterien der Phantastik heranziehen, um sie richtig einzuschätzen.

Jetzt möchte ich einige Worte über Ihre Rezensionen sagen, denn darin findet man ein interessantes Phänomen. Sie weisen eine charakteristische Entwicklung auf, obwohl ich das chronologisch nicht voll verifizieren kann. Ich habe den Eindruck, daß Sie von einer ziemlich skeptisch-kritischen Position – ich will nicht sagen, einer Abneigung – ausgingen, aber Sie hielten Distanz zu mir, setzten mich gleichsam in Anführungszeichen und beobachteten skeptisch, was dieser Lem aufführt. Das heißt, man kann sich das mit Interesse ansehen, aber nicht ohne eine gewisse Dosis Mißtrauen. Ganz so, als überlegten Sie, ob das wirklich reines Erz ist oder ob ihm etwas Falsches beigemischt wurde.

Man kann auch eine andere Art Mißtrauen finden. Es zeigte sich in einer der Rezensionen, auf die ich einen Blick geworfen habe. Es beruht nicht darauf, dem Autor kritisch eine Lehre zu erteilen, sondern ihn total in Frage zu stellen. Dort wurde gesagt: Wir sind Humanisten, Lem dagegen ist der Ausbildung nach Naturwissenschaftler; wenn er uns also zeigen würde, was er mit der Mythologie anstellen kann, könnten wir das richtig beurteilen und feststellen, ob es interessant ist; aber leider befaßt sich Lem nicht mit der Mythologie, sondern mit der Zytologie, daraus schöpft er seine Absonderlichkeiten, denen wir verblüfft und ratlos gegenüberstehen. Sachlich ist das irgendwie begründet. Des Pudels Kern ist aber, daß ich keine *pars pro toto* (das heißt als Fragmente der exakten Wissenschaften) verstandene Zytologie in die Literatur hineingestopft, sondern bloß mit der äußeren Paradigmatik dieser Wissenschaften operiert habe. Und ich muß sagen, daß, wenn man genetisch, quellen- oder einflußbezogen jemandes Texte authentisch in dem Quellenraum der Mythologie ansiedelt, dies ebensowenig Ruhm einträgt oder in den Hades hinabstößt, wie wenn das die Zytologie oder Kybernetik betreffen würde. Es ist nicht wichtig, *wer was woher nimmt*, sondern *was er damit gemacht hat*. Nur das ist entscheidend dafür, ob das ein Inzest, ein blutschänderisches und gotteslästerliches Verdrehen des aus irgendeinem Gebiet geschöpften Sinnes ist oder aber ein sinnvoller Gebrauch der vorhandenen Quellen.

Wenn ich also die polnischen Rezensionen als statistische Erhebung betrachte, so erkennt man da zum einen ein weitgehendes Auseinanderstreben der Kriterien, zweitens das Fehlen irgendeines gemeinsamen Standpunktes der Kritiker. Viele von ihnen beurteilten mich nur nach dem jeweiligen Buch. Sie besprachen die Werke isoliert, befaßten sich nicht mit dem, was vorher, noch mit dem, was nachher war. In der Tagespresse erscheint Lem ausschließlich als Exportartikel. »Ehre sei Lem, denn er erhöht uns in den Augen der Welt.« Es geht hier nicht darum, wofür, und ob sich dieses Ausland nicht vielleicht geirrt hat, oder ob da nicht ein Betrug seitens des Autors oder der Verleger vorliegt, sondern um die bloße Tatsache hoher Auflagen, zahlreicher Rezensionen und vielsprachiger Übersetzungen. Als wäre das ein ausreichender Grund, sich über mich lobend zu äußern. Das ist eines der traurigen Symptome, die dem kulturellen Selbstwertgefühl und der geistigen Unabhängigkeit der Polen als Nation ein schlechtes Zeugnis ausstellen. Daß jemand viel übersetzt wird, ist doch noch kein Grund zu loben. Schließlich werden viel mehr Kriminalromane übersetzt als zum Beispiel die wertvolle, schlichte und klare Prosa eines Jan Józef Szczepański.

B: Vielleicht bin ich schwer von Begriff, aber erst jetzt verstehe ich, was für Ihr Gefühl, verkannt zu sein, entscheidend ist. Diese ganze Quengelei über die Literaturkritik und das Jammern, Sie wären erst auf dem Weg über den ausländischen Buchmarkt in den polnischen Leserkreis eingedrungen, das ist ein Rauchvorhang, mit dem Sie das Gefühl der Einsamkeit auf Ihrer prophetisch-szientistischen Bastion, auf die in unserem Vaterland niemand hinaufsteigen will, verschleiern. Da sitzt so ein moderner Prophet in seinem hohen Schloß und macht sich Sorgen, daß niemand seinen Weg dorthin nimmt; also muß er zur Wand reden. Ist daran etwas Wahres?

L: Ja, nur würde ich diese Situation ein wenig anders beschreiben, denn sie erinnert eher an die des Schimpansen bei Köhler. Von der Decke, zu hoch, um hinaufzuspringen, hängt eine Banane herab, also baut sich der Affe aus Kisten und Abfällen eine Pyramide, von wo aus er nach der begehrten Frucht zu greifen versucht. Wenn ich mir die Bibliographie in Hofstadters Buch »Gödel, Escher, Bach« ansehe, rinnt mir das Wasser im Mund zusammen beim Anblick der Liste dieser herrlichen Bücher, die ich nie zu sehen bekommen habe. Ich habe diese riesige Bibliographie genau durchstudiert und festgestellt, daß ich nur drei Bücher daraus kenne! Und hier sind Hunderte aufgeführt. Das ist mehr als ärgerlich, denn ich habe den Eindruck, daß ich Robinson auf einer menschenleeren Insel bin und alles von A bis Z allein machen muß. Ich hatte nicht einmal ein irdenes Schüsselchen, sondern mußte mir selbst den Ton holen, ihn mit Wasser verrühren, Feuer anfachen, und Hunderte anderer Dinge mußte ich selbst tun. Immer verspürte ich Hunger, weil ich von den Informationsquellen und dem Gedankengut der Welt abgeschnitten war, und nie gelang es mir, die Bücher zu bekommen, die ich haben wollte. Es herrscht ein erstaunliches Mißverhältnis zwischen dem, woran mir am wenigsten gelegen war, und der Schwierigkeit, das zu bekommen, woran mir am meisten gelegen war. Wenn es um riesige Vergrößerungen und Unterlagen über die Funktionsweise der Geschlechtsorgane geht, jede Menge, aber wenn ich den

»New Scientist« oder irgendwelche Daten aus einem Fachgebiet brauchte, stieß ich auf Widerstände, die in einer kommerziellen Zivilisation, wo es genügt, beim Buchhändler seine Bestellung aufzugeben, undenkbar schienen. Es zahlt sich keinem aus, für irgendeinen Kerl in Europa eine Bestellung zu erledigen, der einen Reprint oder ein vom Massachusetts Institute of Technology herausgegebenes Buch sucht. Wenn ich Informatiker wäre und im Max-Planck-Institut säße, würde das alles automatisch auf meinem Schreibtisch landen. Als Außenseiter stoße ich auf kolossale Schwierigkeiten.

Einerseits kann man sagen: Wenn du immer ein Robinson und Heimwerker warst, aber soviel erreicht hast, daß jemand, der die Weisheit mit Löffeln gefressen hat, deinen Text nicht so ohne weiteres weglegen will, dann ist vielleicht nicht alles sinnlos, nicht alles hat seine Bedeutung verloren, obwohl du es vor so langer Zeit geschrieben hast. Andererseits denke ich mir aber manchmal: Verdammt, wenn ich einen solchen Zugang zur Weltliteratur hätte wie dieser Autor, der in der Einleitung 46 Personen dafür dankt, daß er die Schlüsselprobleme mit ihnen durchdiskutieren durfte, während ich nur mit der Wand reden konnte, dann hätte ich weiß Gott etwas Besseres aus meinem Schädel herauspressen können. Das ist eine reine Vermutung, denn vielleicht hätte ich nichts herausgepreßt, und diese Berge von Weisheit hätten mich so erdrückt, daß ich nicht einmal einen Piepser gewagt hätte. Sehr gut möglich. Aber das sind die Gedanken, die mir durch den Kopf gehen.

Ich bin ein Dilettant, der wie ein neugieriger Floh von einem Gebiet auf das andere hinüberspringt. Ich habe festgestellt, daß ich in der ganzen weltweiten Palette der Fantasy-Autoren eine Ausnahme bin. Denn bei all diesen Golems und Kosmogonien bin ich doch zugleich ein unverbesserlicher Skeptiker, der an alle diese Bermudadreiecke, fliegenden Untertassen, an Gedankenlesen, Psychokinese, das Seelenleben der Pflanzen und Tausende anderer Dinge, von denen diese Literatur lebt, nicht glaubt. Ich glaube so wenig daran und halte es sogar für einen kompletten Blödsinn, daß ich damit nie anders in Berührung gekommen bin als über Ironie,

Groteske und Humoreske. Ernsthaft aber – nie. Wenn ich das je als Material verwendet habe, so nur dazu, um es so oder so *ad absurdum* zu führen. Doch in der Sphäre der wichtigsten Forschungen, den einzigen, die mich wirklich gefangennehmen, bin ich herzlich wenig informiert. Hätte ich Zugang dazu, dann würde ich wirklich nichts anderes tun als lesen und wäre weiterhin überzeugt, daß ich zu wenig weiß. Dann wäre es wahrscheinlich so wie in dem Märchen vom Kalifen, der alles über das Sein erfahren wollte, also ließ er einen Weisen zu sich kommen, und der erschien an der Spitze einer Karawane mit vierzig Kamelen, die riesige Stöße von Büchern auf dem Buckel trugen. Als der Kalif den Weisen nach dem Wesen des menschlichen Seins fragte, blätterte dieser viele Tage lang in den gelehrten Büchern und sagte dann: Sie wurden geboren, litten und starben. Es gibt also derartige Verallgemeinerungen, die, obgleich zweifellos wahr, zugleich ungemein banal sind. Dennoch muß man wissen und soll man lesen.

Was die Liste der Bücher betrifft, war ich immer weit von allen meinen Schriftstellerkollegen bei uns und im Ausland entfernt. Hier steckt zweifellos der prinzipielle Unterschied, der darin besteht, daß die Quellen meines Denkens sich in einem ganz anderen Raum befinden. Auf eben diesem Raum basierend, hatte ich immer das Bedürfnis, zahlreiche wissenschaftliche Institute zu besitzen. Das Hauptinstitut würde sich mit der Selektion von Büchern für mich befassen, denn dem Menschen, der ganzen Niagarafällen von Büchern und Texten ausgesetzt ist, droht die Gefahr der Verschlammung des Geistes. Vor jedem Staudamm werden Sie Installationen finden, die das Verschlammen der zu den Turbinen führenden Rohre verhindern. Ich hatte nie solche Möglichkeiten. Immer mußte ich mich selbst mit allem abmühen, und deshalb konnte meine Leistungsfähigkeit nicht so sein, wie ich es gewünscht hätte. Sie lächeln?

Wenn der erstbeste Idiot in jeder Regierung ganze Rudel von Beamten zu Diensten hat, warum kann sie dann Lem nicht haben? Nur einige unentbehrliche Spezialisten, die mir helfen würden, die notwendigen Titel auszusuchen. Schließlich ist es doch nicht so, daß ich alles weiß. Zum Beispiel die

These, die ich im ersten Vortrag des »Golem« dargelegt habe, daß nicht die Erbsubstanz der »Diener« sei und die Arten »die Herren«, sondern daß die einzelnen Organismen etappenweise Verstärker sind, die der Weiterverbreitung des genetischen Codes dienen, wurde unabhängig von mir vor einigen Jahren im Buch eines amerikanischen Autors (R. Dawkins, The Selfish Gene, 1976) aufgestellt, aber bis heute ist es mir nicht gelungen, dieses Buch zu beschaffen. Und es gibt doch gewiß Bücher auf der Welt, die mich nicht nur informieren und meine Arbeit befruchten, sondern auch zum Schreiben anderer Dinge anregen könnten. Aber hier treten wir bereits in den Bereich eines Buches ein, das ich nie schreiben werde und das ich »Beschwerde- und Antragsbuch« nennen würde.

B: Es ist also so, wie ich gesagt habe, Sie sitzen wie ein Prophet auf einem hohen Berg, mit Stentorstimme verkünden Sie der Welt bedrohliche Wahrheiten, kleiden sie in eine quasi-literarische Form, und überdies sind Sie wütend, daß die Stimme nicht hinlänglich hörbar ist, und außerdem will sich die Welt nicht laufend mit wissenschaftlichen Berichten über ihren Stand bedanken. In einem solchen Standpunkt verbirgt sich eine nicht geringe Anmaßung.

L: Erstens ist das, was ich sage, zweifellos Literatur. Meine Flucht aus diesem Gebiet ist gewissermaßen eine Vereinfachung. Ich glaube, daß zusammen mit mir überall Literatur in Erscheinung tritt. Das heißt, ich ziehe sie hinter mir her, dehne sie bis an die Grenzen des Möglichen aus. Das ist so wie mit einer elastischen Unterhose, die ich bis auf eine Körperstelle ausgedehnt habe, die sie bisher nicht erreichte. Ich persönlich empfinde es so. Für mich ist das Literatur, und nie war ich auf etwas so versessen wie die Ausdehnung der Literatur auf Bereiche, wo es sie noch nicht gab. Ganze philosophische Systeme sind als Produkt literarischer Arbeit entstanden, und die wurden doch ernst, eben als solche Systeme behandelt.

B: Das ist mir klar. Nietzsches »Also sprach Zarathustra« oder Schopenhauers »Die Welt als Wille und Vorstellung« – das ist zweifellos Literatur, aber zugleich Philosophie reinsten Wassers. Das Buch der Apokalypse des Johannes auf Patmos ist auch Literatur, aber in erster Linie Prophezeiung. Wichtig ist vor allem die Funktion, die diese Literatur erfüllt hat. Hier scheint sich die philosophisch-prophetische Funktion abzuzeichnen.

L: Ich hatte einst ein interessantes Gespräch mit meiner Frau, die unglaublich scharfsinnig ist, während ich die elementarsten, einfachsten Dinge nicht wahrnehme – ich sehe die Sterne hinter dem zehnten Parsec, aber nicht das, was direkt vor meiner Nase liegt. Sie ist zu dem Schluß gekommen, daß ich mit den Jahren das Gefühl einer Mission zu entwickeln beginne. Einer Mission in dem Sinne, daß ich dazu da bin, gewisse Dinge zu sagen; die Menschen sollen das anhören, und dann soll die Welt . . . vielleicht nicht erlöst oder besser werden, aber dennoch könnte ich zur allgemeinen Besserung der Welt beitragen.

Dann stellte sich heraus, daß man nichts verbessern kann, weder in Polen noch in der Welt, und mehr noch, es ist ganz und gar nicht so, daß alle Leute auf den Straßen herumgehen und die wichtigsten Stellen aus meinen Büchern vor sich hinmurmeln. (Lachen.) Natürlich weist ein solcher Anspruch auf Wahnsinn oder eine andere Form des Größenwahns hin, gleichgültig, ob man Kant ist oder ein elender Schreiberling. Darum geht es nicht. Aber Tatsache ist: Wenn ich gewisse Dinge präsentierte, habe ich im Unterbewußtsein anscheinend erwartet, daß sie zur Kenntnis genommen werden.

Ich wurde mit allen möglichen Preisen und Orden überhängt, ich kann mich also nicht beklagen, daß ich verkannt wurde, aber darum geht es doch nicht. Ich war hochmütig! Vielleicht sogar mehr als Irzykowski mit seinem Eigenlob, denn im Unterschied zu ihm habe ich mich nie selbst lanciert und nie mit erhobenem Zeigefinger verkündet: Pardon, ich habe das als erster gesagt! Und zwar als erster in der ganzen Welt, bitte sehr, hier sind die bibliographischen Daten aus der angewandten Philosophie oder Biologie, das läßt sich belegen. Wahrscheinlich habe ich das erwartet, was ich im Kyberiade-Zyklus karikiert habe, wo der Philosoph Chlorian Theoreticus Klapostel erscheint, der siebzig Jahre lang geniale Wahrheiten verkündet, doch kein Hahn kräht danach. Das ist ein Selbstbildnis mit einem gehörigen Säurezusatz. Meine gegenwärtige Unlust zu schreiben kommt zweifellos auch daher, daß es mir nicht darum geht, ein weiteres Buch zu produzieren, damit es herausgegeben und übersetzt wird. Im Gegensatz zu meinen Verlegern, die nur an den Verkaufszahlen interessiert sind – und ob mit so einem Text ein Stuhlbein oder das Bein eines wackeligen Tisches gestützt wird, kümmert sie nicht –, ist mir am Leser gelegen. Ich will nicht bloß verkauft, sondern auch gelesen werden. Wenn es einfach Mode wäre, Lem zu kaufen, hätten meine Bemühungen keinen Sinn. Der Wunsch, nicht nur verlegt, sondern auch gelesen zu werden, ist unter Schriftstellern etwas Normales. Ich glaube nicht, daß es viele Schriftsteller gibt, die die Literatur als eine Art Flaschenpost von Robinsons auf menschenleeren Inseln ansehen, und daß es ihnen genügt, Notizen in eine Flasche zu stopfen, diese in den Ozean zu werfen, ohne zu erwarten, daß jemand sie aus dem Wasser zieht. Wenn das so ist, wozu dann die Flasche ins Meer werfen? Besser, man vergräbt sie im Sand am Ufer der Insel. Selbst bei der – durchaus nicht sinnlosen – Voraussetzung, daß ich schreibe, um mich selbst zu belehren, daß ich selbst die eigenen Fragen beantworte, weil ich nirgendwo anders eine Antwort finde, ist dieser monologische Dialog zwischen mir und mir kein ausreichender Grund für eine so verdammt schwere Plackerei. Da wäre es schon besser, sich zu sagen: Ich habe an die 30 Bücher geschrieben, sie haben eine Auflage von cirka 10 Millionen, sind in siebenhundert Ausgaben erschienen, also werde ich jetzt nichts mehr machen, höchstens Coupons abschneiden und leben wie Petronius. Aber mir sagt das nicht zu. Man möchte etwas mehr tun, aber so, daß dabei etwas herauskommt.

B: Ich fürchte, Sie machen jetzt das ewige Drama der Kassandra durch, auf die niemand hört, und der Effekt ihrer Prophezeiungen kann gleich Null sein.

L: Das weiß ich, und ich könnte kaum sagen, worauf ich noch warte, denn wenn man das ernsthaft überlegt, was vermag schon die Literatur? Kann sie zumindest auf die Verbesserung der politischen Sitten der Welt Einfluß ausüben? Sie kann es nicht! Aber zugleich steckt im Menschen irgendeine irrationale Hoffnung. Doch sogleich folgt die Enttäuschung. Wie denn, vor achtundzwanzig Jahren habe ich geschrieben, daß das so enden muß, und niemand hat dem auch nur die geringste Aufmerksamkeit geschenkt? Und es ist keiner aufgetaucht, der im entsprechenden Moment die Bremse gezogen hätte? Meine Gefühle entspringen der ungewöhnlichen Stärke meiner Ansprüche. Ein ganzer Berg von Anmaßungen! Und dabei weiß man doch, daß nicht einmal das größte Werk und nicht einmal der höchste menschliche Geist jemals in der Welt der Menschen wirklich etwas verbessert hat. Aber ich bekenne mich dazu, denn mir scheint, daß dieser Faktor am Entstehen meiner Bücher mitbeteiligt war.

B: Das ist, kurz gesagt, die didaktische Intention.

L: Zweifellos war es so, daß ich gekommen bin, um zu belehren, ich kann also sagen, daß es wenige von mir geschriebene Bücher gibt, in denen die didaktische Intention keine Rolle spielte. »Eden« zum Beispiel ist ein Abenteuerroman, aber er handelt dennoch davon, wie die Blockierung der Information im gesellschaftlichen Umlauf zu katastrophalen Folgen führt. »Solaris« ist ein Angriff auf die anthropozentrische Mythologie, die dem Programm der modernen Kosmogonie zugrunde liegt. Unter diesem Gesichtswinkel kann man alle Bücher durchsehen. Und zugleich hatte ich dennoch die Gabe, gewisse Erscheinungen des geistigen Lebens in Kreisen, in denen kumulative Erkenntnis herrscht, vorwegzunehmen. Zweifellos war es so. Wenn man meine Bücher sieht, kann man tatsächlich eine didaktische Absicht darin finden, wieviel sie wert ist, weiß ich nicht. Ich muß aber bemerken, daß es gar nicht so war, daß ich mich vor die Schreibmaschine setzte, einen Bogen Papier einspannte und mir dachte: Worüber sollten wir heute die unglückselige und verblödete Menschheit belehren, damit sie endlich den Weg der Rechtschaffenheit und Tugend beschreitet? So war es selbstverständlich nicht, aber diese didaktische Ader ist bei mir tatsächlich sehr stark.

B: Legen Sie sich Rechenschaft darüber ab, welche Gefahren eine solche Haltung in sich birgt? Jeder von uns hatte einmal einen lästigen Lehrer, der gescheite, wichtige Wahrheiten verkündete, die wir nicht hören wollten. Und wenn man diese Leidenschaft noch in Literatur kleidet, entstehen neue innere Konflikte für den Autor, denn im Grunde spricht er zu einer Wand aus Papier.

L: Ich überlege nicht, ob das gut oder schlecht ist, sinnvoll oder sinnlos. Ich bin ein alter Mann mit einer mikroskopisch kleinen Anzahl von Illusionen. Es ist mir klar, daß die »Projektion« eines Buches in den Köpfen der Abnehmer nicht vorauszusehen und ganz anders ist als in den naiven Erwartungen des Autors. Manchmal habe ich den Eindruck, daß in mir etwas von einem Rebellen steckt, der es für richtig hält, gegen die uns von der Natur auferlegten biologischen Restriktionen, d. h. ein ungewöhnlich kurzes Leben, zu kämpfen. Die Möglichkeit, mit beiden Beinen in eine andere, zukünftige, rein potentielle zivilisatorische Realität zu springen, ist an sich schon eine Belohnung für mich. Belohnung in dem Sinne, wie die Tugend ihr eigener Lohn ist, die weder hier noch im Jenseits irgendwelche zusätzliche Gaben fordern sollte. Wenn ich sehe, daß ich mich nicht geirrt habe und daß die allgemeine Richtung meiner Suche, der Kompaß, den ich mir gewählt habe, richtig ist, so ist das für mich ausreichende Genugtuung. Nicht deshalb, weil ich eine Menge Geld und Lob einheimsen werde. Das ist ein Ding an sich: diese nebelhafte Intuition, die mich nicht auf den Holzweg geführt hat. Und ich möchte noch etwas sagen: Es ist auch ein Doping, denn wenn man mich so schnell einholen konnte, sollte ich den nächsten Sprung in die Ferne wagen. Bequem auf den Lorbeeren auszuruhen, damit gebe ich mich nicht mehr zufrieden.

Meine Bekenntnisse bitte ich daher so zu verstehen, daß es mir nicht darauf ankommt, wieviel Lobreden und Lorbeeren ich erntete, sondern ob diese Lorbeeren von Leuten kamen, die ich für kompetent halte. Ich achte darauf, ob die Lobreden leeres Wortgeklingel sind, als Konsequenz einer aufs Geratewohl erteilten Anerkennung von hohem Wert, oder ob das Lob von Menschen ausgesprochen wurde, die in der Problematik bewandert sind. Angenehm überrascht bin ich erst dann, wenn ein hervorragender Spezialist, der an der vordersten Front konkreter Forschungen arbeitet, sagt, Lem habe vor zwanzig Jahren über Dinge geschrieben, die heute Gegenstand erbitterter Diskussionen im Rahmen neuester Errungenschaften der Wissenschaft sind. Sie werden zugeben, diese Art Genugtuung ist nicht typisch für Schriftsteller.

B: Das hängt davon ab, was man mit dieser Genugtuung anfängt. Wenn man sie zur Schau stellt, wie der Held von Mrożeks »Monisa Clavier« seinen ausgeschlagenen Zahn, kann ich darin nichts Gutes sehen.

L: Das kann man mir nicht vorwerfen. Ich glaube nicht, daß Franz Kafka, hätte er wie Lazarus aus dem Grab auferstehen können, große Freude daran gehabt hätte, daß seine »Strafkolonie« grauenhafte Designate in Form zahlloser Auschwitzlager gefunden hat. Er hätte doch nicht schadenfroh gesagt: Bitte, ich habe es vorausgesehen! Das war ein Geist anderer Art, ihm ging es nur um die potentiellen Möglichkeiten des menschlichen Verstandes. Auch mir geht es um nichts anderes.

B: Zurück zu Ihrer didaktischen Einstellung und Leidenschaft des Belehrens – ich muß sagen, heute erscheint eine solche Einstellung unerhört anachronistisch.

L: Das ist in der Tat unzeitgemäß. Und darum bin ich über Kreuz mit dem Trend der Weltliteratur, die sich aus den früheren Positionen zurückzieht. Niemand schreibt mehr philosophische Märchen in den Kategorien der Aufklärung. Niemand hat Lust, den Enzyklopädisten zu spielen. Eher umgekehrt, man dringt in die innere Welt des Menschen ein und bauscht diesen Mikrokosmos zu kolossalen Ausmaßen auf.

Oder eine Literatur, die sich nur mit der Sprache befaßt und verschiedene Spielchen mit der Form anstellt. Das war für mich immer linguistische Galanterieware – das Schleifen hübscher Anhängsel in der Sprache.

B: Man sollte jedoch unterstreichen, daß auch Lem nichts dagegen hat, mit der Sprache Spaß zu treiben und ihr ein wenig die Knochen zu verbiegen.

L: Man kann aber meine schriftstellerische Arbeit nicht auf das reduzieren, was ein vielleicht tödlich ernstes, aber immer noch ein Spiel ist. Die frivolen Spielereien der »Kyberiade« sind das Echo und die Reproduktion sehr »harter« und »komprimierter« Probleme und zeigen sich dort in Variationen. Variationsreichtum scheint mir nämlich ein Merkmal der Kunst zu sein. Es ist überflüssig, eine wissenschaftliche Theorie, die sich schon durchgesetzt hat, in verschiedenen Variationen, wie in einer musikalischen Komposition, darzustellen. Hingegen glaube ich, daß es in der Literatur möglich, lohnend und angemessen ist, mit solchen Variationen herumzuspielen, die bei der ersten Lektüre noch etwas völlig Neues sind. Das heißt, daß man dem entsprechenden Ding zum ersten Mal einen Ausdruck verleiht, obwohl der Autor in Wirklichkeit weiß, daß er das Wort nicht zum ersten Mal verwendet. Hier wird das Kostüm gewechselt, und Kostümierung ist für mich in der Literatur unverzichtbar, denn sie ist ihr integrierender Bestandteil. Es gibt keinen Grund, warum man etwas, das als Symphonie komponiert war, nicht auch auf einem Kamm oder einem Grashalm spielen sollte.

Zusammenfassend muß ich sagen, daß ich mir darüber klar bin, daß meine Entwicklungslinie in umgekehrter Richtung zum generellen Entwicklungstrend verlief. Ich beschloß also, mit meinen Büchern nicht bloß den Lauf der Weichsel, sondern aller Flüsse umzukehren. Im Zusammenhang damit bin ich außerhalb der Grenzen Polens mit der ganzen Science-fiction völlig zerstritten. Eine der sichtbaren Folgen war mein Herausschmiß als Ehrenmitglied der Science Fiction Writers of America.

B: Wahrscheinlich wegen der »Phantastik und Futurologie«?

L: Dieses Buch ist in den Vereinigten Staaten nie erschienen. Nein, wegen eines Artikels, der übrigens zu diesem Buch paßt. Er wurde in der »Frankfurter Allgemeinen Zeitung« unter dem Titel »Die verunglückte Phantasie« gedruckt und dann in Amerika mit boshaften Verdrehungen übersetzt. Zwar habe ich oft sehr scharfe Kritik geübt, aber nie Argumente *ad personam* verwendet, hier aber hat jemand an diesen Artikel irgendwelche persönlichen Sticheleien angehängt. Daraus entstand ein großes Ärgernis, und in der Folge wurde ich mit dem Schimpfnamen eines »polnischen Solschenizyn« beehrt. Aber dieses Ereignis war nur der Endeffekt, die Spitze eines Eisbergs. Es beendete meine apostolische Tätigkeit *in partibus infidelium* in der Science-fiction, denn ich vergeudete zuviel Energie für das Schreiben unzähliger Artikel, bis mir die Vergeblichkeit dieses Unterfangens bewußt wurde.

B: Möchten Sie nicht wenigstens die Umrisse des immer noch unter Wasser befindlichen Eisbergteils aufdecken? Der polnische Leser hat davon keinen blassen Schimmer, und vielleicht wird es ihm nach der Tracht Prügel, die Sie der polnischen Kritik verabreicht haben, leichter ums Herz sein, wenn Sie noch die ausländische ins Gebet nehmen.

L: Was die innere Kritik der SF betrifft, so hatte ich mit ihr aufgrund unzähliger Mißverständnisse die schlimmsten Erfahrungen. Es gab eine Zeit in meinem Leben, da unterhielt ich eine Brieffreundschaft mit Franz Rottensteiner. Er gab eine Zeitschrift »Quarber Merkur« heraus (Quarber heißt der kleine Ort, in dem diese Zeitschrift entstand). Es erschienen etwa 50 Hefte, gewidmet theoretischen Problemen, die mit der breit aufgefaßten Phantastik zusammenhängen, wobei der Leser auf der Titelseite der Zeitschrift das Leitmotiv finden konnte: »Kampf der verderblichen Schundliteratur.« Als Rottensteiner der Durchbruch zur Kritik auf dem amerikanischen Kontinent gelang, zog er sich den allgemeinen Haß zu, und alle Bajonette richteten sich gegen seine Brust. Da wir damals zusammenarbeiteten und auch ich in dieser Zeitschrift zu Wort kam, wurden sie auch gegen meine Brust gezückt. Ich nannte das apostolische Tätigkeit und Erhellung der amerikanischen Geister. Wir bekämpften den Schund und die Misere in der SF. Wir waren ein Herz und eine Seele, denn Rottensteiner hat einen instinktiven Widerwillen gegen Kitsch. Wir arbeiteten damals als Tandem, so daß man uns in den Fantasy-Magazinen manchmal verwechselte. Wir veröffentlichten niederschmetternde Texte, die von Australien bis nach Kanada gingen, also dorthin, wo der Klan der SF-Autoren am aktivsten ist. Heute ist das eine Domäne mit Festungsmauern, aber als wir mit unserer Aktion begannen, war die Phantastik noch weit davon entfernt, kanonisiert und Vorlesungsgegenstand an den Universitäten zu sein. Es gab noch keine »Science-fiction-Studies«, bei denen Rottensteiner und ich bis heute »contributing editors«

sind. Unsere Tätigkeit war eine der Phantastik hingeworfene Herausforderung.

Die Folgen verspürte ich, als meine Bücher herauskamen und fatale Besprechungen in verschiedenen Fantasy-Magazinen ernteten. Das hat sich erst später geändert, als ernst zu nehmende Kritiker sich mit meinem Schaffen zu befassen begannen. Einige dieser Namen kann man in dem vom Suhrkamp Verlag herausgegebenen Buch über mich finden. Früher jedoch hat fast jeder Kritiker meine Bücher so gelesen, als wollte er in einem Telefonbuch das Backrezept für Krapfen finden, und da er über die Produktion von Konditorwaren nichts darin fand, lehnte er sie unzufrieden ab. Ich aber kam schon damals zur Überzeugung, daß es unsinnig ist, sich in Polemiken und Erklärungen einzulassen, die etwa so klingen würden: Es ist nicht wahr, daß, wie der Kritiker X behauptet, mein Buch dem Problem Y gewidmet ist.

Jetzt hat sich die Situation umgekehrt. Ich kann nicht sagen, daß der materielle Nutzen ausgeblieben ist, aber von meinem Vorteil in meritorischer Hinsicht kann kaum die Rede sein.

B: (Fragender Blick)

L: Ich habe etwas gewonnen, was der Marke eines guten Produkts entspricht. Wenn jemand einen Wagen kaufen will und auf der Haube einen dreistrahligen Stern in einem Rädchen sieht, also das Zeichen des Mercedes, ist es nicht mehr notwendig, daß er ein Team von Ingenieuren dingt, die die Qualität des Produkts prüfen, sondern er vertraut der Marke. Wenn also ein westdeutscher Verleger mir sagt: »Herr Lem, ich gebe Ihnen blindlings 50 000 Mark, wenn Sie für mich ein Buch schreiben«, so heißt das keineswegs, daß ich der Schöpfer von Meisterwerken bin, sondern nur, daß ich mich gut »verkaufe«.

B: Und was haben Sie über Ihre ausländischen Kritiker zu sagen?

L: In den sehr zahlreichen Rezensionen, die jedes meiner Bücher, wie ein Komet seinen Schweif, hinter sich herzieht, gibt es nichtssagende lobende Worte, die nur soviel bedeuten, daß der betreffende Kritiker überzeugt ist, es mit einem guten

Produkt zu tun zu haben, welches man loben sollte, obwohl er selbst nicht ganz genau weiß, worum es dort geht. Kritiker hingegen, die sich in der szientistischen Problematik gut orientieren, könnte man in der ganzen Welt an den Fingern beider Hände abzählen. Leute, die sich in der Literaturkritik und zugleich in den Problemen der modernen Wissenschaft auskennen, sind recht selten. Und wenn man sich in diesen Problemen nicht auskennt, kann man kaum sinnvoll über meine Bücher schreiben, denn woher sollte ein Ignorant wissen, welche Konzeptionen mein Eigentum sind, welche Extrapolationen und welche die letzten Schlußfolgerungen aus faktischen Feststellungen der Wissenschaft? Es ist kaum zu erwarten, daß jemand, der das nicht studiert hat und, schlimmer noch, den diese Problematik überhaupt nicht fasziniert, der Meinung wäre, daß das etwas anderes ist als Larifari oder blauer Dunst, den man den Lesern vormacht.

B: Die angelsächsischen Kritiker haben Sie angegriffen, andere wußten offenbar überhaupt nicht, worum es in Ihren Büchern geht, in Polen hat man nichts getan, um Sie im Westen bekannt zu machen, die ausländischen Verleger drucken alles, wenn es nur von einem berühmten Namen firmiert ist. Wie ist es Ihnen trotz einer so ungünstigen Konjunktur gelungen, sich ein kommerzielles Markenzeichen zu erwerben? Das können Sie doch weder den Kritikern verdanken noch dem in Ihren Büchern enthaltenen intellektuellen Element, denn dieses – wie ich aus Ihren Äußerungen schließe – stört eher den Verkauf.

L: Das intellektuelle Element weckt bei den Verlegern im Westen Befürchtungen. Die meisten Verleger sind Leute, die von Literatur nichts verstehen. Wie es scheint, haben sie das wirklich nicht nötig. Sie leben im Bestseller-Mythos. Und das Interessante ist, sie sind nicht einmal imstande, ein vielversprechendes Buch von einem, das nicht die geringsten Chancen hat, zu unterscheiden! Das sind Baumwollhändler, die Baumwolle nicht von ausgerupften Federn unterscheiden können. Das hat mir übrigens manchmal zu denken gegeben. Ich kann zwar nicht sagen, daß es immer so war, es trifft aber auf viele Verleger zu.

Und was meinen Weg zum Erfolg im Westen betrifft, so

verdanke ich ihn meiner langsamen Entwicklung. Am Anfang habe ich Bücher geschrieben, die nicht sehr gut waren, aber sich gut lesen ließen, und später weniger »lesbare«, dafür aber intellektuell und künstlerisch bessere. Diesem Umstand ist es zuzuschreiben, daß ich viel gelesen wurde. Wäre ich auf dem Weltmarkt mit solchen Büchern gestartet wie »Imaginäre Größe«, könnte von keinen Millionenauflagen die Rede sein, bestenfalls wäre ich sehr engen Kreisen bekannt geworden. Solche Bücher wie die »Astronauten« oder »Transfer« haben mir zum Aufstieg verholfen. Übrigens waren nicht alle meine frühen Bücher schlecht, das kann man nicht von »Solaris« und den »Sterntagebüchern« behaupten, die recht hohe Auflagen hatten.

B: Ein amüsantes Phänomen, um so mehr, als andererseits diese Ihre Entwicklung Ihnen mit der Zeit einen Teil der Leser abspenstig gemacht hat.

L: Tatsächlich schrumpfte die Zahl der Leser, aber sehr viele blieben mir treu. So ist sogar eine spezifische Religionsgemeinde entstanden, und bei verschiedenen Begegnungen habe ich oft gehört, daß ich den einen zu astronomischen, den anderen zu mathematischen Studien angeregt habe. Vielleicht ist das nicht wichtig, aber mit der Zeit gewöhnte ich mich daran, mir anzuhören, daß ich menschliche Schicksale in so hohem Grad beeinflußt habe. Zweifellos ist das eine solide Form der Entschädigung, wenn man für das Fehlen einer sinnvollen kritischen Betreuung von Entschädigung sprechen darf. Zwar schreibt man für den Leser, aber man möchte so gern im Kritiker einen genialen Leser finden, der ein Thermometer in den Text steckt und abliest, welche Temperatur in ihm herrscht.

B: Aus Ihren Worten schließe ich, daß Sie die Welt durch eine private Pforte betreten haben. Wurden Sie nicht auf dem Weg des normalen Kulturaustausches gefördert?

L: Das sieht man am besten am Beispiel der Länder, in denen die Übersetzerpolitik strikt von einer gesteuerten literarischen Hierarchie abhängt. Im allgemeinen hat das so ausgesehen, daß keiner der beruflichen Übersetzer der polnischen Literatur, die systematisch mit dem Kulturministerium und dem Vorstand des Polnischen Schriftstellerverbandes in

Kontakt stehen, meine Prosa übersetzt hat. In der Sowjetunion haben mich ein renommierter Astrophysiker, ein renommierter Mathematiker und irgendein Japanologe übersetzt, also Leute, die nicht aus dem literarischen Milieu kommen.

B: Und doch sind Sie in der Sowjetunion ungemein populär. Ihre Bücher, das weiß ich von meinen Freunden, werden dort geradezu enthusiastisch aufgenommen.

L: In der UdSSR habe ich gigantische Auflagen. Als in polnischer und russischer Sprache das Buch »Über Freunde« erschien, haben viele Schriftsteller Texte darüber zusammengeklittert, wie sehr sie die Sowjetunion lieben oder wie sehr sie in diesem Land geliebt werden. Es gibt dort einen einzigen Text, der echt klingt: meinen. Echt deswegen, weil das Abenteuer, das ich in der UdSSR erlebt habe, nicht seinesgleichen hat, was das Schicksal polnischer Schriftsteller in diesem Lande betrifft.

B: Ich glaube, es wäre angebracht, daß Sie darüber ausführlicher berichten.

L: Gerne, das war ein wunderbares Erlebnis. Als ich vor vielen Jahren mit einer Schriftstellerdelegation nach Moskau kam, wurde ich durch den spontanen Andrang wissenschaftlicher Kreise, Studenten und Mitglieder der Akademie der Wissenschaften, von der Gruppe, die ein im vorhinein festgelegtes Besucherprogramm hatte, buchstäblich fortgerissen. Zwei Wochen lang sah ich praktisch meine Kollegen nicht, weil ich auf der Lenin-Universität, in einem Kernkraftwerk, im Institut für Hohe Temperaturen war oder nach Charkow gebracht wurde. Diese Wissenschaftler bewirkten, daß die von diesem Ansturm direkt ins Bockshorn gejagte polnische Botschaft einen Cocktail zu meinen Ehren veranstaltete, zu dem die Elite der sowjetischen Wissenschaft erschien. Das waren verrückte Wochen, als das Sekretariat der Botschaft sich in mein Sekretariat verwandelte, so gewaltig war die Menge der Einladungen, die von allen Seiten kamen. Dem schlossen sich in der zweiten Staffel die Kosmonauten B. Jegorow und K. Feoktistow an, und die vereinnahmten mich dann völlig.

Als ich ein Jahr später wieder mit einer Delegation nach Moskau fuhr, wiederholte sich das alles in noch größerem

Ausmaß. Ich erinnere mich an meine Begegnung mit Studenten der Moskauer Universität, zu der solche Massen zusammenströmten, daß ich mich wie Fidel Castro unter seinen Verehrern ausgenommen haben muß. Die Begeisterungsfähigkeit der Russen, wenn sie den Eindruck eines intellektuellen Abenteuers haben, ist unvergleichlich hoch im Verhältnis zu dem, was in anderen Ländern geschieht. Als Sartre aus Moskau zurückfuhr, war er buchstäblich berauscht davon, wie man ihn auf Händen getragen hatte. Auch ich habe das erlebt. Wenn die Russen jemandem ergeben sind, sind sie zu einer solchen Selbstaufgabe und Opferbereitschaft fähig, sind sie so wunderbar, daß das fast unbeschreiblich ist.

Ich muß sagen, ich war überhaupt nicht imstande, die sowjetische Wirklichkeit wahrzunehmen, denn ich war die ganze Zeit durch eine Menschenmauer von ihr getrennt. Damals war ich noch jung und widerstandsfähig genug, um all das auszuhalten, aber diese Tage zählten 18 bis 20 Stunden. Ich kam fast überhaupt nicht zum Schlafen, denn die Telefonanrufe begannen schon um sechs Uhr früh. An all dem – und das ist interessant – nahmen zahllose Gelehrte teil, ich wurde in Privatwohnungen geschleppt, in die Gorki-Bibliothek, zum Präsidenten der Estnischen Akademie der Wissenschaften, aber dort gab es überhaupt keine Schriftsteller. Ich war der einzige. Das war ein unwahrscheinliches Durcheinander. Ich hatte dabei das Gefühl eines Ersatztriumphs, denn mir wäre es doch lieber gewesen, daß das in meinem eigenen Land stattgefunden hätte.

Als der sowjetische Physiker Frank, Nobelpreisträger, nach Krakau kam, war das erste, was er tat, sich mit mir in Verbindung zu setzen. Fünfzehn Jahre lang war mein Haus ein Wallfahrtsort. Sooft eine sowjetische wissenschaftliche Delegation nach Polen kam, wußte ich, daß sie früher oder später bei mir landen würde, denn das war gewöhnlich ihr Extrawunsch, den sie anmeldeten. Ich kann mich also nicht beklagen, daß ich von ihnen zu wenig verhätschelt wurde. Im Gegenteil, ich wurde fast zu Tode gehätschelt. Sogar in der Botschaft in Moskau hatte ich den Eindruck, ein Wundertier zu sein. Ich wurde von diesen begeisterten Wissenschaftlern so hoch hinaufkatapultiert, und das geschah so spontan, daß man sich dem nicht entgegenstellen konnte. Bei der Beschreibung all dessen in dem erwähnten Buch mußte ich wegen des Kontexts den Ton dämpfen.

B: Folgt daraus, daß Sie in dieser Weise auch in Polen verhätschelt werden, in einer solchen Atmosphäre leben und arbeiten möchten?

L: Verstehen wir uns richtig. Hervorragende und bedeutende Menschen scheinen immer aus fernen Ländern zu kommen. Mir wurden so unerhörte, umwerfende Beweise dieses Enthusiasmus geliefert, weil ich mich selten zeigte und nur kurz verweilte. Dort hatte ich das Gefühl, notwendig zu sein und dringend gebraucht zu werden. Zum Beweis dessen will ich zwei Geschichten erzählen.

Als man mich nach Charkow einlud, warteten, obgleich man aus dem Flugzeug nur in kleine Waggons umsteigen kann, die von einem speziellen Traktor gezogen werden, vor dem Flugzeug schon Wissenschaftler auf mich und steckten mich in einen »Wolga«, der uns in die Stadt fuhr. Und das war ein humoristisches Bild, denn ich lag unter einem Berg von Chrysanthemen – es war Spätherbst, also gab es keine anderen Blumen –, so daß ich mir wie eine sehr ehrwürdige Leiche auf dem Weg zum Friedhof vorkam. Das assoziierte sich mir mit der Atmosphäre von Allerseelen, denn ich konnte mich unter der Masse schrecklich kalter, weißer und feuchter Blumen nicht rühren. Man hätte meinen können, daß alle Blumen in ganz Charkow ausverkauft waren. Ich war zwei Tage dort, sah aber nichts – nicht einmal die Straße. Sogar am Vorabend meines Abflugs nach Moskau, als mich einige -zig Professoren und Dozenten zu Fuß zum Hotel begleiteten und ein lärmender Betrunkener uns entgegenkam, dessen Gang eine Sinuskurve beschrieb, drängten sich meine braven Beschützer dichter um mich, wie Hennen, die ihre Küken vor dem Habicht verbergen, um mir den peinlichen Anblick zu ersparen.

Die zweite Geschichte ereignete sich, als Professor Kapiza, auch er Nobelpreisträger, der älteste Schüler Rutherfords, der »Senior der sowjetischen Physik«, den Wunsch äußerte, mich zu sprechen. Er lud mich zu sich ein, zog sich, zur Enttäuschung seiner Mitarbeiter, mit mir in sein Arbeitszimmer zurück und redete mit mir über alle Probleme der Erde und des Himmels. Als ich sein Zimmer verließ und die enttäuschten Gesichter der Wartenden sah, sagte ich leichtsinnig, wenn jemand mich sprechen wolle, möge er mich im Hotel besuchen. Es kamen so viele, daß ich erschrak. Mein Zimmer war sehr groß, aber alle standen, denn zum Sitzen war nicht einmal auf dem Fußboden Platz. In Anwesenheit von etwa 60 Menschen fand dort eine Art Meeting statt. Was sie sich auch von mir erwartet haben mochten und was meine Literatur auch wert sein mag, dieses Interesse war authentisch. Authentisch ist auch, was immer man über diese Gesellschaft Schlechtes sagen könnte, die sowjetische Wissenschaft. Entgegen dem, was mancherorts behauptet wird, haben sie eine echte, solide Kosmonautik. Diese Welt der russischen Wissenschaft war für mich eine große Überraschung. Ich stand wohl stellvertretend für alle da: Camus, Sartre, Joyce, Kafka. Ein großer Kontrast zu den Zuständen in Polen. Auch bei uns habe ich authentische Leser, über das Klima der Begegnungen kann ich mich nicht beklagen, aber so war es bei uns nie.

Man könnte den Verdacht hegen, daß ich mir Ressentiments von der Seele rede, aber das berührt unser System, das nichtauthentische Leute förderte. Die ideale Situation für ein System ist die, wenn jemand ein großer Schriftsteller oder ein großer Künstler geworden ist, weil er von den »Offiziellen« gesalbt wurde. Wenn ein hoher Würdenträger jemanden absegnet, dann weiß man, der so Geehrte wird groß und mächtig, wird aber der Segen abgezogen, dann verfliegt das Charisma wie Kampfer, und übrig bleibt ein Haufen Mist.

Einst besuchte mich – er saß auf demselben Sessel wie Sie jetzt – Herr Szlachcic, damals die Nummer 2 im Staat. Im Laufe des Gesprächs sagte er, daß es ihn wundere, wie weit ich es gebracht habe, denn wir – er benützte den *pluralis majestatis* – »haben Ihnen nicht geholfen«. Und dann fügte er etwas betrübt hinzu: »Wir haben sogar ein bißchen geschadet« (Lachen). Er hatte solche Anwandlungen absoluter Offenheit.

B: Womit erklären Sie sich die Tatsache, daß Sie sich außerhalb des Kreises »gesalbter« und offiziell geförderter

Personen befanden? Sie befassen sich doch nicht unmittelbar mit politisch-sozialer Problematik. Man kann nicht sagen, daß Sie für die Kulturpolitiker besonders unbequem waren. Schließlich sind die »Dialoge« das einzige Werk, wo Sie das phantastische oder groteske Kostüm ablegten, aber sogleich haben Sie es durch das kybernetische ersetzt.

L: Da spielen einige Elemente mit. Ich bin auf der Hut vor übermäßigen Rationalisierungen, denn vieles ist wohl gewöhnlicher Trägheit oder dem Zufall zuzuschreiben. Vor allem war ich immer frei wie ein Vogel. Ich lebte zurückgezogen, antichambrierte nicht, bewarb mich nicht um Stipendien, sondern reiste für eigenes Geld ins Ausland, und mit dem Kultusministerium kam ich nur bei der Verleihung von Staatspreisen in Berührung. Bequemer ist ein Mensch, der einem aus der Hand frißt und abhängig ist.

Ein Schriftsteller oder Künstler, der einen starken Rückhalt im Ausland hat, doch nicht im Rahmen des Kulturaustauschs; der sowohl im Osten wie im Westen herausgegeben wird, ist irgendwie befremdend. Man schlägt ihm vor, »dorthin« zu fahren, und er antwortet, daß er anderswo hinzufahren gedenke. Also: nicht unterwürfig. Natürlich den Institutionen gegenüber, nicht, daß er irgendwie Lärm schlägt. Zum zweiten: ein Schriftsteller, über den man nicht nach Belieben verfügen kann. Man kann von ihm keine »sehr notwendigen öffentlichen« Leistungen verlangen. Als man mich zum Beispiel noch vor dem August 1980 fragte, was ich von der Neutronenbombe hielte – das war im Rahmen einer großen Propaganda-Kampagne –, sagte ich, die Neutronenbombe sei meines Erachtens ein ebensolches Unglück wie die Atombombe. Ich sehe keinen Unterschied. Und nichts mehr. Die Person, die das Interview mit mir durchführte, war sehr erstaunt.

Ich brachte nicht für etwas X-beliebiges Begeisterung auf, rannte nicht mit offenen Armen jeder Auslandsdelegation nach, man konnte mich nicht für irgend etwas »einspannen«, ich erfüllte nicht die Erwartungen der Beamten. Ich war also irgendwie »zäh«. Ich kann nicht sagen, ich hätte deutlich gefühlt, daß mir jemand speziell schaden will. Na, vielleicht ein oder das andere Mal, als Tarkowski den Fimmel mit der

Verfilmung von »Solaris« bekam ... Man redete auf ihn ein – es waren verschiedene hohe Würdenträger –, daß sich das nicht gehört, weil es idealistisch, subjektivistisch und metaphysisch ist, aber das alles ging daneben, denn Tarkowski ist von Kopf bis Fuß idealistisch-metaphysisch und dazu noch eine »russische Seele«, also war er nicht der richtige Adressat für derartige Vorbehalte. Diese ganze Geschichte habe ich übrigens von den Russen erfahren.

Außerdem passierten zuweilen seltsam zufällige Dinge. Als ich zum Beispiel den »Futurologischen Kongreß« schrieb, den ich in »Szpilki«* drucken lassen wollte, fiel der Drucktermin auf den Dezember 1970. Schüsse an der Ostseeküste, und in meinem Text wurde auch geschossen, also, obgleich die Nummer schon gedruckt war, wurde die ganze Auflage beschlagnahmt. Oft hatte ich derartige Koinzidenzen. Ich erzähle das in kleinen Anekdoten, aber das fügte sich tatsächlich zu Ganzheiten zusammen. Wenn etwas der Schere des Zensors zum Opfer fiel, maß ich diesen Einmischungen kein übermäßiges Gewicht bei, stellte meine Wunden nicht zur Schau, ich führte nicht einmal ein Tagebuch der eigenen Verletzungen. Aufgrund meiner Erfolge im Ausland befand ich mich ein bißchen in der Lage eines Ölkonzerns, der gewisse Verluste in Florida davonträgt; dafür hat er aber noch ganze Ölfelder in Kuwait, ein Netz von Bohrtürmen in Nicaragua und an einigen anderen Stellen der Welt. Wenn ich also auf der ganzen Welt Interessen habe, werde ich über einen Flecken Erde keine Tränen vergießen. Es steht schon auf einem anderen Blatt, daß mir immer am meisten daran gelegen war, in Polen gedruckt zu werden.

.Ich lege mir Rechenschaft darüber ab, daß meine gegenwärtige Arbeit immer mehr in Gegensatz zu den klassischen Kanons der Literatur gerät. Ich bin ein Fremdkörper in der Literatur, und wenn jemand unbedingt wollte, könnte er sogar sagen, ein Parasit, denn ich nütze verschiedene Arten der *licentia poetica* zu Zwecken aus, die mit ihrer allgemeinen Orientierung in Widerspruch stehen. Aber da es sich heute glücklicherweise so fügt, daß alles, wovon man erklärt, es sei

* Humoristisches Wochenblatt

Literatur, Literatur ist, kann mich niemand aus diesem Bereich relegieren, nur weil er die Lust dazu verspürt. Weder der fiktive noch der hybride Charakter der Produkte meines Geistes kann als »dolus« angesehen werden, also als etwas, das verdient, aus der Literatur hinausgeschmissen, dorthin hinabgestoßen zu werden, wo die Seelen unschuldiger Säuglinge, die nicht rechtzeitig getauft werden konnten, verweilen.

Ich bin mir klar darüber, daß ich mich an einem seltsamen Punkt befinde, wo aneinander grenzen: die Literatur, die Wissenschaft, die Philosophie, das Aufstellen von Hypothesen, unverbindliches Phantasieren und eine Prophetie, die heute unmodern ist. Aber auf diesem Platz bin ich heimisch geworden, ich fühle mich hier sehr wohl. Als Lebensnische entspricht er mir außerordentlich. Mein Ehrgeiz ist es, auf diesem Platz so lange zu wirken, wie es möglich ist, unter dem obersten Imperativ, der mir gebietet, nach Wahrheit zu streben. Ich vermag nicht eindeutig zu sagen, ob das die Wahrheit wissenschaftlicher Feststellungen über den Menschen und seine Welt ist, ob das die szientistische oder metaphorisch verstandene Wahrheit ist, ob es um die Eindeutigkeit der Feststellungen und Urteile geht oder auch um Parabeln, Vergleiche und Allegorien. Ich versuche nicht einmal, mir eine solche Selbstdiagnose zu stellen, ich weiß nicht, ob das so wichtig ist. Die Motivation meiner Tätigkeit ist eine ungeheure Wißbegierde und der Wunsch – das klingt seltsam im Munde eines Menschen, der Schöpfer von Illusionen ist –, möglichst viele Illusionen, denen sich die Menschheit hingibt, auszumerzen. Ich fühle mich wie jemand, der vor ein Tribunal gestellt wurde und die Wahrheit sagen soll, die reine Wahrheit und nichts als die Wahrheit. Man hat ihm jedoch die Gnade gewährt, daß er die Wahrheit so sagen kann, wie er es am besten vermag, wie er dazu fähig ist. Also auch durch ein Bild, eine Parabel oder Phantasmagorie, wenn er nur das – übrigens rein intuitive – Gefühl hat, daß er sich von dieser Wahrheit nicht entfernt, daß er sie nicht hintergeht, nicht lackiert, nicht verfälscht und nicht verdreht.

Das ist natürlich eine innerlich widersprüchliche Tätigkeit, denn ich selbst habe viele Male unterstrichen, daß mir die Existenz einer ewigen Wahrheit zweifelhaft erscheint. Ich weiß selbstverständlich, daß der weit überwiegende Teil dessen, was ich geschrieben habe und schreiben werde, anachronistisch werden wird und sich die Schwerpunkte in der künftigen Rezeption verlagern werden. Aber ich zähle auch darauf, daß nicht alles als Illusion oder Mißverständnis annulliert und ausgelöscht werden wird, da ich zugleich der Meinung bin, daß nicht alles, was wir wissen, zur Gänze nur momentan und vergänglich ist. Wäre dem nämlich so, dann würde auf die Dauer dem Menschen nichts zu eigen bleiben.

In der Höhle der Zivilisation

B: Im Verlauf unserer Gespräche haben Sie darüber geklagt, daß sich niemand für das künftige Schicksal der Menschheit interessiert, daß sich Tendenzen des Eskapismus regen, die in Wirklichkeit die Flucht vor den komplizierten Problemen der modernen Welt bedeuten, daß keiner wissen will, was wir von der Zukunft zu erwarten haben, daß wir als Gattung ängstlich die Augen vor den dramatischen Ereignissen verschließen, die das *universum futuri* für uns bereithält. Ich kann es mir also nicht ersparen, Sie zu fragen, was Sie für Europa und die Welt vorauszusagen haben.

L: Ich weiß nicht, ich weiß wahrhaftig nicht, was mit der Welt und mit Europa sein wird. Ich habe oftmals versichert, daß ich von der Möglichkeit glaubwürdiger Voraussagen nichts halte. Mit meinen Ansichten zu diesem Thema bin ich nicht weit entfernt von Popper – ich bin gegen den Historismus. Ich glaube ebensowenig daran, daß es irgendwelche Entwicklungsgesetze gibt, wie daran, daß außertechnologische, auf lange Zeit berechnete, komplexe oder nicht komplexe Trends existieren. Eine Behauptung dieser Art erinnert unvermeidlich an die Vorausberechnung komplizierter Schachpartien. Wobei es Partien gibt, bei denen ein Partner während des Spiels jeden Augenblick – anstatt den nächsten Zug zu machen – ein Messer oder einen Knüppel aus der Tasche ziehen oder das Schachbrett auf dem Kopf des Gegenspielers zertrümmern kann, weil ihm das aus irgendwelchen Gründen vorteilhaft erscheint. Sie werden zugeben, daß man bei einer Ausweitung der Schachregeln auf solche Verhaltensweisen von einem Voraussehen des Spielverlaufs nicht reden kann.

B: Ich bitte Sie also, Ihre gegenwärtige globale Diagnose allgemein zu skizzieren, und dann werden wir überlegen, was sich daraus ergibt und wohin das führt.

L: Ich sehe eine wachsende Destabilisierung im Weltmaßstab. Die versiegenden Bodenschätze werden im Bereich der bestehenden und praktizierten Technologie in erster Linie für die Bedürfnisse der in rasendem Tempo betriebenen Rüstung ausgebeutet. Es besteht die reale Gefahr, daß diese Zivilisation es nicht zustande bringt, jene Investitionsmittel – menschliche und geistige – für den Aufstieg in die nächste technologische Entwicklungsstufe (außerhalb der militärischen) freizumachen, die das Versiegen der traditionellen energetischen und materiellen Reserven ausgleichen könnte. Das ist eine sehr ernste Gefahr, selbst wenn es nicht zu einem Weltkrieg kommen sollte. Wir erleben eine globale Destabilisierung, und sie wird noch zusätzlich durch den engstirnigen Egoismus einzelner westeuropäischer Staaten verstärkt, die ihre selbst auf militärischer Ebene schon archaische Souveränität erbittert verteidigen. Der Selbsterhaltungstrieb dieser Staaten ist völlig beherrscht von dem Gedanken, daß sie ihre eigene Rüstungsindustrie besitzen müssen. Jedes dieser Länder verfügt über etwa 40 bis 50 Typen von Panzerwagen, Geschützen und Flugzeugen, für die es keine alternativen passenden Teile oder Munition gibt . . . nichts paßt zusammen, denn jeder will sein eigenes Waffenarsenal haben. Das ist nur ein Bruchteil einer viel weiter reichenden Erscheinung; er zeigt, daß alles Predigen über das Europaparlament und die Europäische Gemeinschaft Illusion ist und alles nur zusammengehalten wird von dem Bewußtsein, einen Gegner zu haben. Im ganzen Westen kann man mit bloßem Auge die Tendenzen des Niedergangs erkennen. Der Untergang des Abendlandes!

B: Die politische Praxis folgt wirklich Regeln, die einer rationalen Voraussicht effektiv entgegenstehen; doch die mit der Rüstung, mit dem Militärpotential und den Militärstrategien verbundenen Fragen gehören schon zur Domäne der Technologie, die Sie nicht aus Ihrem futurologischen Bereich verbannt haben. Wie sieht also die Lage auf diesem Gebiet aus und in welche Richtung wird es weitergehen?

L: Die Art der atomaren Bedrohung wird sich auch in Zukunft verändern, denn sie verändert sich unaufhörlich. Die Politiker bemühen sich noch immer, die Begriffe »konventionelle« und »nichtkonventionelle« Waffen zu benützen, doch wird es immer klarer, daß diese Einteilung von vornherein illusorisch ist, denn wenn man eine Rakete so programmieren kann, daß sie »selbständig« das Ziel ausmacht, dann haben wir es nicht mehr mit einer konventionellen, sondern mit einer »intelligenten« Waffe zu tun. Sehr bald wird sich herausstellen, daß die Atomwaffen – was wir ja schon wissen – zwar grauenhaft sind, aber praktisch unverwendbar, da sie das technisch-militärische Denken arg »blockiert« haben. Man ist nicht imstande, einen ausgeklügelten Krieg zu planen, denn man muß ihn sogleich in ein totales Gemetzel verwandeln. Jetzt, in diesem Augenblick, beginnt bereits die nächste Phase in der Entwicklung der Waffenarsenale. Ich bin überzeugt, daß der Westen schon in 30 bis 40 Jahren trachten wird, die Soldaten, deren Leben unschätzbar ist (und die sich außerdem einfach fürchten), durch automatische Apparate zu ersetzen. Wozu Leute gefährden und an die Front transportieren, wenn man kluge Maschinen hinschikken kann?

B: Wissen Sie, in welche Richtung die Arbeiten an den Technologien der Vernichtung gehen?

L: Alle arbeiten an biologischen Waffen – wozu sich natürlich keiner bekennt – und an neuen, noch nicht erprobten Generationen chemischer Waffen. Darüber hinaus konzentrieren sich die militärischen Forschungen noch auf psychochemische (in der Art wie in meinem »Futurologischen Kongreß«) und auf kosmische Waffen (ein Nachrichten-, Überwachungs-, Spionagenetz). Das alles taucht bereits in den Simulationsprogrammen der Computer auf. Mein Golem hat Epochen übersprungen, als er sagte, daß in Zukunft künstliche Umwelten gegeneinander kämpfen werden. Gerade um diese Frage dreht sich – wie um eine verborgene Spirale – der ganze »Lokaltermin«, da meine »Apokalypsen« verborgen sind und nicht hergezeigt werden wie Bildchen für kleine Kinder.

Niemand hat Lust, einen Krieg zu entfesseln, an dessen Ende es weder Sieger noch Besiegte geben wird. Die Generalstäbe werden sich schwerlich gerade einen solchen Krieg wünschen, und daher unternehmen sie verstärkt Versuche, diesen »Clinch« zu »umgehen«. Das kommende Jahrhundert wird – wie ich im Vorwort zur dritten Ausgabe der »Summa Technologiae« schrieb – ohne Zweifel das Jahrhundert der

Biotechnologie sein, was wahrscheinlich alle nur möglichen militärischen Konsequenzen in der Gestalt von Kryptokriegsmitteln haben wird, die aus der Biotechnik hergeleitet werden. Eine bedeutende Rolle wird gewiß auch die bereits erwähnte Entkonventionalisierung der konventionellen Kampfmittel und die wachsende Rolle des blinden Zufalls spielen.

B: Ich muß sagen, daß ich dieses zuletzt genannte Element nicht verstehe. Hat doch die technologische »Ausrüstung« des modernen Krieges mit automatischen, halbautomatischen und weiß Gott noch welchen Steuerungs- und Regelungssystemen den Zweck, das Zufallselement in der Vernichtungspraxis auszuschalten und damit der Vernichtung maximale Präzision zu verleihen?

L: Wenn Sie es mit einer Waffe zu tun haben, die auf eine Entfernung von 60 Kilometer selbst ihr Ziel ortet und es mit Metergenauigkeit trifft – und das ist nur eines von vielen Elementen des modernen Arsenals an Kampfmitteln, die bisher nur auf Übungsgeländen, also unter künstlichen Bedingungen, erprobt wurden –, dann werden, sobald es zur massiven Anwendung dieser Mittel kommt, Bruchteile von Sekunden über Gelingen oder Mißlingen der betreffenden Operation entscheiden. Jede dieser Waffen kann man tatsächlich erproben, doch man kann nicht einen solchen Schauplatz simulieren, wo diese Waffen alle zugleich angewendet werden können. Und gäbe es sogar solche Bedingungen – das sage ich intuitiv –, dann würde sich sehr bald zeigen, daß unberechenbare, um Bruchteile von Nanosekunden abweichende Unterschiede der Einstellung, der Kohärenz oder des Drucks auf den Knopf letztlich über Tod oder Leben entscheiden. Also kommt der zum Fenster hinausgeworfene Zufall heute zur Tür herein. Je präziser, »intelligenter« und logischer die Waffen sind, desto schwieriger ist es, das Zufallselement auszuschalten. Das klingt vielleicht paradox, doch scheint mir, daß es genau so sein wird. Bisher haben wir nämlich nur lokal begrenzte Kriege, in denen die Waffen kaum anders als fragmentarisch eingesetzt werden (ein wenig Panzer- und Luftwaffe), weil man nicht das ungeheure elektronische Potential und auch nicht die Palette jener Kampfmittel in Anwendung bringt, die noch immer in den Arsenalen ruhen.

Meiner Meinung nach sind die Generalstäbe generell auf die Führung eines neuen Krieges nicht vorbereitet – und sind es immer weniger. Im Falkland-Krieg benützten die Argentinier gegen den britischen Zerstörer Raketen französischer Herkunft. Komischerweise schienen sie aber erstaunt, als es ihnen gelang, das Schiff zu versenken. Diese Rakete war doch nicht auf Papier gezeichnet, sondern stand auf der Abschußrampe. Warum wunderten sich die Argentinier über etwas, das für mich offenkundig war?

B: Sie erwähnten, daß die heraufkommende Epoche eine Ära der Biotechnologie sein wird. Am meisten hört man von Forschungen auf dem Gebiet der Vererbung. Wie weit sind diese Forschungen gediehen? Welche segensreichen oder mörderischen Wirkungen haben wir für die allernächste Generation zu erwarten?

L: Die allernächste Generation ist für mich ein Zeitraum von 30 bis 40 Jahren. Im Rahmen der großen biotechnologischen Entwicklung erwarte ich vor allem die Entstehung der Gentechnik. Es gibt sogar schon so eine Losung: »Künstliches Leben für die Industrie.« Man entwickelt bestimmt auch die Ektogenese weiter, d. h. die Entstehung von Retorten-Kindern, usw. Doch das wird nur dann der Fall sein, wenn ein Bedürfnis danach aufkommt. Die Forschungen über Vererbung werden sich also im Lauf der nächsten Jahrzehnte zweifellos auf zwei Gebiete konzentrieren: aus diesen Forschungen einen neuen Typ von Killerwaffen abzuleiten (und das werden kryptomilitärische Waffen langsamer Massenvernichtung sein) und Genmanipulation für industrielle Nutzung. Schon jetzt gibt es eine Menge solcher Dinge. Also Bakterien als neue Instrumente im Bergbau, zur Kondensation bestimmter Grundstoffe und Körper, die sich sehr zersprengt (z. B. in armem Erz) oder verstreut in verdünnten Lösungen befinden (z. B. im Meerwasser); Bakterien als entsprechend gesteuerte Instrumente für den synthetischen Aufbau von Arzneimitteln, chemischen Mitteln und von Brennstoffen; Bakterien und Einzeller bei der Maximierung der photosynthetischen Effekte zur Absorbierung von Sonnenenergie, für bestimmte Monokulturen in der Lebensmittelindustrie. Diese Liste könnte sehr lange fortgesetzt werden. Alle diese Forschungen werden in den nächsten Generationen fortschreiten. Im gegenwärtigen Moment ist sogar schon ein großes amerikanisches Unternehmen mit dem Namen »GENTECH« entstanden, das sich ausschließlich mit genetischen Technologien befaßt.

Gewiß wird sich das, so wie in der Kybernetik, die mannigfaltige Nebenbereiche hervorbrachte, auch hier ausweiten. Nur daß der Nutzen, den die Medizin daraus wird ziehen können, noch sehr unklar und unbekannt ist.

B: Und wie steht es mit den Protesten der Völker und der Wissenschaftler?

L: Diese Schreckensschreie mancher Wissenschaftler, daß man die Erbforschung nicht fortführen darf, weil wir damit viel Böses anrichten, sind wirkungslos, und es bleibt bei den Schreien.

B: Wie steht es also in diesem Fall mit den Gefahren?

L: Die Gefahren bestehen. Vor allem wird man neue Waffen erzeugen können, die sich als viel gefährlicher erweisen dürften als die Atomwaffen. Die Atomwaffe zeichnet sich nämlich dadurch aus, daß sie, so schrecklich sie auch ist, doch keinen Zweifel läßt, ob sie angewendet wurde oder nicht. Das kann man ziemlich gut feststellen! Hingegen kann das Ausstreuen pathogenetischer Gensubstanzen über feindlichem Gebiet, durch welche die Erbmasse auf Dauer geschädigt wird, ganz unbemerkt durchgeführt werden. Im »Lokaltermin« ist ein großer Abschnitt gerade diesem Thema gewidmet; das wird dort aus der Perspektive von 300 Jahren nach einem solchen Konflikt veranschaulicht. Dort treten zwei Staaten auf, von denen der eine den anderen völlig vernichtet. Das wird möglich und real sein.

B: Ist das »Gleichgewicht des Schreckens« nicht imstande, auf irgendeine Weise den aufrüstenden Seiten Einhalt zu gebieten? Gibt es wenigstens eine minimale Chance, die Entwicklung von Ökozid-Technologien zu blockieren?

L: Vor Ihnen liegt eine Nummer des »Spiegel«, in der ein langer Artikel unter dem Titel »Aufrüstung im All« diesem Thema gewidmet ist. Vor kurzem las ich auch einen ausführlichen Beitrag über das Damoklesschwert, das in Gestalt des Atomschirms über unseren Köpfen schwebt. Meiner Überzeugung nach gibt es keine Situation technischer Natur, die endgültigen Charakter hätte. Es gibt kein so hoch entwickeltes Gebiet, insbesondere bei den Massenvernichtungsmitteln, das bereits auf der höchsten Stufe seiner Errungenschaften angelangt wäre. Aber auch das Fundament, auf dem sich das erhebt, was wir das »Gleichgewicht des Schreckens« nennen, mit der Fähigkeit, einen Vergeltungsschlag zu führen, kann durch den weiteren Verlauf des Rüstungsprozesses in seinen Grundfesten erschüttert werden. Viele Techniken, die ungeheure, ja sogar entscheidende Bedeutung für das künftige Antlitz der Zivilisation haben werden, entwickeln sich nicht deshalb, weil man weiß, daß sie das Fundament angreifen, sondern aus reiner Unwissenheit. Anders ausgedrückt, Entdeckungen, die die Hälfte unseres Wissens auf den Kopf stellen können, treten ganz überraschend auf. Man kann ja schließlich nicht etwas entdecken, was unentdeckbar ist, und man kann nicht etwas voraussehen, was nicht voraussehbar ist. Im Rahmen einer so totalen Ignoranz kann man nur (gestützt auf die Kenntnis der Menschheitsgeschichte und der Geschichte der Wissenschaft) diesen für alle, auch die Fachleute, überraschenden Charakter neuer wissenschaftlicher Erkenntnisse hervorheben.

Man kann auch, und darin besteht meine schriftstellerische Arbeit, Modelle aufstellen, die zeigen, wie es zu solchen Umwandlungen kommen könnte. Doch soll man daran denken, daß solche Modelle nicht für sich den Anspruch auf den Status von Prognosen erheben, die zeigen, daß ein Vorgehen auf die eine und keine andere Art, in dieser und keiner anderen wissenschaftlichen Disziplin, zu konkreten Ergebnissen führt, die das Gesicht der Zivilisation verändern, bestehende Arsenale annullieren und die Politiker zu bestimmten Handlungen zwingen. Es sind also nicht Prognosen *sensu stricto,* sondern Denkmodelle, die zeigen, *wie* falsch ein Denken sein kann, das nur scheinbar an den äußersten Grenzen stehenbleibt. Denn es ist falsch zu glauben, daß außer der linearen, extrapolierenden Verstärkung der Vernichtungspotentiale nichts anderes möglich ist.

Einer der Bereiche, an denen mir als Modell am meisten gelegen war, ist die Sphäre der Krypto-Kriegshandlungen, also Handlungen zum Schaden des Gegners, die von diesem nicht als Schadenstiftung zu erkennen sind. Und solche Modelle kann es viel mehr geben, und sie können sich kategorienmäßig auch in andere Richtungen bewegen. In den letzten Jahren hat mich diese Sache besonders frappiert.

B: Ich verstehe, aber könnten Sie das auf dem Boden der Praxis illustrieren?

L: Es gibt eine Zeitschrift, »Bulletin of the Atomic Scientist«, die bereits nach dem Abwurf der Atombombe zu erscheinen begann. Auf dem Umschlag ist das Ziffernblatt einer Uhr, die nach den ersten Explosionen »zehn Minuten vor zwölf« anzeigte. Nach der ersten Zündung der Wasserstoffbombe auf Bikini war der Zeiger auf »5 Minuten vor zwölf« vorgerückt. Als beide Militärblöcke ballistische Raketen besaßen, stand der Zeiger auf »3 Minuten vor zwölf« und so steht er bis heute auf dem Umschlag. Mir scheint jedoch, daß dies ein Übergangszustand ist, daß die Losung »one world or none« nicht begründet ist. Denn das bedeutet, daß es entweder eine friedliche Welt oder gar keine geben wird. Es gibt noch eine Alternative. Es muß nicht unbedingt alles ausschließlich auf dem linearen Zuwachs des Potentials beruhen, weil schon die bloße Zunahme der wissenschaftlichen Erkenntnisse zu einer Veränderung des strategischen und globalen Gleichgewichts führen kann. Um es ganz brutal und direkt zu sagen: Die Weltlage läßt sich auf keinerlei primitive Weise einfrieren, weil das Wachstum der wissenschaftlichen Erkenntnisse nicht gebremst werden kann. Die »Verhüller« der Erkenntnisse bemühen sich vergeblich. Die Versuche zur Selbstbegrenzung der Wissenschaft, die auf dem Gebiet der genetischen Biotechnik unternommen werden, sind vergeblich. Da hilft kein Abschwören, keine Abmachung, nichts hilft da. Das *muß* fortschreiten!

B: Bis man in eine ausweglose Lage kommt, denn es fällt einem doch schwer, an diesen segensreichen Sprung der Wissenschaft zu glauben, der Unmengen von Vernichtungstechniken plötzlich untauglich macht?

L: Daher kommt meine Vorstellung von der technologischen Falle, in der sich die Menschheit selbst fangen kann. Es könnte sich herausstellen, daß wir uns in einer Situation befinden, wo keinerlei politische Aktionen irgend etwas ausrichten können, sofern nicht die starre Konzeption zweier antagonistischer, mehr oder weniger militärisch gleich starker Blöcke aufgehoben wird.

B: Sind wir schon in diese Falle geraten?

L: Meinen Sie damit, ob wir schon tief genug darin sitzen? Auf diese Frage kann man keine sichere Antwort geben, so faszinierend diese auch sein mag. Es ist eines der wichtigsten Probleme, die mich seit Jahren leidenschaftlich bewegen. Doch ich weiß keine Antwort darauf.

Hingegen möchte ich sagen: Ich habe den Eindruck, daß wir uns bei all diesen schrecklichen technologischen Fortschritten auf einem sehr niedrigen Entwicklungsstand – weit unter dem »Golemschen Niveau« – befinden. Das, was technisch noch möglich ist, übersteigt unsere – auch meine – kühnsten Vorstellungen. Und außerdem kommt noch hinzu, daß in einer so antagonistischen Welt wie der unseren alle diese Wandlungen – einfach aufgrund der Tatsache, daß das »Gleichgewicht des Schreckens« ins Wanken gerät – unendlich gefährliche Situationen herbeiführen. Es ist auch gar nicht gesagt, daß alle bisher bestehenden und traditionell angewendeten Strategien politischer Natur, selbst bei relativ gutem Willen beider Seiten, nicht doch zur globalen Vernichtung führen. Sie können völlig wirkungslos sein, wenn die Menschheit in eine so tiefe technologische Falle gerät, daß politische Aktionen keinen Sinn mehr haben werden, denn sie werden völlig paralysiert sein.

B: Vielleicht ist das ein kindischer Trugschluß, aber in einer solchen Situation wird der verkorksten Technologie nur die Technologie helfen können – quasi nach dem Prinzip: Ein Keil treibt den anderen.

L: Sie sind nicht weit entfernt von dem berühmten und sehr populären Futurologen Herman Kahn, der versucht hat, dieses Problem auf äußerst brutale Weise ein für allemal zu lösen. Er erfand eine sogenannte »Maschine des Jüngsten Gerichts«. Das sollte dann so aussehen, daß eine der Supermächte auf ihrem Gebiet eine Maschine baut, so einen hypergigantischen Nuklearapparat, und dann die andere Seite erpreßt: Entweder werdet ihr euch anständig benehmen, oder ich lasse die Maschine an, und die ganze Menschheit wird vernichtet.

Das ist für mich nichts anderes als so eine Art eschatologischer Variante des »Chicken«-Spiels. Das hat man in Amerika erfunden: Zwei Autos rasen im Höchsttempo aufeinander zu, und derjenige Fahrer, der die größere Angst hat, reißt im letzten Moment das Steuer herum, damit es nicht zu einem Frontalzusammenstoß kommt. Kahn hat dann in seinen nächsten Denkexperimenten seine Konzeption korrigiert, indem er postulierte, beide Seiten sollten ähnliche »Maschinen« besitzen, aber mit Defensivcharakter. Es ist also gar kein Rüstungswettlauf nötig – das Geld kann man sich ersparen –, jede Macht hat nur eine Maschine, die so programmiert ist, daß bei einem Angriff des einen Staates auf den anderen die Maschine des Angegriffenen sofort alles Leben auf der Erde vernichten würde.

Man könnte meinen, dies sei *prima facie* ein bombensicherer Schutz vor dem Aggressor. Aber das stimmt nicht, denn in ihrer Primitivität berücksichtigt diese Annahme nicht jene Vorgehensweisen, die den Charakter der bekannten »Salamitaktik« haben. Man muß weder Raketen abschießen, noch muß man Bomben abwerfen, es genügt, dem Angegriffenen nicht die Möglichkeit zu geben, zu erkennen, ob tatsächlich seine vitalen Interessen bedroht sind. Wenn in Angola, Australien, Polen oder in der Antarktis etwas passieren wird, dürfte es für die bedrohte Partei schwer zu erkennen sein, daß dies der Moment ist, wo sie die Maschine einzusetzen hat. Und zu unterstreichen ist, daß diese Taktik viele Varianten hat, denn man kann nach und nach ganz dünne »Scheibchen« abschneiden. Auf diese Art kann man sehr effektiv vorgehen, bis nach einer gewissen Zeit die angegriffene Seite feststellt, daß sie sich das, was sie nie als dicke »Wurstschnitte« hergegeben hätte, »scheibchenweise« hat abnehmen lassen. Eine so primitive und – aufgrund einer anderen Vorgehensweise – kategorische Einrichtung schützt nicht vor Aggression. Sie funktioniert nur deshalb nicht, weil sie der realen, viel komplizierteren Weltlage nicht entspricht.

Alle diese Prognosen konnten und können sich nicht erfüllen. Diese naiven Vorstellungen sind Szenarien, ausgerichtet auf eine Welt, die es nicht gibt.

B: Was Sie jetzt sagen, führt uns zum Anfang unseres Gesprächs zurück, wo Sie meinten, daß von einer gesicherten szientistischen Voraussicht, in welcher Form auch immer, keine Rede sein kann.

L: Die wissenschaftliche Prognose besteht darin, daß zum Beispiel die Sonnen- oder die Mondfinsternis vorausgesagt wird. Solche Dinge lassen sich mit großer Präzision vorausbestimmen. Handelt es sich um geschichtliche Daten aus dem Reich der Mitte, d. h. China, so stammen die ältesten aus der Zeit um das Jahr 2000 vor Chr., denn einer der Chronisten schrieb, daß das Antlitz des Himmelsherrn sich verfinstert hat. Es ist sehr leicht herauszufinden, wann das war. Das sind die einzigen gesicherten Daten. Nein, man kann nichts voraussehen, insbesondere Entdeckungen nicht, denn wie Popper richtig bemerkte, »Entdeckungen voraussehen heißt Entdeckungen machen«. Wenn Sie imstande sind, den Inhalt eines Buches vorauszusehen, das 40 Jahre später erscheinen wird, dann haben Sie es schon geschrieben, und es erscheint als Plagiat Ihrer Vorhersage.

B: Mir geht es um ein umfassenderes Problem. Schließlich sind Programmierung der Entwicklung, Erstellung von Szenarien hypothetischer Geschehnisse, Voraussicht der Folgen konkreter Entscheidungen – die Grundlage unserer Existenz und einziges »Sicherheitsventil«. Der ganze futurologische Amoklauf, den wir in letzter Zeit erlebten, ist das Resultat solcher Bedürfnisse. Wollen Sie behaupten, daß alles, was die Futurologie uns beschert hat, auf den Misthaufen gehört, ganz so wie Kahns Sensationen?

L: Ich muß sagen, daß ich von der Futurologie eine sehr schlechte Meinung habe. Ich habe zuviel von dieser Literatur gekauft und gelesen, um noch irgendwelche Illusionen zu hegen. Den Futurologen lag am meisten an solchen Prognosen, die sich am besten verkauften und von den Politikern am meisten geschätzt wurden. Und da die Vorausschau politisch-militärischer Vorgänge, an die sie sich vor allem machten, absolut unmöglich ist, konnte nichts Gescheites dabei herauskommen. Hingegen hat sie das, was tatsächliche, wenn auch indirekte Wirkung hat, d. h. die technologischen Resultate der Grundlagenforschung, nicht interessiert. Erstens erschien ihnen dieses Problem überhaupt nicht allzu wichtig, und zweitens konnten sie damit keine Schau abziehen.

Ich besitze ein vernünftiges Buch eines guten englischen Fachmanns, das Prognosen auf technologischem Gebiet präsentiert. Es enthält statistische Tabellen, Diagramme, Korrelationen, Prozentsätze. Alles in dem Buch ist, wie es sich gehört, aber es hat sich keiner Beliebtheit erfreut, noch wurde es zu einem Bestseller. Wenn man nicht Wahlergebnisse in den USA prognostiziert oder darauf hinweist, wo die Sowjetunion Raketen aufstellen wird, und auch nicht sagt, was die Christlichsoziale Partei in nächster Zeit tun wird, sondern statt dessen darüber berichtet, wie es mit der Grundlagenforschung auf einem bestimmten wissenschaftlichen Gebiet aussehen wird, dann darf man sich keine größeren Zuwendungen und Subventionen erhoffen, darf man nicht erwarten, daß man in den »Ausschuß 2000« berufen wird, und hat keine Aussicht auf Massenauflagen. Die Futurologie lebte also von Sensationen. Das sind Dinge, die nur dazu geeignet sind, abends bei Kaffee mit Sahne gelesen zu werden.

B: Sie gehen also davon aus, daß es die Futurologie als Wissenschaft nie gegeben hat und nicht gibt?

L: Die Futurologie als Wissenschaft gibt es nicht. Das ist ein Schwindel. Eine Menge Leute, auch gebildete, sind darauf hereingefallen. Es ist unanständig, über Tote zu spotten oder jemanden zu treten, der schon auf dem Boden liegt, also werde ich mich vorsichtig ausdrücken. Die Futurologie liegt in den letzten Zügen. Das, was von ihr geblieben ist, als sogenannte Reproduktion strategischer Spiele in bezug auf einen kommenden Weltkrieg, sind vergeheimniste und klägliche Überreste. Die globale Futurologie als jene Art von Texten, die noch vor wenigen Jahren die Öffentlichkeit faszinierten, gibt es nicht mehr. Bücher, die sich bis vor kurzem lawinenartig in die Buchhandlungen wälzten und die Regale zu sprengen drohten, sind von dort verschwunden, denn anstatt selbstverwirklichend zu sein, erwiesen sie sich als selbstverspottend. Nichts wurde aus diesen Prognosen!

Vor einigen Jahren schrieb Kahn, daß die Höchstgrenze des Preises für ein Faß Erdöl 12 Dollar sein werde. Höher könne er nicht steigen! Das ist eine präzise und, wie man so auf gelehrte Art sagt, quantifizierte Prognose. Aber was ist nun damit, wo doch heute das Faß das Dreifache kostet? Es tut mir sehr leid, aber die Menschen vergessen so etwas nicht, besonders jene, die nach solchen Prognosen ihre Aktionen setzen und Investitionen tätigen. Für sie zählt Herman Kahn als Autorität nicht mehr. Der Fehler der Futurologen war, daß sie keine Konzeption hatten, sondern eklektisch vorgingen, beginnend mit der Aufstellung von Kalendern und Katalogen künftiger Errungenschaften, und als sich diese nicht bewahrheiteten, trugen sie zur Vermehrung der Szenarien bei. Es gibt so eine Methode beim Roulettspiel, wo man auf eine maximale Anzahl von Feldern setzt. Doch hier handelt es sich leider nicht um Roulett, denn hinter diesen Prognosen stehen Investitionen, Industrie und eine Entwicklung, die man nicht rückgängig machen kann. Schon die Vielzahl der Szenarien nahm allen diesen Unterfangen ihre Glaubwürdigkeit.

B: Daraus scheint zu folgen, daß Sie die Futurologie als quasiwissenschaftliche Mode betrachten?

L: Weil das eine Mode und ein *business* war, was nach dem Zusammenschluß einzelner Initiativen im Rahmen einer Organisation besonders augenscheinlich wurde. Die Zukunftsforschung wurde zu einem Geschäft mit Büchern, Konferenzen, Fachzeitschriften, internationalen Tagungen. Doch am Ende gebar dieser Berg eine Maus. Wie ich einmal schrieb, irgendwann erwies sich das Kind als impotent, obwohl es gewaltig wuchs. Heute kann man diese Impotenz nachweisen, da es keine Nachkommenschaft gibt und auch nicht geben wird. Man hat gesagt, die Mutter dieser Disziplin sei die Not und ihr Vater der Zeitgeist. Aber weder Vater noch Mutter sind Garanten für die Leistungen der Kinder. Man sagte auch, daß die Gemeinschaftsarbeit der Wissenschaft eine Gewähr für gesicherte Erkenntnisse sei. Doch die Ergiebigkeit einer bestimmten Disziplin hängt nicht von der

Zahl der Fachleute ab. Wenn es von vornherein an unwiderlegbaren Axiomen und Kontrollmethoden fehlt, dann ist auch die größte Forschergemeinschaft gegen einen Fehler nicht gefeit. Es gibt nichts Ärgerlicheres, als heute die vor mehreren Jahren gestellten lächerlichen Prognosen zu lesen, die auf das Jahr 2000 gerichtet waren und ins Leere trafen.

B: Es wäre aber nicht unangebracht zu sagen, daß Sie selbst zu diesem heute geächteten Clan gehörten. Zugegeben, nach spezifischen Grundsätzen, aber versuchen Sie mal, das den Leuten zu erklären. Worauf beruhte dieser »Irrweg«?

L: Das war meine große Enttäuschung, denn ich habe *a priori* nicht an die Möglichkeit solcher Prognosen geglaubt, aber da so viele kluge Leute sich damit befaßten...? Ich bin ziemlich leichtgläubig, doch nur bis zu dem Moment, wo die Leichtgläubigkeit einer aggressiven Skepsis Platz macht. Aggressiv in dem Sinne, daß ich jemanden, der sich vor meinen Augen schon dreimal kompromittiert hat, nicht mehr lesen will.

B: Man kann doch nicht der ganzen Futurologie den wissenschaftlichen Charakter absprechen. Schließlich basierten doch die Arbeiten des *Club of Rome,* die in diesem berühmten Bericht bekanntgegeben wurden, auf objektiven Computeranalysen, und sie scheinen heute noch recht vernünftig. Sie selbst definierten diese Spielart der Futurologie als formale Testmethode.

L: Es gab tatsächlich darin viel Wahres, aber auch viele Übertreibungen. Einer Tatsache bin ich mir aber gewiß: In den Kreisen der Entscheidungsträger wird kein Hahn danach krähen! Viele nichtreproduzierbare Werte sind im Rahmen der Eskalation des Rüstungswettlaufs endgültig verlorengegangen, worüber die Autoren des »Berichts« schrieben. Und was kam heraus?

B: Natürlich nichts (Lachen).

L: Der erste Bericht war zu alarmierend, weil er die Erde nach dem Prinzip behandelte, daß, wenn der Nachbar sieben Mal in der Woche seine Frau betrügt, statistisch betrachtet ein jeder seine Frau an jedem zweiten Tag betrügt. Viele Analysen wurden nach diesem Prinzip vorgenommen.

Es gab dort auch besser quantifizierte Analysen und

Computer-Modellversuche. Die Möglichkeiten für Computermodelle und -programme sowie das Leistungsvermögen der Computer sind aber viel zu gering, als daß adäquate Modelle erstellt werden könnten. Darüber hinaus gibt es viel zu viele Faktoren, die von den Prognosen im Entscheidungsbereich nicht einbezogen werden. Das ist so, als wollten Sie die gleichzeitig in hundert Schachpartien sich abspielenden Geheimnisse erkennen, deren Ergebnisse wieder zu weiteren Ergebnissen führen. Das ist unmöglich. Man kann das Verhalten des Großkapitals in einer bestimmten politischen Konstellation berechnen, aber gerade im Bereich der Politologie und der Politik hat sich die Futurologie noch am fühlbarsten »die Zähne ausgebrochen«. Dort hängt sehr viel einfach von Entscheidungen und Bewegungen der Art wie z. B. im Jahre 1968 ab. Der »Rombericht« war also im Prinzip richtig, aber diese Richtigkeit war für das 21. Jahrhundert berechnet. Die Autoren sagten wirklich, daß es zu Zusammenbrüchen kommen wird, aber als diese eintraten, waren sie selbst erstaunt. Eine solche Art des Prognostizierens führt zu nichts. Das Schicksal der Kassandra ist ja bekannt.

Ich habe die ganze Geschichte, so eingehend es ging, im Vorwort zur dritten Auflage der »Summa Technologiae« erörtert, und alle, die weitere Details erfahren möchten, können sie dort finden.

B: Gestärkt durch Informationen, daß eine glaubwürdige Programmierung der Zukunft nicht möglich ist, oder wenn sie es ist, ohnehin keiner auf diese Vorschläge hört, möchte ich zum aktuellen Stand der Wissenschaft zurückkehren. Aus dem, was Sie über die Richtungen der biotechnologischen Forschung sagten, dürfte hervorgehen, daß alle technologischen Forschungszweige absolut von der Kommerzialisierung beherrscht sind, da der Wissenschaftler an einem Ärmel von der Konsumindustrie – im weitesten Sinne aufgefaßt – und am zweiten von der Rüstungsindustrie gezogen wird. Daraus folgt, daß die Autonomie der Wissenschaft im internationalen Maßstab bereits vergewaltigt wurde und es nicht mehr möglich ist, »reine Wissenschaft« zu betreiben. Im Lichte dessen, was Sie in Ihren Arbeiten über die Notwendigkeit einer »Redundanz« der Forschungen und der Schaffung eines riesigen Reservoirs von nicht pragmatisch orientierten Entdeckungen sagten, die einen techno-evolutionären Notausgang bilden, sieht das auch nicht gerade erfreulich aus. Ist die Situation des Forschers wirklich so sehr vom Kommerz beherrscht?

L: Die Bindungen, die die Wissenschaft mit den großen Gesellschaften und Monopolen auf ihren führenden Gebieten einging, d. h. dort, wo der höchste technologische Nutzen zu erwarten ist, werden immer enger. Das läßt die Perspektiven in bezug auf die Aufrechterhaltung einer autonomen Wissenschaft sehr zweifelhaft erscheinen. Insbesondere deshalb, weil der Wissenschaftler das Gefühl haben muß, daß auch dann, wenn er nicht imstande ist, allem auf den Grund zu gehen, wenigstens die Möglichkeit dazu noch besteht. Man kann nicht mehr alle Themen, die man behandeln möchte, erforschen, denn das kann sich niemand leisten, also entscheiden ökonomische oder militärische Prioritäten, die der Wissenschaft eines bestimmten Gebiets der »reinen« und Grundlagenforschung eine außerordentlich starke Vormundschaft aufzwingen. Und wenn nur das untersucht wird, was das meiste Geld einbringt?

B: Und wie steht es dann mit der Moral des Wissenschaftlers?

L: Der Moralkodex ändert sich, und man kann nicht immer sofort sagen, daß dies eine grobe Demoralisierung ist. Keiner sagt: »Du bekommst vier Orden.« Es heißt: »Wenn du zu uns kommst, hast du ungeheure Möglichkeiten, aber niemand zwingt dich dazu. Du mußt nicht.« Das ist doch sehr verlockend.

Dann ist da noch etwas. In den frühen Phasen der Grundlagenforschung, also jener Forschung, die dem Großkapital noch keine industriellen Gewinne verspricht, kann man sich noch nicht den rechten Überblick verschaffen. Kein authentischer Spezialist kann von vornherein sagen, daß es sich nicht auszahlt, eine bestimmte Richtung einzuschlagen und etwas zu investieren, oder umgekehrt, denn man weiß noch nicht, wie die Dinge sich dann gestalten werden, wenn das Wissen ausreicht, um das zu beurteilen. Und gleichzeitig gibt es zahlreiche Forscher, motiviert von reinem Wissensdurst, die die aufgezwungenen Spielregeln akzeptieren, d. h., sie nehmen Geld für das Gutachten, daß eine bestimmte Sache sich zum Beispiel auszahlen wird; oft agieren sie in einer Zwangslage, die ihnen ethische Rechtfertigung gibt, und manchmal legen sie sich selber keine Rechenschaft darüber ab, daß sie sich vom Wunschdenken leiten lassen. Meist sind sie wirklich überzeugt, daß, was sich einem selbst vielleicht als Erkenntnis auszahlt, auch für den Financier als Auftraggeber lohnend ist. In der Phase der ersten Untersuchungen bedingen Faktoren dieser Art gravierend den Verlauf der Geschehnisse.

Wenn sich jemand mit wenig zufriedengibt, dann kann er natürlich soviel Grundlagenforschung betreiben, wie sein Herz nur begehrt, aber das Gehalt wird niedrig sein, und es wird keine technische »Ausrüstung« geben. Heute kostet in der Wissenschaft alles ungeheuer viel. Die Größe der heutigen Objekte schwankt zwischen dem einstmaligen Laboratorium und einer großen Fabrik. In der Physik geschieht nichts mehr ohne Einrichtungen, die Milliarden Dollar kosten. Und das können sich nur die Sowjetunion, die USA und die CERN in Genf leisten, denn letztere ist eine Gemeinschaftsinitiative. Keiner der europäischen Staaten ist in der Lage, sich z. B. einen gewaltigen Teilchenbeschleuniger zuzulegen. Man kann sich also mit der »reinen« Wissenschaft befassen, aber mit dem Mikroskop in der Hand, wie Koch oder Pasteur, wird heute keiner mehr viel ausrichten.

B: Das wird immer schöner. Vielleicht sagen Sie mir bei der Gelegenheit noch, wie der Beitrag der polnischen zur internationalen Wissenschaft gegenwärtig aussieht?

L: Furchtbar! Vor ein paar Jahren schrieb ich im Auftrag der Polnischen Akademie der Wissenschaften eine Abhandlung auf dem Gebiet der Biologie. Ich schrieb, daß sie sich auf dem Nullstand befindet! Auf keinem Gebiet – nicht einmal in der Mathematik – bringen wir ohne Computer etwas zustande. Nichts! Allenfalls noch in der Philosophie. Ohne technische »Ausrüstung« bringt man nichts mehr zustande. Astronomen zum Beispiel nützen ihre Beziehungen aus, um Material für sich berechnen zu lassen. Erstens kommt die Computerzeit auf großen Maschinen sehr teuer, zweitens brauchen die Betriebe diese Maschinen für sich selbst, und drittens wartet so ein Übeltäter drei Monate, bis die Berechnungen eintreffen. Ich schrieb, daß dies der Untergang der polnischen Wissenschaft ist. Auf lange, sehr lange Zeit. Das Wissen läßt sich nicht so leicht heben.

B: Die menschliche Zivilisation ist ein spezifisches System kommunizierender Röhren. Der ungeheure Wissenszuwachs der letzten paar Dutzend Jahre, die Technologie, die durch Türen und Fenster in unser Land eindringt, die Veränderung der Formen unseres Konsums im weitesten Sinne und viele andere Erscheinungen haben zweifellos sehr stark unsere Moral, Gewohnheiten, Überzeugungen, Einstellungen oder, allgemein ausgedrückt, unser Bewußtsein geprägt. Sie sind ein Wissenschafts- und Technologieapostel, also muß man gerade Sie fragen, ob die technologische Entwicklung der Entwicklung der Lebensart vorauseilt? Welcher Art sind die greifbaren Auswirkungen dieses Phänomens?

L: Natürlich, ein solches Vorauseilen geht tatsächlich vor sich. Und die Folgen sind schrecklich, denn jeglicher Terrorismus und ähnliche Bewegungen entwickeln sich proportional dazu, und besonders dort, wo die florierenden Technologien allgemein zugänglich sind, wo die Permissivität weit fortgeschritten ist und die anerkannten Prinzipien *neminem captivabimus nisi iure victum* Geltung haben. Das ist der Preis, den diese Gesellschaften für ihre Freiheit und ihre Permissivität zahlen. Die menschlichen Sitten und Gebräuche werden – wie es mit Ketzern geschehen ist – von schweren Zugpferden in Stücke gerissen.

Ich lese zum Beispiel manchmal kleine Anzeigen in der westlichen Presse. Da kann man öfters welche finden, die bestimmte Formen der Onanie anpreisen. Da gibt es auch Geräte, die sehr gut zum Onanieren taugen, in Form von männlichen und weiblichen Gummipuppen, die kleine Magnetophone im Bauch haben, die in zärtlichen Worten ihre Besitzer anregen, mit ihrer Hilfe »verschiedene Sachen« zu treiben. Es gibt Pornotheken und Pornokassetten ... Früher hatte man Liebe, Romantik und die mit ihnen gekoppelte Erotik, und heute gehen Sie in einen Laden, wo auf den Pulten künstliche Genitalien liegen, Pumpen, Instrumente,

Hebel und Knebelgriffe, die man kaufen und dann dort einsetzen kann, wo es einem gefällt, um sich damit zu vergnügen. Möglicherweise hat das irgendeinen Wert, aber vom Standpunkt der Tradition des Mittelmeerraumes ist es äußerst anrüchig.

In West-Berlin erwischte mich einmal auf der Straße der Regen, also flüchtete ich mich in den nächstgelegenen Laden, der sich als Pornoshop erwies. Da ich es nicht mehr ertrug, diese ausgestellten nackten Ärsche zu betrachten, setzte ich mich ins Kino, wo Kopulations-Marathonläufe absolviert wurden, an die man irgendwelche Geschichtchen anstückelte. Man konnte sich kaum das Lachen verbeißen. Das war Humoristik und nicht komprimierte Erotik. Von Zeit zu Zeit erinnerte ich mich an das Gynäkologiestudium meiner Universitätszeit. Ich bin mir aber klar darüber, daß Lachen hier kein ausreichendes Mittel des Selbstschutzes ist, denn wir sehen uns einer riesigen Industrie gegenüber.

B: Und wie schätzen Sie in diesem Falle die kulturellen Folgen der Trennung des Sex von der Fortpflanzung ein?

L: Das wäre nicht gar so schlimm. Ich glaube, daß die Folgen der Loslösung des Sex von der Erotik viel schlimmer sind. Der Sex wird heute als Dienstleistung behandelt und ist zu einem unwahrscheinlichen Spottpreis zu haben. Ich werde Ihnen ein Beispiel geben: Mein Sohn hat ein Motorrad, während ich in seinem Alter nicht einmal ein Fahrrad besaß; als ich nach vielen Jahren eines bekam, war das für mich eine ungeheure Freude, mehr vielleicht als für meinen Sohn das Motorrad. Ich will damit nicht sagen, daß man eine Theorie von Dornenwegen, die zur Befriedigung führen, aufstellen soll, aber dieser Aspekt der Leichtigkeit ist nicht zu verkennen, denn wenn Sex so allgemein zugänglich ist, wird das kulturell gefährlich.

Sex, oder eigentlich besser gesagt Erotik, hat eine ungeheure Entwertung erfahren. Kaum jemand legt sich darüber Rechenschaft ab, aber im Westen hat die erotische Malerei praktisch zu existieren aufgehört, ruiniert durch die Pornographie. Aber Erotik und Pornographie sind ja wie Feuer und Wasser. Sie schließen einander aus. Wenn Sie im Laden diese riesigen aufgeblasenen Genitalien und anderes schreckliches

Zeug sehen, dann verschwindet die Atmosphäre der sanften Intimität, der Tabus, der Ahnungen und Verschleierungen. Alles wurde von der kommerziellen Pornographie zerfetzt. Ich habe es selbst zu spüren bekommen, denn als im Westen die Verfilmung meiner Bücher erwogen wurde, tauchten sogleich die Forderungen auf: Hier gibt es ja keine jungen Mädchen, also muß man sie einführen, ihnen die Kleider ausziehen und »irgend so was«. Das ist eine Erscheinung, die in allen Bereichen auftaucht, und sie erfaßt viele andere, manchmal sehr intime Dinge.

B: Nur das düstere Phänomen des Todes widersetzt sich der Kommerzialisierung.

L: Ja. Die Welt von heute, darüber schrieb ich in »Provokation«, steht dieser Frage völlig hilflos gegenüber. Obwohl es solche Arten der »Gewöhnung« an den Tod gibt, die quasi humoristisch und kommerziell zugleich sind. Diese wahnsinnigen Praktiken rund um die Krematorien in Amerika, das Schminken der Leichen, der verzweifelte Kampf, damit fünfzigjährige Schauspielerinnen zwanzigjährige Mädchen darstellen. Da gab es einmal einen berühmten Filmstar, Mae West, die war schon 80 Jahre alt und machte in die Hose, aber sie wurde noch in einen Panzer von Schminke gepfercht und in Puder getaucht. Der Tod ist ein zentrales Problem im Leben des Menschen, und man kann ihn nicht übers Ohr hauen. Was soll man da viel reden: Die moderne Zivilisation steht ihm ratlos gegenüber. Daher die ungeheure Angst, das Sich-Abwenden, die Würdelosigkeit und die grotesken Praktiken.

Dieser permissiven Welt gelingt es dann und wann, den Menschen restlos zu einem Ekel zu machen. Als der Falkland-Krieg ausbrach, rechnete »The Economist« nach, ob dieser Krieg sich auszahlt. Damals sagte ich, es sei dasselbe, wie wenn 1936 die sowjetische Regierung gesagt hätte, daß sie uns Polesie wegnehmen will, und der Generalstab hätte beschlossen, sich hinzusetzen und auszurechnen, ob diese Sümpfe es wert sind, daß man um sie kämpft. Als ich jung war, hat niemand in solchen Kategorien gedacht. »Wir geben kein Fußbreit Boden her«, »Wir geben nicht einmal einen Knopf her«, freilich, aber zählen? Noch immer erscheint mir eine solche Geisteshaltung unwürdig.

B: Aber das ist interessant, daß der »computerorientierte« Lem so emotional und nicht rational denkt.

L: Mag sein, daß es sich um etwas handelt, das ich mit der Muttermilch eingesogen habe und das sich nicht gut in mein empirisches Denken einordnet. Mag sein, daß ich darüber nachdenken sollte, ob man hier Berechnungen anstellen müßte oder nicht, aber ich sehe das gar nicht so. Die Unantastbarkeit des Territoriums ist etwas, das man gegen keinerlei ökonomische Kalkulationen eintauschen kann. Würden wir so denken, dann hätten wir uns 1939 kampflos ergeben und hätten – was man von vornherein gewußt hat – nicht solche Schläge abbekommen. Jedenfalls hätte es nicht ein solches Massaker gegeben. Dennoch bin ich der Meinung, daß man so handeln mußte, wie man handelte. Gewisse Elemente eines romantischen, diluvialen Verhältnisses zu den menschlichen Problemen sind mir nicht fremd, ganz im Gegenteil, sie sind sehr lebendig in mir vorhanden. Ich versuche nicht, mich wie ein Computerprogramm in ein System bunter Quadrate zu verwandeln, die in allen Richtungen so eine schöne runde Zahl ergeben. Ich spreche so, wie ich denke und empfinde.

Diese intuitive Reaktion ist gewiß stärker als mein rationales Denken. Ich erinnere mich genau, daß ich 1939, als das 20. Regiment der Schweren Artillerie die Zitadelle verließ und sich ergab, zusammen mit allen auf der Straße stand und weinte. Da gibt es nichts zu theoretisieren! Wenn jemand, der mir sehr nahesteht, stirbt, dann werde ich auch nicht theoretisieren, sondern leiden. Unter der »computerorientierten« Oberfläche verbirgt sich ein ganz normaler Mensch.

Kehren wir jedoch zur permissiven Gesellschaft zurück. Diese Aushöhlung durch die allgemeine Kommerzialisierung ist fast total. Aber auch das Gefühl der Dauerhaftigkeit der Wohlstandsepoche scheint bereits abzunehmen. Für diejenigen, die aus unserem armseligen Osten kommen, ist das immer ein komischer Anblick: Honig rinnt über den Bart, alles blitzt und strahlt, und doch sind sie irgendwie sorgenvoll und bekümmert. Es liegt darin eine weit fortgeschrittene Perspektivlosigkeit und außerdem ein unheimlich zunehmender Hedonismus. Kisielewski* nannte das einmal das Schwinden der »Kämpferseele«, was im weitesten Sinn zu verstehen ist. Ich fasse das nicht als Notwendigkeit auf, Kämpfe zu führen, sondern als Uneigennützigkeit der Forschung, Uneigennützigkeit in der Kultur. Das muß nicht bedeuten: »Wir wollen nicht verdienen.« Vielleicht eher: »Das ist nicht das Wichtigste.«

Die Kommerzialisierungswelle ist eine unzweifelhafte Tatsache. Das Bild dieser Zivilisation ist für mich unaussprechlich traurig. So oft ich mit meiner Frau und meinem Kind nach Österreich gefahren bin, suchte ich gewöhnlich nach einem kleinen Ort in den Alpen, mit ein paar Dutzend Häusern nur und ringsherum die weißen Riesen und nicht die Mauern von Wien oder Frankfurt. Mich hat niemals der Gedanke gereizt, daß ich mich mit Hilfe der »Concorde« in wenigen Stunden in New York befinden könnte und dann gleich in Miami Beach. Auf diesem Gebiet stimmen meine Ansichten mit denen von Miłosz sehr stark überein.

B: Ihre Abneigung kann aber auch die Folge von Gefühlen sein, ähnlich denen, die wir angesichts eines sehr schönen Mädchens empfinden, das fortgeschrittene Zahnfäule hat. Sie haben selbst gesagt, daß man für die Permissivität einen hohen Preis zahlen muß. Man kann jedoch die Permissivität gewiß als Erweiterung der Grenzen menschlicher Freiheit, aber ebenso als erweiterte Möglichkeit der Gestaltung des Schicksals seines Landes verstehen, als größeren Einfluß auf Entscheidungen, und damit auf all das, was zum Begriff des demokratischen Staates gehört.

L: Ich muß Ihnen sagen, daß diese Demokratie, die im Westen sehr demokratisch ist, bei mir großen Widerwillen hervorruft. Ich sage das nicht in dem Sinn, daß mir totalitäre Systeme entsprechen, sondern ich meine, daß mir diese Richtung, in der sich die Demokratie entwickelt – denn sie ist ja nicht etwas, das für alle Zeiten feste Form angenommen hat –, gar nicht entspricht. Die Demokratie zeichnet sich dadurch aus, daß jeder öffentlich auftreten kann, wenn er die Mittel und das Geld dazu hat, und über Verschiedenes reden

* Stefan Kisielewski, bekannter katholischer Publizist und Schriftsteller

kann, z. B. daß es keinen Unterschied zwischen Mann und Frau gebe, daß man alle Schulen liquidieren sollte und so ähnlich. Letzthin hat man in der Bundesrepublik Deutschland alle Ärzte und Quacksalber rechtlich fast gleichgestellt. Alles im Rahmen dieser Demokratie. Dann soll eine große Fotografie eines solchen Kerls mit tiefliegenden Augen, im weißen Kittel und mit einer Retorte in der Hand, uns überzeugen, daß wir nicht zum Arzt, sondern zum Quacksalber gehen sollen. Diese Gleichsetzung schmeckt mir nicht, denn ich bin ein Anhänger der Zivilisation von Fachleuten. Es ist ein großer Unterschied zwischen der Zivilisation von Fachleuten und der demokratischen Zivilisation, in der man über alles abstimmt.

Aber man stimmt dort doch sogar darüber ab, ob man die Atomenergie einführen soll. Vor kurzem las ich im »New Scientist« einen Artikel, der aufzeigt, daß das mit so harmlosen Energien wie der Sonnenenergie verbundene Risiko weitaus größer ist als bei der Atomenergie. Warum? Wie ist das möglich? Die Forscher, die an das Problem rational herangingen, sagen, daß wir uns allgemein vorstellen, das Risiko der Einführung von Sonnenenergie beschränke sich auf das Dach, wo wir installierte fotoelektrische Zellen haben, die Strom erzeugen, wenn sie von der Sonne bestrahlt werden. Das heißt, das ärgste, was passieren kann, ist, daß die Röhren bersten oder das Dach einbricht. Man muß jedoch das mit der Einleitung dieser Technologie verbundene Risiko von Anfang an berechnen, und dieser Anfang, das ist die Gewinnung des Metalls, der Kohle, die Produktion einer großen Zahl verschiedener Geräte. Wenn man all das einrechnet, ergeben sich sehr seltsame Dinge. Es gibt zum Beispiel eine so harmlose Energie wie Methylalkohol, der als flüssiger Brennstoff verwendet werden kann. Diese Energieart weist eine der größten Bedrohungen des menschlichen Lebens auf. Wie ist das möglich? Ganz einfach: Methylalkohol gewinnt man aus Zellulose, Zellulose bedeutet Bäume, Bäume muß man fällen, und beim Roden der Wälder gibt es eine hohe Unfallrate, die man unmöglich vermeiden kann. Addiert man diese hohe Unfallrate mit der Schädlichkeit der Anwendung von Methylalkohol (ich denke nicht ans Trinken), dann ergibt sich, *summa summarum,* daß diese Energie viel gefährlicher ist als die Atomenergie.

Diese Art größerer Einheiten überschauen wir im allgemeinen nicht. Die Fahrt auf einem Motorrad bedeutet eine Bedrohung, die 75 Mal höher ist als bei einer Fahrt mit dem Auto; das Auto bewirkt eine Bedrohung im Maßstab von 1/15 000 Unfällen mit tödlichem Ausgang und schwerer Invalidität pro Jahr, während die Gefahren, die man in der Energetik kennt, bedeutend niedriger sind. Es rechnet doch keiner, der sich in ein Auto setzt, damit, außer etwa, wenn seine Frau und sein Kind durch einen solchen Unfall umkamen. So »rechnet« man nicht.

Die Beurteilung der Zivilisationsgefahren, denen die Menschen unterliegen, ist sehr selektiv, und die Gewichte sind falsch verteilt. Über jedem Atomkraftwerk schwebt die Vision des Atompilzes, und in diesem Zusammenhang beginnen die Schwierigkeiten. Vor gar nicht langer Zeit stürzte ein Jagdflugzeug der US-Waffe bei einem Übungsflug in 10 bis 20 km Entfernung von einem Atomkraftwerk in der Bundesrepublik Deutschland ab. Was für ein Geschrei sich da erhob, als sich herausstellte, daß der Betonpanzer, der den Meiler vor einem Aufschlag schützt, den Aufschlag eines Flugzeuges aushält, das mit einer Geschwindigkeit von nicht mehr als 450 km/h herabstürzt. Und das war eine »Phantom«, die mit 900 km/h Geschwindigkeit fliegt. Die Wahrscheinlichkeit des Absturzes eines solchen Flugzeugs ausgerechnet auf einen Atommeiler ist unendlich gering, und die Menschen malen sich das als außerordentliche Gefahr aus. Reale Gefahren werden hingegen auf die leichte Schulter genommen. Es ist doch bekannt, daß im Verlauf des Vietnamkrieges mehr Amerikaner bei Autounfällen auf den Straßen in den USA getötet wurden als an der Front. Aber es hat doch niemand gegen den Straßenverkehr protestiert. So denken die Leute einfach. In eben diesem Milieu oder dieser Umwelt herrscht diese Demokratie. Mir ist das nicht gleichgültig. In dieser selben Demokratie werden der Gesellschaft Kandidaten als große Politiker angeboten und »verkauft« – genauso wie man Tomatensuppe in Dosen verkauft. Das ist der gleiche Mechanismus. Ich fasse das als fortschreitenden Niedergang des durchschnittlichen Intelligenzniveaus der Politiker auf. Die Ausnahmen bestätigen bloß die Regel. Und zudem zählt in dieser Demokratie jede Stimme gleich: die der Aufräumefrau, des Universitätsprofessors und des Schwachsinnigen, der gerade die Entlassungspapiere aus der Irrenanstalt erhalten hat. Das ist gewiß nicht gut, obwohl vielleicht das geringste der vorstellbaren Übel.

B: Kann man zu der Feststellung gelangen, daß der heute immer stärker hervorgehobene »Hunger nach Metaphysik« eine Folge dieses zunehmenden Hedonismus und einer Gesellschaft ist, die immer mehr zu einer Konsumgesellschaft wird?

L: Ich würde eher sagen, daß wir Bastarde der Metaphysik beobachten, ihre ekelhafte Brut und nicht sie selbst, also wäre das eher eine Verlängerung dieser Prozesse und nicht ein Loskommen von ihnen. Ich schrieb einmal, daß die pseudoaufgeklärten Massen im Westen sich heute des Glaubens an den Herrgott schämen, doch sie schämen sich nicht, falsche Surrogate zu suchen und zu gebrauchen. Sie nehmen viel eher die Existenz fliegender Untertassen als Engel und eher das »Bermuda-Dreieck« als die Hölle zur Kenntnis. Solcher metaphysischer Trödel ist gegenwärtig sehr gesucht. Es ist wahrscheinlich ein Gegengift – ich sage das intuitiv, ohne irgendwelche Beweise – zum wichtigtuerischen, apodiktischen Ton der Wissenschaft, die die letzten Weisheiten von sich gibt. Es ist doch ein Vergnügen zu erfahren, daß die Wissenschaft etwas nicht weiß und die Gelehrten mit »Stielaugen« dastehen. Daher kommen oft Gerüchte aus Kreisen der UFO-Manen, daß die Regierungen der Großmächte eine Menge Beweise für die Existenz von UFOs haben, diese aber nicht – man weiß nicht, warum – öffentlich bekanntgeben wollen.

Das sind degenerierte Formen einer unterdrückten Metaphysik, eine Art Krebsgeschwülste, Metastasen. Die mit einem wissenschaftlichen *nihil obstat* ausgestattete Naturkunde ist heute sehr kompliziert geworden, hingegen liefern alle Dänikens und Berlitze von den »Bermuda-Dreiecken« leicht faßliche und verständliche Versionen. Da gab es doch so einen Adamski, polnischer Abstammung, der angeblich an

Bord fliegender Untertassen reiste und sich (natürlich in englischer Sprache) mit kleinen grünen Männchen unterhielt – solchen Dingen hört man sehr gerne zu. Übrigens auch, daß die Pelargonie leidet, wenn wir ihr einen Fußtritt versetzen, daß der Meerrettich, wenn er im Gartenbeet wächst, seinem Besitzer etwas übelnimmt, daß einmal, als eine Frau starb, alle ihre Tulpen verwelkten, und ähnliche Dummheiten mehr. Das sind einfache Dinge. Es handelt sich hier um eine erstaunliche Wiederbelebung des Animismus, nur daß sich keiner darüber Rechenschaft ablegen will. Früher einmal hat die Religion einfache Erklärungen geliefert, heute haben die Pseudometaphysiken diese Funktion übernommen. Ich bin Hellseher: Ist das nicht einfach? Ich nehme ein altes Foto und sage, daß die Person auf diesem Foto dort oder dort ist und dies und jenes dort tut. Das ist wunderbar, aber nicht in dem Sinne, daß es ein Wunder, sondern daß es wunderbar verein- fachend ist. Es gibt keinerlei schreckliche Mathematik oder Schwierigkeiten mit unverständlichen Ausdrücken, wie sie die Wissenschaftler benützen, sondern wir erfahren bestimm- te Dinge sofort. Und nicht nur, daß wir sie erfahren, die Informationen sind auch noch auf den letzten Stand gebracht. Denn wenn man sagt, daß einst irgendwelche Urastronauten hergekommen sind und den dummen Ägyptern den Bau von Pyramiden beigebracht haben, dann gibt es hier keine Dis- kussion mehr. Alles ist geklärt. Das haben die Leute sehr gern.

B: Die Menschheit kann nicht ausschließlich vom Panre- lativismus und von Pseudowerten leben. Was erachten Sie in diesem Falle als axiologisches Verbindungsglied bei der Zer- störung der metaphysischen Basis? Ist es die Empirie, welche die Metaphysik »mordet«?

L: Es gibt keine Situation, in der es an einem axiologi- schen Bindemittel überhaupt fehlen würde. Wenn ich allge- mein sage, daß die Werte »absinken«, dann ist es tatsächlich so, doch niemals bleibt an dieser Stelle eine axiologische Leere. Keine Gesellschaft kann zu einem totalen Nihilismus gelangen. Das ist unmöglich. Es erfolgt bloß ein Wechsel gegen niedrigere Werte.

B: Vielleicht steht es gar nicht so arg mit diesem Absinken der Werte. In den letzten Jahrzehnten kam es doch zu einer deutlichen Gegenoffensive der Kirche. Gleichgültig, welchen weltanschaulichen Standpunkt man vertritt, kann man doch nicht sagen, daß die Kirche instabile, relative oder unechte Werte verbreitet?

L: Wie Kołakowski richtig sagt, ist es immer gut, einen Bezugspunkt zu haben. So wie er, so denke auch ich, daß die Laizisierung und die Abkehr vom Sacrum viel Böses birgt, aber ich hätte auch Vorbehalte. Die Rolle der Kirche zum Beispiel in Südamerika... Ich will nicht sagen, daß Menschen, die beide Beine gebrochen haben, sich mit denen vergleichen müssen, denen sehr schmerzhaft die Milz herausoperiert wurde. Dennoch ist es zu einer Art Umkehr gekommen. Die Kirche, die einst die Sachwalterin der Besitzenden war, sie in Schutz nahm, die Könige salbte und für die Armen nur den Trost bereit hatte, daß der Reiche nicht durch ein Nadelöhr ins Paradies gelangen werde, diese Kirche begann sich schließlich um die Armen zu kümmern. Obwohl gleichzeitig die Laizisierung noch immer fortschreitet und immer weniger sich zum Priesteramt berufen fühlen.

Ich bin, wenn man sich so komisch ausdrücken darf, noch weniger gläubig als Kołakowski und sehe den geistlichen Stand – jeder Religion – als eine der sonderbarsten Ideen an, auf die die Menschen jemals gekommen sind. Das ist für mich etwas so unheimlich Seltsames, und daß dies eine so allgemein verbreitete Erscheinung ist, macht es für mich nicht weniger seltsam. Daß jemand mehr als andere mit dem Schöpfer »auf vertrautem Fuß leben« kann, ist für mich etwas Unheimliches.

Ebenso hat es mich auch immer, schon als ich 15 Jahre alt war, gewundert, daß Gott die Gestalt einer Person besitzt, noch dazu dem Menschen ähnlich. Als ich aber verschiedene Dinge lernte, etwa, was für ein Einzelgeschöpf der Mensch in der Evolution ist und wie anthropozentrisch und theozentrisch das Engagement des Biologen in den Fragen dieser uns von der Kultur aufgedrängten Interpretation ist, wenn er sich mit der Evolution befaßt, da kam ich zur Überzeugung, daß man es wohl nicht anders sehen kann. Keiner kann den Nächsten als einen mit Eingeweiden gefüllten, sich fortbewegenden Sack betrachten.

Die Kirche als Institution ist von Kołakowski in seiner fundamentalen Arbeit »Religiöses Bewußtsein und das einigende Band der Kirche« so großartig beschrieben worden, daß es nicht zweckmäßig scheint, sich damit dilettantisch auseinanderzusetzen. Ich will nur sagen, daß eine nicht zu beseitigende Antinomie zwischen dem Institutionalismus der Kirche und ihrer Berufung besteht. Die Kirche ist wie ein Meliorationssystem von Entwässerungskanälen, die den Herrgott regulieren, einstellen, näher bestimmen und begrenzen. Gott sagt kein einziges Wort, doch die Kirche scheint so viel über ihn zu wissen. Jeder, dem es vorkommt, daß er darüber etwas zu sagen hat, beeilt sich, sofort darüber zu schwatzen. Hätte ich eine gläubige Natur, dann würde ich keiner Glaubensgemeinschaft angehören. Schon die Institutionalisierung der Theodizee scheint mir eine verrückte Idee. Nur weil es so eine allgemeine und ehrwürdige Institution ist, rede ich nicht darüber.

B: Sie haben aber nicht auf die Frage geantwortet, ob in einer Situation der metaphysischen »Aushöhlung« die Kirche imstande ist, der Gesellschaft einen glaubwürdigen axiologischen Rückhalt zu geben?

L: Ich gebe zu, daß in einer Zeit, wo alle zivilisatorischen Prozesse und Veränderungen Familienbande zerreißen, den traditionellen Werten den Boden entziehen, in einer Zeit, wo 95 Prozent der Wissenschaftler, ohne es zu wollen, alles, was die Kultur bewahrt hat, auf den Kopf stellen, die Existenz einer Institution, die sich nachdrücklich für die Tradition ausspricht, sehr wichtig ist.

Hier gehe ich wieder mit Kołakowski konform, doch ich muß hinzufügen, daß ich niemals, so wie er, es wagen würde, Katholiken zu belehren, was sie machen müssen, um gute Christen zu sein. Wer nicht selbst ein guter Christ ist, sollte unter solchen Umständen besser schweigen.

B: »Keine Religion kann für die Menschheit etwas tun, sie mildert den Lebensschmerz einzelner, vergrößert aber die Gesamtheit der Mißgeschicke durch ihre Ratlosigkeit und Tatenlosigkeit« – das haben Sie in einem Essay geschrieben. Wie reimt sich das mit den zuvor geäußerten Erklärungen?

L: Das ändert nicht das Geringste am Faktum »Not lehrt beten« und daß darin ein gewisser Trost liegt. Der Glaube beruhigt tatsächlich. Die psychologische Nützlichkeit der Religion ist allgemein bekannt. Ich sehe hier gar keinen Widerspruch. Das einzige, was man vernünftigerweise noch sagen könnte, ist, daß die Religion nicht das Ergebnis eines schlechten Glaubens sein kann. Das heißt, ist man Atheist und weiß zugleich, daß die Religion seelisches Leid lindert, dann kann dieses Wissen nicht dazu beitragen, daß man selber bekehrt wird. Man kann nicht an Gott glauben, nur weil man weiß, daß uns das guttut.

B: Und pflichten Sie der Auffassung bei, daß die Ursache des Zerfalls der Zivilisationsnormen und -prinzipien und vieler anderer daraus resultierender Erscheinungen darin liegt, daß man auf den Rückhalt verzichtet, den das transzendentale Fundament der Menschheit gegeben hat?

L: Ich komme wieder auf Kołakowski zurück, der in seiner Abhandlung »Die Rache des Sacrum in der weltlichen Kultur« sagt, daß die Säkularisierung und die Laizisierung dazu führten, daß das Sacrum in der Kultur praktisch zu existieren aufhörte. Früher einmal, als es allgemein verbreitet war, hatte jede Erscheinung, so wie sie war, zusätzlich noch etwas Sakrales und war »geweiht«, gleichgültig, ob es sich um Beruf, um Heirat oder um Tod handelte. Heute hingegen zeige sich eine manische Tendenz zur Nivellierung und zum Amorphen, die diesen stabilisierenden Faktor zerstört. Das sei ein bedrohliches und düsteres Phänomen. Er schreibt: »Wir leben in einer Welt, in der alle Formen und alle ererbten Unterschiede gewaltsamen Angriffen im Namen der totalen Homogenität ausgesetzt sind, unter Anwendung verworrener Gleichungen, denen zufolge jeder Unterschied eine Hierarchie ist und jede Hierarchie Unterdrückung: die genaue Entsprechung oder auch der symmetrische Pol früherer konservativer Gleichungen, die jede Unterdrückung auf die Hierarchie zurückführten und jede Hierarchie auf den Unterschied. Wir haben oft den Eindruck, als stürzten alle Zeichen und alle Wörter, die unser grundlegendes Begriffsnetz aufgebaut und uns ein System von rudimentären Unterscheidungen erschlossen haben, vor unseren Augen zusammen: als ob alle Barrieren zwischen gegensätzlichen, aber sich ergänzenden Begriffen von Tag zu Tag abgebaut würden.

Es gibt keine klaren Unterschiede mehr im politischen Leben, zwischen Krieg und Frieden, zwischen Souveränität und Abhängigkeit, zwischen Invasion und Befreiung, Gleichheit und Despotismus, auch keine unzweifelhafte Unterscheidung zwischen Henker und Opfer, zwischen Frau und Mann, zwischen den Generationen, zwischen Verbrechen und Heldentum, zwischen Recht und Gewalt, zwischen Sieg und Niederlage, zwischen links und rechts, Vernunft und Wahnsinn, zwischen Arzt und Patient, Lehrer und Schüler, zwischen Kunst und Scharlatanerie, zwischen Wissen und Ignoranz. Aus der Welt, in der alle diese Wörter bestimmte Gegenstände, Beschaffenheiten und Situationen als Gegensatzpaare benannten und identifizierten, wechselten wir in eine Welt hinüber, wo Gegensätze und Klassifizierungen, selbst die grundlegendsten, aus dem Verkehr gezogen wurden. Es lassen sich leicht Beispiele für diese sonderbare Desintegration der Begriffe anführen; wir haben sie im Überfluß, und alle sind allgemein bekannt.«

Kołakowski sagt hier, daß diese Flucht, die Verflüchtigung des *Sacrum*, tatsächlich solche Konsequenzen hat. Es gibt wirklich den Drang zu einer solchen Uniformierung, damit »alles für alle gleich ist«, doch ich meine, daß die Ursachen dieser Erscheinungen viel komplizierter und auf den verschiedenen Gebieten ungleichartiger sind. Dieser ganze Gedankengang ist ungeheuer suggestiv, aber nicht falsifizierbar. Mir scheint, daß die Verflüchtigung des Sacrum aus dem Geistesleben nur einer der Faktoren ist, die diese liquidatorischen Bemühungen bewirken – die Vernichtung zahlreicher Grundwidersprüche, auf die sich die Bedeutungen »unseres grundlegenden Begriffsnetzes« stützen. Einen anderen Faktor sehe ich darin: Meiner Meinung nach ist jedes System religiösen Glaubens oder philosophischer Weltanschauung in gemeinsamer Anstrengung entstanden, durch transformative und/oder kumulative Arbeit einzelner oder von Kollektiven, bis es in einem bestimmten Stadium dieser

Prozesse erstarrte. Es entstand ein dogmatisierter Glaube oder eine dogmatisierte philosophische Schule. Dabei war es stets so, daß die Gesamtheit der für den Glauben (als Religion) oder für die Akzeptierung (als Philosophie einer bestimmten Richtung) gegebenen Anschauungen »in einen einzelnen Kopf hineinging«... Es konnte nicht so sein, daß der Geistliche einer bestimmten Konfession nicht imstande gewesen wäre, sich die obersten Wahrheiten, die sein Credo bilden, zu merken. Es konnte nicht sein, daß der Philosoph ein System aufgestellt hätte, das für sein eigenes Gedächtnis zu kompliziert war, so daß weder er noch ein anderer dieses System gedanklich als Einheit zu erfassen vermochte. Es scheint mir also, daß es eine bestimmte höchste Stufe der Komplexität der Denksysteme gibt, die nicht rein empirischen Ursprungs sind, sondern entweder »Ideen« der Philosophen oder – bei Glaubensbekenntnissen – die Offenbarungen darstellen. In analoger Weise bildete jede vorgeschichtliche Kultur ein System von Normen, Bräuchen, Verboten und Geboten aus, das jeder, der an dieser Kultur teilhatte, erfassen und sich merken konnte. Es konnte höchstens so sein, daß eine bestimmte Gruppe oder Elite (z. B. die Priesterkaste) *alle* Normen, Verbote und Gebote kannte, aber das ging schon auf der nächsten Stufe der gesellschaftlichen Entwicklung vor sich. Doch es konnte und kann nicht so sein, daß z. B. kirchliche Dogmen bestanden, die auch den Päpsten nicht bekannt waren, weil diese Unmenge von Dogmen nicht »in einen Kopf hineingeht«. Anders ausgedrückt, das grundlegende Gerüst richtunggebender Begriffe, das sich gesellschaftliche Kollektive als ihre Geisteskultur schaffen, bleibt in bezug auf die Zahl der wichtigen Sinneselemente und deren Wechselbeziehung in Grenzen. Das ganze so produzierte Begriffsnetz kann die geistige Kapazität des einzelnen nicht überschreiten. Demgegenüber ist die Empirie eine Pumpe, die, von den Wissenschaftlern an die Welt angeschlossen, die Menschheit unbegrenzt mit Informationen vollstopft. Dann entstehen immer verzweigtere Spezialisierungen. Und nun kann niemand mehr »alles« verstehen. Wenn aber dieser Zuwachs andauert, wird es immer schwieriger, höchste Autoritäten oder Leute zu finden, die auch nur auf einem Gebiet »alles über dieses« wissen. Das allein schon lenkt das Geistesleben in eine gewisse »Gleichmacherei«. Zuerst hören die Häresien auf, Häresien zu sein, und dann bildet sich eine solche demokratische Situation heraus, daß sich jeder selbst zum Experten ernennen kann, wo es keines Diploms dafür bedarf, z. B. in der Futurologie, der Astrologie, der Dianetik, der außersinnlichen Wahrnehmung, in der Heilung durch Handauflegen, im Umgang mit der Wünschelrute usw. Das ist ansteckend. Schlimmer noch, es ist verlockend. Um sich in der Psychiatrie oder in der Pädagogik auszukennen, braucht es ein jahrelanges schweres Studium. Will man aber behaupten, daß Geisteskrankheiten Einbildung sind oder die Folge von Entfremdung und Ausbeutung, oder auch, daß das ganze Schulwesen in allen seinen Spielarten nichts wert ist, daß das eine wie das andere durch Übereinkunft zwischen irgendwelchen angeblichen Experten entstanden ist, die man auseinanderjagen müßte, so bedarf es zur Verkündung solcher Behauptungen keiner großen geistigen Anstrengung. In der Massenkultur herrscht allgemeine Leichtgläubigkeit, denn auf sie hageln die gegensätzlichen Behauptungen aller philosophischen Schulen, politischen Parteien, Unterhaltungsproduzenten, Zeitungen usw. herab. Je schwieriger es wird, sich in diesem Dickicht zurechtzufinden, um so leichter setzen sich die primitiven, aber mit großem Lärm verkündeten Thesen durch, die sich darauf stützen, daß ihr »demokratischer Charakter« gewährleistet ist, und die die Kompliziertheit der den Experten bekannten Wahrheiten als dummes Geschwätz abtun. Dort, wo tausend zerstrittene Autoritäten sind, gibt es nicht einen, der des vollen Vertrauens würdig wäre, und es entstehen sehr günstige Bedingungen für geistige Scharlatanerie. Das ist bestimmt nicht alles, doch überschreitet es bereits die Grenzen einer wie immer gearteten »Rache des Sacrum«. Überdies – und das möchte ich unterstreichen – erweist sich in diesem Sinne das Sacrum als etwas Sekundäres; primär hingegen ist einfach die Quantität der Information, die der Mensch mit seinem Verstand aufnehmen kann. Sacrum, das ist ein Produkt jener Etappe, in welcher die natürliche Aufnahmefähigkeit der Köpfe nicht überschritten werden konnte. Die Informationslawine hat dieses Limit gesprengt. Aus diesem Grunde ist, nebenbei gesagt, die Epik verschwunden, weil man nicht in einem einzelnen Kunstwerk die allzu komplizierte Welt erfassen kann. War das Sacrum das Opfer dieser Lawine, wie mittelbar auch immer, dann ist das Verlangen nach Vernichtung der diametralen Begriffspaare quasi ein unbewußter Reflex schlecht verstandenen Selbstschutzes vor der Sintflut, vor dem Versinken in der stetig anschwellenden Flut von Informationen. Der Baum dieser Informationen wächst sich zu einem Dschungel aus, und die Liquidatoren bedeutungsgemäß gegensätzlicher Begriffe wollen uns einreden, daß man diesen Dschungel getrost roden und sich so das Leben auf angenehme Weise vereinfachen kann. Die Aufhebung der Differenzierung, der zunehmend amorphe Zustand, gegen den sich Kołakowski selbst mit aller Schärfe wendet, wird hier aus dem Gesichtswinkel der Wirkungen einer einzigen Ursache analysiert – der Verflüchtigung des Sacrum. Das sind aber sehr komplizierte Prozesse.

Die Umwandlungen in der Kultur sind sehr schwer voraussehbar und gleichsam irreversibel. Wollte man Kołakowskis Buch in Millionen Exemplaren drucken und würden es sich alle sehr zu Herzen nehmen, so könnte dies aber gewiß nicht die Auferstehung des Glaubens herbeiführen. Soweit es sich jedoch um die Symptome handelt, ist das eine zutreffende Betrachtung. Der Philosoph hat das Recht, kategorisch zu sein. Das ist eine Mutmaßung, die nicht nach den Regeln einer empirischen Hypothese artikuliert wird, um so mehr, als man nicht weiß, wie eine solche Mutmaßung verifiziert werden soll.

B: Läßt Ihre dezidiert düstere Diagnose der zivilisatorischen Wirklichkeit des 20. Jahrhunderts vermuten, daß wir es bereits mit einer Pathologie der Kultur zu tun haben?

L: Wieder ein schwieriges Problem. Pathologie der Kultur setzt voraus, daß es irgendeine über der Kultur stehende Norm gibt. Gehen wir davon aus, daß wir zur Kultur des Mittelmeerraums in ihrer gegenwärtigen Phase gehören, dann muß man sagen, daß überall die Pathologie der Kultur herrscht. Vielleicht ist das peinlich und seltsam, aber für uns gehört das *tertium comparationis* der Vergangenheit an. Aus dieser Perspektive können wir in Verbindung mit verschiedenen Arten der Degeneration einmal dem Westen, ein anderes Mal unserem Kulturkreis Übles nachsagen. Einschätzungen, wo wir es bereits mit einer Pathologie der Kultur zu tun haben, sind sehr schwierig und riskant. Woher sollen wir wissen, ob wir es im 11. Jahrhundert in China mit pathologischen Erscheinungen zu tun hatten? Welche Meinung werden die Rationalisten und Atheisten über die Epoche haben, in welcher der liebe Gott totgeborene und nicht getaufte Säuglinge zur Verdammnis verurteilte? Wo sind die immanenten und wo die von außen bezogenen Kriterien, nach denen man das hätte beurteilen können? Gegenwärtig haben wir eine Kultur, die an einen fürchterlichen Magen erinnert, der Überreste aller vorher bestehenden Kulturen verschlungen und daraus einen Brei gemacht hat, in dem sie »herumstochert«. Das sieht man an der Massenkultur, wo den Leuten die eigene Religion nicht genügt und sie sich einen Guru suchen.

Ziemt es sich, ohne Kriterien eine Kultur zu »beschimpfen«? So etwas ist sehr riskant, denn das eine Mal zeigt sich, daß es sich um eine Pathologie handelt, das andere Mal ist es keine. Das ist eine zugespitzte Alternative wie etwa jene, daß man von der Straßenbahn abspringen kann oder nicht; aber manchmal kann man es nicht. In jeder Kultur können Erscheinungen auftreten, die man aus einer dieser Kultur immanenten Position als pathologisch ansehen kann oder auch nicht. Doch diesem Begriff sollte man seinen metaphorischen Charakter nehmen, denn die Pathologie ist doch ein aus der Medizin geschöpfter Begriff und bedeutet das Gegenteil von Gesundheit. Ich weiß nicht, worauf die »Gesundheit« einer Kultur beruht. Denkt man dabei an Hitler, dann beruht sie sicher darauf, daß man in Viererreihen marschiert und das Horst-Wessel-Lied singt. Das ist eine schwierige Frage, und man kann keine kurze Antwort darauf geben. Da müßte man ein ganzes Buch schreiben.

B: Wie fühlen Sie sich also in einer so aus den Fugen geratenen Welt?

L: Die unangenehmste Enttäuschung für Leute meiner Art ist es zu erfahren – und das trotz Widerstreben und

Abneigung gegen die menschliche Welt –, daß diese Welt sich zum großen Teil aus Verrückten und Idioten zusammensetzt und daß ihr Schicksal weitgehend von diesen Idioten abhängt. Gewiß, würde die Menschheit nur aus Verrückten und Idioten bestehen, dann würde sich das Leben nicht lohnen. Zum Glück ist das noch nicht so, aber diese Verrückten schaden allen anderen ungeheuer.

B: Wir haben sehr viel über die zugrunde gehenden Werte, über den Niedergang der Wissenschaft, über ungeheure Bedrohungen gesprochen. Aus diesen Diagnosen scheint hervorzugehen, daß der Mensch tauglicher zu destruktiver als zu konstruktiver Tätigkeit ist. Manchmal überlege ich, ob die Drei-Welten-Doktrin des Philosophen Xiarax im »Lokaltermin« nicht ein Körnchen Wahrheit über die menschliche Natur enthält.

L: Auch mich versetzt oft manche Seltsamkeit der menschlichen Natur in Erstaunen. Ich erzähle Ihnen eine Geschichte: Ich erhielt einmal einen Brief von Professor Mueller-Hill vom Institut für Genetik in Köln, dem meine »Provokation« in die Hände gefallen war, und er war erstaunt über die Konvergenz bestimmter dort geäußerter Auffassungen mit einer Arbeit, die er geschrieben hatte und die er mir gerne zeigen wollte. Als ich nach Berlin fuhr, schickte er mir dieses Buch. Es gehört zum Entsetzlichsten, das ich je gelesen habe. Er analysiert die Rolle der deutschen Psychiater, Psychologen und Anthropologen in der Hitlerära. Unter Zuhilfenahme einer äußerst gewissenhaft zusammengestellten Dokumentation, mit Zitaten, einer reichen Bibliographie, zeigte er, daß die Psychiater und Anthropologen sich nicht nur aller Einwände gegen die Naziideologie enthielten, sondern mit einem Einsatz, der einer besseren Sache würdig gewesen wäre, die Sterilisierung und Ermordung selbst rein arischer Geisteskranker in den eigenen Kliniken betrieben. Und sie machten das mit einem solchen Eifer, daß der Moment kam, wo sie feststellen mußten, daß sie den Ast, auf dem sie saßen, absägten, denn die Familien der Geisteskranken hörten auf, ihre Angehörigen der Obhut der Psychiater zu überantworten. Es hatte sich einfach herumgesprochen, daß in den Privatkliniken gemordet wurde.

Der Autor malte ein entsetzliches Bild, das mich, der die Besatzung überlebt und für derlei Publikationen Interesse hat, betroffen machte. Der Übereifer dieser Leute im Ärztekittel führte dazu, daß sie zu den Anstiftern der in allen Einzelheiten ausgeführten Vernichtungskonzepte wurden, die sich durchaus nicht auf Juden oder Zigeuner beschränkten. Diese Wissenschaftler taten weit mehr, als Himmler und Hitler sich von ihnen erwarten durften. Als dann die Amerikaner kamen, begingen die bekanntesten unter ihnen Selbstmord, doch die Mehrzahl hat sich gegenseitig reingewaschen, sie stellten einander Zeugnisse für die Entnazifizierung aus und blieben bis heute glücklich auf den verschiedenen Lehrstühlen sitzen. Vielleicht daß sie sich zur Zeit der intensivsten Entnazifizierung, noch von den Amerikanern durchgeführt, irgendwo »in die Büsche schlugen«. Es ist charakteristisch, daß diese Arbeit nicht publiziert werden konnte und erst jetzt, wo die Leute in Pension gehen, so etwas denkbar ist.

Diese Professoren und Privatdozenten hinterließen unauslöschliche Spuren in der Form von Nazimaterialien, die vervielfältigt wurden und ihre Unterschrift tragen. Es kam so weit, daß Himmler sie zügeln mußte (Lachen). Die einzige gesellschaftliche Autorität, die sich dem entgegenzustellen trachtete, war die katholische Kirche, weniger die evangelische. Das ist völlig unerklärlich. Selbst so großartige Persönlichkeiten wie Nobelpreisträger Max Planck haben nicht protestiert, als man die Juden aus den wissenschaftlichen Instituten hinauswarf. Planck protestierte erst, als seine wertvollsten Mitarbeiter aus dem Kaiser-Wilhelm-Institut entfernt wurden. Soweit das aber den Verwaltungsapparat betraf, führte er die Anweisungen sehr pünktlich und genau aus. Er führte sie aus, aber zum Glück zeigte er keine Initiative. Hier muß man also eine Unterscheidung vornehmen.

Ich wechselte mit Professor Mueller-Hill einige Briefe. Einmal schrieb ich ihm, es gebe, so schrecklich das sein mag, keinen Zweifel daran, daß dann, wenn der historische Augenblick, stets stimuliert durch die eine oder andere ideologisch oder anderswie motivierte Macht, einen bestimmten »Freiraum« für destruktive Handlungen schafft, sich auch immer sehr viele Leute finden – auch solche mit höchsten wissenschaftlichen Titeln –, die mit Feuereifer in diesen Freiraum eindringen. Sie werden nicht nur das tun, was man ihnen befiehlt, sie werden sich nicht bloß auf Zwang und Druck berufen, sondern aus eigener Initiative die »Mord«-Schraube anziehen. Diese nicht einmal auf Eigennutz beruhende destruktive Tätigkeit scheint in diesem Licht eine dem Menschen innewohnende Eigenschaft zu sein. Sie ist, ich sage nicht, in allen, aber in soziologischen Kategorien latent verborgen, und sie tritt immer dann in Erscheinung, wenn ein Verbot aufgehoben wird, wann immer sich eine solche Gelegenheit bietet. Diese Leute füllten, wie Mueller-Hill nachwies, diesen Freiraum mit Scheußlichkeiten, die niemand von ihnen verlangte, niemand anordnete und die oft sogar mit ihren wissenschaftlichen und ihren Lebensinteressen in Widerspruch standen. Das ist erschreckend. Ging es doch nur darum, das Recht auf legale Quälerei, Sterilisierung und Ermordung von Menschen zu erhalten, die man unter dem Schutz der Wissenschaft ausübte. Es kam sogar so weit, daß sich in den vierziger Jahren der Zulauf des besten Teils der intellektuellen deutschen Jugend zum psychiatrischen Fach deutlich abschwächte, denn es hatte sich herumgesprochen, daß dies ein Fleischhauerberuf war.

Bei der Gelegenheit schrieb ich, daß es auch bei uns unter dem Deckmantel des Kriegsrechts nicht an Leuten fehlt, die ebenfalls ohne jegliches Eigeninteresse zu vernichten suchen, vielleicht nicht Menschenleben, aber die Kultur. Zum Beispiel literarische Zeitschriften und andere Dinge, die sie überhaupt nicht störten oder ihnen Schaden zufügten, doch dies ist der Ausfluß der *selbstlosen* Vernichtungsleidenschaft, die ihnen absolut nichts einbringt. Diese Destruktion können sie nur realisieren, indem sie sich einer offiziell obligatorischen oder von der Ideologie sanktionierten Terminologie bedienen, ungeachtet dessen, wie sehr diese bereits mißbraucht wurde. Ich bin mir natürlich im klaren über die erschreckende Disproportion zwischen den Mordtaten der deutschen Wissenschaft und der Tätigkeit drittrangiger Skribenten und Graphomanen, doch ich denke, daß auch in dieser Form die latente Tendenz zur Vernichtung von Werten manifest wird. Hier muß es gleichsam eine Quelle der Befriedigung für jene geben, die das tun.

Die Lektüre war also für mich sehr wichtig, wichtiger als die »Provokation«, an die ich selbst nicht glaubte, als ich in der Person des von mir erfundenen deutschen Autors den Lagerhenkern irgendwelche »höhere«, aus dem Bereich der »schwarzen Messe« kommende erhabene Begründungen für ihren Genozid unterschob. Das ist für mich bedeutend schrecklicher. Über diese Mordlust des Menschen habe ich mir niemals so klar Rechenschaft abgelegt. Das gehört zweifellos zum Wesen des Menschen. Möglicherweise läßt sich vieles von dem, was die Geschichte der Inquisition ausmacht, auf ähnliche Weise erklären. Das Vergnügen, das Menschen, die so handeln, empfinden, ist in dem Maße größer, wie ihr Vorgehen den offiziellen Segen hat. Gewiß ist das Quälen, die Vernichtung von Werten, das Morden – großartiger mit dem Heiligenschein des edlen Propagandisten als feiger Meuchelmord, Mord oder Vergewaltigung im Keller. Das Vergnüglichste an diesen Taten ist nicht, wenn sie auf eigene Faust unternommen werden, sondern wenn man sie im Glanz der Ideologie, des Rechts, der Religion oder des totalitären Staates begeht. So ein Mensch kann, nicht genug, daß er – um es in einer modernen Sprache auszudrücken – seine geheime Libido befriedigt, gleichzeitig dafür Auszeichnungen, Lob und Belohnungen verlangen.

Ich weiß freilich nicht, ob das eine Konstante der menschlichen Natur ist. Jede über das Historische hinaus artikulierte Hypothese ist zweifelhaft und riskant. Ich glaube, daß sie zulässig ist, aber durchaus nicht zwingend, und es drängt sich gar nicht als einzige Hypothese auf, daß gerade jene so handeln, die nichts Besseres anzufangen wissen. Denn wenn man in schöpferischer Weise nicht positiv wirken kann, dann taucht hier eine Möglichkeit auf, in dieser Weise negativ zu wirken. Das heißt: Schlachten, denn das ist angenehm. Und die Begründungen sind etwas Sekundäres; man kann sie jederzeit nachliefern.

B: Sie sagen wirklich entsetzliche Dinge. Sehen Sie denn überhaupt irgendeine Chance für eine harmonische Entwicklung der Menschheit?

L: Nein, ich sehe keine.

B: Und welche Bedingungen wären zu erfüllen, damit das möglich wird?

L: Das steht im »Golem«. Mein Computerphilosoph sagt, daß der Mensch sich von Grund auf ändern muß, doch ist zu befürchten, daß er dann vielleicht schon aufhört, ein Mensch zu sein. Die harmonische Entwicklung der Menschheit, das ist für mich so etwas wie die Quadratur des Kreises.

B: Und welche Chancen bestehen für eine biotechnische Umstrukturierung des Menschen?

L: Im Augenblick gar keine, weil sie ein Wissen voraussetzt, das wir noch immer nicht besitzen. Man kann nicht eine Struktur, die man noch nicht kennt, umstrukturieren.

B: Das läuft darauf hinaus, daß der Mensch ohnehin quasi allzufrüh verschiedene Kräfte, die Atomkraft an der Spitze, sich angeeignet hat.

L: Eine solche Auffassung gibt es. Das ist so, wie wenn man ein Kind in der Pubertät statt in die Kirche in ein abscheuliches Bordell führt. Betrachtet man diese Frage aus einer größeren Perspektive, dann kann man sich unmöglich vorstellen, wann diese tiefere Erkenntnis über die in der Natur schlummernden Kräfte eintreten sollte, um gelten lassen zu können, es sei nicht zu früh, sondern gerade »zur rechten Zeit«. Diese Fähigkeit – von der Sie zuvor sprachen –, die eigene Entwicklung zu bestimmen, werden wahrscheinlich die Menschen im 21. Jahrhundert besitzen, und dann werden die gescheiten Kritiker ohne Zweifel ebenfalls im Chor aufschreien, daß dies verfrüht sei. Natürlich bringt das nichts, und die Menschheit wird weitermachen.

B: Reizend, wunderbar, ich hoffe, daß ich das nicht mehr erlebe. Sie zeichnen so pittoreske Perspektiven, daß man sich gar nicht richtig wohl fühlt auf dieser wunderschönen Erde. Es sieht wahrhaftig danach aus, als wären wir vollständig »blockiert«. Bitte, jetzt sagen Sie mir also nur, ob wir von der Erforschung des Kosmos noch irgend etwas zu erwarten haben?

L: Gegenwärtig sieht es so aus, daß alle Mittel von den Vorhaben verschlungen werden, die eindeutig militärischen Charakter haben. Und das wird in der Zukunft geschehen, die nicht in Jahren, sondern in Jahrzehnten gezählt wird. Das versperrt in gewissem Sinne alle Weiterungen, weil alles, was einer umfassenderen Erforschung dienen sollte, sich von den Krumen, die vom Tisch der Rüstung fallen, wird nähren müssen.

B: Aber die Rüstungsindustrie braucht doch neue Rohstoffe, und gelegentlich könnte doch etwas für die normalen Leute »abfallen«?

L: Die Vorstellung, wir könnten von dieser Erschließung etwas im Sinne von Rohmaterial oder Brennstoff haben, ist falsch, und das wird lange so bleiben, in Anbetracht dessen, daß wir uns auf dem untersten Boden des sogenannten »Gravitationstrichters« befinden, dessen Bewältigung allzu kostspielig ist. Selbst wenn die Mondoberfläche mit dicken Schichten 50karätiger Brillanten bedeckt wäre, würde ihre Erschließung sich nicht auszahlen, da die Transportkosten höher wären als der Wert der Edelsteine. Wir kennen nichts, was an Gewicht und Volumen kostspieliger wäre als Brillanten, und da wir die ganze Mendelejewsche Tabelle kennen, dürfen wir uns von der Erschließung geologischer und mineralogischer Art nichts erwarten. Viel erwarten können wir uns aber in den Kategorien der Entstehung neuer Berufe oder Arbeitsplätze und auch von neuen Wissenszuwächsen, die jedoch keinen unmittelbar praktischen Nutzen bringen. Mit Hilfe der Sputniks können wir große Planeten erforschen, vor allem Saturn und Jupiter. Eigentlich werden wir nichts davon haben, aber es ist interessant.

B: Und wie sieht es mit der Möglichkeit aus, einen Teil der Industrie in die Planetenbahn zu transferieren, was übrigens Ihre Konzeption ist?

L: Diese Konzeption erscheint mir heute wenig wahrscheinlich, wenngleich das Weltall so groß ist, daß man es selbst dann, wenn man es als Kloake und als Müllhalde benützt, nicht verunreinigen könnte. Will man also das ökologische Gleichgewicht auf der Erde nicht ruinieren, kann man sich solche Fabriken vorstellen, doch sie müßten vollautomatisiert sein, denn wie Stanisław Lem im »Lokaltermin« treffend sagte, ist die Kosmonautik einer langjährigen Gefängnishaft sonderbar ähnlich. Zwei Jahre braucht es, um zum nächsten Planeten unseres Sonnensystems zu fliegen, was vier Jahre Gefängnis bedeutet. Und das wäre ein sehr sicheres, denn aus dem bestbewachten Gefängnis kann immer jemand entfliehen, aber aus der Rakete entkommt keiner.

B: Ebenso abschlägig könnte die Frage nach der Kolonisierung der Planeten beantwortet werden?

L: Die ist in hohem Maße unwahrscheinlich. Irving und Mallory (die auf dem Mount Everest umkamen) wurden einmal gefragt, warum sie die Berge des Himalaja besteigen. Sie sagten: »Weil es sie gibt.« Zweifellos ist das die richtige Antwort auch im Hinblick auf die Sterne und Planeten. Aber die Mittel, die zur Erschließung des Himalaja aufgebracht werden müssen, sind von einer Größe, für die sich stets Gönner finden; um aber die Menschheit in den Weltraum zu bringen, bedarf es aller Schätze der Erde. Und wenn die Menschheit sich weiter dem Militärspiel hingeben wird – und zweifellos wird sie das –, dann ist von Forschungen keine Rede mehr.

Dennoch kann ich mir vorstellen, daß Forschungen in der Zukunft vor sich gehen und mehr oder weniger die erwarteten Resultate bringen werden. Das mag aber in jener Ära erfolgen, wo der Großteil der Arbeit auf der Erde bereits automatisiert wurde. Überdies kann das nicht den Charakter der Verlegung der industriellen Reservearmee in die Umlaufbahn der Erde bedeuten. Der Mars wird nicht das sein können, was für Rußland Sibirien war.

In einer ferneren Zeit sehe ich die Entstehung einer planetarischen Technik als möglich, die sich mit einer solchen Umgestaltung der Planeten befassen wird, daß Menschen auf ihnen leben können. Offen bleibt, ob das nach den ökonomischen Prinzipien, wie wir sie heute verstehen, rentabel wäre. Ich nehme an, nach den heutigen Regeln zweifellos nicht, weil die anfänglichen Investitionen größer wären als die Gewinne, die man erlangen könnte. Ich glaube aber nicht, daß die heutigen ökonomischen Gesetze ein für allemal von Gott gegeben sind und daß man die Dinge immer so betrachten wird wie heute und nicht anders. Man kann ja sagen, daß der Weltraum eine Quelle unerschöpflicher Energie ist und daß man sehr aufwendige Einrichtungen so bauen kann, daß sie so gut wie gar nichts kosten. Wie man weiß, genügt gewöhnliche Onanie zur Erzeugung von einigen Milliarden Spermien, von denen jedes einen fertigen Entwurf der selbstrealisierenden Verwirklichung des Menschen enthält. Wenn die Kosten der steuernden Mikroprozessoren von einer ebensolchen Größenordnung, das heißt fast Null, sein werden, dann steht dem nichts im Wege. Natürlich kann heute weder der Osten noch der Westen diese ökonomischen Kriterien anwenden, aber alles ist in dieser wunderlichen Welt möglich. Obwohl die Möglichkeit, daß die Menschheit durch das Nadelöhr, das sie sich schafft, hindurchgeht, sehr gering ist, und sie wahrscheinlich stranguliert oder in einem Autodafé verbrannt wird, so sollte diese Möglichkeit dennoch aus unseren Prognosen nicht von vornherein ausgeschlossen werden. Dann wird es Gewinne geben, die sich in den Kategorien der Profite irdischer Banken und Monopole gar nicht errechnen lassen. Ja, das scheint mir durchaus möglich.

Eine andere Sache ist aber die Frage der zukünftigen Technologien. Sie müßten eine ganz andere Form annehmen, denn sollte man eine Forschungs- oder eine auf Gewinn orientierte Einheit schicken, dann müßte das eine Art autonomer oder autarker Gigant sein. Es müßte auch eine so universale Technologie sein wie der Mensch in seiner Umwelt: geht selbst, ernährt sich selbst, atmet selbst, sorgt für sich selbst, repariert sich selbst, braucht weder Rohstoffe noch energetischen Nachschub. Und nicht der Anthropomorphismus, als menschliche Inkarnation verstanden, würde solche Gebilde formen – diese zwangsläufig gigantische planetarische technische Anlage –, sondern die Bedürfnisse würden das herbeiführen, die von dem Umstand diktiert werden, daß eine solche Anlage selbstgenügsam sein *muß*.

B: Nun die letzte Frage über das Kosmische. Ich persönlich glaube überhaupt nicht daran, aber man würde mich umbringen, wenn ich nicht nach eventuellen Chancen gefragt hätte, aus der Klemme unserer Zivilisation mit Hilfe anderer auszubrechen.

L: Kontakte mit anderen Zivilisationen halte ich für ganz unwahrscheinlich. Stellen wir uns vor, daß wir uns mit der assyrischen Zivilisation, mit den Ureinwohnern Australiens oder mit jenen Indianern verständigen, die die *pueblos* in Mittelamerika bauten. Was könnten wir uns Interessantes zu sagen haben? Könnten wir sie mit etwas glücklich machen, wofür sie uns nicht bis ins zehnte Geschlecht verfluchen würden? Was können wir von ihnen erfahren? Ich weiß es wirklich nicht.

Jemand wird sagen, daß wir über Technologien verfügen, um mit primitiven Kulturen zu kommunizieren. Deshalb sollten wir uns mit dem Hof des »Sonnenkönigs« in Verbindung setzen. Nichts als Entsetzen würden wir dort erwecken. Was sollen wir dort einführen? Unsere abscheulich überfüllte, stinkende und uniformierte Welt, die einen an die Nivellierungskonzepte eines Witkacy denken läßt?

Und denken wir doch daran, daß die Unterschiede zwischen der Zivilisation der Erde und den hypothetischen Zivilisationen anderer Planeten hundertfach größer sein müßten als zwischen der babylonischen und unserer Zivilisation. Könnte sein, daß sie dort irgendwo das Gequietsche unserer Fernsehapparate hören und mit den Achseln zucken: Was wir ihnen schon zu bieten haben!

B: Vielleicht kehren wir jetzt von diesem Ausflug auf den traurigen Boden unserer permissiven Gesellschaft zurück. Als die Futurologie noch ganz »gesund« erschien, hat man dem Problem der Automatisierung der Produktion, die die Menschen aus ihren Arbeitsstätten vertreibt, viel Raum gegeben. Vor einer Weile haben Sie das auch erwähnt, als Sie von der Unterbringung der industriellen Reservearmee im Weltall sprachen. Wenn ich recht verstehe, ist dieses Problem gar nicht zusammen mit der Futurologie aus der Welt geschafft, sondern scheint sich langsam zu verschärfen. Was soll auf längere Sicht mit diesen Arbeitslosen geschehen?

L: Die Fortschritte der Wissenschaft und Technik sind nicht meine märchenhaften Einfälle, die keine Basis in der Wirklichkeit haben; sie stellen eine Art Wirklichkeit dar, die eigentlich von der ganzen Weltliteratur notorisch ignoriert wird. Die Literatur nimmt das nicht zur Kenntnis. Und wenn sie es tut, wird sie sogleich als Science-fiction bezeichnet, und das Problem ist scheinbar vom Tisch. Indessen ist es gar keine Science-fiction, daß die Roboter für die amerikanische Wirtschaft zu einer Bedrohung wurden und die amerikanische Autoindustrie in Schwierigkeiten brachten. Die Selbstkosten bei der Produktion des Autos sind in Japan einfach niedriger, da der Produktionsprozeß dort schneller auf Computer umgestellt wurde. Und obendrein erwies sich, daß diese Roboter sich durch eine unwahrscheinliche Universalität auszeichnen, denn wenn wir eine Drehbank haben, so ist sie nur dazu geeignet, eine sehr eng begrenzte Serie von Arbeitsvorgängen auszuführen, während so ein Roboter ein Programm, etwas größer als eine Kassette, besitzt, das, ausgetauscht gegen ein anderes, bewirkt, daß die Maschine nicht mehr Automotoren zusammensetzt, sondern Tische oder Globusse herstellt. Die Maschine bleibt also die gleiche, nur das Programm ändert sich. Das ist wirklich eine industrielle Revolution. Ihre Folgen sind unabsehbar.

Vor allem sieht man schon jetzt die zunehmende Unabhängigkeit von den sogenannten Gesetzen des Arbeitsmarktes. Der Computer, der die Fertigungsstraße steuert, die Vorrichtungen, die am Montageband in Betrieb sind, sie können volle vierundzwanzig Stunden in Gang sein und beklagen sich nicht darüber. Natürlich müssen sie gewartet werden, man muß bestimmte Investitionen tätigen, um ihre Leistungsfähigkeit zu erhalten, doch sie bedürfen keiner medizinischen Betreuung, brauchen keinen Urlaub, keine Sozialleistungen usw. Das ist quasi ein Beginn der Liquidierung des Proletariats, der Arbeitsarmee oder der Arbeiterklasse, zusammen mit den Technikern und allen, die nicht schöpferisch arbeiten, von denen Wiener in »Human use of Human beings« schrieb und vor ihm noch Stanisław Lem in seinen Phantastereien. Wir haben also eine liberal-demokratische Gesellschaft, im Prinzip auf kapitalistischer Grundlage, aus der die qualifiziertesten und die unqualifiziertesten Arbeitskräfte allmählich verschwinden. Alle Berufssparten, in denen die Praktizierung unschöpferischer Wiederholung geistiger oder physischer Tätigkeiten ausreicht, können vollautomatisiert werden. Das ist heute bereits eine völlig reale Angelegenheit. 95 Prozent der Büro- und mit der Großindustrie verbundenen Arbeit lassen sich auf Computer umstellen.

B: Es gibt Leute, die aus ganz anderen Gründen vor einer solchen Automatisierung sehr große Angst haben.

L: Ich kann mir denken, worum es geht. Erst kürzlich kam es sogar dazu, daß ein Roboter beinahe einen Techniker umgebracht hätte. So ein Roboter sieht aus wie eine Spinne, meistens – ich weiß nicht, warum – ist er gelb bemalt, er hat visuelle Fühler, die ihm bei der Wahl und Zusammensetzung der einzelnen Teile helfen. Da hatte er eben einen Defekt und »behandelte« den erwähnten Techniker liebevoll, indem er versuchte, ihn zu umarmen und an sich zu drücken. Ganz bestimmt hätte er ihm sämtliche Rippen gebrochen, doch zum Glück ist der zur Seite gesprungen. Offenkundig ein gewöhnlicher Defekt und keine Frankensteinsche, in die Maschine implantierte Mordabsicht. Keine andere Absicht jedenfalls, als wenn eine Lokomotive jemanden überfährt.

B: Wir werden auch Leuten begegnen, die einfach die Überlegenheit des *Homo sapiens* über den Computer-Automaten nachweisen.

L: Und selbstverständlich ist das sinnlos, denn die Maschine kann man nur als Maschine behandeln. Deshalb kommt es manchmal zu sonderbaren Ausartungen. Es gibt zum Beispiel Leute, die mit hohen Kosten Programme für Schachspiele herstellen, nur um die prominentesten Schachspieler zu ärgern, die behauptet haben, daß die Maschine einen hervorragenden Schachspieler niemals besiegen wird. Das ist eine billige Genugtuung, denn man weiß, daß die Maschine sich hier, in psychischen Kategorien, genauso verhält wie eine Zugmaschine. Die Zugmaschine ist immer physisch stärker als der Mensch. Das ist kein Privileg für sie; ich bin im Nachteil, daß ich nicht die Maschine ziehen, sie aber mich mit Leichtigkeit ziehen kann. Ich sehe keine Ehre für den Konstrukteur in der Tatsache, daß er eine Maschine gebaut hat, die 360 000 Verrichtungen pro Sekunde zustande bringt und sämtliche alternativen Züge berücksichtigt, die sich ein Schachspieler sein ganzes Leben lang nicht ausdenken kann. Freilich, wenn sie imstande wäre, ebenso intuitiv und klug wie der Schachspieler ihr Ziel anzustreben, dann lobe ich sie mir gewiß, denn dann beginnen wir uns der Schaffung eines »Geistes« in der Maschine zu nähern. Solange es das nicht gibt, ist es der Maschine egal, ob sie gewinnt oder verliert, und sie hat nur die brutale rechnerische Leistung anzubieten.

B: Kehren wir aber zu unserem Thema zurück. Wir sehen die Gefahr des Arbeitsverlustes für eine enorm große Zahl von Menschen, die von den Unterstützungen aus der Hand der Regierung in mäßigem Wohlstand leben und sehr viel Zeit haben werden. Und was dann? Soll man Ihren beiden jüngsten Büchern Glauben schenken, dann wird die anarchistische Strömung wachsen, wird der Terror sich verstärken, die Menschen verlieren die Motivation zu leben. Im »Lokaltermin« gibt es Rückblicke, wo über den entsetzlichen Zerfall der entianischen Zivilisation berichtet wird, der aus Verzweiflung eine ethikosphärische Zwangsjacke angelegt wurde. Ob uns das ebenfalls erwartet, wenn wir uns nicht vorher zusammen mit dem ganzen Erdball in die Luft jagen?

L: Wenn ein Großteil der Gesellschaft über jene Freizeit verfügen, wenn die Arbeitslosigkeit für große Teile der Bevölkerung zur Normalsituation werden wird, vorausgesetzt natürlich, daß energetische Verfahren und Quellen vorhanden sind, um Millionen Menschen den materiellen Wohlstand zu erhalten, dann taucht wirklich die Frage auf: Was tun? Die Erfahrung lehrt, daß viele Leute gerne nichts tun würden, aber für den größeren Teil der Menschheit ist das eine Quelle kolossaler Frustration. Die Frage, wodurch die klassischen Lebensmotivationen ersetzt werden können, wird in diesem Moment zu einem erstrangigen Problem.

Wenn die Gesellschaft vorzüglich zufriedengestellt ist, wenn alles erlaubt ist, wie es sich für eine permissive Zivilisation gehört, wenn schließlich die verinnerlichten Werte fallen, dann beginnen sich wirklich die Frustrationen herauszubilden, die wiederum zu nihilistischen Einstellungen führen. Hier kommt es dann zu mystifizierten Handlungen. Ich meine damit das mystifizierte Bewußtsein im Sinne von Marx, der schrieb, daß man etwas tut, während man glaubt, etwas ganz anderes zu tun. Zweifellos haben viele terroristische Bewegungen durchaus lautere Intentionen, und deshalb gibt es in meinem Buch auch eine solche ehrsame Terroristengruppe, die den Golem als die größte Bedrohung des Menschengeschlechts in die Luft zu sprengen versucht. Sie alle, die zerstören, um den bestehenden Zustand zu retten oder in ein wunderbares Arkadien zurückzukehren – wie jene Ludditen, die im 19. Jahrhundert die Dampfmaschinen zerstörten –, die sich der allgemeinen Entfremdung des Menschen von der Sphäre der im weitesten Sinne verstandenen Produktion entgegenstellen, haben mystifizierte Programme – teilweise oder vollständig fingiert. Wichtig ist nicht, mit welchen Programmen sie agieren, sondern daß sie die Zerstörung der technischen Einrichtungen, Strukturen und Entwicklungstrends anstreben.

Die Ethikosphäre hätte eine Art Sicherheitszwangsjacke sein sollen – unsichtbar, sanft, sanfter als dieser Kriegszustand, den die Regierung uns anbot, um es nicht zur totalen Entfremdung kommen zu lassen. Ich ging also von der begründeten Annahme aus, daß Vernunftwesen sich in dieser Zwangsjacke sehr unglücklich fühlen werden und daß deren ungewöhnlich diskrete Wirksamkeit ihre kolossale Frustration kaum abschwächen wird. Ich nahm auch an, daß Tätigkeiten wiederaufgenommen werden, welche die Sprengung dieser unsichtbaren Fesseln zum Ziel haben, und auch, daß eine solche Opposition im gleichen Maße rational wie irrational handeln wird. Dieses Grundgesetz wird uns bereits von der klassischen Literatur geschildert, denn wir finden es in Dostojewskis »Aufzeichnungen aus einem Kellerloch«. Wenn wir schon alles haben und der Mensch in den Kristallpalast getrieben wird, dann wird er, da er nichts anderes mehr tun kann, verrückt. Mit seinem Wahnsinn drückt er seine Freiheit aus.

Das heißt aber nicht, daß die Menschen – wenn es ihrer fünf oder acht Milliarden geben wird – im psychiatrischen Sinne verrückt werden und daß ihr Verhalten sich nicht anders denn als wahnsinnig qualifizieren läßt. Es bedeutet, daß es nicht genügt, die Gelegenheiten zur Gewalttätigkeit zu vereiteln, die die Zerstörung des Status quo bezweckt, der als schändlich oder als Verletzung der Menschenwürde angesehen wird; es genügt nicht, ihnen das unaufhörliche Herumreisen und Kopulieren mit schönen Weibern oder deren androiden Simulatoren zu ermöglichen; das alles zusammen genügt nicht. Auch hier kommt eine Konzeption zum Vorschein, die als weitere Möglichkeit im »Lokaltermin« nahegelegt wird, damit eine Art höhere Phase der Ethikosphäre entsteht, die nicht nur als prophylaktische, antiterroristische Einrichtung agiert, sondern die Menschen auch in der Weise zufriedenstellt, daß sie deren Wünsche, Leidenschaften sowie das für die Persönlichkeit charakteristische Temperament und Gepräge insgeheim erforscht und dann jedem ein solches Schicksal zubestimmt, das ihm am besten entspricht. Das wäre eine Art großer künstlerischer Lebensregie und -gestaltung.

B: Diese Geschichte klingt wie aus einem Märchen, so weit entfernt ist der Horizont, aber wenn wir schon hypostasieren, dann habe ich eine Bemerkung. Vor allem nehmen auch Sie Zuflucht zur Methode »ein Keil treibt den anderen«, d. h., ein Heilmittel gegen ein durch die Technologie herbeigeführtes Gebrechen wird eine neue Technologie. Ist sie aber tatsächlich besser? Vor allem kann man niemandem ein Schicksal so »auf den Leib schneidern«, daß es hinhaut wie die Faust aufs Kinn, und zweitens hören die Dilemmas des Menschen im Kristallpalast der Vollkommenheit nicht auf, denn er wird sich über die Kryptokratie klar sein. Wenn er sich dessen bewußt wird, daß sein Schicksal kein echtes, sondern ein gesteuertes ist, dann wird er völlig wahnsinnig.

L: Ich werde Ihnen darauf antworten: Ich habe meine Frau kennengelernt, weil ich ein junges Mädchen an der Medizinischen Fakultät kennenlernte, mit der ich gemeinsam wegen eines Skriptums zu einem weiteren jungen Mädchen ging, die nun seit 31 Jahren meine Frau ist. Wir empfinden überhaupt keinen Abscheu dabei, daß eine Zufallsserie von rein lotteriehaftem Charakter letztlich unser Schicksal bestimmte. Würde sich hingegen herausstellen, daß irgendein mächtiger Computer unsere Schritte so gelenkt hat, dann wären wir sicher angewidert.

Sie wissen ja wohl, daß es bereits Heiratsinstitute gibt, die mit Computer arbeiten, wo die Kandidaten psychologischen

Tests unterworfen werden, und dann wird mittels Korrelation errechnet, ob die gegebenen Paare zusammenpassen. Es bestätigt sich bereits, daß derart vermittelte Ehen größere Chancen auf Dauerhaftigkeit haben als bei Anwendung der »klassischen« Methoden. Von einem rationalen Standpunkt her wäre daran nichts auszusetzen. Gewiß ist das besser als eine Brautwerbung unter Berufung auf Familieninteressen, Vermögenszusammenlegung usw. Indessen steckt in uns irgend etwas, das uns eine Lenkung durch eine Maschine ablehnen läßt, die unser Wohl berücksichtigen möchte, und lieber vertrauen wir uns einem biologischen Schicksal an, das nichts anderes ist als eine Serie von Zufällen. Vielleicht ist das ein Vorurteil, das aus der Vergangenheit stammt. Ich will frei sein! Hier befinden wir uns bereits an der Kreuzung, wo die Philosophie vom Menschen und eine im weitesten Sinn verstandene Anthropologie mit den vom Menschen herbeigeführten Fortschritten in Wissenschaft und Technik aufeinandertreffen.

B: Und es läuft doch darauf hinaus, daß wir mental dem Niveau der von uns beherrschten Technik nicht gewachsen sind. Sagen Sie mir also bitte, für welche Seite Sie sich aussprechen: für Golem, das heißt für eine ungezügelte Technologie, oder für die Terroristen und damit für die Menschheit, die mit der Technologie nicht Schritt hält. Alles weist darauf hin, daß Sie für «Go-Lem« sind.

L: Ich würde den Ast absägen, auf dem ich sitze, wollte ich mich auf die Seite der Maschinen schlagen, die die Denkarbeit des Menschen übernehmen. Ich kann nicht sagen, daß ich ausschließlich auf seiten Golems bin, denn das wäre Wahnsinn. Ein bißchen bin ich auch auf seiten dieser Hussiten, ein bißchen – jedenfalls begreife ich die Gründe ihres Handelns.

B: Und warum setzen Sie nicht einfach eine Möglichkeit voraus, daß die Entwicklung der Technologie und der Automatisierung in einer ihrer Phasen aus Rücksicht auf die Menschheit, vor der sich die von Ihnen skizzierten Perspektiven auftun, aufgehalten werden könnte, wobei niemand imstande sein wird, ihr eine wunderbare Illusion ihres Lebensverlaufs anzubieten?

L: Für mich unterliegt es keinem Zweifel, daß der langfristige Trend der Vertreibung des Menschen aus zahlreichen Lebensnischen bereits begonnen hat und fortschreitet. Wir sehen das nur deshalb nicht, weil wir in die schrecklich tiefe Höhle der Zivilisation gefallen sind, von wo aus man nur die Wände sehen kann. Man weiß tatsächlich nicht, was mit dieser Armee von der Arbeit befreiter Menschen anzufangen ist. Es ist nicht wahr, daß alle Menschen zu schöpferischer Arbeit befähigt sind und man aus jedem den kreativen Funken schlagen kann. Das ist tatsächlich verhängnisvoll. Mich beschäftigte jedoch eine Lösung, die nicht die völlige Paralysierung der technischen Fortschritte voraussetzt, zur Rettung der Arbeitsplätze für Leute, die durch die technische Entwicklung aus ihnen verdrängt werden. Warum? Eines der Motive ist offen gestanden jenes, daß Menschen vieles nur deshalb machen, weil sie es gerne tun. Eine dieser Berufungen ist die Bereicherung der Wissenschaft; den Verzicht darauf also, Bretter zu schneiden und Ziegel zu legen – was die Maschine ebenso gut machen kann –, würde ich als Verspottung und Erniedrigung der menschlichen Würde betrachten. Was heißt das, wir dürfen uns nur deshalb nicht entwickeln, weil man die »Hilfsarbeiter« retten muß?

Dieses Problem läßt sich noch breiter ausführen. In der »Summa Technologiae« habe ich mich mit den durch meine Denkkapazität erfaßbaren Zukunftschancen der instrumentalen Tätigkeit befaßt, ohne Rücksicht darauf, ob diese Pilotenarbeit unangenehme oder angenehme, beglückende oder verderbliche Resultate erbringt.

B: Sie eilen meiner Frage voraus.

L: Die Sache ist die: Wenn die Zivilisation erst einmal den technologischen Weg beschreitet, wird die Technologie zur Variablen, die unabhängig vom Willen der einzelnen ist. Jede Phase der bereits erreichten technischen Leistungsfähigkeit eröffnet Chancen zur Erreichung der nächsten Phase, und die Reihenfolge, in der Entdeckungen gemacht werden, hängt nicht davon ab, ob ihre Ergebnisse nützlich oder todbringend sind, sondern von dem bereits erworbenen Wissen, oder, anders gesagt, die Reihenfolge der instrumentalen Errungenschaften wird bestimmt von den Gradunterschieden in der

Schwierigkeit, sie zu erlangen. Die Meinung, es wäre z. B. nicht zur Freisetzung der Atomenergie gekommen, wären nicht Bohr, Lisa Meitner, Einstein und Curie-Skłodowska gewesen, wären sie alle in ihrer Wiege gestorben, ist irrig. Diese Entdeckungen hätten dann andere Wissenschaftler gemacht, denn sie waren im Prozeß des Anwachsens der empirischen Wissenschaft gewissermaßen im Kern angelegt. In der »Summa Technologiae« befaßte ich mich nicht mit ethischen Fragen – ob die Atomenergie hätte freigesetzt werden sollen oder lieber nicht, ob es sich ausgezahlt hat, Maschinen geistige Arbeit zu übertragen, die bis dahin ausschließlich von Menschen vollbracht wurde, ob die eine Supermacht die andere mit einer neuen Waffe vernichten kann, denn um irgend etwas zu tun (und vorher den ethischen Aspekt der Tat zu erwägen), muß man die realen materiellen Mittel besitzen. Die Entwicklung unseres Wissens läßt sich in einer antagonistischen Welt nicht auf Befehl einfrieren, und jede andere Welt wäre in unserer Epoche ein Phantom. Der Mensch legt sich bei seinen Erkenntnisfortschritten keine Beschränkungen auf, weil sein Impetus weder den Entscheidungen einzelner Gelehrter noch einzelner Politiker unterworfen ist. Bisher hat die technologische Falle die Menschheit nicht in dem Sinne eingefangen, daß diese Selbstmord begehen *muß*. Die Verständigung und ihre Konsequenz, die Koexistenz der Großmächte, ist immer noch möglich. Möglich ist sie vor allem aufgrund der Tatsache, daß bislang noch keine Apparate, Mittel oder Waffen hergestellt werden können, die den Unterschied zwischen dem Zustand des Krieges und dem des Friedens völlig verwischen. Falls solche Mittel jedoch wirklich hergestellt werden, dann wird sich die Gefahr als unvergleichlich größer erweisen als in diesem Jahrhundert. Es wird sich eine langsame Wendung vollziehen, über die man sich heute im allgemeinen nicht im klaren ist und aus der sich die technologische Bombe ergibt, die unter die bestehenden Fundamente der Produktionstechniken eben irgendwann im 21. Jahrhundert gelegt wird.

B: Welches sind die Symptome dieser Wende?

L: Einzelne Elemente dieser technologischen Explosivladung können vor allem in der gewaltigen Entwicklung des

Einsatzes von Computern und in deren schrecklicher – im Sinne der rechnerischen Kapazität – Invasion in allen Regionen des öffentlichen und Privatlebens erblickt werden, in der Diagnostizierung der Vererbungsmechanismen und auch im immer genaueren Erkennen der Evolutionsprozesse. Wenn diese Bombe explodiert, erfährt alles eine große Umwandlung. Wie schon jemand richtig sagte: Die Technologie einer Zivilisation, die uns weit überlegen ist, sieht immer nach Magie und Wunder aus.

Ich gebe Ihnen eines meiner gern angeführten Beispiele zur Veranschaulichung eines solchen »Wunders«. Ein mit bloßem Auge nicht erkennbares Spermium birgt in sich den ganzen Plan der Struktur des menschlichen Organismus, mit seinem Gehirn und seinen Organen, und dieser Plan sieht sogar vor, in welcher Art dieses Einzelwesen lächeln oder welche charakteristischen Gesten und Verhaltensweisen es aufweisen wird. Sie lachen ungläubig? Man erbt alles: die Art des Mienenspiels, das Augenblinzeln, die Ticks. Das sind Neuro-Muskel-Mechanismen, die codiert und vorprogrammiert sind. Nach den Maßstäben der heutigen Technologie ist das absolute Magie.

Nehmen wir also an, daß diese Übernahme der biotechnologischen Produktionsprinzipien erfolgt. Falls jedoch eine Gentechnik entsteht, dann zweifellos nicht in jener Gestalt, wie sie uns viele Pupulärwissenschaftler einreden wollen, d. h., daß das Menschengeschlecht sich vervollkommnet oder daß man nach dem Klonprinzip, indem man der Schleimhaut oder der Haut eines Menschen eine einzelne Zelle entnimmt, in geeigneten Inkubatoren mit Hilfe entsprechender Reize die Entstehung eines Zwillings des Zellenspenders erzielt. Ich glaube nicht, daß dies mehr als kuriose Bedeutung haben kann. Sinnvoll ist etwas ganz anderes, nämlich die Übernahme bestimmter allgemeiner Verfahrensprinzipien im Produktionsbereich.

Am deutlichsten erkennt man die schreckliche Dürftigkeit unserer gegenwärtigen Technologien, wenn wir sie den Technologien der Natur gegenüberstellen. Wenn man heute ein »künstliches Herz« erzeugt, dann nimmt man als selbstverständlich an, daß sein Besitzer an eine Druckpumpe angeschlossen werden muß (was ein offenkundiges Leid für den Patienten ist); diese Pumpe treibt das Herz mit komprimierter Luft an, oder der Patient wird einen Packen elektrischer Batterien tragen. Demgegenüber ist das natürliche Herz eine solche Pumpe, die den »Motor« innerhalb ihrer Wände schon enthält. Das ist unseren Lösungen so überlegen, daß niemand versucht, es im technologischen Sinne zu wiederholen, da dies auf unserem derzeitigen Wissensniveau geradezu unvorstellbar ist. Oder die Produktionsweise, die der Mensch anwendet! In allen seinen Produktionsprozessen seit jener Zeit, als er zum ersten Mal einen Stein in die Hand nahm und ihn zu behauen begann, haben wir es mit einer Art Werkzeugmaschine zu tun. Da ist die menschliche Hand, und da ist der bearbeitete Gegenstand. In der Biologie gibt es eine solche Teilung überhaupt nicht. Alles erzeugt sich »selbst«. Es ist einfach das Erzeugnisrezept an sich: »Das Wort wurde Fleisch.« Das ist die *differentia specifica* der Natur. Meine ganze »Summa« und ihre Prognose ruht auf der Überzeugung, daß die Menschen das lernen werden. Hier ergibt sich die Chance zu einem Sprung in der Entwicklung. Nur um Gottes willen sollte man nicht denken, daß uns dies dazu bringt, das Menschengeschlecht zu beglücken. Das sind naive Träume vom Fortschritt! Je schneller sich die Maschinen drehen, desto breiter wird gelächelt. Das Glück der Menschheit – das ist etwas ganz anderes.

B: Aus der absolut düsteren Tonart Ihrer Betrachtungen hört man zeitweilig eine leise Stimme der Hoffnung heraus. Woraus schöpfen Sie noch dieses Restchen Optimismus?

L: Woraus ich meinen Optimismus schöpfe? Aber er ist doch minimal, denn im Angesicht unserer Zivilisation fühle ich mich wie am Bett eines Schwerkranken. Was können die Ärzte hier vollbringen? Vor allem muß man den Priester und den Bestattungsunternehmer holen.

Leider ist es jedoch, intellektuell gesehen, eine völlig uninteressante Perspektive, weil sie dem Verstand kein Betätigungsfeld bietet. Und da mir daran liegt, die Tätigkeit meines Denkens und meiner Vorstellungskraft fortzuführen, werde ich nicht das sagen, was wahrscheinlich ist – daß die Menschheit noch zu meinen Lebzeiten oder nicht viel später

Selbstmord begehen wird. Das ist eine durchaus denkbare Eventualität, wenn auch nicht so wahrscheinlich wie die, daß ich in dreißig Jahren nicht mehr leben werde. Daher bin ich geneigt, der Hoffnung, daß die Menschheit weiterleben wird, eine Chance zu geben. Und wenn sie leben wird, dann wird alles anders sein, denn alle vierzig Jahre verändert sich alles. Nur wissen wir nicht, ob es sich dann zum Schlechteren oder zum Besseren verändern wird. Ich persönlich habe, auf der Grundlage dessen, was gegenwärtig vor sich geht, große Angst vor dem 21. Jahrhundert. Ich nehme nicht an, daß es möglich sein wird, eine Weltregierung oder irgendeine Form der »Ethikosphäre« einzuführen.

Manchmal aber denke ich mir, dieser schreckliche Mensch brachte es doch fertig, so erstaunliche Worte auszusprechen wie »Liebet eure Feinde«. Es ist erschütternd, daß diese Auffassung den Rang einer Weltreligion erlangt hat.

B: Sie haben vor kurzem versichert, daß dieses altruistische Prinzip die Erhaltung der Arten garantiert und ein Gesetz der Evolution ist und daß darüber hinaus im Namen dieses und anderer erhabener Prinzipien in der Geistesgeschichte Ströme von Blut geflossen sind.

L: Ich vergesse das nicht. Heute morgen habe ich die Worte eines baskischen Priesters in einem Buch über den Terrorismus gelesen: »Morden, morden, Bomben werfen, morden.« Für einen katholischen Geistlichen sind das ziemlich sonderbare Ansichten. Seltsam, daß seine Vorgesetzten ihn nicht suspendiert haben. Noch interessanter ist, was ein Protestant sagte: »Erst wenn der letzte Pfaffe an den Gedärmen des letzten Iren aufgehängt wurde, wird es auf der Welt schöner sein.« Obwohl ich kein Katholik bin – und überhaupt kein Christ –, ist es mir doch angenehmer, daß dies ein Protestant und nicht ein Katholik gesagt hat.

B: Noch immer sehe ich nicht die Quelle dieses Restchens von Optimismus.

L: Trotz allem gibt es einen Fortschritt auf dem Gebiet der exakten Wissenschaften, trotz allem erfahren wir etwas über die Welt und über uns, trotz allem ist das System der Sicherungen gegen Schicksalsschläge wirksamer als vor einigen Jahrhunderten, und der »schwarze Tod« grassiert nicht mehr wie einst. Wenngleich wir heute, und das ist peinlich, erkennen müssen, daß die größte Bedrohung des Menschen der Mensch selbst ist. Nicht immer war das so. Und überdies, kann man mir wirklich auch nur ein Minimum an Optimismus unterstellen? Soll das daraus hervorgehen, daß ich noch Bücher schreibe, statt mich unter dem Schreibtisch zu verstecken und zu warten, bis die biologischen Kräfte des Organismus versiegen? Wieder komme ich auf das Beispiel aus Miłosz zurück: wie der alte Gärtner am Tag des Weltuntergangs sich bemüht, die Tomaten anzubinden – nur daß es keine Tomaten sind, sondern Bücher.

Die Welt erklären

B: Als ich noch ein kleiner Junge war und den sternenübersäten Himmel anschaute, lief ich, erdrückt vom Ausmaß des Himmelsgewölbes, an dem – wie man mir damals versicherte – ebensolche Weltkörper blinkten wie der unsrige, nur daß sie größer waren, zu den Erwachsenen und fragte sie, woher das alles kommt. Man antwortete mir gewöhnlich, daß all das schon immer da war und ewig sei. Die späteren Jahre brachten den Zusammenbruch dieses ohnehin schwer verständlichen Stands der Dinge, denn nun erfuhr ich, daß alles aus einer einzigen riesigen Explosion entstanden war. Ich kann nicht behaupten, daß dies mein Selbstbewußtsein in bezug auf meine Erkenntnisfähigkeit gestärkt hätte, denn erstens wurde meine Vorstellung gegen eine neue ausgewechselt, die noch schwieriger zu veranschaulichen war, und zweitens überzeugte man mich, daß es im Grunde kein so gesichertes Wissen gab. Wie schaut die Lage jetzt aus? Ist die Theorie von der Entstehung des Weltalls durch Eruption jetzt als bewiesen anerkannt?

L: Nun, es gibt leider schon einige gelehrte Männer, die bewiesen haben, daß diese Theorie gar nicht so zwingend ist. Ich muß jedoch sagen, daß dies Rekonstruktionen so langer Reihen von Vernunftschlüssen sind, die sich auf indirekte Beweise stützen und sich in einem direkten experimentellen Test nicht verifizieren lassen, daß man bloß von vielseitig begründeten Hypothesen sprechen kann. Aus diesen folgt, daß es einen solchen kritischen Moment gegeben hat, von dem an man die Existenz des Weltalls annehmen kann. Aber es kann sich auch jemand finden, der behaupten wird, dies bedeute keinesfalls, daß gerade damals das Weltall entstanden, sondern nur, daß mit ihm in diesem Moment etwas Ungewöhnliches geschehen ist. Dies könnte Teil eines größeren Ganzen sein. Es könnte einfach eine metagalaktische Blase sein, die sich plötzlich gebildet hat und in der wir uns eben befinden. Aber es kann auch sein, daß vorher »etwas anderes« existiert hat, wovon nicht einmal eine Spur geblieben ist. Aber hier beginnt »Ockhams Rasiermesser« anzusetzen: Man soll nicht unnötige Existenzen vermehren. Es gibt keine Daten, die bestätigen würden, daß es vorher »etwas« gegeben hat, also nehmen wir an, daß es ein »Nullpunkt« war.

Man kann nur zu einer Epoche zurückgehen, die vom Urknall 10–40 Sekunden entfernt ist, denn danach beginnt die Nichtübereinstimmung der Quantenmechanik mit der allgemeinen Relativitätstheorie. Dort ist nichts mehr zu entdecken.

B: Soll das heißen, daß »dort« andere Gesetze gegolten haben?

L: »Das«, woraus alles entstanden ist, heißt Singularität – das ist so ein Platz, wo die bekannten Gesetze der Physik, also der Thermodynamik, die elektromagnetischen Gesetze, die Gesetze der Wechselwirkung der Kräfte usw., keine Geltung hatten. »Dort« gab es etwas anderes. Was – das wissen wir nicht. Es gibt das Buch eines amerikanischen Physikers (der schon den Nobelpreis erhalten hat), das »Die ersten drei Minuten« heißt. Darin ist alles sehr gut beschrieben. Von dieser Ära ist noch die Residualstrahlung geblieben, die tatsächlich bis heute feststellbar ist. Die allgemein akzeptierte Theorie des *Big Bang* hat also im astrophysikalischen Bewußtsein endgültig gesiegt. Und die Konzeption, derzufolge das Weltall immer gleich ausgeschaut und sich gar nicht verändert hat, hat in diesem Streit verloren.

B: Im ersten Satz haben Sie jedoch festgestellt, daß die Theorie des Urknalls auch schon ins Wanken geraten ist?

L: Nicht so ungeduldig – ich komme gleich dazu. In diesem Moment haben wir *in statu nascendi* eine neue kosmologische Konzeption, die auf Fragen antworten soll, welche, von einem rein mathematischen Standpunkt aus, den Fachleuten sehr zugesetzt haben. Es gibt nämlich ernsthafte Komplikationen bei der Urknalltheorie über die Entstehung des Kosmos, denn bei einer Explosion kommt es nie zu einer völlig gleichmäßigen Verteilung der Explosionsmasse, während die Anordnung der Galaxien und der galaktischen Systeme – bis zu den Grenzen des optischen und radioastronomischen Bereichs – ganz gleichmäßig ist. In dieser Verteilung sollte es ein wenig *Unordnung* geben, aber alles ist geradezu ideal verteilt. Wollen wir die Einzelheiten am Modell prüfen, dann stoßen wir auf ernste Schwierigkeiten, die es zu überwinden gilt – denn jede Explosion hat doch ihre ehernen Gesetze. In den ersten Bruchteilen der Nanosekunden wirkte diese Explosion wie *jede andere* Explosion, was bedeutet, daß sie sich nicht mit absoluter Gleichmäßigkeit ausbreiten konnte. Sie nimmt weder die Gestalt einer Kugel noch die eines aufgeblasenen Ballons an, sondern ist strauchartig. Aufgrund der weitgehenden Gleichmäßigkeit der schrecklichen Emissionskräfte der Strahlung, die in der Urblase des explodierenden Kosmos enthalten waren, hätten sie »eingefroren« werden sollen und müßten aus der heutigen Residualstrahlung der Himmelswölbung ablesbar sein. Leider ist diese Residualstrahlung absolut gleichmäßig.

Dies stellt eine so fundamentale Schwierigkeit dar, daß selbst die Autoren dieser Theorie es nicht wagten, sie »unter den Teppich zu kehren«. In den ersten Bruchteilen der Mikromilliardenteile von Sekunden ging alles mit einer solchen Geschwindigkeit vor sich, daß keinerlei kausale Mechanismen zu einem Ausgleich der Temperaturen und des Drucks hätten führen können. Alles, was den Charakter einer Kausalwirkung hat, kann sich nur – hier gilt weiterhin die allgemeine und in diesem Fall sogar die spezielle Relativitätstheorie – mit der einzig zulässigen Geschwindigkeit, nämlich der Lichtgeschwindigkeit ausbreiten. In diesem Fall konnte jedoch diese Geschwindigkeit nicht ausreichen, um alles zu vereinheitlichen.

B: Und was tun wir in einer solchen Lage? Die Urknalltheorie auf den Abfallhaufen werfen?

L: Wenn eine Theorie zu Ergebnissen führt, die nicht von A bis Z vollkommen sind, dann heißt das nicht, daß man sie gleich über Bord werfen und nach einer neuen suchen muß. Erst sucht man eine neue Theorie, und dann vergleicht man die Konkurrentin mit ihrer Vorgängerin. Selbst wenn diese Theorie nicht gut ist und alle wissen, daß man sie mit Hilfe mathematischer Tricks, die bestimmte Unendlichkeiten liquidieren, stützen muß... selbst dann tut man dies, weil man nichts Besseres zur Hand hat.

B: Wenn das so ist, dann muß ich fragen, ob eine theoretische Konkurrentin bereits heranreift? Wenn nicht, dann sagen Sie bitte, mit welchen Methoden man die alte Konzeption stützt?

L: Man versucht, diese Methode mit Thesen zu retten; z. B. sei durch die Explosion nicht eine einzelne kosmische Blase, sondern es seien deren mehrere entstanden – d. h., mehrere Universa entstanden zur selben Zeit. Manchmal entstehen, wenn man in einen Strohhalm bläst, um Seifenblasen aufsteigen zu lassen, statt einer Blase mehrere, die aneinanderkleben. Geht man von einer solchen Voraussetzung aus, dann beginnt alles, mathematisch und astrophysikalisch genommen, etwas besser auszusehen, denn es kann sein, daß die anderen kosmischen Gebilde – weiß der Teufel – weniger regulär sind, während unseres »besser geraten« ist. Jede dieser Blasen ist natürlich selbständig, wir können also aus dem Inneren unserer Blase nichts mehr feststellen, das verbieten uns die Grundgesetze der Physik. Jede dieser Welten ist endlich, aber nicht begrenzt. Dies läßt sich nicht verifizieren, denn man kann nicht ein Weltall im Experiment anfertigen und feststellen, ob die Hypothese stimmt. Vom empirischen Standpunkt aus ist dies anti-empirisch, weil die Voraussetzung des Seins im Kosmos darauf beruht, daß man nicht aus diesem Kosmos hinauskommen kann und niemand sich je überzeugen können wird – denn das ist unmöglich –, ob noch ein anderes Weltall existiert. Vom Standpunkt der empirischen Orthodoxie ist dies schon reine Metaphysik.

Man kann das sehr verschieden interpretieren, doch dann treten schon Schwierigkeiten auf, die beweisen, daß diese Theorie nicht mehr ganz so jung ist. Ich stelle mir vor, daß in etwa 30 Jahren eine andere entstehen wird. Ja, eine neue ist schon entstanden. Professor I. Chalatnikow vom Moskauer Institut für Theoretische Physik hat sie auf einem Kolloquium im Bonner Max-Planck-Institut vorgestellt. Anfang und Ende sind nach dieser Theorie grundsätzlich chaotisch. Es gibt dann keine lineare Kausalität. Wenn sich die Materie im Zustand einer unerhört starken Konzentration befindet, ist der weitere Verlauf der Ereignisse grundsätzlich unberechenbar, das heißt, er sollte es sein. Wir wissen nicht, ob die »kosmische Blase« sich zu einem solchen Weltall wie das unsere ausdehnen oder ob sie, in einer »Fehlgeburt«, in sich zusammenfallen wird. Darüber, was wirklich geschieht, entscheidet der Zufall. Man könnte dies auch mit den Worten ausdrücken, daß die Physik als Gesamtheit der Naturgesetze nicht determinierend von vornherein gegeben ist, sondern daß sie sich im Verlauf der Geschehnisse gestaltet. Eben deswegen können sich Lösungen bei Gleichungen der allgemeinen Relativitätstheorie stark voneinander unterscheiden, obwohl sie in ihrer Streuung gleichberechtigt sind. Der russische Gelehrte A. Friedmann hat eine kleine Gruppe solcher definitiver Lösungen bereits 1922 erstellt.

Dieser Konzeption zufolge entsteht eine gegebene Physik zusammen mit einem gegebenen Kosmos und bricht auch mit ihm zusammen. »Wir kommen vom Chaos und zum Chaos kehren wir zurück.« Dies würde bedeuten, daß eine eindeutige Rekonstruktion des Anfangs und des Endes grundsätzlich unmöglich ist. Es scheint nur, daß diese Prozesse in ihrem Verlauf irreversibel sind, daß der Kosmos sich nicht wie ein Film verhalten kann, den wir einmal »normal« ablaufen lassen und das andere Mal zurückspulen. So sieht man, daß mein Lieblingsfaktor, der Zufall, immer höheren Rang in der Kosmologie gewinnt, was mich in meiner Überzeugung bestärkt, daß ich den richtigen Weg gegangen bin. Selbstverständlich sind Wahrheiten dieser Art kein Beglaubigungsschreiben für die Qualität der Belletristik in ästhetischen Kategorien, aber erkenntnismäßig »ist alles in Ordnung«. Insbesondere in meiner »Neuen Kosmogonie«. Es ist nicht so leicht, von einer Konzeption auf eine andere überzugehen. Man kann sich das nicht im vorhinein ausdenken, es sei denn, jemand spielt herum, so wie ich. Die »Neue Kosmogonie« – das ist die nächste Theorie. Aber das ist schon Phantasie.

B: In diesem Fall sagen Sie mir bitte, inwiefern man die Theorie des Professors Razglas in den »Tagebüchern« als verbindlich betrachten kann – der Kosmos als »Sein auf Kredit«, das Weltall als ein »Schuldner des Nichts«?

L: Das ist eine komische Geschichte. Ich habe das niemals ernst genommen und tue es auch weiterhin nicht. Die Fluktuationstheorie, die davon ausgeht, daß der Kosmos als eine riesige Störung des Nichts entsteht, ist korrekt, und man kann solche Überlegungen anstellen, aber sehr aussichtsreich sind sie nicht. Es muß doch bestimmte Kriterien geben. Diese Konzeption stellt eine unglaubliche Elephantiasis der wirklichen, in winzigstem Ausmaß wahrgenommenen Erscheinungen dar. Mesonen verhalten sich manchmal so, weil sie die Erhaltungssätze verletzen, aber sie tun es so schnell, daß sie sie eigentlich nicht verletzen, weil dies in einem »Spalt« der Unmeßbarkeit geschieht. Ähnliches können wir in der Theorie des physikalischen Vakuums beobachten. Wir wissen, daß es kein physikalisches Vakuum gibt, weil überall virtuelle Teilchen existieren, aber sie haben die Eigenschaft, daß sie sich nicht realisieren können, weil ihnen die hierfür notwendige Energie fehlt. Wenn wir bestimmte Energiequanten einführen, können sie zum Vorschein kommen, aber sie tun dies so schnell, daß man sie nicht »auf frischer Tat« ertappen kann. All dies geschieht im Grenzgebiet der Empirie, wenn wir sie so verstehen, wie sie anständige Naturphilosophen verstanden haben. Nach logischen Kriterien ist also diese Theorie korrekt, aber ich weiß wirklich nicht, mit was für einem Experiment man sie verifizieren könnte.

Vor einigen Jahren habe ich jedoch in »Science News« die mathematisch gestützte Hypothese eines amerikanischen Physikers gelesen, der verlangt, man solle den Kosmos als Fluktuation behandeln. Ich habe diese Zeitschrift sogar eine Zeitlang aufbewahrt – ich dachte mir, daß heute in der Welt ein fürchterliches Gedankengedränge herrscht. Unmöglich, daß jemand sich etwas ausdenkt und damit allein auf der Welt bleibt!

B: Ungeheuerlich ist das Mißverhältnis einerseits zwischen den explodierenden kosmischen Welten »zerbrechender« Sterne, unvorstellbarer Druckwerte, Temperaturen, Räume, Zeitabgründe, absolut tödlicher Strahlungen und aller schwer erfaßbaren Prozesse, die sich zur Kosmogenese zusammenfügen, und andererseits der Vergänglichkeit des Lebens auf der Erde, der Schwäche und Begrenztheit aller den Erdball bewohnenden Gattungen und der Störungsanfälligkeit unseres Soma. Dieses Mißverhältnis erscheint mir noch krasser, wenn wir voraussetzen, daß wir allein sind im Kosmos, denn bislang haben wir noch keine Bestätigung, daß andere Formen des Lebens im Weltall existieren. Wie sollen wir uns dieses ungewöhnliche Hervorbrechen von Leben inmitten dieses kosmischen Höllenkessels stellarer und galaktischer Eruptionen erklären? Alles scheint darauf hinzuweisen, daß die Biogenese und die mit ihr verbundene Evolution Ergebnis eines unwahrscheinlichen kosmogonischen Roulettspiels sind.

L: Meine redliche Überzeugung zwingt mich, zu sagen, daß heute ein immer klarer erkennbarer Zusammenhang – und zwar eine viele Bereiche umfassende Verknüpfung – zwischen den physikalischen Eigenschaften des Weltalls, die es seit seiner Entstehung besitzt, und den Phänomenen des Entstehens von Leben zu bemerken ist. Das heißt: Wenn eine Menge physikalischer Konstanten, Eigenschaften der Materie, der Elektronen, der Atome, der Elementarteilchen oder der physikalischen Gesetze nicht genau jene Werte besäße, die sie besitzen – dann wäre die Entstehung des Lebens, somit auch des Menschen, absolut unmöglich gewesen. In der modernen Kosmogonie und Kosmologie ist erst ziemlich spät eine Konzeption entstanden, die zaghaft von verlegenen Astrophysikern eingeführt wurde und die man mit dem Namen *anthropic factor* bezeichnet. Eigentlich weiß man nicht ganz genau, wie man diesen Faktor behandeln soll. Es ist einfach so: Wollte man eine Liste der Eigenschaften der Materie aufstellen, die für die Entstehung von Leben unentbehrlich sind und deren auch nur geringe Verschiebung die Biogenese völlig unmöglich machen würde – dann müßte diese Liste unglaublich lang sein.

Es ist gar nicht so – wie man vor dem Erkennen dieser Eigenschaften der Materie hätte denken können –, daß man, ähnlich wie beim Kartenmischen oder Knobeln, durch rein mechanische Wiederholung der zufälligen Verteilungen dieser unwahrscheinlichen Kombinationen von kosmischen Ausgangsdaten zur Biogenese kommen könnte. Es ist ganz und gar nicht so. Wenn es am Anfang dieser Kosmogenese auch nur geringe Veränderungen gegeben hätte, wäre es nie zur Biogenese gekommen. Man kann, in physikalischen und mathematischen Kategorien, sehr genau verschiedene Arten sich herausbildender Welten darstellen, die das Entstehen bestimmter chemischer Verbindungen, bestimmter Reaktionsarten dieser Verbindungen nicht zulassen und somit die Entstehung einer Art von Erbcode oder biologischer Moleküle völlig unmöglich machen.

Hier steckt ein ungeheures Rätsel. Man kann nicht mehr das bisherige, ontologisch traditionell neutrale, obwohl szientistisch korrekte Modell akzeptieren, das besagt, es gebe eine unerhörte Vielfalt möglicher Kombinationen des Entstehungszustands des Kosmos und des Zustands der Materie. Es ist gar nicht so, daß man, wenn man Milliarden Jahre hindurch kosmisches Bridge spielte, endlich zum großen Schlemm in Gestalt des Lebens gelangen würde. Damit dieser große Schlemm schließlich gelingt, müssen doch zuerst bestimmte Karten dasein und bestimmte Spielregeln eingehalten werden. Es scheint, daß in diesem Spiel die Karten so ausgegeben wurden und die Spielregeln in der Physik so »festgesetzt« wurden, als wäre dabei die Möglichkeit des Aufkeimens des genetischen Prozesses berücksichtigt worden. Ich nenne dies ein großes Rätsel, das ich nicht zu lösen vermag, und deshalb habe ich Golems letzten Vortrag mit einem großen Satz abgeschlossen, der eine Rekapitulation seiner Ansichten über Fragen der Kosmologie und Kosmogonie sowie über die Probleme des Lebens im Weltall sein soll und der so schlau formuliert ist, daß man ihn *amphoter* behandeln und rings um ihn ein ganzes Netz von Interpretationen ausbauen kann.

B: Ich möchte hier keine Dummheit sagen, aber aus Ihren Worten könnte man entnehmen, daß Sie die Idee zulassen, alle Prozesse der Kosmogenese seien auf die Biogenese und damit die Entstehung des Menschen »programmiert« gewesen. Wie ich es verstehe, suggeriert dies auch eine gewisse Intentionalität der Schöpfung; zwischen den Zeilen kann man hier in den Uranfängen des Kosmos – ich habe Angst, das vor so einem verstockten Szientisten auszusprechen – einen Schöpfer finden.

L: Das ist auch für mich sehr faszinierend, weil ich mich mit keinerlei Gestalt eines Schöpfers als Person einverstanden erklären – hier bin ich wirklich ein verstockter Atheist – und auch dem, was am Anfang der Welt stand, keinerlei persönliche Eigenschaften zubilligen kann; gleichzeitig sehe ich ein, daß die Entstehung von Leben, also auch des Menschen, keinesfalls zufällig gewesen ist (oder zumindest mit der Postulierung einer absoluten Zufälligkeit nicht genügend erklärt werden kann). Hier gähnt in meiner Ontologie und in meinem Denken ein Loch, das ich nicht auszufüllen vermag. Mit nichts! Das ist jedoch ein Dilemma, das sich in zehn, fünfzig oder vielleicht auch fünfhundert Jahren als ein scheinbares erweisen kann. Das kommt daher, daß kein Mensch – also auch ich nicht – weder aus seiner Haut noch aus dem historischen Moment herauskann, in dem er lebt, weil der Wissenshorizont, in dem wir befangen sind, unüberschreitbar ist. Hier stehe ich – ich wiederhole es – an der untersten Grenze meines ontischen Denkens. Das einzige, was ich tun konnte, war, gestützt auf die gesichertsten Tatsachen, Feststellungen und Diagnosen, über diesen Stand der Dinge Rechenschaft abzulegen. Die sind es, die uns gerade zu jener merkwürdigen Stelle führen, an der wir den Geburtsakt des Kosmos als eine rein physikalische Erscheinung postulieren, aber zugleich jene Eigenschaften dieses Geburtsaktes erkennen müssen, die so konkret um einen Brennpunkt gebündelt sind, daß sie das Entstehen von Leben ermöglicht haben.

Ich bin übrigens nicht der einzige Wegbereiter auf diesem Gebiet; denn es gibt einen so unorthodox denkenden amerikanischen Astrophysiker – Dyson –, der in seiner Autobiographie »Disturbing the Universe« einen ähnlichen Gedanken entwickelt, wobei er natürlich nicht die blasseste Ahnung hat, daß jemand irgendwo in der Welt, in einem halbbäuerlichen Vorort von Krakau, Kliny, das schon gesagt hat. Anthropic factor – das ist keine Sache, die ein Astrophysiker einem Kind nur zum Einschlafen erzählen kann. Da steckt etwas drin! Ich bin mehr als ein Agnostiker. Aufgrund der Tatsache, daß unser Leben so unangenehm und uninteressant scheint, kann ich mich nicht damit abfinden, daß es irgendeine finstere Macht gibt, die über die Welt herrscht, oder einen Schöpfer mit negativem Vorzeichen, der bloß zum Spaß einen Kosmos mit solchen Möglichkeiten geschaffen hat.

B: Und woher plötzlich eine solche Annahme? Wenn das

Leben nun schon mal zum Leben zugelassen wurde, woher dann dieser Ton eines ethischen Apokryphs?

L: Der Zusammenhang zwischen den Rahmenbedingungen der Entstehung des Kosmos und der Biogenese läßt sich nicht in irgendwelchen eindeutig voneinander zu trennenden Kategorien von Gut und Böse behandeln. Wenn diese Geschöpfe dank einer so ungewöhnlich konzentrierten – ich will nicht sagen, intentionell geschaffenen – Verbindung gegebener Eigenschaften der Natur quasi »beabsichtigt« waren, dann ist andererseits kaum verständlich, warum das menschliche Wesen in die Phase der technologischen Zivilisation eintritt und sich dann auf eine technologische Falle hinbewegt, aus der ich – einmal hineingeraten – keinen Ausweg sehe, der nicht selbstvernichtend wäre. Ich möchte mich hier nicht von meinem angeborenen Pessimismus leiten lassen, aber das sind eben Feststellungen, die sich an der Grenze des Denkbaren bewegen.

Das denkende Subjekt besitzt nicht ausreichende Fakten als Basis für eine Diagnose, die besagen würde, es sei »geplant« gewesen, vernunftbegabte Wesen zu erschaffen und sie dann in eine Falle zu führen oder ihnen eine Chance zur Rettung zu bieten, die diese Wesen nicht ergriffen, weil sie hineingefallen waren (die Erbsünde begangen haben), oder auch, weil sie auf diese Chance verzichteten. Hier stehen wir vor einem Rätsel, das gleichzeitig physischen und metaphysischen Charakter hat. Im Rahmen dieses Rätsels läßt sich kein gedanklicher Zusammenhang herstellen. Mehr kann man heute nicht sagen. Übrigens artikuliere ich jetzt nicht so sehr meine philosophischen Ansichten als vielmehr die Dilemmata und inneren Konflikte. Hier habe ich keinerlei Sicherheit.

B: Verdammen Sie vielleicht nicht allzu schnell diese armen Wesen, die auf ihren Schultern die ganze Last der natürlichen Evolution tragen, während Sie von ihnen irgendwelche Wunder der Selbststeuerung erwarten?

L: Gewiß, man kann sich damit vergnügen, Hypothesen aufzustellen, die nachweisen sollen, daß jeder sukzessive Schritt in der natürlichen Evolution zufällig, aber zugleich in Begriffen einer ergodischen Hypothese notwendig war. Das heißt, wir nehmen es hin, daß man grausames, blutrünstiges Handeln, ein Handeln im Zeichen des Bösen, aus dem Innersten der Evolution der Natur, ja sogar aus der Physik des Kosmos ableiten kann. Aber hat dies nicht den Charakter eines Plädoyers des Strafverteidigers oder eines verzweifelten Ausweichmanövers? Wir können natürlich uns selbst bemitleiden, aber wir haben nicht das Recht (mit dem Dostojewski Sonia Marmeladowa ausgestattet hat), uns auf fatale objektive Umstände zu berufen, die dieser keine Wahl gelassen haben, weil der Papa arm war, die Familie arm war, sie nichts zum Leben hatte, also auf den Strich gehen mußte. Wir verfügen über keine absoluten Kriterien, die uns erlauben würden, uns von derartigen Rechtfertigungen zu distanzieren und in bezug auf unsere Lage klare Verhältnisse zu schaffen.

B: Einerseits haben Sie die Menschheit zur Ausweglosigkeit verdammt, andererseits zeichnen Sie dennoch in »Golem« oder in der »Neuen Kosmologie« Konzepte von Psychozoiken, was anzunehmen erlaubt, daß Sie nicht glauben, die technologische Falle sei ein unentrinnbares »Gefängnis«.

L: Man kann natürlich, um sich das Leben zu erleichtern, eine Vielfalt bewohnter Welten postulieren. Nur daß dann die Sache banal wird. Diese Ausflucht bedeutet nämlich, daß wir zur Kenntnis nehmen, daß die Welt eine Verwirrung ist und wir wie ein Mädchen sind, das wegen sehr billiger Freuden und Vergnügungen zur Hure geworden ist und dann, um sich zu verteidigen, behauptet, in jeder Frau stecke eine Hure, während sie in Wirklichkeit zu einer Minderheit gehört. Abstrakt kann man eine Vielfalt bewohnter Welten postulieren, in denen alles viel besser läuft, und damit akzeptieren, daß wir in der kosmischen Familie ein verdammenswerter Fall sind. Weil wir jedoch über keinerlei Tatsachen verfügen, die die Annahme zulassen, daß irgendwo andere Zivilisationen existieren – schließlich hat jede Suche in dieser Richtung sich als erfolglos erwiesen –, verlassen wir hier den Bereich der Wissenschaft und betreten das Gebiet der phantastischen Literatur, die außer ihrem guten Willen und dem abstrakten Verlangen nach einer edelmütigen Selbstanklage sowie nach einer Übertragung eines besseren Schicksals auf die »Anderen« uns nichts mehr vorzuschlagen vermag.

Über all dem – ich muß daran erinnern – erhebt sich das Rätsel, von dem ich schon gesprochen habe, nämlich daß man die Entstehung des Lebens und des Menschen auf der Erde nicht auf einen reinen Zufall zurückführen kann. Es würde so ausschauen, als hätte sich jemand mit uns einen grausamen Scherz erlaubt und es das Gegenteil von dem wäre, was Einstein sagte: »Raffiniert ist der Herrgott, aber boshaft ist Er nicht.« Alles würde nämlich darauf hinweisen, daß dieses »Etwas«, das den Kosmos geschaffen hat, sehr raffiniert und ungeheuer boshaft war, weil alles nur ein emporragender Bau ist, der zur Ruine werden *muß*.

B: Packen wir das Problem noch anders an. Sie sagen: Die Welt wurde nicht erschaffen, aber es sieht so aus, als wäre sie erschaffen worden. Alfred Testa sagt in der »Neuen Kosmogonie«: Rein intuitiv glauben wir (. . .), daß die ganze materielle Welt streng folgender logischer Dichotomie unterliegt: entweder wurde sie von Jemand erschaffen (. . .) oder sie wurde von niemand erschaffen, und dies bedeutet, daß (. . .) niemand diese Welt erschaffen hat. Nun hat aber Acheropoulos gesagt: »Tertium datur«. Diese dritte Möglichkeit – ist es die Konzeption des Kosmos als ein Spiel? Sollten Sie entgegen den Erklärungen über das unwiderrufliche *silentium universi* wirklich daran glauben?

L: Das ist eine merkwürdige Geschichte. Selbstverständlich glaube ich nicht daran, aber wenn mir ein Experte sagen würde, daß etwas dran ist, würde ich mich sehr freuen. Das ist eine unwahrscheinliche Konzeption, weil sie so sehr von allen modernen Vorstellungen über den Kosmos abweicht. Das ist eine sehr geschickte Fälschung, so glaubhaft gemacht, daß sie den Physikern und Kosmologen ungemein gefällt.

B: Ich kann nicht umhin, das Thema wiederaufzunehmen, das Sie schon angeschnitten haben, aber wenn man von Ihnen spricht, muß es immer wieder wie ein Bumerang zurückkommen. Es handelt sich natürlich um die Möglichkeiten des Kontakts, über die Sie sich immer skeptisch äußern, sie aber nie endgültig verneint haben.

L: Ich glaube, daß dies ein Rätsel ist, auf das es beim

gegenwärtigen Stand der Wissenschaft keine, absolut keine Antwort gibt. Selbst wenn uns Jemand oder Etwas mit flammenden Buchstaben einen »Brief« ans Firmament schriebe – würden wir seinen Inhalt ohnehin nicht verstehen. Unser Zivilisationsniveau ist dafür zu niedrig. In allen meinen Büchern, die sich mit dieser Frage mehr oder weniger ernsthaft befaßten, habe ich verschiedene – oft einander ausschließende – Varianten einer Erklärung des Rätsels des *silentium universi* vorgestellt. Die beste Antwort darauf hat wohl Golem gegeben – für die Hohe Vernunft gibt es nichts, worüber sie mit Rotzbuben reden könnte.

Nalimow, auf den ich mich schon berufen habe, glaubt, daß selbst wenn uns irgendwelche Signale erreichten, diese doch in irgendeiner Sprache artikuliert sein müßten. Wenn der zivilisatorische, kulturelle und biologische Hiatus zu groß wäre – und das muß wohl so sein –, dann würden wir nichts verstehen. Man kann natürlich behaupten, daß wir uns in einem Meer von Signalen befinden, aber daß wir mangels entsprechender Mittel nicht imstande sind, diese Signale zu erkennen und einzufangen. Davon handelt »Die Stimme des Herrn«. Mir scheint jedoch – vielleicht ist das grundfalsch –, daß eine Antwort dieser Art einzigartig banal ist und dem Thema ausweicht. Hier reduziert sich alles darauf, daß wir kein entsprechend leistungsfähiges »Radio« haben, und basta. Und wenn wir es hätten, würden die »Anderen« uns über alles informieren. Nein, das Problem ist ein anderes. Es hängt mit dem zusammen, wovon wir schon zuvor gesprochen haben. Einerseits haben wir Naturgesetze, die auf das Leben »abzielen«, und andererseits ist das darin implizierte allgemeine Prinzip der Entstehung von Leben und Vernunft im Weltall keineswegs eine Tatsache! Es sieht so aus, als ob »Etwas« den Kosmos nur dazu erschaffen hätte, damit in einem mikroskopischen Punkt sinnvolles Leben entstehen konnte! Hier steckt der Widerspruch, denn – wie wir schon gesagt haben, dieses schreckliche Übermaß an Schöpfung, der destruktive Charakter aller Veränderungen der Sterne, diese Hekatomben von Leichen, die zur Evolution beigetragen haben, sind mit einer edelmütigen Intention absolut unvereinbar. Dieser Widerspruch läßt sich mit keiner Version der Theogonie oder der Theodizee in Einklang bringen. Das ist ein höllisches Problem.

B: Sagen Sie mir bitte, wie kommen Sie darauf, daß solche Zivilisationen (wenn es sie wirklich gibt) sich in einer technologischen Richtung (wie etwa die Astrotechnik) entwickeln müßten? Kann es nicht kosmische ökologische Nischen geben, in denen diese Zivilisationen seit Urzeiten unverändert verharren, etwa wie die Tiefseefische, die stets in gleicher Gestalt auf dem Meeresgrund leben?

L: Das entspricht doch auch meiner Überzeugung. Nur muß man hinzufügen, daß man mit Zivilisationen, die sich nicht in einer technologischen Richtung bewegen, wenn sie tatsächlich absolut unentdeckbar sind, keinen Kontakt anknüpfen kann. Also behandeln wir sie so, als ob es sie überhaupt nicht gäbe. *Per analogiam* würde ich sagen: Die Anzahl der Frauen, die auf der Erde leben, aber mit denen Sie keine erotischen Beziehungen unterhalten, ist immens, aber daraus folgt doch nicht, daß es diese Frauen nicht gibt. Auf einem Planeten, auf dem 4,8 Milliarden Menschen leben, gehört diese Feststellung zu den Binsenweisheiten. Wir müssen also auf die entwickelten Zivilisationen setzen, weil wir mit anderen keinen Kontakt anknüpfen können. Wenn aber auch nur ein Promille der Zivilisationen die technologische Richtung eingeschlagen hat, so ist das ohnehin unser letzter Strohhalm – was die Suche nach einem Kontakt betrifft –, denn etwas anderes bleibt uns ja nicht übrig.

Aber versprechen wir uns nichts Besonderes von einem solchen Kontakt. Ich rate Ihnen, ein einfaches Experiment zu machen: Nehmen Sie den Traktat von Aristoteles »Über den Himmel« in die Hand und schlagen Sie nach, was er über die Himmelskörper denkt. Er beruft sich auf viele für ihn offensichtliche Tatsachen, die für uns alles andere als offensichtlich sind. Und doch war er, anatomisch gesehen, ein ebensolcher Mensch wie wir. Es zeigt sich, daß selbst die Verständigung zwischen Menschen, die aus verschiedenen geschichtlichen Epochen stammen, gar nicht so einfach ist, wenn sie sich nicht auf den Löffel, den Teller und das, was sich darauf befindet, beschränkt.

B: Sie behaupten in Ihren Büchern, daß zur Entstehung

von Vernunft folgende Bedingungen notwendig sind: nicht allzu große Gravitation, stabile Intensität der kosmischen Strahlung, Veränderlichkeit der Umwelt usw. Extrapolieren Sie vielleicht nicht die Erde in den Kosmos?

L: Hätten wir eine starke Gravitation, dann wäre alles völlig flachgedrückt und nichts könnte sich mit etwas anderem richtig verbinden. Hätten wir eine mächtige Strahlungsintensität, dann würde alles nur im Dunkeln glühen, denn die Temperatur würde dann etwa 3000 Grad Celsius betragen. Wie können Sie sich dabei Leben vorstellen?

B: Diese Antwort klingt ganz ähnlich wie jene, die wir in einer Ihrer Erzählungen finden, wo ein außerirdischer Philosoph einem jungen Mann erklärt, daß es auf der Erde kein Leben geben kann.

L: Dort ist es überspitzt, weil es ja eine Groteske ist.

B: Wohl nicht ganz, denn das Argumentationsschema ist dasselbe: Auf der Erde ist kein Leben möglich, weil die dortigen Bedingungen anders sind als bei uns.

L: Es gibt Physiker, die behaupten, daß die Entstehung von Leben auf Neutronensternen, wo der Druck ungeheuer ist, wo die Elektronen in die Atomkerne hineingepreßt sind, wo die Kerne eine Kernflüssigkeit bilden, nicht auszuschließen ist. Das Leben besteht darin, daß einzelne Nukleonen die Funktion von Molekülen erfüllen können. Niemand stellt sich vor, wie es dort aussehen könnte, aber mir scheint dies nicht unmöglich zu sein.

Die Bedingungen, die Sie erwähnt haben, sind nicht so sehr für die Entstehung von Vernunft notwendig als vielmehr für den Verlauf der Entwicklung, die zur Entstehung von Vernunft führen würde. Es ist nicht so wichtig, ob dies Eiweißkörper oder Nichteiweißkörper sein werden – wichtig ist, daß, wenn die Bedingungen dieses Lebens sich als allzu oppressiv erweisen sollten und dieses Leben übermäßig massakriert würde, kein langfristiger Trend daraus hervorgehen kann. Wenn dagegen dort eine Stagnation von »paradiesischem« Typus herrschen wird, dann werden die Organismen selbstverständlich auf einer sehr niedrigen Entwicklungsstufe stehenbleiben und Vernunft wird auch nicht entstehen, weil die verschiedenen Organismen wie Wasserfäden und Algen es sehr gut haben werden und es keinen selektiven Druck in Richtung auf eine Entwicklung der Arten geben würde. Es muß einen bestimmten Kompromiß geben: weder zu viel noch zu wenig. Das endgültige Urteil zu dieser Frage hat Golem in seiner zweiten Vorlesung gefällt, also verlasse ich mich auf ihn.

B: Noch einmal zum selben Problem, aber auf einem etwas niedrigeren Niveau der Entwicklungsmöglichkeiten von Leben. Philonous sagt in den »Dialogen«, daß die Gehirntätigkeit in allen Gegenden des Weltalls die gleiche sein müsse. Ist das nicht eine extrem anthropozentrische Optik?

L: Es ist anders. Das hängt davon ab, auf welcher Stufe wir das verstehen wollen. Die Gehirntätigkeit eines Huhns, das auf dem Hof herumspaziert, unterscheidet sich beträchtlich von der des Menschen, aber auf der niedrigsten Stufe haben wir es mit ähnlichen Erscheinungen zu tun. Und das nicht nur auf der Stufe der Grundkörnigkeit, das heißt des Atoms oder sogar der chemischen Verbindungen, sondern auch dort, wo das Gehirn als ein spezifisch zentrales Nervensystem agiert, wo die Umschaltung und Leitung der Impulse stattfindet. Die Ähnlichkeit kann man sogar bei einem anderen Baustoff erhalten. Die Grundprinzipien der Computertätigkeit sind doch dieselben wie bei den Tätigkeiten des menschlichen Gehirns – logische Elemente, Durchlassen oder Aufhalten der Impulse usw.

Aus diesen Bauelementen – denn das sind eben die funktionellen »Bausteine« – kann man jedoch sowohl die Peterskirche in Rom als auch eine ganz uninteressante Kaserne bauen. Natürlich behaupte ich nicht, daß alles gleich ist, ich behaupte nur, daß die Verarbeitung von Informationen durch jedes System von der Art eines Gehirns prinzipiell gleich sein muß, weil überall im Kosmos dieselben physikalischen Gesetze gelten, also betrifft dies auch die Informationstheorie. Das widerspricht jedoch keinesfalls der Überzeugung, daß, die Existenz außerirdischer Wesen einmal vorausgesetzt, deren Gehirne sich wesentlich von unseren Gehirnen unterscheiden müssen, weil die Geschichte ihres Entstehens anders war als die unsere. Aus funktionell identischen Elementen kann man funktionelle Gesamtheiten bauen, die alles andere als identisch sind. Hier bin ich, wie Sie sehen, ganz sicher kein Anthropozentrist, sondern eher dessen Widersacher.

B: Am Ende unserer Überlegungen über die Anderen möchte ich noch fragen, was Sie über die Milliardenausgaben für das ständige Abhören des Kosmos denken – und über alle im Rahmen des CETI von immerhin hervorragenden Forschern geführten Arbeiten?

L: Das CETI pfeift aus dem letzten Loch. Sie halten noch irgendwelche Sitzungen ab – wer organisiert heute schließlich keine? –, aber das ist bedeutungslos. Was wird dabei schon groß herauskommen?

Es gibt vor allem jetzt dafür kein Geld mehr. Es gab ein amerikanisches Projekt, das Zyklop hieß; es sah Ausgaben in der Größenordnung von einer Milliarde Dollar für ein unerhört kompliziertes und wirksames Abtasten (»scanning«) des Kosmos mit Abhörgeräten vor. Leider ist das Geld für allerlei Raketen draufgegangen, für Plutonladungen, moderne Jagdflieger, andere Bomben oder Granaten. Das Geld ist alle, also wird niemand es machen. Vorläufig.

B: Wie ist es um die Möglichkeit bestellt, die Leistungsfähigkeit des Gehirns durch pharmakologische Mittel zu heben?

L: Eigentlich gibt es keine solche Möglichkeit. Möglich ist es nur, die Zeit der Gehirntätigkeit zu verlängern – aber um den Preis einer um so stärkeren Ermüdung. Es gibt kein Mittel, die Intelligenz oder die geistige Produktivität zu erhöhen. Es gab darüber wohl verschiedene Legenden, an denen die Pharmazeuten viel Geld verdienten, aber das ist nicht der Rede wert. Als Beispiel will ich nur anführen, daß nach allgemeiner Ansicht Kaffee gut gegen Trunkenheit sei. Untersuchungen haben bewiesen, daß ein Mensch nach erheblichem Alkoholgenuß recht viele Fehler begeht. Wenn wir ihm nun Kaffee servieren, wird er noch mehr Fehler begehen, aber subjektiv glaubt er, daß er weniger Fehler macht.

B: Jedem passiert es von Zeit zu Zeit, daß er das Gefühl hat, etwas vermeintlich schon einmal Erlebtes wieder zu erleben – ich glaube, man nennt es *sentiment du déjà vu*. Worauf beruht das?

L: Wenn wir die experimentelle Psychologie befragen, dann ist ihr darüber nichts bekannt. Ich denke, daß der »Ton« einer bestimmten Situation in uns, nach dem Prinzip der Resonanz, das Gefühl von etwas Vertrautem oder etwas Fremdem weckt, von etwas, was schon früher geschehen ist, und daß das eine das andere überlagert, etwa so wie zwei Aufnahmen auf einem einzigen Negativ. Aber das ist reine Vermutung.

Ich habe übrigens genau das Gegenteil erlebt. Wenn ich irgendwo hingehen sollte, versuchte ich mir die Situation ungefähr vorzustellen – aber die Wirklichkeit war immer ganz anders. Komisch ist jedoch, was dann geschah: Sobald der Zusammenprall zwischen der Wirklichkeit und der falschen Antizipation erfolgte, »löste« sich die Antizipation von dieser Wirklichkeit ab und blieb trotz allem in meinem Kopf als heimatlose Vorstellung. Beim Schreiben des »Schnupfens« stellte ich mir irgendwie die Bucht von Neapel vor. Als ich diese Bucht später sah, schaute sie natürlich ganz anders aus, aber das Bild der Bucht, wie ich sie mir vorgestellt hatte, ist nicht verschwunden, sondern geblieben. Jetzt leben in mir beide Buchten nebeneinander.

B: Zum Abschluß des Themas Gedächtnis möchte ich fragen: Könnten Sie mit Pirx sagen: »Was immer man sagen kann – ein gutes Gedächtnis habe ich bestimmt«?

L: Ich habe ein ausgesprochen selektives Gedächtnis. Ich erinnere mich an Dinge, die für mich intellektuell wesentlich sind, während mein Gedächtnis alles andere – Telefonnummern, Namen, Dinge, die es zu erledigen gibt, den Platz, wo ich ein Buch hingelegt habe – glatt ausscheidet.

B: Ich habe gelesen, daß wir in der Sphäre des paradoxen Traums eine im wachen Zustand unerreichbare Aktivität entfalten?

L: Kommen Sie mir jetzt von dieser Seite? Das ist nicht ganz so. Es gab tatsächlich solche Experimente, aber darin steckt außergewöhnlich viel publizistische Übertreibung, vermischt mit Mythologie.

Es gibt auch eine mit dieser verwandte Theorie, wonach

ein Mensch, der, sagen wir, aus dem vierzigsten Stock herabfällt, gleichsam den »Film« seines ganzen Lebens abrollen sieht. Das ist dummes Gerede! Gewiß kann das passieren, aber es gibt nicht den geringsten Grund, so etwas zu verallgemeinern. Das Zeitgefühl ist doch sehr subjektiv. Manchmal haben wir im Traum das Gefühl, in einer einzigen Nacht die Ereignisse eines ganzen Jahres zu durchleben. Diese Empfindung hat jedoch keine Beweiskraft und setzt sich im Wachzustand nicht fort. Wenn Sie erwachen, haben Sie das Gefühl, Sie hätten ganze Zeitabgründe durchträumt... und was folgt daraus? Nichts, einfach dieses Gefühl und Schluß. Das ist ein Faktor, der dem Traum immanent ist.

B: Und was ist in Wirklichkeit der Traum? Das Aufladen des Gehirnakkumulators?

L: Das weiß niemand. Und das ist sehr interessant. Ich kann nur sagen, daß ich gar nicht meine, wir seien die einzigen träumenden Lebewesen. Wenn ein Hund im Schlaf die Pfoten bewegt, schnuppert und winselt – dann bin ich überzeugt, daß er träumt, er sei auf einer Wiese und laufe irgendwo herum. Einzelheiten werde ich natürlich nicht erfahren, denn er wird mir nach dem Aufwachen nicht viel erzählen. Ich bin überzeugt, daß die höher entwickelten Säugetiere Träume haben. Aber wozu brauchen sie das? Ich weiß es nicht. Es gibt Schlafabschnitte mit Träumen und ohne Träume. Ihre Ursachen – nutzbar-evolutionärer Natur – sind unbekannt. Wir wissen auch nicht, warum man längere Zeit nicht ohne Schlaf auskommen kann. Tatsächlich verfällt man, wenn man mehr als zehn Tage nicht geschlafen hat, in eine Art von Wahn mit Halluzinationen. Man hat nach Substanzen gesucht, die sich unter dem Einfluß von Müdigkeit ansammeln sollen, aber entdeckt wurde nichts.

B: Finden Sie es nicht traurig, daß wir das Weltall durchforschen und von unserem eigenen Kopf so wenig wissen?

L: Das ist schon merkwürdig, aber gleichzeitig auch wieder nicht. Wenn wir konsequent an dem Prinzip festhalten und nicht nur von Zeit zu Zeit uns darauf besinnen, daß wir wirklich das Produkt einer natürlichen Evolution sind, und wenn wir diese Evolution entsprechend ihrem tatsächlichen

Verlauf und nicht nach ihren idealisierenden Interpretationen behandeln, dann muß die Antwort auf die Frage nach jeder wesentlichen Eigenschaft des menschlichen Organismus auf pragmatischer Ebene gesucht werden. Einerseits haben neugierige Wesen bessere Aussicht zu überleben, weil weniger Ereignisse sie überraschen können. Andererseits brauchen sich denkende Wesen nicht in der Mechanik des eigenen Denkens auszukennen. Es gibt keine solchen Bedürfnisse. Bedürfnis natürlich im Rahmen der Evolution verstanden. Jedes Geschöpf ist viel klüger konstruiert, als es selbst aus sich »klug zu werden« vermag. Nicht nur die Ameise und der Hund sind unfähig, sich selbst zu erkennen, auch der Mensch kann es nicht. Selbst als Gesellschaft, bei einer so ungeheuren Akkumulation von Wissen, müssen wir zugeben, daß dies eine verteufelt schwierige Aufgabe ist. Ein intelligenter Mensch wird über die Gehirntätigkeit immer etwas hervorstottern, aber bei den Fachleuten ändern sich die Ansichten zu diesem Thema sehr stark. In den letzten 8–10 Jahren ist z. B. ein tiefgehender Meinungsumschwung eingetreten, herbeigeführt durch die Feststellung, daß die beiden Gehirnhälften ziemlich autonom sind – heute sagt man, daß die linke rationaler ist als die rechte. Man hat mit Epileptikern Versuche angestellt, und es zeigte sich, daß beim Menschen zweierlei Bewußtsein existieren kann. Ich habe daraus den Schluß gezogen, der für mich selber überraschend kam, daß es im Gehirn Überschüssigkeit gibt – aber freuen Sie sich nicht, denn es ist eine unnötige Überschüssigkeit. Wenn wir nämlich dem Menschen den Balken (Corpus callosum) durchschneiden und das Gehirn mit einem hohen Prozentsatz der dort investierten Kapazität arbeitet, dann lenkt nur die linke Halbkugel die Gesamtheit der Denk- und Artikulationsprozesse. Obwohl funktionell die rechte Halbkugel vollkommen abgekuppelt wird, kann kein wesentliches Absinken der Intelligenz festgestellt werden.

Auf diesem Gebiet können wir also noch manche ernste und tiefe Wandlungen unserer allgemeinen Vorstellung von den Gehirnfunktionen erleben. Es scheint, daß das Gehirn durch Verdopplung – also auf eine ziemlich banale Weise – entstanden ist. Die senkrechte Symmetrie des Organismus hatte eine wachsende Trennung beider Halbkugeln zur Folge. Aber wenn kein Fachmann darüber mehr zu sagen weiß, sehe ich keinen Grund, weshalb ich – ein Dilettant – mich dazu autoritativ äußern sollte. Das sind Dinge, die empirisch erforscht werden müssen.

B: Im Verlauf unserer Gespräche haben Sie das Symposium INSTRAT erwähnt, auf dem hervorragende Gelehrte aus verschiedenen Fachgebieten den sachlichen Wert der in Ihren Werken dargestellten Hypothesen streng wissenschaftlich diskutierten. Könnten Sie sagen, wie diese Verifikation ausgefallen ist?

L: Die Deutschen sind ungemein solide, sie haben sich also methodisch an die Arbeit gemacht, alle meine in deutscher Sprache erschienenen Arbeiten (etwa 90 Prozent von allem, was ich geschrieben habe) einer Computeranalyse unterworfen und aus der Gesamtheit dieser Analyse einen sehr ausführlichen Extrakt verfaßt. Die Diskussion hat ergeben – ich muß hier, der Kürze wegen, grob verallgemeinern –, daß der Großteil meiner Konzeptionen in der weiteren Entwicklung jener Wissenszweige, deren Erörterung Mitte der sechziger Jahre noch eine phantastische Träumerei zu sein schien, offenbar Bestätigung findet. Ein Teil dieser Konzeptionen ist bereits realisiert, ein anderer ist aus der Sphäre der Phantasterei in die Sphäre der Hypothesen gerückt. Erkenntnistheoretisch ausgedrückt, war also die »Hauptstoßrichtung« in Ordnung. Den literarischen Wert lasse ich hier beiseite, weil man ihn in diesem Kontext ein bißchen als »Verpackung« verschiedener Konzeptionen oder auch – wie man sich auf dieser Konferenz ausdrückte – als »Gedankenexperimente« behandeln muß.

B: Im Mittelpunkt aller Ihrer Konzeptionen in bezug auf Prognostizierung steht die Hauptidee, die Sie von der »Summa Technologiae« bis zum »Golem« immer wieder formulieren, und die besagt, es sei unerläßlich, daß der Mensch jene Technologie übernimmt, deren sich die Natur bedient. Ich habe den Eindruck, daß hier der Grenzpunkt Ihrer Überlegungen liegt – jenseits davon scheint schon die Finsternis des Unbekannten zu liegen. Ist es wirklich so?

L: Die Übernahme der Prinzipien dieser Technologie

wird uns in eine neue Phase der zivilisatorischen Entwicklung hineinführen. Hier werden so große und ganz unerwartete qualitative Veränderungen eintreten, daß eine prognostische Darstellung auf ungeheure Schwierigkeiten stößt. Zum einen befinden wir uns in einer sehr frühen Phase der Aufarbeitung jener Technologie, die uns der Evolutionsprozeß von vier Milliarden Jahren gebracht hat, und wir wissen wahrhaftig noch sehr wenig darüber, wie diese in die Organismen einverleibten »Technologien« funktionieren. Zum anderen fehlt uns der Begriffsapparat für jenen Typus von Handlungen, die die natürlichen Konstruktionsrezepte auf außerbiologische Zwecke hinlenken sollten. Deshalb stehen wir vor einer Gruppe von Problemen, die man mit einem Satz bezeichnen kann: *Ignoranz*, was das Erkennen des Modus der Evolution beim Hervorbringen dieser Technologien betrifft, und auch *Ignoranz* bei der konzeptionellen Herausarbeitung dieser Technologie. Wenn es in der existierenden Sprache – ich meine natürlich die ethnische Sprache, denn wir sind nicht imstande, in diesem Bereich mathematische Modelle zu bauen – keine Begriffe gibt, mit denen man diese Probleme erfassen könnte, entsteht eine Situation, wo ich, in einer Epoche, in der es nur möglich war, sich mit lauter Stimme über einen Abgrund oder einen Fluß hinweg zu verständigen, hätte erzählen wollen, wie das sein wird, wenn wir für diesen Zweck den Telegraphen oder den Rundfunk in Anspruch nehmen werden. Wie konnte man sich kosmische Flüge in einer Zeit vorstellen, in der sich außer Adlern und anderen Vögeln nichts in die Luft schwingt? Dafür gibt es keine Worte oder entsprechende Begriffe. Wir stehen hier vor einem Artikulationsvakuum.

Daher kommt auch eine gewisse Verschwommenheit meiner Vorstellungen und zugleich ihre Diskrepanz. Ich war nicht imstande, alle Konzeptionen, die ich irgendwie zu veranschaulichen und zu konkretisieren suchte, so klar darzustellen, daß dies als ausdrückliche Prognose akzeptiert werden konnte. Um diese Schwierigkeit irgendwie zu überwinden, nahm ich zur phantastischen Literatur Zuflucht, wobei ich sehr traditionelle Konstruktionen im literaturgeschichtlichen Sinn schuf, Texte, die weniger konventionell sind und sich irgendwie dem Essay nähern (z.B. »Also sprach Golem«), oder diese für mich todernsten Probleme den in ihrer Substanz par excellence grotesken Werken einverleibte, in denen ich die Grenze zwischen Ernst und Ironie, Spiel und Ernst, schließlich zwischen Spott und feierlicher Stimmung verwischte.

B: Könnten Sie uns an einem Beispiel sagen, in welcher Art wir uns in irgendeinem Bereich unserer Forschungen jenen Konzeptionen genähert haben, die Sie als entfernte Antizipationen des künftigen Angriffs des Menschen auf die evolutionären Technologien konstruiert haben?

L: In einer Nummer der »Newsweek« finden Sie z.B. eine kleine Notiz über die sogenannten Biochips. Dem Laien wird dies nicht viel sagen. Ein »Chip« ist ein winziges Silikonplättchen, das kleinste integrierte Element eines Computersystems. Bisher bestand der ganze Fortschritt darin, daß man einfach trachtete, diese Elemente mit strikt mechanischen Methoden auf Miniaturausmaße zu verkleinern. Solche Grundelemente werden mit sogenannten »Silbertinten« geätzt, man druckt integrierte Schaltkreise, berechnet die Zahl von Bits, die auf einen solchen Chip entfallen, der, heute kaum größer als ein Stecknadelkopf, Tausende von Bits einschließt. Aber – ich wiederhole – das wird noch immer auf mechanischem Wege produziert, selbst dann, wenn diese Produktion von Automaten ausgeführt wird, die vom Menschen nur beaufsichtigt werden.

Die Biochips, also die biologischen Chips hingegen, stellen die nächste Entwicklungsphase dar, die ich (noch unklar) in der »Summa« vorausgesagt habe – eine Phase, die sich lebender Organismen bedienen wird. Es ist dies der erste Schritt – wie es heute scheint –, an die Möglichkeit von Miniaturformen heranzukommen, denn hier können einzelne Moleküle zu funktionellen Einheiten werden. Gleichzeitig spricht man immer häufiger davon, daß uns hier die Gentechnologie von sehr großer Hilfe sein kann; sie wird uns erlauben, gewisse Mikroorganismen – sagen wir: Bakterien – so umzustrukturieren, daß sie Elemente produzieren, die zu Elementen denkender Systeme werden könnten.

Ich habe darüber schon ernsthaft (und manchmal auch

313

scherzhaft) geschrieben, wofür man mich übrigens vor vielen Jahren auslachte und es »Informationszucht« nannte. Es ging also darum, die Technologie des lebenden Organismus in eine Tätigkeit einzuspannen, für die sie gar nicht geschaffen wurde. Es gibt zwar viele Leute, die sagen, dies sei eine undurchführbare Aufgabe und der schon begonnene Prozeß werde zum Stillstand kommen; aber in der bereits angeführten Nummer der »Newsweek« können wir auch lesen, die Biochemiker hielten es für möglich, daß Elemente bestimmter biochemischer Verbindungen sich wie ein Transistor verhalten. Es geht darum, daß die das Atom umgebenden Elektronen sich – je nach der Lage des elektromagnetischen Feldes – einmal auf der einen Seite des Elements gruppieren und ein anderes Mal auf der anderen Seite. Dies würde der Anordnung »Ja – Nein« oder 0 – 1 entsprechen, und das sind schon logische Elemente; das heißt, die Moleküle treten in diesem Moment eben in der Rolle logischer Einrichtungen auf. Heute scheint dies die Grenze zu sein, hinter der alle weiteren Fortschritte auf diesem Gebiet gemacht werden können.

B: Wie fühlen Sie sich in der Rolle eines modernen Nostradamus, denn so wurden Sie in einer Studie bezeichnet?

L: Es lag mir nie daran, die konkrete Zukunft vorauszusagen, was die Futurologie vorwiegend tut. Mich interessierte es mehr, Szenarien möglicher Ereignisse zu entwerfen. Die Alternativen interessierten mich, nicht die eindeutigen Befunde. Wenn wir auf einer Speisekarte 11 Suppen finden, bedeutet das durchaus nicht, daß der Küchenchef erwartet, jeder Gast, der das Restaurant aufsucht, werde alle Suppen essen. Wenn er eine größere Anzahl anbietet, so heißt das, daß er eine Option voraussetzt. Ich habe nie behauptet, es werde so und nicht anders kommen. Ich schließe mich der Meinung Poppers an, daß man den Lauf künftiger Ereignisse nicht voraussehen kann. Man kann ein sehr nebelhaftes Vorgefühl davon haben, wie eine Wegkreuzung aussehen, aber man kann nicht sagen, auf welchen Weg die Wahl fallen wird. In alten jüdischen Witzen finden wir manchmal tiefste Wahrheiten, denn hier haben wir es mit folgendem Denkmodell zu tun: Wenn du zur Musterung gehst, wird man dich zum Militär einberufen oder auch nicht; wenn du eingezogen wirst, wirst du in den Krieg gehen oder auch nicht; wenn du in den Krieg gehst, wird dir ein Bein abgerissen oder auch nicht; wenn du ein Bein verlierst, usw. usf. Nur so kann man etwas voraussagen. Das Prinzip ist durchaus rational. Diese Art, im Konditionalis zu denken, liegt der »Summa« zugrunde, und in diesem Sinn ist sie mit der Futorologie nicht verwandt. Wenn in einem Restaurant dem Gast 11 Suppen angeboten werden, kann man natürlich sagen, daß ein Geschoß, bevor der Gast noch die erste Suppe ausgelöffelt hat, das Restaurant treffen und alles – Gast, Koch und Teller – zerfetzen wird, aber das hebt keineswegs das Faktum auf, daß es möglich war, die Suppe zu verzehren. Sollte die Menschheit Selbstmord begehen, ändert das nichts daran, daß ihr dennoch ein weiterer Weg offen stand. Mich interessiert mehr dieser weniger wahrscheinliche Weg als der wahrscheinlichere kollektive Selbstmord der Menschheit.

Es gibt noch einen zweiten Unterschied zwischen mir und Nostradamus. Nostradamus sagt, genauso wie die Futurologen, voraus, was kommen wird, aber er sagt nicht, warum es so kommen wird. Sie sagen nichts darüber, wie und auf welchen Wegen wir zu bestimmten Zuständen gelangen werden. Schlagen Sie bloß im »Jahr 2000« von Kahn und Wiener nach: Vielleicht wird es gelingen, ein Mittel gegen den Krebs zu finden, vielleicht werden Wasserstoff-Helium-Reaktoren installiert werden, vielleicht wird die Gravitation ausgenützt und bezwungen werden... Kein Wort darüber, wie es zu all dem kommen kann. Darin unterscheidet sich der Versuch, den Lauf der Dinge vorauszusagen, von Prophezeiungen. Der Prophet verkündet, was geschehen wird, aber er gibt weder den Weg an noch die Alternativen, noch den Ort der Wahl, noch Wirkungsabläufe der Evolution, deren Krönung der vorausgesagte Zustand sein soll. Ich habe niemals so geschrieben. Eben deshalb habe ich mir nicht »Luft«-Visionen zum Muster genommen, sondern die großen Abläufe der Evolution, weil es sie ja unzweifelhaft gibt, und die Technologie, mit der die Evolution in unseren Körpern agiert, denn das ist keine Phantasterei, sondern eine Tatsache. Im Grunde habe ich mich bemüht, aufmerksam in das hineinzuhorchen, was in der Welt der Natur real ist, was feststeht, und nahezulegen, daß wir überall, wo es keine unüberschreitbaren Barrieren gibt, eindringen können. Ich habe doch niemandem einzureden versucht, man könne z. B. Unsterblichkeit erlangen, nur deshalb, weil es Leute gibt, die das sehr gerne möchten. Daß etwas für die Menschen einen Wert darstellt, war für mich nie Grund genug, mich um Argumente zu bemühen, die beweisen würden, daß es eben so sein kann. Hingegen war ich der Meinung, daß wir uns gewisse Dinge, die in der Natur vor sich gehen, aneignen können. Das sind reale Erscheinungen, die sich jedoch vorläufig unserem Wissen und unserer Nachahmungsfähigkeit entziehen.

Meine Prämissen sind, der Position eines durchschnittlichen Philosophen, insbesondere der Richtung Kant–Husserl–Heidegger folgend, diametral entgegengesetzt, weil sie den Menschen als erkennenden Wesen eine viel bescheidenere Rolle zuweisen. Ich setze nämlich voraus, daß wir eine Tiergattung sind, die durch komplizierte Entwicklungsabläufe mit dem in bezug auf Informationsverarbeitung leistungsfähigsten Gehirn ausgestattet wurde. Aber der Homo sapiens ist auch ein primus inter pares, d. h. er wird ebenso wie alle anderen Gattungen durch Start- und Grenzbedingungen eingeschränkt, die ihm durch die Umwelt und den natürlichen Prozeß gesetzt sind. Deshalb muß man Meinungen, der menschliche Geist habe etwas mit dem Absoluten gemein oder er stelle ein kosmisches Muster für die »Vernunft« überhaupt dar, als eine unberechtigte Anmaßung behandeln. Kann doch eine andere Gattung unser Niveau überschreiten – das kann eine Gattung intelligenter Maschinen sein, die wir selbst schaffen. Wir stellen keine unüberschreitbare Höchstgrenze der Entwicklung dar.

Ich hege großes Mißtrauen gegen die Verabsolutierung von Informationswissen, das man aus dem bloßen Sprachbereich ableiten kann. Denken Sie daran, welch ungeheures Vertrauen Philosophen wie Husserl oder Heidegger in die Sprache setzen und wie sie sich über sie den Kopf zerbrechen, in der Überzeugung, man könne aus ihr alle möglichen Wahrheiten extrahieren, die über das bisher erreichte Wissen empirischer Natur hinausreichen. Ich bin ganz und gar nicht dieser Ansicht. Die Sprache ist nur ein von den Menschen erprobtes und mit Bedeutungen beladenes Kommunikations- und Signalsystem. Theoretisch kann man gewisse Modelle von dem, was ist, bauen. Bitte: (Klopfen) das ist ein Tisch. Aber man kann doch einen Stern nicht so wahrnehmen wie einen Tisch. Wir wissen, was es bedeutet, einen Tisch, einen Sessel oder auch weibliche Formen wahrzunehmen, aber um einen Stern, das Vakuum oder Quarks wahrzunehmen – dazu bedarf es eines ganzen Systems von symbolisierend-formali- sierenden Vermittlungen und Prozeduren, die sich nur inso- fern mit der Wirklichkeit decken, als wir, auf sie gestützt, z. B eine Atombombe herstellen können. Auf mathematischer Ebene können wir gewisse Bilder schaffen, aber gleichzeitig sind wir nicht imstande, viele Dinge zu veranschaulichen oder mit unserer Logik in Einklang zu bringen. Die Vorstellung, man könne, indem man sich in die Sprache hineinkniet, eine tiefere Einsicht in die *natura rerum* erreichen, ist eine Illu- sion. Meine Position ist von der eines Propheten, von Nostra- damus oder Heidegger sehr weit entfernt. Ich war immer Gegner einer par excellence linguistischen Philosophie, die annimmt, wir wären imstande, durch die Erforschung der Sprache Gott weiß was definitiv zu bestimmen.

Wenn wir uns jedoch auf das beschränken, was uns die experimentelle Biologie lehrt, werden wir viele unangeneh- me Dinge erfahren – z. B. unsere unzweifelhafte Verwandt- schaft mit dem Pawlowschen Hund, mit einer Raupe oder einer Fliege, aber zugleich können wir, bei all unseren Beschränkungen, lernen, wie wir durch die Empirie, die Naturwissenschaften, die Technik und die Technologie über unser Niveau hinauswachsen können. Daraus entstehen sol- che Konzepte wie die experimentelle Philosophie, die experi- mentelle Theologie und Theodizee. Wer behauptet, der Mensch sei die Krone aller Schöpfung und es könne nichts Größeres geben als den Philosophen von heute – der erhebt keineswegs den Menschen, sondern schränkt ihn sogar sehr stark ein, weil er ihn – wie in ein Gefängnis – in einen gegebenen historischen Augenblick einsperrt. Wer hingegen den Menschen viel bescheidener sieht und sagt: »Wir sind tatsächlich sehr stark durch unsere Sinne und unsere tierische Herkunft eingeschränkt«, der öffnet – paradoxerweise – neuen Chancen und Möglichkeiten Tür und Tor. Das ist mein Credo.

B: Sie sind ein verstockter Pragmatiker, der außer der wissenschaftlichen Erkenntnis keine anderen Methoden für die Erforschung des Menschen und der Welt zuläßt. Diese Art von Erkenntnis hat im Rahmen unserer westlichen Kultur die höchste Stufe in der Hierarchie aller epistemologischen Strategien erklommen. Aber es gibt doch Kultursysteme, die auf einer ganz anderen Stufenleiter zur Eroberung der Geheimnisse der Welt und der Menschen gelangen wollen.

L: Sie wissen sehr wohl, daß es eine maximale kulturelle Unabhängigkeit von der Empirie gibt. Die Kluft ist so groß wie jene zwischen Kindern und Eltern. Weiß der Teufel, womit sich der Vater und die Mutter Einsteins befaßten, aber wir wissen sehr gut, womit sich Einstein befaßte. Ich glaube nicht, daß Einsteins Leistungen so sehr von denen seiner Eltern determiniert waren. Ein bestimmter Kulturtypus hat die Empirie hervorgebracht, die sich von ihrem Erzeuger weitgehend unabhängig gemacht hat. Wir verdanken ihr Kenntnisse aus verschiedenen Bereichen – sie haben mir sehr zugesetzt und mich sehr fasziniert –, die uns keine andere Kulturformation liefern kann. Im Bereich jener anderen kognitiven Verfahren werden Sie nichts über die »schwarzen Löcher« oder andere Geheimnisse der Welt erfahren. Alle Nirwanas, Koans des Zen-Buddhismus und Transfigurationen sind für mich nichts im Vergleich mit den Wundern der Natur, die uns die Empirie offenbart. In keiner anderen Kultur finde ich derartige Anhaltspunkte. Sie werden einzig und allein von der Formation hervorgebracht, zu der auch ich gehöre.

Die Empirie ist so etwas wie eine mächtige Startrampe in den realen Raum. Ich bin tief überzeugt, daß das uns von der Empirie gelieferte Wissen kein Scheinwissen ist. Ich kann mir hier nichts Gescheiteres einfallen lassen als den Ausspruch von Marx – der das übrigens auch nicht als erster gesagt hat –, daß die Theorie sich erst in der Praxis bestätigt. Wenn eine Hypothese instrumentale Bestätigung in der Form materieller Ergebnisse findet, die man berühren kann, die etwas schaffen können, die jemanden heilen können, dann gibt es kein überzeugenderes Kriterium für ihre Richtigkeit.

B: Manchmal habe ich den Eindruck, daß kein Katholik so orthodox ist wie Sie im Verhältnis zu Ihrer Gottheit Wissenschaft.

L: Ich falle überhaupt nicht vor der Kultur auf die Knie, die dieses Erkenntnisprinzip hervorgebracht hat, aber ich bin der Meinung, daß die Wissenschaft keinen Rivalen hat. Ich möchte Sie darauf aufmerksam machen, daß selbst die Japaner mit ihrer Ahnenverehrung nichts darin hindert, diese Empirie zu plagiieren – sie haben dabei eine solche Vollkommenheit erreicht, daß sie schon jene bedrohen, die diese Empirie im Westen erfunden haben. Ich kann außerhalb der Empirie nichts erfahren! Woher kommt der Mensch? Wie sind Erde und Sonne entstanden? Wie funktioniert mein Gehirn? Was ist unsere Sprache? Was strebe ich als denkendes Individuum an? Das sind alles Fragen, die wir in dieser unserer Unterredung erwogen haben. Außerhalb der Wissenschaft gibt es keine Antworten auf diese Fragen. Und wenn es welche gibt, dann befriedigen sie mich nicht. Die Empirie ist die bescheidenste von allen, die antworten. Sie behauptet nicht, daß sie alles wisse. Sie gesteht ihre Irrtümer ein. Sie weist auf den Umfang ihres eigenen Unwissens hin.

B: Allzuoft erleben wir das nicht.

L: Selbstverständlich, wenn wir in die Schule gehen, ins Gymnasium oder auf die Universität, dann bringt man uns das bei, was feststehend und sicher ist. Aber die Wissenschaft verhehlt nicht, welch große Ausmaße ihre Ignoranz hat. Vor kurzem habe ich mir sogar eine »Encyclopedia of Ignorance« angelegt. Ich sehe keine Alternative; ich vermag mir nicht einmal eine Kultur vorzustellen, die heute die Empirie ablehnen könnte. Es gibt keine solche Kultur, denn das würde ihr Verderben bedeuten, ihre Verstoßung aus der existierenden Welt.

Ich weiß nicht, was ich verlieren könnte, wenn ich auf diesem meinem Boden, auf dem ich mich wohl fühle, bleibe. Ich bin keine kontemplative Natur, ich bin unfähig zu einem religiösen Glauben, der auf Stoßgebeten oder auf Offenbarung beruht. Ich bin eine ziemlich ketzerische Natur und ich habe oft auch die Wissenschaft verspottet, aber gerade sie ist es, die mir die einzige in dieser Welt mögliche Sicherheit zur Beurteilung der Geschichte, des Aufbaus, des Funktionierens und vielleicht auch des künftigen Schicksals dessen, was um uns herum vorgeht, liefern kann.

Ich bin ein Gegner jeder Autorität, aber das hindert mich keineswegs daran, tiefsten Respekt für Karol Wojtyla als Menschen zu hegen, obwohl mich dies nicht im geringsten dem Katholizismus näherbringt. Ich spreche jedoch mit der größten Hochachtung von der christlichen Religion, einer Hochachtung, die meinen innersten Empfindungen entspringt. Das Schönste an ihr sind jedoch nicht die Offenbarungen, sondern die moralischen Gebote, die uns unsere Nächsten und sogar unsere Feinde zu lieben heißen. Das Schöne daran ist, daß es Normen sind, die mit so großen Schüben arbeiten wie keine anderen. Das ist doch wunderbar, daß man sich an die Menschen mit einer solchen Forderung wenden kann, mit der niemand Schritt zu halten imstande ist! Die Tatsache, daß die Religion immer noch existiert, stellt der Menschheit trotz allem kein schlechtes Zeugnis aus. Sie ist zwar nicht imstande, das, was sie selbst verkündet, zu verwirklichen, aber allein die Tatsache, daß die Menschen sich in so großen Massen zu ihr bekennen, ist tröstlich, selbst für einen solchen Misanthropen, wie ich es bin.

Zu einem opportunistischen Anhänger der Empirie machen mich durchaus nicht ihre materiellen Erfolge, auch nicht der ausgedehnte Umfang ihrer Herrschaft über die Welt, sondern die Tatsache, daß dies die einzige Quelle ist, die meine Bedürfnisse zu stillen vermag. Ich gebe sogar zu – vielleicht ist dies ein Beweis meiner geistigen Begrenztheit –, daß mir nie auch nur der Gedanke gekommen ist, mir könnte durch meine Verwurzelung in unserem Kultursystem etwas verlorengehen. Ich verstehe sehr gut, daß es Leute gibt, die so denken mögen – besonders die Eremiten und die Pilger. Aber ich denke nun einmal ganz anders.

Die Leidenschaft des Philosophierens

B: Als wir von Golem sprachen, der, obwohl eine so höllisch gescheite Person, am Ende doch an die Barriere weiterer Erkenntnismöglichkeiten stößt, habe ich mir gedacht, daß etwas Düsteres in dieser Wißbegier steckt, die uns immer weiter vorwärts treibt, als ginge es nur darum, daß wir uns immer wieder unserer eigenen Begrenzungen bewußt werden. Unser Gespräch ist letzten Endes auch irgendwie eine Exemplifikation der Lage, wie sie in jedem Buch beschrieben wird: Ich stelle Ihnen Fragen, wie etwa jener Doktor Creve, und Sie sagen, was Sie sagen wollen, wobei Sie manchmal mir antworten und manchmal mit sich selbst sprechen. Wir beide klopfen an bestimmte Tore des Wissens, die auf verschiedenen Ebenen für uns verschlossen bleiben – und ich fürchte, daß man vor allem dieses vergebliche Anklopfen hört.

L: Tatsächlich kann man gewisse Grenzen, die unserem Denken gesetzt sind, nicht überschreiten, und das kann zweifellos ein Gefühl der Traurigkeit erwecken. Ich halte jedoch dieses – wie Sie es genannt haben – Anklopfen nicht für eine unnütze Beschäftigung. Der Golem, der die höchste Potenzierung meines Geistes darstellt, stößt wirklich bis zu seiner Grenze vor und weiß wahrhaftig nicht mehr, was weiter sein kann. Diese phantastische Erzählung über seine Hohe Familie in der Vernunft und über die mutmaßlichen geistigen Arbeiten, denen sie sich widmet, schafft für mich eine sehr anziehende Landschaft. Allein schon das Aufzeigen von abgrundtiefen Geheimnissen hat einen gewissen erkenntnismäßigen Wert, und vielleicht ist auch für andere dieser partielle – weil auf niedrigerer Ebene stattfindende – Einstieg in ein sehr hohes Rätsel eine sinnvolle Beschäftigung. Daß Sie sich hier befinden, ist der beste Beweis eben einer solchen Einschätzung des Wunsches nach Erkenntnis. Sonst würden Sie, statt ganze Nächte in Zügen zu verbringen, faulenzen, eine Kletterpartie unternehmen oder tausend andere angenehme Dinge tun. Auch für mich ist die Enthüllung dessen, was verhüllt ist, eine sehr große Anstrengung wert, selbst dann, wenn ich mir der damit verbundenen enormen Risiken und der Unvermeidbarkeit von Vereinfachungen, Fehlern und Dummheiten vollauf bewußt bin.

Die Lage erinnert mich an die Anekdote von dem nicht-orthodoxen Juden, der, nachdem er zehn Jahre lang eine Dampfmühle betrieben hatte, zum Rabbi kam und sagte: »Gott gibt es nicht!« Der Rabbi gab ihm dann einen riesigen Haufen gelehrter Bücher, die er zwanzig Jahre lang las, wobei er die Mühle ihrem Schicksal überließ. Und dann kam er noch einmal zum Rabbi und sagte zu ihm: »Gott gibt es nicht!« Nun, si duo faciunt idem, non est idem: Früher hatte er aus einem Abgrund von Ignoranz heraus gesprochen, während er beim zweiten Mal seine Behauptung auf ganze Armeen von Argumenten stützte, deren er sich im Gespräch mit dem Rabbi bedienen konnte. Ich will damit sagen, daß es nicht egal ist, ob ich sofort befinde, daß man gegebene Grenzen nicht überschreiten kann, oder ob ich dies feststelle, nachdem ich mir den Kopf mit den besten Kenntnissen vollgestopft habe. Persönlich scheint mir jedoch, daß diese Grenzen ein bißchen durchlässig geworden sind.

B: Zugegeben, aber ich habe vor allem daran gedacht, daß dies ein Gedankengang ist, der – wenn auch an die Umwelt gerichtet, so doch für jedermann von vornherein klar auf das Subjekt zurückfallend –, während er die *Grenzen der Welt* aufzeigen soll, vor allem die *Grenzen des Menschen* aufzeigt!

L: Für mich ist eines eindeutig: Um an solchen Meditationen Gefallen zu finden, muß man zweifellos ein großer Freund von Überlegungen über die letzten Dinge sein – also über das, was die Metaphysik Eschatologie nennt. Die Tatsache, daß sehr viele Menschen das Philosophieren für eine langweilige und unnütze Beschäftigung halten, bereitete mir viel Sorge, Enttäuschungen und Bestürzung – das ist übrigens noch immer so. Davon muß man persönlich fasziniert sein, philosophieren muß man zum eigenen Vergnügen. So muß es sein. Das Philosophieren muß Sache einer so brennenden und starken Leidenschaft sein, wie sie etwa Witkacy empfand.

Wenn aber jemandem diese Leidenschaft fremd ist, werden ihn viele meiner Bücher nicht befriedigen.

B: Sprechen wir also ein bißchen über Ihren philosophischen Geschmack. Wenn Sie sich schon zuvor den streitlustigen Russell zum Patron erwählt haben und jetzt hinzufügen, daß Philosophieren eine Leidenschaft sein muß, kann ich wohl nicht umhin zu erwarten, daß Sie gleich mit der Hinrichtung einer ganzen Reihe von Philosophen beginnen, der nur wenige entrinnen werden – außer vielleicht einigen Hitzköpfen, die auf Scheiterhaufen oder im Dunkel der Vergessenheit umgekommen sind.

L: Hier übertreiben Sie, denn ich habe ja schon vorher erwähnt, daß ich mich in der Geschichte der Philosophie sehr wenig auskenne; ich müßte also zuerst selbst einiges hinzulernen, ehe ich imstande wäre, Blitze zu schleudern. Aber ich muß gestehen, daß meine Beziehung zu Philosophen immer von einem geradezu außerordentlichen Grad an Subjektivismus gekennzeichnet war. Mir entspricht eher diese Art von Überlegungen, wie sie Russell in seiner »History of Western Philosophy« suggeriert hat, weil er aus seinen Sympathien und Antipathien kein Hehl machte. Wenn er z. B. das Werk von Husserl für ein einziges großes Mißverständnis hielt – dann werden Sie in seinem Buch kein einziges Wort darüber finden, daß so ein Philosoph existiert hat. Die Historiker der Philosophie nehmen ihm natürlich die so nonchalante Behandlung ganzer philosophischer Schulen übel, aber ich stehe hier zu ihm. Wenn er auf einer Universität über Geschichte der Philosophie lesen würde, hätte er vielleicht kein Recht dazu, aber in einem Buch darf er es sich wohl erlauben, über die einen mit Hochachtung und über andere ironisch oder boshaft zu schreiben. Über Hegel z. B. hat Russell nur so viel gesagt – was mir übrigens sehr gefällt –, daß dieses reiche System bloß davon zeugt, wieviel originelle und komplizierte Schlußfolgerungen man ziehen kann, wenn man von falschen oder innerlich widersprüchlichen Prämissen ausgeht. Kein Philosoph hat mich jemals so ermüdet wie gerade Hegel; als ich ihn also im »Lokaltermin« einen wirren Schwätzer nannte und schrieb, daß ein präziser Dummkopf weniger schädlich sei als ein wirrer, weil trübe Geister dunkel sind und aus dieser Dunkelheit in die Tiefe schauen, gab dies tatsächlich meiner Überzeugung Ausdruck. Hegel ist für mich ein Wirrkopf!

Ich war immer sehr wählerisch, und wenn ich das Gefühl hatte, daß ein Philosoph nicht meinem Temperament entspricht, oder wenn ich in seinen Systemkonstruktionen willkürliche Annahmen fand – dann nahm ich eben schnell Abschied von ihm. So war es mit Heidegger und Plato.

B: Moment mal! Sie haben ein solches Tempo vorgelegt, daß man später absolut nicht imstande sein wird, das alles zu ordnen. Vielleicht zuerst Ihre Abneigung gegen Hegel?

L: Wozu Hegel, wenn er für mich unverdaulich ist? Ich will mir dasselbe Recht vorbehalten, das ich Russell eingeräumt habe.

B: Was haben Sie also gegen Plato? Hat das etwas mit Ihrer Liebe für Popper zu tun, der Platos Konzeptionen vom Staat, wie er sie in »Politeia« und in den »Gesetzen« dargelegt hat, zerpflückte?

L: Plato – du lieber Gott, Plato ist wirklich (neben Aristoteles) der Vater der ganzen europäischen Philosophie. Aber ich bin mit der »Open Society and its Enemies« einverstanden, wo Popper nachweist, daß Plato Schöpfer des Paradigmas des Totalitarismus gewesen ist. Der vollkommene Staat, den er vorschlug, ist ziemlich abscheulich. Überhaupt glaube ich, daß jede Konzeption eines Allheilmittels gegen soziale Mißstände sehr schädlich ist. Wenn ich Diktator im Weltmaßstab wäre oder in dieser Rolle als Vertreter irgendeiner Zivilisation vom Alpha Centauri auf die Erde käme, würde die erste von mir erlassene Vorschrift besagen, daß jeder, der verkündet, er besitze ein endgültiges Heilmittel für alle sozialen Dilemmata, für die Dauer von 20 Jahren isoliert werden müßte. Erst nach Ablauf dieser Frist sollte es erlaubt sein, mit dem Delinquenten zu sprechen, aber auch nur darüber, ob er sich von seinen gefährlichen und schädlichen – wenn nicht tödlichen – Hirngespinsten befreit hat. Es ist charakteristisch, daß bescheidene Doktrinen für breite Massen wenig anziehend sind (weil sie wenig versprechen); dagegen sind sie aber unbestreitbar weniger gefährlich. Es gibt also keine »Partei der Popperisten«, wohl aber viele andere Parteien. Karl Popper sagt einfach, man könne in sozialen Organismen bloß kleine Verbesserungen einführen. Und es gibt natürlich keine Partei der »Verbesserer von Kleinigkeiten«.

B: Bevor Sie – zusammen mit Plato – noch weitere Philosophen verurteilen, möchte ich Sie nach einem fragen, den Sie aus irgendwelchen merkwürdigen Gründen zu akzeptieren scheinen – nach Schopenhauer. Woher kommt bei Ihnen diese Milde gegenüber dem deutschen Idealismus? Vielleicht daher, daß dieser Philosoph Hegel noch weniger mochte als der Hund die Katze?

L: Werfen Sie einen Blick auf dieses Regal: Dort steht eine Gesamtausgabe von Schopenhauers Schriften aus dem Jahre 1889. Was ich über ihn denke, habe ich einmal in einem Feuilleton für »Pismo«* geschrieben. Er faszinierte mich wirklich aus sehr interessanten Gründen. Beachten Sie nur seine tragikomische Lage – des Verkanntseins und des dramatischen Kampfes gegen Hegel, den er verlieren mußte. Welch ein unerschütterlicher Glaube an seine Sendung und – nebenbei – welche Hoffnung auf Lorbeeren steckte in ihm! Dieser innere Widerspruch seiner Doktrin ist geradezu faszinierend: Hat doch dieser Mann – wie keiner vor ihm – dem Menschen das ganze Elend seiner Existenz enthüllt, den Menschen als eine Marionette hingestellt, mittels deren der Wille wirkt, und gleichzeitig verlangte er von eben diesen Menschen, denen er so bittere Wahrheiten verkündete, Anerkennung, Liebe, Erhöhung und Ruhm. Er war ganz wie ein Arzt, der dem Patienten das Zeugnis eines kompletten Kretinismus oder einer unheilbaren Krankheit ausstellt und dafür noch von ihm Dankbarkeit und Hochachtung verlangt... (Lachen). Darauf ist es doch eigentlich hinausgelaufen.

B: Ich bin nicht sicher, ob Sie die Ebene einer rein philosophischen Diagnose nicht mit einer sehr natürlichen menschlichen Erwartung verwechseln.

L: Ich glaube nicht, denn Schopenhauer selbst gibt uns

* Krakauer Zeitschrift aus den Jahren 1981/82

das Recht dazu, indem er sagt, »Die Welt als Wille und Vorstellung« sei die letzte Wahrheit. Er hat sich tatsächlich die Rolle zugeschrieben, aus seinem Mund die absolute Wahrheit zu verkünden. Aber wenn diese Wahrheit die menschliche Würde beleidigt, dann ist die Hoffnung auf Lorbeeren ziemlich komisch, und noch komischer, daß er sich über Hegel erhob, der genau das Gegenteil sagte, indem er die Nähe des Menschen zum Absoluten aufzeigte, ja, mehr noch – den preußischen Staat als vollkommene Verkörperung der Idee darstellte. Unzweifelhaft hatten die Preußen mehr Grund zur Dankbarkeit für Hegel, der sie so wunderbar nobilitierte, als für Schopenhauer, der aus ihnen Marionetten machte, die durch eine sonderbare Maschinerie, wie es der allumfassende Wille ist, in Bewegung gesetzt werden. Es sieht einfach so aus, als hätte er etwas Wahres in den Kategorien der Ontologie entdeckt, was aber gleichzeitig in der Sphäre des Erkennens des Seinszustands aller Menschen – mit den Philosophieprofessoren an der Spitze – schändlich ist.

B: Nun, es ist mir niemals eingefallen, daß man das Prinzip der Individualisierung so sehr *ad personam* betrachten kann. Aber einerlei, vielleicht begreife ich philosophische Erkenntnisse einfach zu abstrakt. Wahrscheinlich ist dies jedoch nicht die einzige Ursache Ihrer Sympathie für Schopenhauer. Denn aus dem, was Sie bisher gesagt haben, scheint sie bei Ihnen auf der Sympathie für einen Sonderling zu beruhen.

L: Und die Vortrefflichkeit seiner Prosa? Er ist doch einer der wenigen Philosophen, die man mit unbestreitbarem Vergnügen liest. Aufgrund der ästhetischen Qualität der Rezeption ist er sowohl dort verdaulich, wo wir es mit logisch aufgebauten Argumentationen zu tun haben, als auch dort, wo er sich in zweifelhafte Regionen begibt.

B: Ich glaube, der »wahre« Schopenhauer – das sind seine zahlreichen Kriege mit der Religion, an die Sie ja oft in Ihren Essays anknüpften.

L: Es stimmt, die antireligiösen Streitschriften Schopenhauers haben mir sehr gut gefallen. Gerne z. B. habe ich ihn zitiert, wenn ich über die Grausamkeit des mediterranen Gottes schrieb, der den Menschen aus dem Nichts erschuf und dann, wohl wissend, daß er fallen wird – Gott ist ja allwissend –, ihn so in die Mangel nimmt, daß dieser wirklich der Versuchung unterliegt – und zur Hölle fährt, wo er bis in alle Ewigkeit braten wird. Schophenhauer schreibt mit Recht, daß »der arme Kerl aus dem Nichts«, also der Mensch, wenigstens das eine verdienen würde, was er vorher hatte, nämlich das Nichts. Gott sollte ihm das zurückgeben, was sein angeborenes und ursprüngliches Eigentum gewesen war. Leider hat der liebe Gott ihm dies nicht nur vorenthalten, sondern es gegen einen Höllenkessel eingetauscht. Ist das nicht ein Skandal? Die Derbheit der Argumentation, so typisch für diesen Philosophen, paßt mir sehr, um so mehr, als es ihr nicht an einer eigenartigen – ich weiß nicht, ob bewußten – Ironie fehlt.

B: Ich muß gestehen, daß ich bei Ihnen eher andere Gründe für diese Sympathie vermutet habe. Schopenhauers philosophisches System sagt gewöhnlich – entschuldigen Sie – dem Griesgram und dem Einzelgänger zu.

L: Da ist etwas dran. Die Aura eines tiefen Pessimismus, die diese ganze Doktrin durchdringt, entspricht im wesentlichen auch meinem Weltbild. Im Grunde genommen glaube ich, daß Shakespeare, hätte er bis in die Zeit Schopenhauers gelebt, dessen Anhänger gewesen wäre.

B: Offen gesagt, wundere ich mich ein bißchen, daß Sie die Konzeption des Willens nicht in Frage stellen. Als ein Mann des Konkreten sollten Sie eher daran herumnörgeln, denn das ist doch sehr vage und in dieser Allgemeinheit ungenau.

L: Diese Konzeption des Willens ist originell, und Schopenhauer konnte sie nicht weiter präzisieren. Das ist schließlich eine Frage der Terminologie, denn man kann doch sagen, die Körper ziehen sich an, weil sie sich insgeheim »lieben«. Die Gravitation – das sei auch eine Art »Liebe«. Dem Verfasser der »Parerga und Paralipomena« half immer die deutsche Sprache aus. In dieser Sprache ist es leichter als in der polnischen, zu einer Hypostase zu gelangen. Diese Doktrin kann man leicht auf eine solche Weise lächerlich machen, wie ich es eben getan habe – die Elektronen kreisen um den Kern, weil sie in ihn verliebt sind! So lange der Wille unbestimmt bleibt und nicht in seinen Einzelerscheinungen präzisiert wird, ist alles prima. Wenn wir es jedoch zu präzisieren versuchten, würde sich zeigen, daß z. B. Repulsion und Attraktion der magnetischen Pole oder der elektrischen Ladungen Äußerungen des Willens sind, weil wir dies ja anders nicht wahrnehmen können. In diesem Moment würde aber bereits der Animismus auftauchen. Weil er das nicht wollte, da er doch nicht sagen konnte, daß alles belebt ist, daß, sagen wir, in einer alten Weide der Geist der Weide sitzt, hat er also dem Willen nicht eine Gestalt verliehen, sondern ihn auf ein Element zurückgeführt, das in der Sprache der damaligen Philosophie noch akzeptabel war. Er mußte danach streben, über die allgemeine Bedeutung des Willensbegriffs nicht hinauszugehen, denn sonst hätte er seine Doktrin lächerlich gemacht.

Ich habe schon einmal darüber geschrieben, daß dies eine jener philosophischen Konstruktionen ist, in denen besonders kraß zum Ausdruck kommt, daß ontologische Urteile von Quasi-Urteilen nicht unterscheidbar sind. Bedenken Sie doch, wenn ein Theologe zur Überzeugung gekommen wäre, die Menschheit sei von Judas und nicht von Christus erlöst worden, und diese Auffassung dann in die Annalen des Christentums als Ketzerei eingegangen wäre und sich niemand finden würde, der sagte, dieser Ketzer sei ein Romanschriftsteller gewesen. Hätte es jedoch niemals Schopenhauer gegeben und seine Vision von der Welt wäre, sagen wir, von einem Borges ausgedacht worden, so hätte das ganz sicher niemand als eine ernsthafte ontologische These betrachtet, sondern als eines der Märchen über Judas, die man nicht ernst nimmt. Die Unterscheidung zwischen Phantastik und Theologie bestimmt in diesem Augenblick einzig und allein die Intention desjenigen, der sie artikuliert. Wenn die gegebene These mit logischer Assertion vorgetragen wird, haben wir es mit einem Ontologen oder einem Verrückten zu tun; wenn sie jedoch ohne diese Assertion vorgebracht wird – nehmen wir an, daß es sich um Belletristik handelt.

B: Und wie beurteilen Sie die Schopenhauersche ethische Konzeption?

L: Ich glaube nicht, daß er hier gute Arbeit geleistet hat.

Es gibt da keine ausdrückliche Sanktion: Man weiß nicht, warum man gut sein soll. Die Moral hängt in der Luft. Um mit Dostojewski zu sprechen, müßte man die Sache so zusammenfassen: »Wenn es keinen Gott gibt, was für ein Stabshauptmann bin ich dann?« Die ethischen Konzeptionen Schopenhauers so wie auch seine ästhetischen Überlegungen scheinen mir ziemlich schwach. Er war nicht ganz originell, denn er war von den Doktrinen des Ostens (die Maja) beeinflußt, und ich behandle ihn, obwohl er das alles für den deutsch-europäischen Gebrauch umwandelte, auf diesem Gebiet als einen Referenten. In intellektueller Hinsicht sind das die schwächsten Kapitel seines Werkes.

Übrigens (Lachen), was für ein Lehrmeister für Moral ist er gewesen? Wissen Sie, weshalb er eine Gerichtsverhandlung hatte?

B: Mir scheint, er hat jemanden mit einem Stock geschlagen.

L: Noch schlimmer! Seine Nachbarin unterhielt sich auf der Stiege mit einer anderen Nachbarin und störte ihn bei der Arbeit. Also lief er empört hinaus, begann mit ihr zu streiten und stieß sie dann die Treppe hinunter. Die Frau brach sich ein Bein (Lachen), dann gab es eine Verhandlung, bei der er verurteilt wurde, ihr lebenslänglich eine Entschädigung zu zahlen. Als die Alte starb, machte Schopenhauer eine Notiz: »obiit anus, abit onus«. »Anus« bedeutet nicht nur After, sondern auch altes Weib, also sollte man den Satz so übersetzen: »die alte Frau stirbt, also verschwindet die Last«. Der eigentliche Sinn ist: »Die verdammte Alte ist verreckt (Lachen), endlich werde ich keine Ausgaben mehr haben!« Eine so direkte Art – die so wenig mit seiner Ethik harmonisierte – hat für mich etwas Menschliches. Dieser Hitzkopf und Misanthrop erschien mir immer sympathisch.

B: In diesem Fall sollte Ihnen auch Nietzsche gefallen. Die Philosophie, die er vorschlägt, ist ziemlich unheimlich, doch logisch kohärent, gelegentlich enthält sie Wunderliches.

L: Mag sein, aber ich kann ihn trotzdem nicht leiden. Zwischen Schopenhauers Leben und seiner Konzeption bestand ein kolossaler Widerspruch. Zwar gibt es einen solchen

Widerspruch auch bei Nietzsche – aber bei Schopenhauer ist er sympathisch und amüsant, während der von Nietzsche mich beleidigt und empört. Dieser Verbreiter von Skandalen und – zumindest nach seinen Schriften zu urteilen – hartherzige Mann war doch in Wirklichkeit weich und sentimental. Er machte doch bloß immer gute Miene zum bösen Spiel – er steckte in seine Doktrin alles hinein, was er selber nicht besaß. Es gibt darin viel widerwärtige Verlogenheit. Außerdem hat mich »Also sprach Zarathustra« sehr irritiert, als ich es im Alter von 16 Jahren las.

B: Sie waren sicherlich zu jung dafür, und überdies konnten Sie es nur in der Übersetzung von Berent lesen, die ziemlich arg war.

L: Vielleicht entsprangen alle die falschen Töne und diese Gespreiztheit wirklich der fürchterlichen jungpolnischen Manier. Aber ich glaube nicht, daß es bloß daher kam. In dieser Doktrin steckt ziemlich viel Übertreibung. Wenn man etwas maßvoll sagen konnte, verkündet es Nietzsche mit Wagnerischem Donnern, das ich nicht leiden kann. Wenn ich einmal zu einer entschiedenen, elementaren Antipathie gelangt bin, ist es später schwer, sie zu überwinden.

B: Wollte man bestimmte Linien der Kontinuität zeichnen, dann befänden sich auf der Linie, von der wir gesprochen haben, Heidegger und irgendwo an ihrem Ende steht Sartre...

L: Das ist eine äußerst widerwärtige Figur. Entschuldigen Sie, daß ich Sie unterbreche, aber ich muß meiner tiefen Antipathie gegen diesen Nichtswürdigen, der wahrscheinlich nicht einmal wußte, daß er es war, Luft machen. Nur ein zuinnerst unehrlicher Mensch kann die Behauptung wagen, über das, was die Schattenseite einer wunderbaren Gesellschaftsordnung bildet, dürfe man nicht sprechen, selbst wenn es die reine Wahrheit wäre.

B: Es geht Ihnen um die Lager?

L: Natürlich. Und dann ist er am Maoismus erkrankt. Seinen Enthusiasmus habe ich mir immer so erklärt, daß er stets in der vordersten Reihe stehen wollte. Er hatte schreckliche Angst, die Geschichte könnte ihn ausspeien, er könnte sein Publikum verlieren, die Jugend könnte eine andere Richtung einschlagen.

In der Welt herumreisend, brachte er es fertig, solche Greueltaten zu übersehen, wie die, deren sich in Kambodscha Pol Pot – Absolvent der Sorbonne – schuldig machte, als er im Namen der lichtvollen Zukunft Millionen Menschen abschlachtete. Hingegen hat er nicht versäumt, in der Bundesrepublik Baader (von der terroristischen Baader-Meinhof-Gruppe) zu besuchen und in der Presse darüber zu jammern, daß dieser im Gefängnis kein genügend elegantes Klosett hat. Diese Art selektiver Betrachtung entwertet ihn absolut als Menschen in meinen Augen.

B: Bevor wir uns Heidegger zuwenden, den Sie angreifen werden, wie Sie es ja bei jeder Gelegenheit tun, weil er sich in die Sprache vertieft, möchte ich Sie über Ihr Verhältnis zum logischen Empirismus befragen, insbesondere zu Ludwig Wittgenstein, der unter den Philosophen, die aus dem Wiener Kreis hervorgegangen sind, eine ziemlich vieldeutige Gestalt zu sein scheint.

L: Dieser Philosoph wird jetzt von allen hoch geschätzt – insbesondere sein »Tractatus Logico-Philosophicus«, mit dem er sich sechzehn Jahre lang abgequält hat. Ich habe die deutsch-englische Version studiert, die ein bißchen auf dem Prinzip des »Buchs der Offenbarungen« aufbaut. Angeblich hat sie Carnap sehr irritiert. Nach langen Jahren des Nachdenkens hat Wittgenstein im Grunde genommen alles widerrufen, denn in den »Philosophischen Untersuchungen« finden wir bereits eine ganz andere Fragestellung. Ursprünglich war er ein Anhänger des logischen Atomismus, er glaubte an die Möglichkeit, mittels sprachlicher Aussage zu voller Eindeutigkeit zu gelangen. Dann begann er sich entschieden von dieser Position zurückzuziehen, nachdem er erkannt hatte, daß dies gar nicht stimmt. Deshalb wahrscheinlich begann er langsam auf Positionen überzugehen, die sich einer probabilistischen Behandlung der Sprache nähern. Man kann dies an Hand seines letzten Buches dokumentieren, wo er ja sagt, die Sprache sei ein Spiel *sui generis* und daß zwischen den einzelnen Spielen eine Ähnlichkeit wie zwischen Mitgliedern einer Familie bestehe – also Verwandtschaft. Mit einem

Wort, er begann schon bewußt in der Metaphorik Zuflucht zu suchen, um das auszudrücken, was er damals noch nicht anders zu sagen vermochte. Übrigens kann das bis heute niemand auf eine gut formalisierte Weise ausdrücken.

Wittgenstein sagt z. B. auch, die Grenzen meiner Sprache sind die Grenzen meiner Welt. Generell muß man dem zustimmen; es genügt, bloß einen Blick auf jenes schreckliche *Mare Tenebrarum* von Schwierigkeiten zu werfen, vor dem ich immer stand, sooft ich eine von der unsrigen radikal abweichende Welt darstellen wollte. Diese unerhörten Schwierigkeiten kamen wirklich daher, daß es fast unmöglich ist, die Grenzen der eigenen Welt und die Grenzen der diese Welt beschreibenden und in ihr entwickelten Sprache zu überschreiten.

Jetzt kann ich vielleicht zu Heidegger übergehen. Er beschäftigte sich mit dem Sein des Menschen, damit, daß dieser zur Existenz verdammt ist usw. –, aber er behandelte diese ganze Problematik auf rein sprachlicher Ebene. Zusammen mit seinen intellektuellen Erben hat er den Grundstein für das absolute Vertrauen in die Sprache gelegt. Sie scheinen der Meinung zu sein, daß die Sprache gewisse Dinge restlos klären kann und daß sie außerdem die letzten Grenzen aufzeigt, denen sich das erkennende Wesen überhaupt nähern kann. Das stimmt einfach nicht. Was wir bisher über die Sprache erfahren haben, bringt uns vor allem zu dem Urteil, daß sie sich auf eine ganz besondere Weise für eine wirksame Kommunikation zwischen den Menschen eignet – innerhalb ihrer ökologischen Nische, wie sie ein kleiner Planet sein kann, ein gewisses soziales System, bestimmte klimatische Bedingungen, die gegebene geschichtliche Epoche usw. In diesem Rahmen verlieren Artikulationen, die ihre lexikographische Gestalt behalten, im Zuge der Zeit ihren alten Sinn und nehmen einen neuen Sinn an. Es genügt, daß eine neue Lage, neue geschichtliche oder Kultur-Kontexte usw. entstehen.

Die Physik hat ursprünglich versucht, der sinnlich und empirisch gegebenen Wirklichkeit möglichst nahe zu bleiben, aber mit der Zeit verlor sie immer deutlicher ihren Rückhalt in dieser Wirklichkeit.

B: Wenn Sie jetzt darüber reden wollen, wie sich die konkreten Begriffe von den Erscheinungen loslösen, mit denen sich gegenwärtig die Königin der empirischen Wissenschaften beschäftigt, muß ich Sie daran erinnern, daß dieses Element der Argumentation schon in unseren früheren Gesprächen aufgeschienen ist.

L: In Ordnung, ich werde also dieses Element beiseite lassen. Ich werde Ihnen bloß sagen, daß ein Physiker feststellen würde, daß die Gluonen, die in der Theorie auftreten, bloß durch eine bestimmte Lösung gewisser Gleichungen existieren. Damit will er natürlich nicht behaupten, daß sich im physikalischen Vakuum ein Haufen mathematischer Gleichungen befindet, die in einer bestimmten Relation zueinander stehen. Er kann einfach auf keine andere Art ein Modell konstruieren, das den Stand der Dinge im Mikrokosmos wiedergeben würde. Gegenwärtig kann man nichts Besseres vorschlagen. Diese ganze Entwicklungslinie der Physik beweist, daß dann, wenn wir uns aus der Existenznische des Menschen – als eines Ex-Affen, der mit der sogenannten Vernunft ausgestattet ist – in bestimmte Richtungen hinausbegeben, die Sprache, deren sich der Mensch bis jetzt bedient hat, aufhört, eine Sprache vollkommen erfaßbarer Bedeutungen zu sein.

Der Philosoph verzichtet jedoch nicht auf den linguistischen Thron. Er versucht weiterhin, sich auf die Wirklichkeit zu beziehen; er wühlt in den Bedeutungen, höhlt diese Bedeutungen aus und trachtet, über sie tiefer, bis zu ihrem Grund vorzustoßen. Aber er kann damit nichts erreichen. Heute weiß jeder Physiker und jeder, der die Philosophie der Physik oder der modernen Naturwissenschaft kennt, sehr wohl, daß diese ein sehr enges Feld ist, das wir an vielen Stellen schon überschritten haben. Allein schon der Wissenszuwachs drängt uns sozusagen über die Region der »verstehenden« Sprachartikulationen hinaus.

B: Wenn diesen Qualitäten nichts, was wir kennen, entspricht, wie steht es dann um ihre Verifizierbarkeit?

L: Das endgültige Kriterium ist die Praxis. Die Existenz der Gluonen wird nicht ausschließlich durch das bewiesen, was uns die Physiker einreden, noch durch die Möglichkeit einer bestimmten Interpretation gewisser Photoelemente in der Wilsonschen Nebelkammer, sondern vor allem durch die Tatsache, daß wir, indem wir unser reales Wissen vergrößern, imstande sind, die Atombombe, ein Photonfahrzeug und Gott weiß was noch alles zu bauen. Das ist das endgültige Kriterium.

Ein Mensch, der in Heideggers Art philosophiert, kann uns, außer dem Appell an unsere Sinnesempfindungen und an unser Sprachverständnis, nichts geben.

B: Aber dieser ganze Wissenszuwachs ändert doch nichts an der Tatsache, daß der Mensch eine Antwort auf die Fragen suchen muß, die schon Plato gestellt hat.

L: Wenn aber die Wissenschaft darauf Antworten in jenen Bereichen erteilt, die nicht axiologisch sind – denn die Wissenschaft gibt ja keiner Ethik den Vorzug und formuliert keine Gesetzbücher –, und diese Antworten sich nicht aus jenen linguistischen Forschungen ergeben, sondern um einen neuen Typus von Wissen erweitert sind, dann darf man sie nicht ignorieren und muß sie zur Kenntnis nehmen. Ich gehöre zu jenen, die der Ansicht sind, daß wir, da wir mit den am weitesten vorgeschobenen Vorposten der naturwissenschaftlichen Erkenntnis über die Sphäre der verstehenden Sprache hinausgekommen sind, in unserem Denken gewisse Korrekturen vornehmen müssen. Ich nehme dies zur Kenntnis und bin bereit, mich dem zu beugen, weil die Tatsachen einfach so sind.

Die Philosophie des Heideggerschen Typus will dies offensichtlich nicht, und noch weniger wünscht es ihre arme Verwandte, die Sprachphilosophie, wie sie die Engländer so aufdringlich betreiben. Diese letztere strebt nicht einmal das an, was Heidegger wollte, der in die Sprache und in die einzelnen Artikulationen hineinblickte, um zu verstehen, wie es wirklich mit dem Menschen bestellt ist: Sie beschränkt sich auf die Erforschung der syntaktischen und semantischen Struktur der Sätze. Hier wird nichts mehr über die Welt ausgesagt. Die Welt der alten Philosophie verschwindet. Man drückt das so aus: Gestützt darauf, welche Sprache wir untersuchen, werden wir bestimmen, zu welcher Art des Philosophierens der Mensch fähig ist. – Für mich ist das Scholastik.

Überhaupt denke ich, daß wir uns schon in einem Stadium

der Dekadenz befinden, wenn so ein Paul Feyerabend daherkommt und sagt, daß alle Induktionen und Deduktionen nichts als ein großes Kopfverdrehen sind, daß von präzisen Methoden keine Rede sein kann, daß »anything goes« und alle Methoden gut sind. Er stellte fest (was ohnehin schon bekannt war), daß wir, indem wir die Welt effektiv erkennen, selber nicht wissen, wie wir es tun. Wenn wir also einen realen Wissenszuwachs gewinnen, dann sind alle Forschungswege richtig – es ist unwichtig, ob sie miteinander übereinstimmen. Ich vereinfache natürlich sehr, aber Feyerabend selbst hat es Anarchisieren der Philosophie genannt. Es geht nicht darum, ein System aufzubauen, wenn dies ein Herumspielen von Kindern mit Bauklötzen ist. Wozu brauchen wir ein System? Die Philosophen sollen sich vor dieser Philosophie mit Hochachtung verneigen, und dann wird Feyerabend sie alle, zusammen mit seinem eigenen Meister Popper, den er beschimpft hat, über Bord werfen. Sie lachen, aber ich übertreibe nicht sehr. Wir leben in einer Zeit der Zerstörung verschiedener »constants«. In der Philosophie entsteht ein Dadaismus. Es gibt auch andere, nicht weniger seltsame Richtungen. Feyerabend behauptet, die Zeit der systematischen Philosophie gehöre der Vergangenheit an. Vorbei ist auch die Zeit solcher Arbeiten, wie sie Heidegger oder Husserl unternahmen. Schließlich hat letzterer nur den *ersten* Band seiner »Logischen Untersuchungen« geschrieben, zum zweiten konnte er sich nicht mehr aufraffen. Daher kommt mein Skeptizismus.

B: Zum einen werfen Sie allzu leicht Husserl mit Heidegger in einen Topf, zum anderen spalten Sie wie mit einer Axt das vielschichtige Gewebe ihrer Systeme.

L: Ich lege mir doch Rechenschaft ab über das unerhörte Raffinement, die außerordentliche Subtilität und die verschiedenen Herrlichkeiten, die der eine wie der andere – jeder übrigens anders – postuliert hat. Ich weiß auch, daß es tadelnswert ist, beide in einem Atemzug zu nennen – aber um hier solide zu sein, müßten wir bis ans Weltende weiterreden. So oder so – ihre Einstellung ist mir immer als eine Art fürchterlicher Einengung erschienen. Das ist dieser überkommene Elfenbeinturm, in dem sie sich zusammen mit ihren getreuen Schülern und geistigen Erben eingeschlossen haben, und jetzt sitzen sie drin und stochern herum, während die Welt nicht stehenbleiben will, sondern weitergeht. Und was noch ärger ist – sie geht in eine ganz andere Richtung.

B: Wollen Sie mir dann bitte sagen, welche Richtung die Sprachforschungen einschlagen sollen; Sie behandeln ja schon zum zweiten Mal die Frage der falschen Problemstellung, aber Sie schlagen keinen Ausweg vor.

L: Es gibt so ein Buch, das ich übrigens schon erwähnt habe – aber wir hatten da keine Zeit, das Thema ausführlicher zu behandeln. Es ist die Arbeit des sowjetischen Statistikers und Mathematikers Wassilij Wassiljewitsch Nalimow »Wjerojatnostnaja model jazyka« (Ein Wahrscheinlichkeitsmodell der Sprache). Dieses Buch steht ziemlich in Widerspruch zu den modischen und heute gängigen Sprachtheorien der Semantik und der Linguistik. Es steht in starker Opposition zur atomistischen, logischen Konzeption des Sprachmodells. Der Autor hat in dem Buch ein einachsiges Schema geschaffen, auf dem er verschiedene Sprachen untergebracht hat: von sehr »harten« bis zu »weichen«. Der Hauptbegriff, auf den sich dieses eigentlich einfache probabilistische Modell gründet, ist die sogenannte Wahrscheinlichkeit nach Bayes.

B: Bitte, halten Sie ein. Wenn Sie mir nicht sagen, was »harte« und was »weiche« Sprachen sind, dann kann ich Ihren weiteren Ausführungen unmöglich folgen.

L: Harte Sprachen haben eine Baustein-Atom-Struktur. In extremen Fällen sind das kontextlose Sprachen – also solche, in denen es des Kontextes zum Verständnis nicht bedarf.

B: Zum Beispiel?

L: Sagen wir – gewisse Sprachen der Digitalrechner. Dann siedelt Nalimow die Sprache des Erbcodes in nächster Nähe der »harten Sprache« an – womit ich übrigens nicht einverstanden bin, aber sei's drum. Ich war, nebenbei gesagt, wohl der erste, der behauptete, dies sei die erste Sprache, die auf der Erde entstanden ist, und man soll das nicht als eine Metapher behandeln, sondern so gut wie wörtlich. Es ist natürlich eine Sprache sui generis, weil sie sich nicht auf das Bewußtsein bezieht, sondern in dieser Sprache »sprechen«

Organismen mittels Organismen zu Organismen. Sowohl Pflanzenarten als auch Tiergattungen sind in der Natur Artikulationen dieser Sprache.

B: Und was sind die »weichen« Sprachen?

L: Die natürlichen, ethnischen, vieldeutigen Sprachen.

B: Aha – je nach dem Grad ihrer Polymorphie siedeln sich linear die Sprachen an, die größere oder geringere Eindeutigkeit anstreben.

L: Jawohl, vor allem die, deren sich verschiedene Wissenschaftszweige bedienen: In der Physik haben wir dank ihrer »Mathematisierung« eine größere logische »Härte«, während wir es z. B. in der Geschichte und ganz besonders in der Philosophie mit einem beträchtlichen Grad von »Weichheit« zu tun haben.

B: Daraus folgt, daß die Sprache der Kunst der »Weichheit« noch näher rückt?

L: Nalimow präsentiert äußerst amüsant – was mir übrigens sehr zusagt – die moderne abstrakte Malerei als eine degenerierte Sprache; das ist keinerlei abschätzige Definition, es hat rein physikalische Bedeutung. Es gibt da übrigens Bilder von Kandinsky und Malewitsch ...

B: Gut, aber kehren wir nun zu dieser Funktion von Bayes zurück.

L: Es gibt die Funktion der Streuung der Wahrscheinlichkeit von Ereignissen, verstanden als mathematische Erwartung bestimmter Vorgänge, z. B. wenn wir erwarten, daß im Rahmen einer einheitlichen Serie eine bestimmte Karte fallen wird. Bis zum Moment, wo eine Karte gezogen, ein Wort oder ein Satz im Text gelesen wird, verfügen wir über ein gewisses subjektives Wissen darüber, was hier auftauchen kann und was nicht.

B: Im Satz wohl, aber wenn man einen Würfel rollen läßt oder eine Karte zieht?

L: Beim Würfelspiel wissen wir doch, daß einer der sechs Werte der Würfelaugen nach oben fallen wird, daß der Würfel sich nicht plötzlich in die Luft erhebt ... Viele Dinge wissen wir rein instinktiv und dieses Wissen wirkt zugunsten der apriorischen Information. Wenn ein bestimmtes Wort im Satz auftaucht, fügen sich zu seinem Verständnis das apriorische Wissen (sagen wir, seine lexikalische Bedeutung) und seine konkrete Anwendung zusammen. Hören wir z. B. eine Rundfunksendung in fremder Sprache mit Störungen, dann ist es leichter, sie zu verstehen, wenn wir wissen, *welches Thema diese* Sendung behandelt. Denn in diesem Moment erfolgt eine bestimmte Einstellung, im Verhältnis der erwarteten Wahrscheinlichkeiten des Auftretens bestimmter Worte.

Schon vor langer Zeit, als ich Nalimow noch nicht gelesen hatte, habe ich mir eine Art konzentrischer Hüllkurven konstruiert, deren sich der Mensch im Bereich einer enorm großen Anzahl von Erscheinungen bedient. Sprechen Sie mit jemandem, ohne über den Bereich seines Wissens oder seiner Erfahrung hinauszugehen, wird alles, ungeachtet seines Intelligenzniveaus störungsfrei verlaufen. Überschreiten Sie jedoch seinen Wissensbereich, dann können Sie von diesem scheinbar vernünftigen Menschen einen kompletten Unsinn hören. Das ist, nebenbei gesagt, typisch für Paranoiker. Mit einem solchen Menschen können Sie sich ganz normal unterhalten – bis zu dem Moment, wo Sie das Gebiet betreten, das mit der »Schraube« zu tun hat, die bei ihm locker ist. Wenn Sie ihn z. B. fragen, was er für die Zukunft plant, werden Sie ganz unerwartet von ihm zu hören bekommen, er werde am Kreuz sterben, denn er sei eine Reinkarnation Jesu Christi.

Die probabilistische Konzeption erlaubt es, viele Dinge aufzuklären, derentwegen sich die Neopositivisten – mit Carnap an der Spitze –, aber auch viele Forscher aus dem Kreis der analytischen Sprachtheorie und der Linguisten, die sich mit Computerübersetzungen beschäftigen, vergeblich den Kopf zerbrochen haben. Mit ihrer Hilfe kann man auch gewisse Fragen der Literaturtheorie klären, die um die poetische Funktion der Sprache zentrieren.

B: Könnten Sie hier ein Beispiel nennen?

L: Die Streuung der Bedeutungen eines gegebenen Wortes umfaßt – sagen wir – mehr als ein Dutzend Benennungen. An dem einen Ende des Fächers haben wir die am häufigsten, dann die seltener vorkommenden, und am Ende befinden sich jene, die in keinem Wörterbuch zu finden sind, die in rein metaphorischen Verbindungen auftreten – also in solchen, bei denen wir sagen, daß die Worte »sich wundern«. Bei dieser Streuung gilt also nicht die Glockenkurve von Poisson mit einer normalen Verteilung der Bedeutungen, sondern die »Cluster«-Kurve mit stark einseitiger Anhäufung von Bedeutungen. Nehmen wir aber Worte entsprechend ihrem quantitativ schwachen Auftreten in der Sprache, dann erhalten wir ganz unerwartete Effekte. In den Kategorien der Informationsübertragung bedeutet dies eine Überraschung für den Abnehmer, der nicht erwartet, daß dieses Wort in seiner seltensten Bedeutung auftauchen wird. Er wird es natürlich verstehen, weil er auch diese Bedeutung eincodiert hat, aber, da er auf alltägliche Frequenzen eingestellt ist, wird der Grad der Attraktivität und der Originalität höher sein.

B: Daraus folgt, daß die Sprache der Literatur im Bereich der »Weichheit« oszillieren sollte? Aber es ist doch nicht immer so?

L: Nalimow ist der Ansicht, daß unsere ganze Sprache und unser ganzes Denken in einem ziemlich schmalen Spalt konzentriert sind. Einerseits droht ihnen übermäßige »Härte«, andererseits – »Weichheit«. Übermäßige »Weichheit« signalisiert z. B. oft Wahn – sagen wir Schizophrenie. Wenn Sie einen Schizophrenen fragen, was Uhren und Flüsse miteinander gemeinsam haben, kann er Ihnen, ohne lange zu überlegen, antworten, das wären die Steine. Die Streuung der Worthäufigkeit ist beim Kranken gestört, ebenso übrigens, wie beim Dichter, wenn er schreibt, aber mit dem Unterschied, daß der erstere es spontan und unkritisch tut, während der zweite imstande ist, es zu kontrollieren. Der Dichter bedient sich ja im Alltagsgespräch der natürlichen Ausdrucksweise, während er sich die zweite Art der Artikulation für die Gelegenheit vorbehält, wo er als lyrisches Subjekt sprechen wird.

Auf der anderen Seite werden wir allzu »harte« Sprachen finden, für die eine logische Insensibilität charakteristisch ist. Wenn man schon 30 Bücher geschrieben hat, weiß man ganz genau, daß man das gleiche Problem mit einer Unmenge erzählerischer Taktiken angehen kann. Es ist ungut, sich auf eine üppige Geschwätzigkeit einzulassen, der Hunderttausende prachtvoller Sätze entspringen, zwischen denen es jedoch keinerlei Kohärenz gibt; aber es ist auch nicht gut, in einer trockenen, bis auf den logischen Kern kastrierten Sprache zu reden. Das Optimum liegt in der Mitte.

B: Sie hängen wirklich sehr an allen stochastischen Verfahren. Sie lancieren sie eigentlich auf jedem Gebiet der Evolutionsverläufe, der Kosmologie und Kosmogonie, Philosophie, Literaturtheorie oder Ästhetik.

L: Diese Wahrscheinlichkeitsmodelle ergeben wirklich viele gute Resultate. Ich weiß nicht, warum diese meine Vorliebe so vielen Personen ein Stein des Anstoßes war. Heute finde ich mich nicht einmal mehr in den gigantischen Abgründen zurecht, aus denen ich diese Kategorie geschöpft habe. In der Sphäre der mathematischen Statistik und der Wahrscheinlichkeitstheorie ist eine Verteilung auf viele Subdisziplinen erfolgt. Die Statistik, deren man sich vor Zeiten bei der Zählung von Getreidescheffeln oder der Errechnung der Sterblichkeit bediente, betrachtete man als von der Empirie abgeleitet, da ihr Ausgangspunkt die Berechenbarkeit bestimmter Mengen und Abweichungen vom statistischen Durchschnitt waren. Noch im 19. Jahrhundert wurde sie von den Mathematikern als arme Verwandte angesehen, als angewandte Wissenschaft. Erst der Zusammenbruch des deterministischen Weltbildes, des Weltbildes von Laplace und Newton, sowie der Einzug der Quantenmechanik zusammen mit den Unbestimmtheiten und den Wellen der Wahrscheinlichkeit haben uns gezeigt, daß der unterste Grund der erkannten und erkennbaren Wirklichkeit eben fluktuiert, daß er aus keiner scharf konturierten, eindeutig zu bestimmenden Struktur besteht. Von da an erfolgte der große Aufstieg der Statistik und auch der Kategorie des Zufalls.

Ich habe dies in viele Bereiche, die mich interessierten, einzuführen versucht, unter anderem – mit miserablem Erfolg – in die Literaturwissenschaft, um mir gewisse Erscheinungen zu erklären, die ich anders nicht aufzuklären vermochte. Einige meiner Formulierungen aus anderen Bereichen, z. B., daß die Gattungen in der Natur aus einem *Irren des Irrtums* entstehen, dürfen nicht metaphorisch, sondern wörtlich verstanden werden, denn jede Genmutation ist doch ein Irrtum. Das alles hängt miteinander zusammen und widerspiegelt meine wirklichen Ansichten über die Natur der

Welt. Die Welt ist eben so, und das muß sich in der Literatur, in unserem Literaturverständnis, in einer sehr weitgehenden Interpretationsfreiheit und auch darin widerspiegeln, daß Polymorphismus der Sprache und Vieldeutigkeit des Textes in dem Maße, in dem sich die Kunst entwickelt, immer deutlicher als positive Werte angesehen werden. Früher war das gar nicht so. Das ist eine Einheit, die ein neues Bild von der Welt und nicht von einem aus ihr herausgehobenen Fragment schafft.

B: Ich verstehe und sehe, daß Sie mich mit aller Kraft in die Richtung jener Bereiche und Methoden des Philosophierens ziehen, die Ihnen am nächsten sind. Ich habe jedoch den Eindruck, daß ich Sie noch für einen Moment unterbrechen muß. Da wir gerade in diesem und keinem anderen Teil Europas leben und zu denken versuchen, kann ich nicht umhin, Sie zu fragen, wie Sie zu Marx und zum Marxismus stehen.

L: Mein Verhältnis zu Marx ist zwiespältig, weil er eine ontologische Doktrin (den Diamat), eine Theorie der gesellschaftlichen Entwicklung der Menschheit (den historischen Materialismus) und ein prognostisch-aktivistisches Projekt einer vollkommenen (kommunistischen) Gesellschaft geliefert hat. Was die Marxsche Ontologie betrifft, würde ich es vorziehen, daß er sich in seiner Lektüre von Hegel weg in die Richtung Gibbs' begeben hätte. Ich weiß, daß es seltsam anmutet, wenn man einen nicht philosophierenden Empiriker, wie Gibbs es war, neben einen Philosophen reinsten Wassers wie Hegel stellt, aber Gibbs hat (wie mir scheint) als erster in das kognitive Denken über die Natur probabilistische Begriffe eingeführt, an denen es Marx mangelt, und deshalb hat letzterer sie durch die Dialektik ersetzt. Die Dialektik aber kann man überhaupt nicht formalisieren – darum hat sie ebenso viele Interpretationen wie Denker –, und die orthodoxe Interpretation wird keineswegs aus sachlichen Gründen verteidigt. Etwa, daß der Marxismus, wenn man ihn in einem Punkt in Frage stellt, Stein für Stein, so auseinanderbrechen könnte, daß am Ende nichts von ihm übrigbleibt. Marx schätzte Darwin, aber er beschäftigte sich zu wenig mit ihm. Marx war ein grenzenloser Optimist in

bezug auf die Natur des Menschen, die er als durch oppressiv-
ausbeuterische Gesellschaftssysteme entstellt sah – aber nicht
als per se verdorben (wie es z. B. das Christentum sieht). Er
war übrigens in seinem Optimismus ein hervorragender Vertreter der geistigen Elite des 19. Jahrhunderts, für die der
Fortschritt im Sinne eines besseren Lebens für die Allgemeinheit untrennbar mit dem Fortschritt der Wissenschaft und der
Beherrschung der Naturgewalten durch den Menschen verbunden war. Marx hätte nie zugegeben, daß der Fortschritt
sich in sein eigenes Gegenteil verwandeln könnte, daß Wohlstand, statt menschliche Bedürfnisse zu befriedigen, im Zuge
der Befriedigung neue, individuell wie sozial schädliche Bedürfnisse wecken könnte, daß das Prinzip »Jedem nach seinen
Bedürfnissen« keine Grenzen und kein Ende kennt, weil der
Mensch in seinem Einfallsreichtum von mörderischer Gier
ist, wenn man ihm Straflosigkeit zusichert, oder daß, um
dieses Urteil auf alle bewohnten Weltkörper auszudehnen,
wie ich einmal schrieb, »die Polizei eine kosmische Konstante
ist«. Wenn die Freiheiten durch keinerlei Strafsanktion oder
durch verinnerlichte Sanktionen von tranzszendentem Typus
(»Du sollst nicht töten!« »Liebe deinen Nächsten wie dich
selbst!«) beschränkt werden –, dann kann nichts den Menschen daran hindern, in Ausschweifung, in Destruktion, in
Selbstvernichtung abzusinken, kann nichts eine totale Inflation höherer Werte verhindern. Es gibt dann keine Trennlinie
zwischen einer ehrenhaft und einer ehrlos genutzten Freiheit.
Es gibt gegenwärtig zwei Typen von Wohlfahrtsstaaten – den
permissiv offenen und den repressiv geschlossenen Wohlfahrtsstaat. Im »Lokaltermin« habe ich versucht, ihre auf der
Erde nicht vorhandenen Extreme zu modellieren, um zu
zeigen, daß in beiden Arten von Wohlfahrtsstaat das Böse
auftritt, wenn auch auf sehr unterschiedliche Weise. Der
Wohlfahrtsstaat kapitalistischen Typus schafft ein sogenann-
tes soziales Netz auf Kosten einer Umverteilung der individuellen Einkünfte. Im Ergebnis haben immer mehr Menschen
eine immer schwächere Motivation zur Arbeit, denn wozu
soll man sich anstrengen, wenn einem das Existenzminimum
sowieso garantiert wird, auch wenn er mit den Händen im
Schoß dasitzt und auf Kosten von Arbeitsbesessenen leben

kann. Vergrößern aber diese Staaten die Maschen ihres Netzes, damit niemand auf ihm straflos herumfaulenzen kann, dann erhebt sich ein riesiges Protestgeschrei, »daß es so nicht sein dürfe«. Die Unannehmlichkeiten der Existenz in einem geschlossenen System sind andere, und die Motivation zur Arbeit ist eher Strafe als Anreiz (d. h. sie hat eher ein Minus- als ein Pluszeichen), aber eine bedeutende Mehrheit der heute lebenden Menschen kennt diese Unannehmlichkeiten nicht – und wären sie bekannt, dann würden sie, wie ich glaube, von ihr akzeptiert werden. Diese Mehrheit hätte nämlich zu wählen zwischen einer zwar bescheidenen, aber doch garantierten Minimalbefriedigung der Lebensbedürfnisse und der Agonie eines Daseins in ständiger existentieller Ungewißheit und Bedrohung durch den Hungertod. Man muß die ganze Welt im Auge behalten und nicht nur ihre prächtigsten Ausschnitte. Ich lobe nichts, ich tadle nichts, ich berichte bloß, wie es wirklich ist. Marx glaubte an eine ideale Gesellschaftsordnung, in der alle gut leben würden, wie man gar nicht besser leben kann. Ich glaube nicht, daß irgendein Gesellschaftssystem allen ein glückliches Leben bescheren kann. Übrigens sehen wir, daß in den Wohlfahrtsstaaten mächtige Bewegungen aufkommen, die bestrebt sind, die Grundlagen dieser Staaten aus den Angeln zu heben. Vorläufig gibt es dort noch keine Demonstrationen gegen das allgemeine Gravitationsgesetz oder gegen die Sterblichkeit der Menschen – aber warten wir ein wenig ab.

Die Bewegung, die sich Womens Liberation nennt, stößt schon an die Grenzen der durch die Evolution geschaffenen biologischen Unterschiede zwischen den Geschlechtern. In den Erklärungen der Führerinnen dieser Bewegung kann man ziemlich verrückte Sachen lesen – obwohl sie vorläufig noch nicht verlangen, daß im Sinne der vollen Demokratie die Männer auch schwanger werden und Geburtswehen bekommen sollen. Nebenbei gesagt – wie ich das schon in unseren Gesprächen erwähnt habe – will ich wiederholen, daß ich die Position der katholischen Orthodoxie in Fragen der Schwangerschaftsverhütung für eine schwere Sünde halte – von einem höchst humanistischen und menschlichen Standpunkt aus. In jeder Minute des Tages und der Nacht, also auch während wir miteinander reden, sterben in der Welt Tausende Kinder an Hunger. Wer nicht imstande ist, sie zu retten, hat kein Recht, Verhütungsmittel zu verbieten. Es ist nicht allzu sicher, daß diese Kinder im »Jenseits« dafür Genugtuung erhalten. Die Explosion, die man die demographische Bombe nennt – ist nicht Inhalt irgendwelcher Prognosen, sie ist schon Gegenwart. Kehren wir jedoch zum Thema zurück. Auf Marx hat man gehört, weil er alles so versprochen hat, daß es jedermann ohne höhere Studien verstehen kann. Die von der Realisierung seiner Doktrin Enttäuschten blicken nicht auf die Dritte Welt, sondern dorthin, wo der größte Wohlstand, die größte Permissivität und ein Minimum an Unterdrückung herrschen. Aber gleichzeitig treiben gerade diejenigen, die an diesem Wohlstand teilhaben, mit nichts so Schindluder wie mit der Freiheit. Seiner Natur nach beginnt der Mensch immer gerade das zu schätzen, was ihm genommen wurde – und nicht das, was er besitzt. Brot schmeckt am köstlichsten bei einer Hungersnot, die Freiheit – in der Unfreiheit. Aber damit bin ich schon bei Banalitäten angelangt.

Sehen wir uns lieber die Welt an, in der wir leben. Nach der Taxonomie der Gesellschaftssysteme kennen wir den brutalen Kapitalismus, mit einer immer wieder diktatorischen Gelüsten zum Opfer fallenden Demokratie, wie in Südamerika, wo die Gesetze des Marktes gelten und die Demokratie immer wieder militärischen Putschen zum Opfer fällt; dieser ganze Kontinent, bis über die Ohren beim internationalen Kapital verschuldet, erlebt immer neue soziale Erschütterungen, weil das vom Elend aufgepeitschte gesellschaftliche Element zu keiner Form der Stabilisierung gelangen kann. Wir haben – hauptsächlich in Europa – einander ähnliche, aber nicht identische Mischformen von Kapitalismus und Sozialismus »offener und permissiver« Art. Aber der Wohlstand, der aus dieser Kreuzung entstanden ist, wird, wie ich schon erwähnt habe, dadurch bedroht, daß die Aufgaben, die sich diese Systeme stellen, nicht gleichzeitig erfüllt werden können. Die Umverteilung des Nationaleinkommens durch den Wohlfahrtsstaat schwächt die Motivierung zur Arbeit mehr und mehr ab, je weiter sie die entscheidende Rolle des Arbeitsmarktes reduziert, indem man den Arbeitslosen ein Minimaleinkommen garantiert. Die Sozialisten verstaatlichen, sobald sie an die Macht kommen, Zweige der Großindustrie und subventionieren defizitäre Betriebe. Die Defizite entstehen aus zwei Gründen: aus Konjunktureinbrüchen und durch Überbeschäftigung. Die Inflation wiederum wird dadurch erzeugt, daß alle über ihre Verhältnisse leben – und durch den Druck der Massen, der von einem ständigen Sättigungsdefizit des Konsums herrührt. Und schließlich haben Staaten des sozialistischen Typus auch ihre ökonomisch-sozialen Probleme, weil das unentgeltliche Gesundheits- und Bildungswesen sowie die niedrigen Wohnungsmieten das Budget belasten und weil diese Staaten darüber hinaus die Vollbeschäftigung sichern müssen. In der Praxis zeigt sich, wie relativ der Begriff der sozialen Gerechtigkeit ist, und daß die in unserem Zeitalter allgemein gehegten Hoffnungen nicht alle auf einmal realisiert werden können. Den Beweis dafür erbringt das sogenannte Paradoxon von Arrow. Das Problem besteht darin, daß die Gesamtheit der Werte, die in der weitgefaßten Definition einer »vollen Befriedigung der steigenden Bedürfnisse« enthalten sind, nicht realisiert werden kann, weil einige sich gegenseitig ausschließen. Arrow hat dies mathematisch bewiesen. Und schließlich sind die Rüstungen eine ungeheure Belastung aller Staaten. Vor einiger Zeit kam in den USA ein Gremium von Experten vieler Gebiete, gestützt auf Computermodelle über einen atomaren Schlagabtausch, zu dem Ergebnis, daß dies die Zerstörung der Erde bedeuten würde. Selbst wenn man die vielen Millionen Menschen, die bei den Explosionen umkommen würden, nicht in Rechnung stellt – zeigt es sich, daß Explosionen eines Gesamtäquivalents von 100 Megatonnen eine Schwelle bilden, an der es zu einer solchen Staubverdunklung der Atomsphäre kommt, daß die Photosynthese der Pflanzen zu funktionieren aufhört, die Nahrungsketten im Weltmaßstab zerrissen werden, daß Land- und Meerestiere zugrunde gehen, weil mehr als ein Jahr lang nur 5 Prozent der Sonnenenergie die Oberfläche der Erde erreichen würden. Indessen befinden sich schon jetzt 50- bis 100mal mehr atomare Ladungen in den Arsenalen. Der unerhört kostspielige Atomschutz der Bevölkerung oder auch nur der Eliten in tiefen Bunkern kann also nichts bringen, er würde bloß die Agonie dieser oder jener Auserwählten – oder auch aller Menschen – verlängern.

Der Poker des atomaren Wettrüstens entlarvt also *sowohl* seine Irrationalität in der klassischen Konzeption des militärischen »Entweder wir sie oder sie uns« (weil es überhaupt keinen Sieger geben wird) *als auch* die ganze Gegenstandslosigkeit der Frage: Wer hat diesen Poker angefangen? – weil auch die redlichste Antwort auf diese Frage den Stand der Dinge nicht im mindesten ändern kann. Es geht nicht darum, wer den Gegner mit immer höheren Trumpfkarten in Form von neuen atomaren Waffen oder neuen Bluffs überbietet, es geht darum, wie man aus diesem Spiel – im Weltmaßstab – herauskommt. Der alte Spruch, daß die Generalstäbe immer auf *den* Krieg am besten vorbereitet sind, der schon der Vergangenheit angehört, birgt heute die Gefahr eines Selbstmords. Und schließlich: der Gegensatz zwischen den Supermächten ist nicht die einzige Ursache der bestehenden Gefahren, sondern es gibt deren eine Menge anderer: die Störung des ökologischen Gleichgewichts in der Biosphäre, der schon festgestellte Gradient der klimatischen Veränderungen (als Erwärmung hervorgerufen durch den zunehmenden Verbrauch aller traditionellen Brennstoffe, was den sogenannten Glashauseffekt bewirkt), der ungehemmte demographische Zuwachs, die Unterernährung und der Hunger der Dritten Welt, religiöse, Klassen- und ökonomische Konflikte, verstärkt durch die technologische Beschleunigung, was ich an einem kleinen Beispiel aufzeigen möchte. Das Gesundheitswesen braucht zunehmend neue Typen äußerst kostspieliger technischer Apparate, und der weitere Fortschritt wirksamer Heilung wird die Ungleichheit im Bereich des Gesundheitsschutzes steigern, *weil niemand es sich leisten kann, diese Pflege allen angedeihen zu lassen.* Dasselbe geht im Bereich der Geburtensteigerung vor sich: Es ist leichter, die Sterblichkeit von Neugeborenen und Kindern zu senken, als diese ausreichend zu ernähren und ihnen eine entsprechende Bildung zu sichern. Die neuen Technologien sind entweder aufwendiger als die alten – wie in der Medizin –, oder sie ergeben, wenn sie, wie die Computertechnologien im Massenmaßstab angewandt, billiger werden, eine Automatisierung, die *sowohl* zu einer Herabsetzung der Produktionskosten *als auch* zu Arbeitslosigkeit führt. In dieser von vielfachen Gefahren bedrohten Umwelt des menschlichen Lebens werden die politischen Konflikte auf althergebrachte Weise ausgetragen – ein zunehmend anachronistisches und offenbar nicht zu beseitigendes Erbe vergangener Zeiten. Die einen schreiben die Schuld an all dem der Wissenschaft zu, andere – dem Kommunismus, wieder andere – dem Kapitalismus, aber jede monokausale Erklärung ist falsch. Man könnte sagen, daß an diesem Zustand die allgemeine Ungleichmäßigkeit der Entwicklung, angefangen von der Wissenschaft und deren technischer Umsetzung, Schuld trägt, wenn diese Techniken leichter sind als die zusätzlichen Techniken des Umweltschutzes, leichter vor allem auch im Bereich der unumgänglichen Folgekosten. Aber die Welt kann sich weder aus den neuen Technologien zurückziehen noch diese in der gegenwärtigen Etappe einfrieren. Die Sorgen der Konsumgesellschaften sind andere als jene der Armen, aber das ändert nichts am Gesamtbild. So oder so stehen wir am Ende einer Epoche, und ob es nun dem einen gefällt oder den anderen mit Schrecken erfüllt, man kann nichts dagegen tun. Die Gestalt der nachfolgenden Epoche beginnt aus der chaotischen Verkettung großer und kleiner Probleme hervorzutreten – und ich will, soweit das möglich ist, einige Konturen dieser Gestalt ausmachen. Ich bin insofern Optimist, als ich überhaupt nach *irgendeiner* Gestaltung der Zukunft Ausschau halte – so als rechnete ich am Bett eines Schwerkranken auf die Genesungskräfte seines Organismus, statt ein Grab für ihn zu suchen.

B: Betrachtet man Ihre Werke, in denen wir immer wieder auf Versuche stoßen, die Welt so zu gestalten, daß der Zugang zum allgemeinen Glück gefunden wird, dann sind die Antworten auf die Frage nach der Möglichkeit einer solchen technologischen Steuerung der Welt, daß diese zum Paradies wird, fast zu hundert Prozent negativ. Die Versuche von Trurl enden mit seiner Kompromittierung, die Welt in der »Rückkehr von den Sternen« erinnert an das »globale Dorf« von

Witkacy, die Entianer aus dem »Lokaltermin« sind in ihrer Entmündigung durch die Sicherung ihrer Existenz bedauernswert. Es scheint daraus zu folgen, daß Sie tatsächlich ein Gegner jeglicher Versuche sozialer Verbesserungen sind? Die von Ihnen prognostizierten Welten sind, obwohl sie sich auf Technologien stützen, die auf das Glück der Allgemeinheit »abzielen«, gar nicht glücklich, und es gibt Momente, in denen man überhaupt die ethische Seite dieser Versuche in Zweifel ziehen könnte.

L: Sehen Sie, Werte sind prinzipiell nicht aus Erkenntnissen ableitbar, und von der Wissenschaft können wir hier keine Unterstützung erwarten. Das ist übrigens nicht nur meine persönliche Überzeugung, denn das läßt sich nachweisen. Leider gibt es Menschen, die sich wünschen, alles möge so oder so sein, und die gegen die logische Macht der Argumente so gefeit sind, daß man ihnen das unmöglich aus dem Kopf schlagen kann. Dagegen ist einfach kein Kraut gewachsen. Wenn jemand mit »barbara celarent« nicht einverstanden ist – dann ist ihm nicht beizukommen. Der Syllogismus hat niemals die unwiderlegbare Kraft etwa der Gravitation. Niemand kann nämlich 16 Meter hoch springen, während sich jeder weigern kann, bestimmte definitive Feststellungen logischer Natur zur Kenntnis zu nehmen. Es kann uns auch keiner *beweisen,* daß man Menschen *nicht töten darf.*

B: Im »Lokaltermin« haben Sie dennoch eben den Versuch unternommen, der Ethik so etwas wie den Rang eines physikalischen Gesetzes zu verleihen, was jedoch die Bewohner von Entien nicht allzusehr beglückt hat.

L: Es war der Versuch, eine Welt zu zeigen, in der es gelungen ist, die Natur auf instrumentale Weise durch Gesetze zu ergänzen, die in der Sphäre der Gebote und Verbote ebenso kategorisch wären wie die von Ihnen erwähnten Gesetze der Physik. Es ging mir um ein Universum, in dem es ebenso unmöglich ist, einen Menschen zu töten, wie es unmöglich ist, sich in die Luft zu erheben, indem man mit den Armen fuchtelt. Der Prozeß der Durchdringung der natürlichen Umwelt mit Ethik erfährt seine volle Realisierung genauso ohne Überredung wie die Kenntnis davon, daß man unter dem Wasser nicht atmen kann. Da gibt es einfach nichts, wogegen man protestieren könnte. Alles ist von »Gripsern« umgeben, die gewissermaßen »Viren des Guten« sind und dann in Aktion treten, wenn jemandem eine ernste Gefahr droht. Ein Kind ist z. B. ins Gebüsch gegangen und hat sich mit Tollkraut vollgestopft – also schlägt man Alarm und macht sich selbst daran, die Enzymsysteme im Gewebe zu entblocken, oder wenn dies zu schwierig für sie ist, verbindet man sie mit anderen »Gripser-Wölkchen«, wodurch sie operativer werden.

B: In der normalen Welt – das Wort »normal« klingt etwas bitter – würde eine solche Kraft sofort für repressive, und nicht für altruistische Zwecke ausgenützt werden.

L: Deshalb ist das alles so schlau ausgedacht, daß niemand von dieser unermeßlichen Kraft Gebrauch machen kann. Niemand in Entien kann sich direkt an die Ethikosphäre wenden, damit sie sich wie ein gehorsamer Dschinn in Bewegung setzt und den ungeliebten Nachbarn die Beine ausreißt, bevor wir nach dem nächsten Delinquenten Ausschau halten. Unabhängig vom literarischen Wert dieses Buchs, der angezweifelt werden kann, scheint mir dies doch eine interessante Gestaltungsidee zu sein, denn ich habe dort versucht, den Instrumentalismus bis ins absolute Extrem zu entwickeln. Er tritt hier als *ethische Prothese* der Welt auf. Seine Physik und seine grundlegenden materiell-energetischen Eigenschaften werden so umgemodelt, daß die Welt sich aus einem unfreundlichen in ein absolut freundliches Universum verwandelt.

B: Na, nicht gratis. Die Entianer bezahlen ja dafür mit einer stark eingeschränkten Freiheit.

L: Das stimmt, und ich bin eben zu der Überzeugung gelangt – was aus diesem Buch klar wird –, daß in einer ähnlichen Lage alle vernünftigen Wesen sehr energisch gegen eine solche Einschränkung ihrer Handlungsfreiheit rebellieren müßten. Aber ich muß Ihnen sagen, daß dies nur für eine bestimmte Zeit gilt. Nehmen wir einmal an, daß die menschliche Erinnerung in eine sagenhafte Zeit zurückreichen würde, in der man bis zu 100 Meter hoch springen konnte. Ich stelle mir vor, daß es unter dieser Voraussetzung manche Menschen gäbe, die den gegenwärtigen Zustand als eine Entmündigung durch die Gravitation ansehen. »Früher war es prima, da konnte man ungemein hoch springen, aber heute, mein Lieber, kannst du, und wenn du dir die Augen ausweinst, nicht höher als 2,25 Meter springen.«

Es gibt Religionen, die uns berichten, früher habe es ein Goldenes Zeitalter gegeben, wir hätten ewig gelebt und wären im Paradies gewesen; aber wir sind aus diesen besseren Wohn- und Lebensverhältnissen vertrieben worden, weil wir nicht brav genug waren. Um mich einer Analogie zu bedienen: Existierte in der menschlichen Gesellschaft noch die Erinnerung an die großartige Freiheit der Vergewaltigung, des Mordens, der Folter, des Beineausreißens und des Halsabschneidens, doch heute wäre das alles nicht mehr möglich, weil die neue Physik um die physikalische Dimension der Ethik erweitert wurde, die ebenso kategorisch ist wie das Gesetz der Schwerkraft, dann würden selbstverständlich viele Menschen sich dagegen auflehnen und versuchen, die Hindernisse mit List irgendwie zu beseitigen. Nicht immer übrigens, um dem Nächsten das anzutun, was ihm Leid einträgt, sondern vor allem, um die eigene Freiheit zu dokumentieren.

Sie werden jedoch zugeben, daß in bezug auf das Gravitationsgesetz niemand solche Ansprüche erhebt. Es ist so allgemein bekannt, daß wir es ohne jegliche Diskussion akzeptieren. Ebenso hält es niemand für skandalös, daß wir nicht ohne Atemluft auskommen können. Die Technologie des Funktionssystems unseres Lebens akzeptieren wir als gegeben, als etwas, das man nicht in Frage stellen kann und das unwiderruflich ist; in Frage zu stellen beginnen wir sie erst dann, wenn wir das fünfzigste oder sechzigste Lebensjahr erreicht haben.

B: Also wollen Sie mich davon überzeugen, daß man dem Menschen die Freiheit nehmen kann – aber man muß es so tun, daß der Imperativ der Ethik zu einer physikalischen Eigenschaft der Welt wird, weil dann der Mensch – da er ja ohnehin nichts dagegen tun kann – aus Vernunft und aus Resignation seine Freiheit gegen Glück eintauscht?

L: Ich denke, wenn ein solcher Zustand etwa 200 Jahre dauerte und die Erinnerung daran, daß es einmal anders gewesen ist, in die Mythologie eingegangen wäre –, daß sich dann alle ebenso damit abfinden würden wie mit ihrer Sterblichkeit, vielleicht ungern, aber dennoch. Diese Frage interessiert mich sehr vom Standpunkt der heutigen Ansichten über die unmoralischen Mittel zur Einführung der Moral. Uns scheint dies unmoralisch, weil der Mensch innere Freiheit haben sollte, und wer keine Möglichkeit hat, seinen Nächsten zu töten oder zu vergewaltigen, ist ärmer dran als derjenige, der eine solche Möglichkeit besitzt, von ihr aber keinen Gebrauch macht, weil er, sagen wir, sich zu Kants kategorischem Imperativ bekennt. Hier eröffnet sich ein Feld, ganz verschiedene Positionen zu beziehen; ich wollte hier überhaupt nichts im voraus entscheiden, weil mich nur die Antwort auf die Frage interessierte, ob und wie weit man mit einer solchen Instrumentalisierung gehen kann und was daraus für die gegebene Gesellschaft resultieren würde.

Wollen Sie bitte beachten, daß in meinem Modellversuch von einem Anwachsen des allgemeinen Glücks keine Rede ist. Uns trösten nämlich nicht Leiden, von denen wir verschont blieben. Wir ziehen daraus weder geistigen noch materiellen Vorteil. Ich glaube nicht, daß Sie Wonnegefühle nur deshalb empfinden, weil Sie keinen Krebs haben oder weil Ihre Nieren noch gut funktionieren, oder weil Ihnen Dutzende von Dingen nicht passiert sind, die dicke Bände über innere Medizin füllen. Niemand, dem von einem Zug ein Bein abgerissen wurde, empfindet Genugtuung darüber, daß es ihn nicht beide Beine gekostet hat. Wir sind eben so konstruiert. Sehr merkwürdig würde uns eine Person erscheinen, die folgende Überlegung anstellt: Ich wurde zwar mit einem Buckel geboren, aber ich könnte auch noch ein kompletter Idiot sein, der überdies blind ist. Keiner denkt so. Ein Buckel genügt ihm völlig.

Deswegen kann man sagen, daß alle instrumentalen Eingriffe, die eine Verbesserung der menschlichen Kondition bezwecken, gar nicht als solche empfunden werden. Man empfindet das nur relativ – auf Grund der unterschiedlichen Impulse – als *Verschlechterung* dessen, woran man sich erinnert. Wir erfahren vielleicht, daß es in Polen schlimmer geworden ist, aber nur deshalb, weil es früher besser war, nicht deshalb, weil das Klima bei uns schlechter ist als z. B. in

Griechenland. Das mag trivial klingen, aber das ist Sache der Gewohnheit.

Meine Modellversuche verlaufen eben in dieser Ordnung. Bis zu einem gewissen Grad betrachte ich sie als originell, weil – soweit mir bekannt ist – niemand vor mir so etwas gemacht hat. Als Entdeckung sind sie jedoch ziemlich begrenzt, weil sich aus ihnen nichts Außerordentliches ergibt. Im »Lokaltermin« werden Sie übrigens mehr davon finden, um nur auf die – materiell nicht auszuschließende – Chance der Unsterblichkeit hinzuweisen. Nun ja, diese Unsterblichkeit ist doch von so abstoßender Gestalt, daß fast niemand sie haben will. Auch möglich. Es ist einfach so, daß die Welt uns schon von ihrem Wesen her und durch ihre unabänderlichen Eigenschaften die Bedingungen der Transaktion diktiert: »Willst du, Brüderchen, auf den Mond fliegen? Bitte sehr, du kannst es tun, aber du mußt dafür auf bestimmte Weise zahlen.« Das betrifft insbesondere jene Bereiche des Handelns, die wir uns bisher überhaupt nicht aneignen konnten.

B: Mich interessiert übrigens die Frage – sie ist sicher kindisch und weicht von unserem Thema ab –, was Sie wählen würden, wenn Sie die Alternative hätten zwischen einer permissiven und verdummten Gesellschaft einerseits und einer Gemeinschaft andererseits, die zwar an verschiedenen Gebrechen leidet, aber dafür eine herrliche Kultur entwickelt?

L: Hier steht schon zwischen den Zeilen die Frage, ob Leiden wirklich ein kulturschaffender Faktor sein können. Ein klein wenig kann nicht schaden, aber alles muß Maß haben. Es gibt wohl ein solches Zusammentreffen von Ereignissen, wo Leiden ein Ansporn sein können, aber das ist auch keine Regel, die man als These behandeln könnte. Sie kennen sicherlich die Methode, nach der die Zigeuner einen Bären tanzen lehrten: Sie stellten ihn auf eine glühendheiße Blechplatte und erzeugten einen bedingten Reflex bei ihm, indem sie gleichzeitig auf Zimbeln spielten, so daß er später beim bloßen Klang von Zimbeln tanzte. Das ist fürchterlich. Leiden muß nicht unbedingt anregen. Leiden kann auch ein zermalmender Faktor sein, der die Gesellschaft zu einem Brei zerquetscht. Es gibt Leiden, die die Kultur geradezu zerstören. Das ist sehr unterschiedlich – es kann so sein, wie in der Homöopathie: in kleinen Dosen meist nützlich, in großen fatal.

Persönlich stehe ich auf dem humanistisch-fortschrittlichen und aufgeklärten Standpunkt (das ist schon komisch) – daß ich, wenn ich die Wahl hätte, zwischen einer Situation, in der viele Menschen leiden, daraus jedoch eine herrliche Kulturausstrahlung erfolgt, und einer Situation, wie sie sich Witkacy vorgestellt hat, in der eine verdummende Glückseligkeit herrscht, aber die Kultur draufgeht, eindeutig sagen würde: Laßt lieber die Kultur draufgehen als die Menschen. Gegebenenfalls wird mich zwar niemand um meine Ansicht fragen – aber ich bin bereit, die Kultur zu opfern.

B: Viele scheinen zu glauben, daß eine der wesentlichen Ursachen der Unzulänglichkeiten der gesellschaftlichen Existenz des Menschen das zutiefst in seinem Wesen verwurzelte atavistische Element der Aggression ist. Andere dagegen behaupten, diese wäre ein unabdingbares Element, das überdies in beträchtlichem Ausmaß die Entwicklung der Gattung bedingt. Wie denken Sie darüber?

L: Ich nehme an, daß Sie sich hier auf das Buch von Lorenz »Das sogenannte Böse« beziehen. Ich habe es vor kurzem gelesen und mit Erstaunen festgestellt, daß er – Gott weiß warum – das Böse ausgerechnet mit Aggressivität gleichsetzt. Es gibt viele Menschen, die gar nicht aggressiv, aber ausgesprochen böse sind. Die Aggression – das ist kein Zustand, in dem man ständig verbleiben kann, sie ist eine Aktivierung und Erregung *sui generis*. Natürlich fehlt es nicht an Leuten, die in einem solchen Zustand ihren Nächsten mancherlei ausgesprochen unangenehme Dinge zufügen, aber das ist im Grunde banal. Viel größeres Erstaunen, viel größere Sorge ruft – wie ich schon in einem früheren Gespräch erwähnt habe – die Tatsache hervor, daß es Menschen gibt, die, ohne daraus Vorteile zu ziehen, Böses tun und denen die Zerstörung von Werten und Werken große Lust bereitet. Man kann das natürlich mit Haß erklären, aber ich kann mir ohne weiteres eine Situation vorstellen, in der man über einen Hebel verfügt und mit einem Druck eine Viertelmillionenstadt straflos in die Luft sprengen kann. Ohne Schwierigkeiten würden wir Amateure für eine solche Arbeit finden. Was würden sie davon haben? Ich weiß es nicht. Ich wäre jedenfalls über die Existenz einer solchen Vorrichtung äußerst beunruhigt und würde versuchen, sie um jeden Preis mit Nägeln unbrauchbar zu machen oder die Leitung auszuschalten, aber es gibt Leute, die eine etwas andere Einstellung dazu haben. Das ist eine schwierige Frage, denn wir neigen im allgemeinen zu der Vorstellung, daß alles irgendeine Begründung haben muß, daß das z. B. im göttlichen Schöpfungsplan vorgesehen ist (wenn also jemand gefallen ist, so heißt das, daß er gesündigt hat), oder wir haben ein manichäisches Schema im Kopf, oder wir beginnen humanistisch denkende Naturalisten zu sein, die sagen, alles sei Ergebnis des Evolutionsprozesses. Aber vielleicht sollte man einfach überlegen, ob das Böse wirklich vom Guten gesondert besteht und ob man das eine vom anderen trennen kann – oder ob sie beide so miteinander verknüpft sind, daß sie sich auf keine Weise voneinander lösen lassen. Das ist keine Buchhaltung, wo man bestimmte Sachverhalte, bestimmte Eigenschaften der Natur oder des menschlichen Geistes, menschliches und soziales Streben eindeutig in die Rubriken Gut und Böse eintragen kann.

B: Wie auch immer, Sie stehen fest auf dem Boden der Naturwissenschaften, also sollte die an Sie gerichtete Frage eigentlich lauten: Welchen Zweck hat dieses auf keinen persönlichen Vorteil gerichtete Auftreten des Bösen in der Evolution?

L: Keinen! Gar keinen! Ich zumindest sehe keinen. Natürlich kann man eine Reihe von Hypothesen aufstellen. Würde das jemand bei mir bestellen, dann könnte ich es auf mich nehmen, eine Liste quasiwissenschaftlicher Hypothesen zusammenzustellen. Man kann z. B. sagen, dies wären atavistische Mechanismen, die auf ein höheres Niveau umgeschaltet werden. Nicht wahr? Wenn bestimmte Mechanismen auf ein höheres Niveau umgeschaltet werden, führt das dazu, daß es nicht mehr Aggression in ihrer ursprünglichen Bedeutung ist, sondern ihre Resonanz. Wenn wir in den Bereich der Neuronenstrukturen eintreten, dann können wir uns schon eine Menge Dinge erklären.

B: So daß etwa die Gehirn-»Verbindungen« falsch angeschlossen wurden?

L: Und warum auch nicht? Im Telefon können Sie auch Gespräche hören, die Sie gar nicht hören wollen. Irgendwelche Kabel haben sich einfach falsch verknüpft. Warum sollten die »Kabel« im Gehirn sich nicht falsch verknüpfen können? Schließlich ist das Gehirn mit allen seinen Neuronen ein sehr »kompliziertes« System. Ich will aber ehrlich gestehen, daß ich mich als Zuhörer bei Erklärungen dieser Art irgendwie intellektuell nicht befriedigt fühlen würde. Ich bin besorgt, weil hier wohl etwas nicht stimmt. Einerseits lehne ich Hypothesen ab, die das Böse personalisieren und uns in die Rolle des gefallenen Engels stoßen – andererseits stellt das jedoch meine latente Sorge dar, die im Laufe der Jahre immer größer wird.

Als ich noch ein Kind war, habe ich viele Dinge einfach nicht bemerkt. Mir war ja irgendwie bekannt, daß man stirbt, aber ich hatte keine unmittelbare Erfahrung, weil man mich einfach nicht zu Begräbnissen mitnahm. Es war damals Sitte, Kinder zu Feierlichkeiten dieser Art nicht mitzunehmen. Wozu auch? Außerdem ist ja die Welt der Erwachsenen für ein Kind nicht besonders interessant. Als Kinder haben wir unsere eigenen Probleme, und das einzig Böse, das wir erfahren, ist, wenn jemand uns einen Fußtritt versetzt oder einen Zirkel in den Hintern stößt. Die Uneigennützigkeit des Bösen hat sich mir viel später offenbart. Es gibt das uneigennützige Böse. Und ich bin gar nicht der Ansicht des hl. Augustinus, daß es einfach das Fehlen vom Guten ist. Da steckt etwas mehr drin – die Intention, die aktive Intention.

B: Um noch einmal nur kurz zurückzugreifen, möchte ich Sie fragen, ob ich richtig vermute, daß Sie mit Szacki* nicht einverstanden sind, der behauptet, die Utopie sei ein Ideal, das der Gesellschaft ihr gestörtes Gleichgewicht wiederzugeben vermag?

L: Utopien gab es in unterschiedlicher Gestalt und Ausdrucksform, im Rahmen verschiedener Kultursysteme. Aber im Grunde genommen reduzierten sie sich alle darauf, daß

---

* Zeitgenössischer polnischer Philosoph

irgendein vollkommener Zustand der Gesellschaft erreichbar sei. Ich glaube dagegen (und ich stehe mit dieser Meinung keinesfalls allein da, ich befinde mich in guter und zahlenmäßig sehr nennenswerter Gesellschaft), daß das Unglück zum Großteil daher kommt, daß Konzeptionen dieser Art verschiedene Ideologien hervorbrachten, die zu geradezu grauenhaften Dingen führten. Man hat uns ja eingeredet, es gebe so etwas wie einen Fortschritt, der, einmal in Schwung gebracht, uns auf ein Niveau führen kann, wo es uns immer besser und besser gehen wird, weil die Zukunft ja den Raum für immer bessere und größere Objekte, Dinge und Erscheinungen darstellt. Der verzweifelte Wunsch allein, einen unübertrefflichen Zustand zu erreichen, führt meist nur zu dem, was man *corruptio optimi pessima* nennt, und da ist eben der Weg zur Hölle mit guten, sogar mit edlen Vorsätzen gepflastert.

B: Da Sie meinen, daß der einmal in Gang gesetzte Mechanismus der Ausgestaltung einer gegebenen Gesellschafts- oder Kulturordnung nicht so korrigiert oder reformiert werden kann, daß dadurch der bestehende Status quo nicht noch mehr verschlimmert wird, scheint es, daß alles sich quasi an den Startlöchern bestimmter Zivilisationsprozesse entscheidet. Es ist übrigens bekannt, daß die existierenden Kultursysteme eine ganz unterschiedliche Paradigmatik haben können, was auch die Axiologie der gegebenen Kultur betrifft...

L: Ich weiß schon, worauf Sie abzielen. Mich hat tatsächlich das Problem der großen Unterschiedlichkeit der Kultur interessiert, dem ich einige Beachtung in der »Philosophie des Zufalls« und auch in manchen in verschiedenen Büchern »verstreuten« Fragmenten geschenkt habe. Es sind sowohl die dionysischen wie auch die apollinischen Kulturen; auf ein und demselben Kontinent begegnen wir der Kultur der Inkas, der Maya und der Azteken. Und diese Aztekenkultur: dem Tod verschrieben, blutig, grausam! In den anderen traten auch die Rituale der Menschenopfer auf, doch dies hatte keinen so nachhaltigen Charakter wie bei den Azteken. Ein interessantes Phänomen schon deswegen, weil die Sanktion dieses gräßlichen Rituals einen integrierenden Bestandteil der aztekischen Kosmologie bildet. Hätte man aus irgendwelchen Gründen der Darbringung von Opfern, dem Aufschneiden der Brust durch den Priester und dem Herausreißen des Herzens mit einem Obsidianmesser ein Ende gesetzt, dann hätte, ihrem Glauben gemäß, die Welt zu existieren aufgehört. Was immer man zu diesem Thema sagen mag, es unterliegt keinem Zweifel, daß dies kein Ausdruck bösen Willens war. Die Menschenopfer wurden im allerbesten Glauben dargebracht. Es war ein absolut authentischer religiöser Glaube. Die Einfügung dieser Opfer in das Gebäude des Kosmos, die Tatsache, daß man sie zum Grundstein machte, der das Leben aufrechterhielt, zwang die Azteken zu einem solchen Vorgehen.

Ich war natürlich nicht imstande, diese Fragen zu studieren, also muß ich den Fachleuten Glauben schenken. Sie versichern eben, daß die Sache tief in die Sprache der Azteken hineinreicht. Zum Beispiel bedeutet Sonne nicht nur Sonne, sondern Gott; der Gott des Wassers oder der Fliegen – ich erinnere mich nicht genau – bezeichnet die Phasen des Mondes. Es treten hier derartige sprachlich-begriffliche Mischungen auf, daß wir, indem wir dieses Wort aussprechen, gleichzeitig eine ganze Welt von dem Aztekenglauben eigentümlichen Gedankenassoziationen beschwören, so daß nach dem Prinzip eines Kurzschlusses die Notwendigkeit von Menschenopfern als unanfechtbar erscheint.

In einer Kultur wie der aztektischen konnte es keinen Fall von Ketzerei geben, weil der Ketzer über keinerlei Argumente verfügte. Psychologisch gesehen, scheint es mir unmöglich, daß irgendein Mensch hätte vorschlagen können, man solle mit den Opferritualen aufhören, denn vielleicht würde die Sonne auch ohne die Menschenopfer aufgehen.

B: In anderen Kultursystemen konnte es jedoch auch zu einem Zusammenstoß zwischen religiösen Meinungen kommen.

L: Tatsächlich, es ist bekannt, daß z. B. in Ägypten verschiedene »religiöse pressure groups« auftraten. Vielleicht kommt das daher, daß sie dort einen Wirtschafts- und Kulturaustausch mit benachbarten Ländern pflegten. Hier weiß man nichts Gewisses. Ich weiß nicht einmal, ob eine sehr genaue Kenntnis der Geschichte der Zivilisationen des Nahen Ostens und des Mittelmeerraumes ausreichen würde, um eine vernünftige Antwort auf diese Fragen zu geben. Generell genommen befinden wir uns hier, vom empirischen Standpunkt aus, in einer ungünstigen Lage, weil man die frühen Geschichtsabläufe nicht rekonstruieren kann. Dies betrifft alle Wahrscheinlichkeitsprozesse. Der Weg, auf dem der gegebene Prozeß ein bestimmtes Stadium erreicht hat, läßt sich – mit Ausnahme des diesem Studium unmittelbar vorangehenden Zustands – nicht rekonstruieren.

B: Es gibt doch gewisse Kulturrelikte?

L: Aus dieser frühen Periode gibt es doch keine Chroniken, und die Kipu-Schrift ist noch immer nicht entziffert. Das ist so wie bei einem Becher mit Würfeln: nachdem sie auf den Tisch geworfen wurden, können Sie sagen, wieviel Augen dabei herausgekommen sind, aber es gibt im Himmel und auf der Erde keine Kraft, die Ihnen sagen wird, wie viele Augen es beim vorangegangenen Wurf waren. Das hat sich völlig verwischt. Die einzige Chance, Hypothesen dieser Art glaubhaft zu machen, betrifft die Zukunft der Wissenschaft, die die Erstellung von Modellen dieser ganz unwahrscheinlich komplizierten Erscheinungen in irgendwelchen mächtigen Analogrechnern ermöglichen kann.

B: Aber so wie ich das verstehe, kann eine solche Simulation höchstens Vermutungen liefern, jedoch keine Gewißheit geben.

L: Sicherlich wird dies kein Beweis sein, aber es würde uns gewisse Anhaltspunkte geben zu vermuten, daß es so gewesen ist. Gewißheit wird man niemals erlangen. Von einem gewissen Standpunkt aus ist dies tröstlich, denn ich bin der Ansicht, daß der menschliche Charakter seit Anbeginn weder gut noch böse ist, sondern sich durch große Unbestimmtheit in bezug auf seine späteren Entwicklungsstadien auszeichnet. Es ist unmöglich, Kulturmetamorphosen und -wandlungen vorauszusehen. Erwägungen darüber, was aus den Azteken geworden wäre, hätte es die Invasion der Spanier nicht gegeben, sind unproduktiv. Es hätte entweder noch lange gedauert, oder ein Zusammenstoß mit der Welt des Westens hätte diese Kultur früher oder später zusammenbrechen lassen.

B: Darauf kommen wir vielleicht später zurück; aber Sie haben noch immer nicht die Frage beantwortet, woher es kommt, daß manche dieser Kulturen so »sanft« und andere so »grausam« gewesen sind.

L: Wenn ich es bloß wüßte, mein Lieber! Bekanntlich gab es verschiedene Versuche, die Welt mit genetischen Methoden zu erklären, aber später hat der Strukturalismus verboten, darüber zu reden. Der Strukturalismus ähnelt hier (nebenbei gesagt) ein bißchen dem Behaviorismus in der Psychologie, der zwar die Existenz des Bewußtseins nicht leugnete, aber es verbot, darüber zu sprechen. Wir dürfen sagen, daß wir gehen, aber wir dürfen nicht sagen, daß wir Beine haben, denn das führt uns in den Morast des Unerforschlichen. Dasselbe gilt für den Strukturalismus. Wir wissen einfach nicht, woher das Böse gekommen ist. Die Frage scheint untrennbar mit den uralten Fragen nach dem Charakter der menschlichen Natur verbunden – aber ist sie *naturaliter bona* oder *naturaliter mala*? Wir wissen nicht, was auf den anthropogenetischen Schwellen die noch unbestimmte menschliche Natur dazu bringt, daß sie das eine Mal in Zivilisationsformen erstarrt, die extreme Grausamkeit praktizieren – und das andere Mal nicht. In Peru z. B. wurden Menschenopfer nur dann dargebracht, wenn sich etwas Außerordentliches ereignet hatte – etwa eine Naturkatastrophe.

Beachten Sie bitte, daß die Geschichte der Opfer – von buchstäblichen, also Menschen- oder Tieropfern, bis zu symbolischen – in den meisten Religionen sehr weit zurückreicht. Man sieht das bei Abraham, der sich so bereitwillig daran macht, seinen Sohn zu schlachten, doch zum Glück widerruft der Herrgott im letzten Moment seinen Befehl. Übrigens hat der jüdische Herrgott eine merkwürdige Neigung, die Menschen zu testen – was ja auch durch die Geschichte von Hiob bestätigt wird. Im Christentum steht es mit den Opfern anders, denn die Kommunion ist die Erneuerung des Bündnisses mit Gott und ein Eintreten in die transzendentale Ordnung.

Von Messe zu Messe vollzieht sich die Erneuerung des Prozesses der Integration in die ewige Ordnung. Es gibt dort zwar die Transfiguration und die Verwandlung, aber es gibt nicht das Element der Tötung. In andere Religionen ist dieses Element in unterschiedlicher Dichte eingestreut, und zu den Systemen, die es am stärksten einverleibt haben, gehört die azteko-toltekische Kultur.

B: Zuvor haben Sie erwähnt, daß diese Kultur wahrscheinlich im Kontakt mit unserer Mittelmeerzivilisation ohnehin hätte verfallen müssen. Verbinden Sie das gerade mit dieser Frage?

L: Das ist ein schwieriges Problem, aber ich glaube wohl wirklich, der totale Zusammenbruch dieser Kultur nach der spanischen Eroberung hängt damit zusammen, daß die Sonne, wie sich zeigte, weiter aufging, nachdem die Ritualmorde aufgehört hatten. Es wurde einfach aus dem Gewölbe der Schlußstein herausgenommen, was das ganze System zusammenbrechen ließ. Das ist sicherlich nicht der einzige Grund, aber ich denke, es war der wesentliche. Es gab manche unterjochte Völker – wie z. B. Griechenland –, deren Kultur nach der Niederlage keineswegs zerfiel, sondern sich – im Gegenteil – ausbreitete. Anscheinend hatte die aztekische Kultur einen implosiven Charakter, weil sie zusammenbrach, während die anderen, die sich ausbreiteten, explosiven Charakter hatten. Ich finde darauf keine vernünftige Antwort.

Der Golem sagt, daß die sich entwickelnde Urgemeinschaft, wenn sie eine Art leeren Raum vorfindet, ihn ausfüllen muß. Das Verhalten der Menschengruppe und des menschlichen Individuums ist in einem solchen Moment durch keinerlei Erbmechanismen – etwa analog dem Instinkt der Insekten – a priori festgelegt. Im Ameisenhaufen gibt es derartige Probleme nicht, dort gibt es kein abtrünniges oder ketzerisches Verhalten, weil das Kastensystem und alle Handlungen in der genetischen Programmierung der Gattung (und des Gemeinwesens) eingeschrieben sind. Beim Menschen dagegen weist schon die kulturelle Vielzahl und Vielfalt im Bereich der Grundwerte darauf hin, daß es hier keine starke Prädetermination gibt. Selbst wenn Sie ein Zeitvehikel hätten und mit ihm zu den Ururururur-Vorfahren der Inkas und der Maya fahren würden – das heißt bis in die Zeit zurück, in der die Kulturformen noch nicht verfestigt waren, könnten Sie nicht feststellen, welchen Weg diese Kultur oder Protokultur einschlagen würde.

B: Also auch hier wenden Sie ihre geliebte Kategorie des alles beherrschenden Zufalls an?

L: Das sind zweifellos statistische und Zufallsprozesse, die in der Zeit, da die Kultur aus der Protokultur entsteht, noch bei den nächsten Generationen nur sehr oberflächlich in Erinnerung sind – denn es gibt noch keine Schrift, es existiert einzig und allein die mündliche Überlieferung; der Prozeß, in dem gewisse Werte fixiert und entsprechend eingeordnet werden, kann noch ziemlichen Zufallscharakter haben. Erst später beginnt die Festsetzung der »Adressen«, unter denen die einzelnen Götter und Mächte wohnen, ebenso alle Kontaminationen, die den Mond mit dem einen und die Sonne mit einem anderen Gott verbinden. Das ist etwa so wie bei einer Lösung, in der diese Begriffe noch schwimmen, wie in der Chemie die Moleküle und die Radikale, die noch mit keinerlei Bindung gesättigt sind.

Es gibt ein interessantes Buch: »Le passé cosmologique, De l'assassinat en Mexique. La représentation du monde et de l'espace«, das es mir erlaubt zu glauben, daß meine Vermutungen nicht ganz abwegig sind. Diese Fragmente aztekischer Schriften und Chroniken, die zu entziffern uns gelungen ist, ergeben keineswegs ein einheitliches Bild. Der aztekische Staat war riesig groß, und zum Kodifikator des Glaubens war in jeder Provinz prinzipiell die Gruppe der obersten Priester berufen. Eine Auflistung der einzelnen Relikte zeigt, daß in der Wertigkeit und in den Bindungen zwischen den einzelnen Göttern – und selbst in ihren Verwandtschaftsbeziehungen – ziemlich große Unterschiede bestehen. Es gibt grundlegende Disproportionen in den Berichten darüber, welcher Gott welchen gezeugt und mit welchem er gekämpft hat. Es besteht in all dem partiell noch eine Übereinstimmung, doch scheint es mir, daß wir hier eine Religion *in statu nascendi* beobachten können.

Ein wichtiges Element besteht darin, daß es sich nicht um

eine x-beliebige nachfolgende Religion handelt. Das Christentum zum Beispiel geht aus einer Insurrektion hervor, die aus dem Judaismus, aus der assyrischen und babylonischen Kultur schöpft und das Motiv des Gottessohnes sogar aus Ägypten übernimmt. In diesem Schmelztiegel im Umkreis des Mittelmeeres durchdrangen sich die Kulturen osmotisch, und sie kämpften miteinander; also sind Elemente gegenseitiger Entlehnungen allgemein. Die aztekische Kultur hingegen war relativ gut isoliert, also besaß sie starke eigene Quellen. Zu Beginn des 16. Jahrhunderts war das aztekische Kultur- und kosmologische Modell schon verfestigt und funktionierte als ein dynamisch stationäres, das heißt – alles wiederholte sich, es gab Zyklen und Rhythmen. Wir haben also zwei Phasen: Zuerst ist alles noch fließend und nicht restlos fixiert, es erfährt erst eine langsame Kodifizierung und Dogmatisierung, und später kommt es zu endgültigen Formulierungen; die Kultur kann sich nur eine Zeitlang in derselben Gestalt erhalten. Allzu lange kann dies übrigens nicht dauern, denn früher oder später muß es zu einem Zusammenstoß mit einer anderen Kultur kommen. Dann beginnen verschiedene Turbulenzen, die von einem historischen Fall zum andern veränderliche Form aufweisen.

Kurz gesagt, der Prozeß, in dessen Gefolge Kulturen entstehen – einmal aufgeschlossen und sanft, ein anderes Mal streng und restriktiv, und wieder ein anderes Mal sogar teilweise selbstzerstörerisch, ist ein Zufallsprozeß. So sieht es wenigstens für den Beobachter von außen aus. Betrachtet man aus dieser Perspektive die von Ihnen gestellte Frage, so kommt man zu der Schlußfolgerung, daß man nicht feststellen kann, jemand wäre »schuldig« oder jemandes persönliche Schlechtigkeit hätte zur kulturellen Grausamkeit geführt, die uns *nota bene* von unserem mediterranen Standpunkt aus als solche erscheint. Hier gibt es keine Autoren. Niemand hat es sich allein ausgedacht.

Es gibt eine Gattung von Ameisen, die, wenn sie auf ihrem Weg auf einen Erdtrichter oder einen Bach stoßen, aus ihren Leibern Brücken bilden, über die die anderen hinübergehen. Nun kann man auf keine Weise feststellen, wo bei den Ameisen diese Fähigkeit zu orten ist. Auf irgendeine Weise

»wissen« sie das natürlich, aber gleichzeitig sind Überlegungen darüber ebenso unsinnig, wie wenn wir, wissend, daß vier Leute den Begriff der Null ausgedacht haben, daraus die Schlußfolgerung ziehen wollten, jeder von ihnen hätte ein Viertel dieser Null ausgedacht! Solche Überlegungen sind wirklich blanker Unsinn. Und ebenso steht es mit dem menschlichen Verhalten, das Gemeinschaften dazu gebracht hat, mehr oder minder kohärente Systeme und Religionen einzuführen sowie bestimmte Regeln für Eheschließungen, Kopulation, für das Kinderkriegen, das Sterben, das Heilen, für Viehzucht oder Jagd aufzustellen. Man kann nicht sagen, daß es im menschlichen Gehirn bestimmte Stellen gibt, die besonders prädestiniert sind, sich mit Viehzucht und nicht etwas anderem zu beschäftigen. Aus diesem Zusammenwirken, aus diesem zwischenmenschlichen Spiel entstehen allmählich soziale Systeme.

Ein wichtiges vermittelndes Element in diesem Prozeß ist natürlich die Sprache, die artikulierte menschliche Sprache. Doch das ist ein Bereich, in dem uns sehr viel Mißgeschicke unterlaufen. In bezug auf die menschliche Natur gibt es gegensätzliche, diametral unterschiedliche Positionen. Zumindest im selben Maße trifft das auch auf die Sprache zu. Die Sprachtheorien bilden in ihrer diachronischen Entwicklung keinerlei kumulative Reihenfolge, in der die sukzessiven Feststellungen die vorangegangenen ergänzen, sondern wenn die nächste Umwälzung kommt, wird die gesamte schon feststehende Paradigmatik fast gänzlich zerstört.

Die ethnischen Sprachen entstanden in ihren Varianten durch Zufall, entwickelten sich dann aus dem im gegebenen Gebiet schon erstarkten Grundstamm fort und bildeten Familien, Sprachverwandtschaften – wie z. B. die slawische. Man weiß nicht sicher, ob die Basisstruktur aller menschlichen Sprachen ident ist, aber es scheint so zu sein. Im Prinzip gibt es keine kommunikativ oder kognitiv »schlechteren« und »besseren« Sprachen. Nur daß man sich in einer Sprache knapper ausdrücken kann und in einer anderen nicht, daß sie sich in ihrem Wortschatz, in ihrer Grammatik, in ihrer Syntax unterscheiden. Die Hypothese von Saphir und Whorf, eine gegebene Sprache impliziere ein bestimmtes Weltbild, läßt sich nicht einmal teilweise aufrechterhalten. Die Erforschung der Sprache ist in vielen Bereichen schwierig, unter anderem, weil wir die Sprache mittels der Sprache erforschen und somit Paradoxe der Selbstreflexion entstehen. Heute können wir nicht bis zu den Mechanismen der Entstehung der Sprache vordringen, aber das könnte sich doch im Modellverfahren als erreichbar erweisen, wenn man zum Beispiel Gruppen von Automaten baute, die mit einem Minimum von Selbststeuerung und einem Potential für Datenverarbeitung ausgestattet sind, das ihnen erlaubt, von der einfachen Signalisierung zur Symbolisierung innerer und äußerer Zustände fortzuschreiten. Man muß daran denken, daß es ethnische Sprachen außerhalb ihres eigenen Kontextes, außerhalb der ihnen eigenen Situation nicht gibt. Die außerhalb der Sprache erkannte Lage bildet die erste Verkleidung des Transmissionskanals. Die Muttersprache erlernen wir ohne ihre Theorie, ohne Kenntnis der grammatikalischen Regeln usw. –, und es ist wohlbekannt, daß man die Grammatik einer Sprache kennen mag und dennoch diese Sprache nicht beherrschen muß – sowie umgekehrt. Die Grammatik schließt nicht die Idiomatik ein, die in verschiedenen Sprachen ungleichartig gestaltet ist, was übrigens das größte Unglück für Übersetzer von Belletristik darstellt. Aber das ist ein Abgrund, den man betreten kann, dessen Boden jedoch unerreichbar bleibt. Damit es noch schwieriger wird – die Linguistik der Evolution, um es so auszudrücken, d. h. die »Dialekte des Erbcodes«, mit denen die einen Generationen die nächsten »artikulieren«, ist viel komplizierter als die Linguistik unserer Sprache; sie besitzt viele Eigenschaften, die heute völlig rätselhaft sind. Als grundlegenden Unterschied sehe ich an, daß wir linear sprechen, schreiben und lesen, eines nach dem anderen, in Satzteilen, die nicht eine beliebige Länge haben können, weil sie sonst der Verstand nicht zu einem Ganzen verbindet. Der Erbcode dagegen wirkt »gleichzeitig« auf seiner ganzen ausgedehnten Front, er ist ein riesiger Chor, ein gigantisches Orchester, und nicht irgendein Solo. Natürlich besteht der zweite schreckliche Unterschied darin, daß Worte eben Worte bleiben, während die »Erbcodewörter« sich buchstäblich in

Körper verwandeln. Ich gehe von der Überzeugung nicht ab, daß die Erkenntnis dieser »Umsetzung« uns in einer ferneren Zukunft mit technologischen Möglichkeiten ausstatten kann, von denen wir heute nicht einmal zu träumen wagen. Man kann es ruhig meine Zwangsvorstellung nennen, aber ich bin felsenfest davon überzeugt. Kehren wir jedoch zu den Kulturen zurück.

Daß der Kristallisationsprozeß der Zivilisation in den verschiedenen Erdteilen weitgehend unabhängig voneinander verlaufen ist und gewissermaßen alle Nischen des Kulturuniversums, die noch besetzt werden konnten, ausfüllte, hatte zur Folge, daß die entstehende Kultur so breit gefächert war. Im Grunde genommen ist es jedoch ein Zufallsprozeß. Wenn ich Ihnen sage, daß dies der Markowsche Prozeß ist – wird das bedeuten, daß es sich um einen Zufallsprozeß handelt, in dem kein tiefes Gedächtnis wirksam ist, und der aktuelle Stand über die Form des nächsten Stadiums entscheidet. Nicht die beträchtliche logische Tiefe des Gedächtnisses entscheidet darüber, denn sie ist nicht die Sphäre, in der die Ursachen der Mitgestaltung dessen liegen, was folgen soll. Die zwei Jahrhunderte dauernde Inthronisierung der Empirie, der Technik und Wissenschaft sowie die von ihnen ausgehende praktische Umsetzung haben den monolithischen Charakter aller primitiven Kulturen gesprengt. Es gibt nirgends mehr, zumindest nicht in den großen gesellschaftlichen Einheiten, die für die alten Kulturen der Inkas, der Maya oder der Azteken charakteristischen Zustände.

B: Was denken Sie selbst über die soeben dargelegte Konzeption?

L: Wiewohl ich mir dessen bewußt bin, daß meine Hypothese das Produkt eines Dilettanten, daß sie lückenhaft und auf vielen Gebieten unausgereift ist, werde ich unverdrossen an ihr festhalten, zugleich mit einer gewissen Erleichterung, die zulässig ist, wenn kein Spezialist dieses Fachgebiets das Wort ergreift, sondern ein Außenseiter, etwa wie bei unseren Kellnern: »Hier bedient der Kollege.« Ich sage also, wenn der Kollege sich schließlich herbeiläßt, uns zu »bedienen«, werde ich die ganze Angelegenheit gerne den künftigen Generationen soliderer Fachleute überlassen, die über ein reicheres

Tatsachenmaterial verfügen und sich nicht erkühnen werden – was leider sogar Lévi-Strauss passierte –, die Fakten zu diskriminieren.

B: Ich wollte Sie fragen, was Sie über den Zusammenhalt gesellschaftlicher Enklaven von totalitärem Typus und über die Möglichkeit denken, daß diese Systeme aus den festgefügten Mauern dogmatischer Doktrinen und Handlungsweisen heraustreten?

L: Die Ideologien von totalitärem Typus streben vornehmlich danach, zu einer Reinkarnation des Glaubens zu werden – eines Glaubens, der gleichzeitig: einzig, einheitlich, homogen, unumstößlich ist und jegliche Alternative aus dem gesellschaftlichen Bewußtsein total verdrängt; ihre Vertreter zwingen der Gesellschaft instinktiv und fast automatisch Terror und Haß gegen alle alternativen kohäsiven Denksysteme auf – gleichgültig, auf welcher Ebene sie liegen. So können z. B. totalitäre Systeme keine Religion dulden, weil diese zu einem archimedischen Stützpunkt werden könnte. Alles muß daher total zerstört werden. Gelingt das schließlich und wird die Gesellschaft erfolgreich vom Rest der Welt isoliert, dann gibt es für eine solche Gesellschaft keine anderen Alternativen außer dumpfem nächtlichem Geheul und Inbrandsetzen von Regierungsgebäuden. Das heißt – es kann zu wilden, spontanen Rebellionen kommen, zu gegenseitigem Zerfleischen oder zu verschiedenen Formen des Nihilismus – doch es kann kein Konzept für ein System etwa eines demokratischen Lebens oder des Pluralismus aufkommen, weil diese im gesellschaftlichen Bewußtsein nicht mehr existieren.

Mir scheint jedoch, daß es in unserer Zeit – aufgrund von Informationstechniken, des Handels- und Kulturaustauschs sowie des globalen Charakters der modernen Welt – unmöglich ist, sich hermetisch abzuschließen. Die totalitaristische Entwicklung ist ungeachtet ihrer augenblicklichen Wirksamkeit und einer Stabilisierung der Kräfte, auf lange Frist gesehen, zu enormen Störungen und Turbulenzen verurteilt, die äußerst gefährlich sind und für den gegebenen Staat oder die gegebene Gesellschaft eine Selbstbedrohung darstellen. Dort, wo es keine Alternativen gibt, ist der Zusammenbruch des Totalitarismus ein unglaublich gefährlicher Prozeß, weil er die Gesellschaft in eine Art von Brei verwandelt, der, wie schon erwähnt, sich selbst aufzufressen vermag.

B: Weil wir in diesem Gespräch ununterbrochen um Fragen kreisen, die mit der Ethik und mit den Prozessen der Kulturentwicklung des Menschen zu tun haben, dürfte es am Platz sein, zum »Golem« zu greifen und seinen Befund vorzulesen, der mir geradezu erstaunlich erscheint: »So ist denn auch nach einer entsprechend langen Zeit, die nach Hunderten von Jahrmillionen zählt, die Ethik, die nach ihren Ursprüngen und Rechtfertigungen sucht, wie vom Schlag gerührt, als sie erfährt, daß sie hervorgegangen ist aus der aleatorischen Chemie der Nukleinsäuren, für die sie auf einer bestimmten Stufe zum Katalysator wurde, und sie kann ihre Unabhängigkeit nur dadurch retten, daß sie diese Erkenntnis ignoriert.«

Meiner Überzeugung nach geht es hier um ein Problem von geradezu kapitaler Bedeutung: Sie lassen Ihren Computer eine direkt umstürzende These über die Genese menschlicher Ethik aufstellen. Sie behaupten nämlich, daß die Ethik, die Moral und das ganze Universum von Werten, die als humanistisch betrachtet werden, nicht Ergebnis bewußter intellektueller und moralischer Anstrengungen des Homo sapiens sind, sondern sich von den Ursprüngen nicht einmal der Anthropogenese, sondern schon der Biogenese ableiten. Können Sie diese Behauptung ausführlicher begründen?

L: Selbstverständlich. Nach der modernen Auffassung, die für mich als ein Mitglied des Ordens der Empiriker verbindlich ist, sind die edlen menschlichen Reflexe, ebenso wie alle anderen, genetisch programmiert. Die höchsten Werte, die bis zu einem bestimmten Grad den Kantschen Kategorischen Imperativ ausmachen, sind auf die biologische Grundstruktur rückführbar. Das hat sich auf revolutionärem Wege herausgebildet und läßt sich mathematisch nachweisen. Ich werde jedoch einfach sagen: Wenn wir zwei Gattungen gesellschaftlicher Individuen haben und in der einen ein uneingeschränkter persönlicher Egoismus herrscht und in der anderen sich altruistische Tendenzen zeigen, kann man errechnen, daß die zweite Gattung viel größere Chancen hat, als Gemeinschaft zu überleben. Das ist die evolutionäre Norm. Die Forscher, die sich mit dem Leben der Delphine und anderer höherer Säugetiere beschäftigen, schildern, wie die Delphine nach Möglichkeit ihrem verwundeten Gefährten helfen, ihn immer wieder an die Luft hinauftragen, denn als ein Tier, das Sauerstoff einatmet, muß er immer wieder eine Zeitlang an der Wasseroberfläche bleiben. Solcher Beispiele kann man sehr viele anführen. Es ist dies einfach genetisch bedingt – weil die »altruistischen« Arten eine größere Überlebenschance haben. Im Bereich der Arten und Spielarten, die sich nicht so verhielten, lag die Überlebensrate wesentlich niedriger. Damit wurden die Gene, die diesen Behavior-Typus bedingten, im Evolutionsprozeß und als automatischer Reflex entwickelt, der ein Charakteristikum der Gattungsnorm darstellte. Diese Norm wurde in ethischen Gesetzen destilliert und sublimiert, wodurch verschiedene Arten eines altruistischen, also nicht ichbezogenen Verhaltens postuliert wurden; später wurde dieser Verhaltenskodex in einem instinktiven Prozeß von seinen wirklichen, ursächlichen Wurzeln, die rein evolutionärer Art waren, getrennt und dem Einfluß irgendeiner transzendenten – meistens religiösen – Sanktionierung zugeschrieben.

Vom evolutionären Standpunkt ist das bloß ein später Effekt von Selektionsmechanismen, die Hunderte Millionen Jahre fortdauerten. Auf dieselbe Weise haben bestimmte funktionelle Strukturen, die später die Form des Protoplasmas der Amöben angenommen haben, überdauert und sind aus der Phase der rein biochemischen Konkurrenzprozesse unbeschädigt hervorgetreten. Hier ist die Quelle der Kristallisationsprozesse der Ethik und der Verhaltensregeln. Ich behaupte nicht, daß darin die *einzige* Wurzel der Ethik steckt, aber sie kann zweifellos in so ferner Vergangenheit gefunden werden. Man kann natürlich anderswoher abgeleitete Motive finden, die diese uralten biologischen, rein Darwinschen Quellen umgehen. Man kann vorgeben, es nicht zu wissen, oder man kann nicht zur Kenntnis nehmen, daß es die aleatorische Chemie gewesen ist, die gewisse Lösungen vorgezogen hat, auf die sich die ethischen Normen zurückführen lassen. Diejenigen, die sich als Humanisten mit der Erforschung der natürlichen Pflichten und Rechte des Menschen beschäftigen, verschließen unbewußt die Augen und sind glückliche Ignoranten, die sich keine Rechenschaft darüber ablegen, daß die von ihnen aufgestellte kategoriale Andersartigkeit des Menschen eine Fiktion ist, weil sie in der Periode wurzelt, die keine Vernunftwesen kannte. Dagegen kann man nichts machen – so ist es eben.

B: Sie sagen da ziemlich bittere Dinge.

L: Ich behaupte nicht, daß es ausschließlich so ist, aber es ist zulässig. Es stimmt jedenfalls mit der Vorgehensweise überein, die für die modernen Methoden wissenschaftlicher Erkenntnis selbstverständlich ist. Nichts weiter.

B: Wie auch immer, es ist irgendwie schmerzlich, weil es die ganze Axiologie auf ein evolutionär-biologisches Roulettspiel zu reduzieren scheint.

L: Nicht die ganze! Die Axiologie besitzt autonome Bezirke und Zonen, weil diese Prozesse keinen eindeutig kontinuierlichen Charakter haben. So ist es aber nicht. Das wäre eine grobe Vereinfachung. Wissen Sie, die Ameisen, die Bienen, alle Insekten, die in gesellschaftlichen Aggregaten leben, verhalten sich ziemlich altruistisch. Es genügt jedoch, sie mit Hormonen zu besprengen, die sie ihrer Umgebung entfremden, damit der verbleibende Teil der Insektengesellschaft, die in anthropomorphen Kategorien weiterhin ihrer Art zugeneigt ist, diese verseuchten Individuen vernichtet. Ich sage also nicht, daß dies ein absoluter Reduktionismus ist, der neben der Berufung auf diese Prozesse keinen Spielraum übrigläßt. Das behaupte ich nicht.

B: Aber eine Demarkationslinie können Sie wahrscheinlich auch nicht ziehen?

L: Sie werden sich wundern: Es hat solche Versuche gegeben. Man hat mathematisch, mit Hilfe von Computern, errechnet, um wieviel größer die Überlebenschancen jener Arten sind, bei denen es Bemühungen gibt, andere Exemplare dieser Art zu retten, selbst mit tödlichen Schäden für die Retter – und es hat sich gezeigt, daß die Gattung als Ganzes davon profitiert, daß sich in ihr Individuen vom Typus Pater Maximilian Kolbes befinden. Der Computer hat keinerlei Intentionen in bezug auf den Ausgang der Modellsimulation von Abläufen. Man kann natürlich nicht ausschließen, daß dies keine ausreichende Erklärung ist. Man kann nicht einmal ausschließen, daß unsere ethischen Normen aus der Inspiration des Heiligen Geistes entstanden sind, aber dann verzichtet man leider auf Ockhams Rasiermesser und auf das wissenschaftliche Denken.

Ich lege mir natürlich Rechenschaft darüber ab, daß diese ganze Frage in den Ohren der Menschen Mißtöne hervorruft. Ich werde Ihnen sogar privat sagen, daß ich, obwohl selbst nicht gläubig, es vorziehen würde, wenn es anders wäre. Ich würde es vorziehen! Ich kann es jedoch nicht rational begründen. Leider bin ich aber ein Mensch, der sich nicht dazu berechtigt fühlt, bestimmte Sachverhalte beiseite zu schieben, weil sie nicht meinen edlen Intentionen und der Achtung entspringen, die ich gegenüber anderen und mir selbst gegenüber empfinde. Das ist sehr peinlich – wirklich! Aber so ist es nun einmal.

Ich könnte mich genauso über die Tatsache empören, daß die riesige Porno-Industrie kolossale Gewinne daraus schöpft, daß wir sexuell vorprogrammiert sind.

B: Wie soll man das verstehen?

L: Man hat in Massenuntersuchungen über jeden Zweifel hinaus festgestellt, daß für ein Männchen der Gattung Mensch das einfachste Schema, das man sich als Dreieck der weiblichen Brustwarzen und Schamhaare vergegenwärtigen kann, ein Signal darstellt, das ihn in den Zustand sexueller Bereitschaft versetzt. Darüber kann man sich ärgern, und es mag uns nicht gefallen, daß die Welt so eingerichtet ist – daß wir eben so sind oder daß jemand daran ungeheuer viel verdient –, aber das sind empirische Fakten! Man kann nichts dagegen tun, daß die Welt und die Menschen so konstruiert sind – die einzige Rettung wäre Selbstmord oder Nirwana. Ich bin der Ansicht, daß niemand das Recht hat, Wahrheiten aus der Welt zu schaffen, die unwiderlegbar und gleichzeitig äußerst deprimierend sind! Ich weiß nicht, warum wir die Wahrheit schönen, edlen und unsere Gattung erhöhenden Interpretationen opfern sollten. Wenn Sie meine Wohnung verlassen und der Motor Ihres Autos nicht anspringt – was ich Ihnen nicht wünsche –, werden Sie sicherlich nicht den

Heiligen Geist anrufen, sondern wir werden uns einen Mechaniker suchen.

Bei der Qualifizierung und Diagnostizierung der menschlichen Natur erliegen wir jedoch nicht den gleichen absoluten Zwängen. Ich habe Ihnen schon gesagt, daß es in den Vereinigten Staaten religiöse Fundamentalisten gibt, die die Evolution in der Natur ablehnen. Wir können uns auch einreden, die Welt sei erst vor einigen Sekunden entstanden, in dem gleichen Moment, in dem wir jetzt miteinander sprechen. Sehr einfach, nicht wahr? Alles, was uns als Erinnerung an die Vergangenheit erscheint, ist bloße Fiktion, dadurch hervorgerufen, daß wir in das Sein plötzlich mit prädeterminierten Erinnerungsbildern geworfen wurden. Wir können uns das einreden – nur gibt es eben absolut nichts, was diese Hypothese bestätigen würde. Ihre Willkürlichkeit nimmt mir – und wahrscheinlich auch Ihnen – jede Lust, sie als wahr zu akzeptieren.

B: In einem unserer früheren Gespräche haben Sie gesagt, daß wir *alles* erben. Können Sie mir bitte sagen, inwieweit es möglich ist, durch die Lebensbedingungen diesen genetischen und ursprünglichen ethischen Imperativ zu deformieren. Sie haben sich ja selbst über die Allgegenwart des Bösen in der menschlichen Welt beklagt. Aus heiterem Himmel kam das ja nicht.

L: Die Sache wird dadurch kompliziert, daß die Menschheit Kultur produziert – und diese erlegt den ererbten Werten eigene Restriktionen auf, modifiziert ein wenig das Überlieferte. Es gibt z. B. keinerlei Gene der Klassenherkunft – und doch begegnen wir dem, was wir die Solidarität der Arbeiter und der Kapitalisten, der Unterdrückten und der Unterdrücker, der Untertanen und der Machthaber nennen. Die Kultur und das jeweilige gesellschaftspolitische System bringen einfach weitere Beschränkungen hinzu.

Alle diese Normen treten überdies nur im Sinne einer statistischen Überzahl bestimmter Erscheinungen auf. Bekanntlich gibt es in einigen Gattungen Muttertiere, die ihre Kleinen auffressen – wie z. B. bei den Kaninchen. Es besteht jedoch kein Zweifel, daß dies nur für eine geringe Zahl von Kaninchenwürfen gilt. Also ist die Tatsache, daß es Kaninchenweibchen gibt, die ihre Nachkommenschaft auffressen, ebenso wenig von entscheidender Bedeutung wie die Tatsache, daß es Menschen gibt, die keinerlei Solidarität mit anderen Exemplaren ihrer Gattung empfinden, denn in der Evolution entscheiden die statistischen Massenerscheinungen. Es entscheidet einfach die zahlenmäßige Überlegenheit. Nicht jeder fühlt ja in sich den ethischen Imperativ, einem Nächsten, der sich den Fuß verrenkt hat, zu Hilfe zu eilen. Auch die Polizisten mit dem Knüppel haben keineswegs verkehrt »eingestellte« Gene. So etwas zu behaupten wäre lächerlich.

Selbstverständlich können gesellschaftspolitische oder auch kulturelle Faktoren ebenso wie der Faktor der Charakterprägung durch individuelle Erziehung über die angeborenen Impulse dominieren. Das unterliegt keinem Zweifel. Alles wird durch die individuelle und Gruppen-Situation überlagert. Im übrigen ist ja bekannt, daß die ersten vier Jahre für die charakterliche Entwicklung eines Menschen von sehr großer Bedeutung sind. In diesem Alter entwickeln sich bestimmte Einstellungen, die dann kaum reversibel sind. Das Kind wächst einfach in die Familie hinein, die Eltern sprechen zum Kind, machen Hoppe, hoppe Reiter, küssen es usw.

Es unterliegt auch keinem Zweifel, daß wir tiefwurzelnde angeborene, rein ererbte Verhaltensweisen haben. Man hat auf experimentellem Wege festgestellt, daß die charakteristische Eigenart eines Kindergesichts bei jedem statistisch normalen Menschen Beschützerinstinkte weckt. Das ist so sichtbar, daß man als abstrakte Gestalt das vereinfachte Modell eines Kinderkopfes zeichnen und, indem man es dem Puppenkopf aufsetzt, das herstellen kann, was man gewöhnlich als besonders sympathisches Puppengesicht bezeichnet. Das sind ererbte Verhaltensweisen positiver Art, die den Zweck haben, die Nachkommenschaft vor der Aggression der Erwachsenen zu schützen. Man kann natürlich daraus nicht den Schluß ziehen, es gebe keine Menschen auf der Welt, die bereit wären, ein Kind zu töten. Man kann nicht Dinge, die sich auf verschiedenen Ebenen abspielen, miteinander vermischen. Die Tatsache, daß vor einigen Jahren elegante Herren und Damen, die mit einem Flugzeug über verschneiten

Bergen abgestürzt sind, vor Hunger die toten Mitpassanten aufzuessen begannen, besagt gar nichts. Der kategorische Imperativ – das ist eine Sache, und der Hunger – eine andere.

Der Mensch besitzt die besondere Eigenschaft, daß er lernfähig ist; dadurch kann es zu einer Umkehrung des biologisch gegebenen, embryonal angelegten Habitus kommen. Aber beachten Sie bitte, daß wir in der übergroßen Mehrheit nicht imstande sind – außer im Zustand einer starken Gefühlserregung –, Menschen direkt zu töten. Es fällt uns psychologisch schwer, jemandem die Halsader durchzubeißen, jemandem mit dem Finger das Auge auszureißen oder so lange mit der Faust in das Gesicht eines Menschen einzudreschen, daß es ein blutiger Brei wird. Viel leichter ist es, indirekt zu töten. Es ist bekannt, daß der Pilot der B-52, der die Atombombe auf Hiroshima abwarf, usprünglich mit sich ziemlich zufrieden war und erst später, als ihm dämmerte, was er getan hatte, eine schwere psychische Erschütterung erlitt und als Mönch in ein Kloster eintrat. Das sind Umstände, für die unser Erbplasma und unsere Phänotypen gar nicht gerüstet sind. Sie haben sich in Millionen Jahren herausgebildet, und plötzlich hat sich hier etwas verändert. Das geschieht auf verschiedenen Ebenen und läßt sich nicht einfach auf einen gemeinsamen Nenner bringen. Alle Beschwörungsmittel zur Bewahrung der Ethik werden, in dem Maße, in dem es zu neuen Fortschritten der Technik kommt, immer unzulänglicher. Bald wird es schon möglich sein, Spezialgeräte auf den Weg zu bringen, die nach einem individuellen Schema der Netzhautgefäße oder des Körpergeruchs unter Milliarden Menschen den Gesuchten finden und ihn dann umbringen werden.

B: Wenn man zu Ihren jüngsten Büchern greift – besonders zu »Also sprach Golem« und zum »Lokaltermin« –, kann man sich leicht überzeugen, daß Sie den ganzen Prozeß der Biogenese, der Anthropogenese und vielleicht auch der Kosmogenese – also jene Phase, in der wir traditionell die gnadenvolle Berührung des Fingers der *Vorsehung* zu sehen wünschen – als eine einzige Sphäre der Unmoral behandeln. Mehr noch – Sie scheinen sich zudem noch zu einer zusätzlichen Philosophie zu bekennen, die durch die Art, wie Entien im »Lokaltermin« eingerichtet ist, bestätigt wird und die ich in einigen Worten so zusammenfassen würde: Die Welt ist ein einziger axiologischer Skandal – und darum, Mensch, verteidige dich selbst.

L: Ist es denn nicht so? Ich habe hier auf dem Regal das Buch eines amerikanischen Paläontologen stehen, das von der Naturgeschichte der Dinosaurier handelt. Der Autor vergießt viele Tränen über das Schicksal jener wunderbaren Echsen, die in so kurzer Zeit ausgestorben sind. Der Begriff der Ethik ist, auf den Evolutionsprozeß angewendet, völlig inkommensurabel, und wenn wir uns dennoch darauf versteifen, der Evolution Ethik zu unterstellen, dann muß man sich eingestehen, daß diese Ethik die furchtbarste ist, die man sich nur irgendwie vorstellen kann. Ich weiß nicht, welcher Typus persönlicher Grausamkeit sich an der Vorstellung von einem so entsetzlichen Zoozid ergötzen könnte. Aus dem Evolutionsprozeß schlägt uns eine unerhörte und persönliche Grausamkeit entgegen, und man muß traurig bekennen, daß der Mechanismus der Entstehung der Arten in äußerstem Widerspruch steht zu den ethischen Intuitionen, die der Mensch dem Christentum verdankt.

In den Köpfen der Menschen gibt es undurchdringliche Zwischenwände. Man kann ein sehr guter Vater und Ehemann und gleichzeitig ein sehr rücksichtsloser SS-Mann sein. Besitzt man jene Art von Intelligenz, die diese Wände zu durchbrechen gebietet, dann kann man wohl kaum die Hypothese der Theodizee und des allbarmherzigen Gottes akzeptieren, der die Hölle namens Evolution geschaffen hat. Ich war einmal in der amerikanischen Botschaft bei der Vorführung eines Films über Insekten. Das Leben der Insekten besteht, sehen Sie, im Grunde genommen aus einem unaufhörlichen Einanderauffressen. Das verblüfft den Menschen geradezu, denn wenn die Gottesanbeterin den Mistkäfer frißt, fährt dieser fort, sich mit dem Fuß den Hinterleib zu putzen, während er vom Kopf bis zum Bauch schon aufgefressen ist; bei den Insekten zeigt sich einfach eine weitgehende Autonomie der einzelnen Teile des Nervensystems. Das hat auf mich ungeheuren Eindruck gemacht.

B: Sie haben das doch ganz genau gewußt?

L: Das stimmt, aber es ist etwas anderes, es zu wissen, und etwas anderes – es zu sehen. Das widerspricht sehr stark den religiösen Intuitionen. Zur Zeit Darwins hätte ich mich durch die Behauptung, daß ich vom Affen abstamme, nicht beleidigt gefühlt, aber die Feststellung, daß die natürliche Auslese so grausam ist, hätte mich – wäre ich gläubig – sehr erschüttert. Wie ist es möglich, daß das Prinzip der Evolution das *vae victis* ist? Wehe den Schwachen und denen, die am Boden liegen – sie müssen alle zertreten werden. Erschreckend – stimmt's? Das Aufgebot der Zivilisation reduziert sich wohl darauf, dieses Prinzip aufzuheben und ihm etwas möglichst positiv Wirksames entgegenzustellen.

B: Sie haben aber vorhin gesagt, daß die Vorstellung vom Einanderauffressen der Arten ein vereinfachtes Bild der Evolution ist?

L: Es handelt sich um verschiedene Dinge. Hitler, der Sozialdarwinist war, meinte, daß die Zukunft jenen gehört, die beim Morden die Stärksten und die Tüchtigsten sind. Aber so geht es in der Evolution gar nicht zu. Zwischen den Raubtieren und ihren Opfern entsteht ein dynamisches Gleichgewicht. Als erster schuf Volterra ein mathematisches Modell davon. So verhält es sich auch in der Beziehung zwischen Schmarotzern und ihren Wirten: Ein allzu »tüchtiger« Schmarotzer tötet seinen Ernährer und stirbt mit ihm zusammen – das Optimum verschiebt sich also hin zur abgeschwächten Schädlichkeit des Schmarotzertums. Wenn es zu viele Löwen gibt und es ihnen allen an Wild fehlt, werden die als Jäger weniger leistungsfähigen Löwen keine Nachkommen zur Welt bringen. Die Zahl der Löwen wird sich vermindern, die der Antilopen wird sich vermehren, es wird dann wieder mehr Fraß für die Löwen geben; so entsteht eine Art Sinuskurve in den Parametern der Zahlenstärke beider Populationen. Es geht also eine »Mäßigung« vor sich, aber sie resultiert nicht aus der Sympathie zwischen den Gattungen, nicht aus Güte. Das ethische Prinzip der Evolution lautet ungefähr so: wehe den Schwächeren, den Kranken, den Leidenden, den Ungeschickten, und sogar wehe den Häßlicheren – nach den Kriterien der Geschlechtswahl. Sie werden den sexuellen Trieb nicht befriedigen können und aussterben. Wollten wir die demokratischen oder die christlichen Prinzipien auf das Gebiet der Zoologie und der Botanik als axiologisches Muster übertragen, dann würde sich erweisen, daß dort ihr gerades Gegenteil herrscht. Selbst in einer Hühnerschar gibt es keine Gleichheit, sondern die sogenannte Hackordnung. Sogar die Tierweibchen geben, sobald sie geworfen haben, ihrem Wurf nicht die gleichen Chancen, denn die stärkeren Jungen werden die schwächeren von den Brustwarzen der Mutter verdrängen, wenn es mehr Junge als weibliche Brustwarzen gibt. Wichtig ist nur, daß das Weibchen den Jungen das Minimum an Fürsorge sichert (soweit natürlich die Norm das Artverhalten geprägt hat). Wenn die Jungen sich allein zu helfen wissen, endet die mütterliche Fürsorge. Gefühle entstehen dann, wenn sie für die Evolution notwendig sind. Bei den höheren Tieren können sie sich von dieser Kausalität unabhängig machen – daher kommt z. B. die platonische Liebe, kommen aber auch Triebabirrungen wie Homosexualität oder Päderastie. Die Evolution toleriert jegliche solcher Abirrungen, solange sie nicht die Gattung bedrohen, aber auch das ist Norm, die bloß statistisch gewichtig ist. Sie dient der internen Absicherung, zum Beispiel, daß in der Brunstzeit die Männchen um das Decken des Weibchens zwar kämpfen, aber nicht auf Tod und Leben. Es entwickelt sich z. B. eine Ritualisierung des Verhaltens bei diesen Kämpfen, die festzustellen erlaubt, wer überlegen ist, ohne den Rivalen zu töten. Und es ist interessant, daß eher der Rehbock einem anderen Bock die Schlagader durchbohrt und ihn tötet – obwohl beide Pflanzenfresser sind –, als daß zwei Tigermännchen so lange miteinander kämpfen, bis eines tot umfällt. Bei den domestizierten Tieren dagegen ereignen sich häufiger »Kindesmord« und ähnliche Abirrungen, weil der Mensch durch langwierige Zuchtwahl ihre genetische Programmierung ungewollt geschädigt hat.

Und nun à propos Ihres: »Mensch, verteidige dich selbst!« Immer schien es mir äußerst unangebracht – worüber ich übrigens in »Non serviam« geschrieben habe –, sich an den Herrgott mit irgendwelchen Bitten zu wenden. Betrachtet man das von der Position Gottes aus, so muß man feststellen, daß es für ihn äußerst unbequem wäre, auf irgendwelche

Petitionen mit Wundern zu antworten. Bekanntlich ist Gott allmächtig und allwissend und hat eine vollkommene Welt geschaffen; ohne den Willen Gottes kann niemandem auch nur ein Knopf von der Unterhose abgehen. Ohne Gottes Willen geschieht nichts. Der Satan hat ja keine kreative Macht. Ich weiß nicht, ob das ein religiöses Dogma ist, aber die Kirche lehrt es so. Wie läßt sich das mit unseren Bitten um Fürsprache in Einklang bringen? Man kann um nichts bitten – weder um Gesundheit noch um Wohlergehen, noch auch um die Unabhängigkeit des Vaterlandes. Würde Gott nämlich etwas durch ein Wunder verbessern, dann bedeutete dies, daß die Wirklichkeit nicht vollkommen ist. Ein Zustand der Vollkommenheit besteht dann, wenn es nichts mehr zu verbessern gibt.

Psychologisch hilft ein Gebet um die Intervention der Vorsehung ganz gewiß: Der Mensch hat auf diese Weise ein Gesuch im Himmelsbüro eingereicht, also wird es vielleicht positiv beschieden werden. Zugleich aber ist das ein Akt des Unglaubens an die Vollkommenheit der Schöpfung. Wenn ich verlange, man solle punktuell eine Korrektur vornehmen, so heißt das, daß die Schöpfung nicht vollkommen ist. Wie anders könnte man das sonst verstehen? Unglauben! Ich für meinen Teil habe in Italien eine Kirche gesehen, in der man eine Messe lesen lassen konnte, nicht nur damit jemand gesund wird, sondern damit eine Operation gelingt, eine Prüfung bestanden wird und sogar damit Regen kommt. Aber ich glaube nicht, daß Sie den Mut aufbringen, einen Priester zu bitten, er möge eine Messe lesen, damit Sie neue Autoreifen erwerben können, die es bei uns in den Geschäften nicht gibt. In jedem Moralkodex und jeder Theodizee wimmelt es von solchen Ungereimtheiten. Da wir jedoch bis über die Ohren drinstecken, bemerken wir es nicht. Wenn man aber solche Dinge bemerkt, dann knüpft man sie zu einem festen Knoten zusammen und nennt das ein Absurdum.

Ich habe z. B. aus der Lektüre der Kirchenväter mit Erstaunen erfahren, daß Adam im Paradies im Prinzip sexuellen Verkehr mit Eva pflegen durfte. Hätte er es jedoch getan, so hätte ihm das kein Vergnügen bereitet, denn das wäre teuflische Begierde. Diese Überlegung führte mich zu der Konzeption, die besagt, der menschliche Körper sei seit ewigen Zeiten Terrain sehr sonderbarer wertgestufter Zergliederungen gewesen, die an einen Fleischerladen erinnern, wo der Fleischer, der etwas auf sich hält, auf dem Ladentisch erstklassigen Lungenbraten, Rippenfleisch, Haxen, Zunge und minderwertige Innereien nebeneinander liegen hat. Der menschliche Körper wurde in verschiedenen Epochen ebenfalls zergliedert, wobei der Oberkörper in den Himmel gehoben und der Unterleib in die Hölle geschickt wurde, weil sich ja dort ohnehin etliche »häßliche Sachen« befinden. Verschiedene Religionen zerlegten diesen armen Körper auf mannigfaltige Art. Hier herrschte nie Einmütigkeit. Es gab ja Fruchtbarkeitskulte, sakrale Prostitution und ähnliches. Erst wenn wir verschiedene Kulturen kennenlernen, dann zeigen sich Relativierungen, deren Wirkungen im allgemeinen fatal sind; denn wenn wir erfahren, daß wir eigentlich niemandem Mund oder Hand zu küssen brauchen, sondern auch die Nasen aneinander reiben können, dann kommen wir zu der Überzeugung, daß wir ebenso gut jemandem zur Begrüßung einen leichten Tritt in den Hintern versetzen könnten. Dann ist alles möglich. Eine solche Relativierung hat nicht die allerbesten Auswirkungen auf die Ethik.

B: Soweit ich Sie verstehe, ziehen Sie aus all dem den Schluß, die Ethik bedürfe keiner außerrationalen Begründungen?

L: Wenn man sich ein Ideal im Bereich der rationalen Ethik vorstellen kann, müßte es auf dem Prinzip vollkommener Symmetrie beruhen: sei du für mich so, wie ich für dich bin... Die Argumente, die für diese These sprechen, kann man in »Non serviam« finden, wo die Personoiden darüber diskutieren, ob man Gott dienen soll. Wenn sich jemand von Rationalität leiten läßt, braucht er keine transzendentale Sanktion, die die Ethik im Sinne von Belohnung und Strafe bekräftigt. Das sind Regeln einer Buchhaltungsmoral, in der die Welt und das Jenseits eine Art Schule sind. Da gibt es Abschlußprüfungen – wer sie nicht besteht, wird in alle Ewigkeit verdammt, wer sie besteht, erhält zum Lohn das Ewige Licht. Russell neigt zur Auffassung, daß zu den stärksten Triebkräften der Verbreitung des Christentums die

Verheißung des ewigen Lebens gehörte – und die Versicherung, je schlechter es einem auf Erden gehe, um so besser würde er es im Jenseits haben.

Diese Argumentation *ad hominem* besitzt starke Suggestivkraft, aber ich habe für sie keinen Bedarf. Seit ich älter zu werden begann, sind gleichzeitig – so scheint mir – meine Reflexe irgendwie besser geworden. Als ich noch jung war, war ich von meinen Problemen so fasziniert, daß ich mich oft von der Wirklichkeit isolierte. Das ist heute für mich viel schwieriger. Das Bedürfnis, anderen Hilfe zu leisten, wurde von mir eher vom Gehirn als vom Herzen diktiert, und ich sagte mir, wenn man keine solchen Reflexe hat, müsse man sie durch Prothesen ersetzen, die vom rationalen Denken geschaffen werden. Jetzt hat sich das auf merkwürdige Weise gewandelt. Ich bin weicher geworden, sensibler für fremde Not.

Dabei behalte ich alle Paradoxe dieser Sphäre im Auge – einschließlich jenes von Gombrowicz, daß wir, wenn wir auf den Rücken gefallene Käfer sehen, schließlich aufhören, sie wieder auf die Beine zu stellen, weil es zu viele sind. Natürlich – die Empathie, Versuche, sich in einen anderen Menschen einzufühlen. All dies sind jedoch Überlegungen *per analogiam,* denn schließlich können wir volle Gewißheit nur darüber haben, daß wir selbst ein Bewußtsein besitzen und Schmerz empfinden, während andere das vielleicht bloß vorgeben mögen, indem sie schreien, wenn wir sie quälen. Ich sehe jedoch, daß ich Ihre Neugierde nicht befriedigt habe.

B: Ich schneide ein Gesicht, weil Sie auf Fragen antworten, die ich erst stellen wollte, und dadurch wird die Ordnung unseres Gesprächs gestört, wir kommen immer wieder aus dem Konzept. Bei Ihnen kann keine Rede sein von einer konsequenten Strategie. Wir haben zuvor über ein Weltbild gesprochen, das all unseren Vorstellungen von Ethik spottet – und andererseits, daß dieses Bild axiologisch so gut »wattiert« ist wie elektrische Geräte durch Sicherungen, um uns das Weiterleben zu ermöglichen. Das ist eine Art von ständigem Streit . . .

L: Weiß ich denn, ob die Ethik uns wirklich das Überleben sichert? Ich habe mich überzeugt, daß Menschen, die bereit waren, anderen Menschen unter Einsatz des eigenen Lebens zu helfen, oft Leute waren, die sich vorher durch nichts Ähnliches hervorgetan hatten, die nicht einmal selbst wußten, daß sie sich so verhalten werden. Erst die Zeit der endgültigen, kritischen Prüfung ruft bei einzelnen solche Reaktionen hervor. Ich denke, daß es immer so war – mit unterschiedlicher Intensität in verschiedenen Gesellschafts- und Kultursystemen. Das läßt sich wiederum auf biologische Wurzeln zurückführen, aber das bedeutet, Hypothesen an den Haaren herbeizuziehen. Es ist einfach so.

Die Menschheit als Ganzes hat sich immer abscheulich benommen. Sie ist ein Gebilde, in dem die Abscheulichkeit der kollektiven Verhaltensweisen stets das Übergewicht über die ethisch einwandfreien Verhaltensweisen hatte. So ist es, und so war es immer. In dieser Beziehung kann ich nicht den geringsten Fortschritt sehen. Fortschritt gibt es nur in dem Sinne, daß verschiedene Kodifikationen erfolgt sind und die Macht derer, die am Steuer der Gesellschaft stehen, auf spezifische Weise eingeschränkt wurde. Die dürfen heute oft dasselbe tun, was Alexander der Große und Attila durften, aber sie dürfen es nicht ohne Argumente tun, die das Böse in das Gute verkehren. Kein Diktator brüstet sich öffentlich damit, wie große Massen von Menschen er ermorden ließ. Selbst Hitler zog es vor, dies vor seinem eigenen Volk zu verheimlichen. Früher war das nicht so. Einer der Helden aus dem »Lokaltermin« sagt, es hätten sich bloß die Manieren geändert. Man foltert weiter, aber nicht öffentlich. Auch die Todesstrafe wird eher nichtöffentlich vollzogen. Der Katholizismus ist ebenfalls sanfter geworden: Der Religionslehrer sagt heute den Kindern, man solle auch die Atheisten lieben. Daß man Ketzer töten solle, davon ist keine Rede mehr – und doch waren dies einmal rühmliche Taten auch unserer Ritter.

Jetzt herrscht auf der Welt ein schreckliches Gedränge. Je mehr die Welt von Menschenmengen überflutet ist, die füreinander anonyme Wesen werden, um so schlimmer wird es. Meine Frau hat einmal sehr treffend gesagt, sie sei glücklich darüber, daß ihr Sohn in einer Siedlung aufwächst, wo alle einander kennen. Außer einer kleinen Gruppe von Säufern und Dieben, die alle drei Wochen – übrigens zuletzt seltener, es ist dort jetzt nichts mehr zu holen – in das Lebensmittelgeschäft einbrechen und es von oben bis unten ausplündern, kennt jeder den anderen ausgezeichnet. Das ist die Situation einer Urgemeinschaft, in der Zurückhaltung daher rührt, daß niemand ein anonymes Wesen ist, sondern sich immer im Blickfeld anderer Menschen befindet. In einer solchen Situation ist es leichter, die Regeln der Anständigkeit zu befolgen. Unanständiges Verhalten gegenüber den Nächsten muß sorgfältiger getarnt werden.

Jedes Zeitalter, jede Epoche hat ihre Greuel, und die menschliche Natur läßt immer noch an eine allzu kurze Decke denken: Wenn wir sie uns über den Kopf ziehen, ragen die schmutzigen Füße hervor. Jetzt beobachten wir z. B. im Weltmaßstab den Terrorismus. Ich bin kein Anhänger einer konspirativen Geschichtsbetrachtung, die behauptet, der Terrorismus existiere deshalb, weil ihn die Staaten X oder die Bewegungen Y finanzieren. Warum gibt es keine Massenbewegung zur Unterstützung der Witwen und Waisen, die aus Motiven, wie Robin Hood sie hatte, Banküberfälle veranstaltet? Wenn die Menschen keine Lust zu etwas haben, kann keine Inspiration etwas bewirken.

B: Sie kehren also wieder zu Ihrer Konzeption des uneigennützigen Bösen zurück.

L: Ich habe das in meinem Vortrag bei den Dominikanern gesagt: Es gibt eine aktive Lust, ohne Vorteil für sich selbst Böses zu tun, wobei diese Lust in der Bevölkerung ungleichmäßig verteilt ist. Ich z. B. verspüre keine derartige Lust. Sicherlich ist die Lust, für erlittenes Unrecht Revanche zu üben, auch mir nicht fremd, und ich glaube, ich würde eine gewisse Genugtuung dabei empfinden, wenn ich mich rächen könnte oder sähe, daß sich jemand anderer an den Bösewichtern rächt; aber ich glaube nicht, daß es mir Vergnügen bereiten würde, mit einem Federstrich eine Redaktion oder eine Gruppe von Philosophen auseinanderzutreiben. Unter dem Gesichtspunkt der Genugtuung würde mir das nichts bringen.

Es existiert keine Ethik des Bösen, in der das Böse die Selbstbestätigung des Bösen wäre. So etwas ist mir noch nie untergekommen. Als Vorwand dient immer die Erklärung, das getane Böse sei der Preis, den man für das gegenwärtige oder zukünftige Gute zahlen müsse. Es handelt sich immer darum, daß man eine ganze Stadt in Brand setzt und dann das Feuer benützt, um Rührei zu machen. Menschliche Verbohrtheit kann eine Menge damit zu tun haben, aber ich verdächtige oft als Ursache das Böse, das Gefallen daran findet, sich breitzumachen, ohne einen anderen Nutzen als eben das Böse daraus zu ziehen. Da war eine Stadt, eine Redaktion, eine Gemeinschaft von Menschen, fruchtbare Arbeit, und ich vernichte das alles mit einem Telefonat oder mit einem Schuß. Zurück bleibt nur eine Ruine.

B: Also einfach Herostratos?

L: Sicherlich ist das so alt wie die Welt. Herostratos wollte vor allem, man solle wissen, daß er existiert. Und wissen wir es nicht?

B: Ich muß sagen, daß selbst in den Kategorien bloßer physischer und psychischer Wirtschaftlichkeit die Destruktion viel rentabler erscheint als die doch ermüdende Kreativität.

L: Ihre Konklusion muß ich auf den »Lokaltermin« zurückführen, wo der Philosoph Xirax, der Schöpfer der Ontomision, die Drei-Welten-Doktrin verkündet. Das ist alles bloß ausgedacht – aber logisch korrekt. Es gibt drei Möglichkeiten: entweder verhält sich die Welt zu ihren Bewohnern gleichgültig oder wohlwollend oder mißgünstig. Xirax behauptet, die Welt sei mißgünstig; in dieser Welt ist es leichter, zu vernichten als schöpferisch zu sein; leichter, zu mißhandeln als zu beglücken; leichter, ins Verderben zu stürzen als zu retten; leichter, zu töten als zu beleben. Wenn es gleichermaßen leicht wäre, das eine wie das andere zu tun, wäre die Welt gleichgültig. Wenn es jedoch leichter wäre, zu beglücken als zu zerstören, leichter, zu beleben als zu töten – dann wäre es eine freundliche Welt. Aus dieser Aufzählung folgt, daß unsere Welt mißgünstig ist. Mir scheint, daß diese Schlußfolgerung sehr schwer umzustoßen sein wird.

B: Ich zumindest will es gar nicht versuchen. Ich überlege nur, ob diese Antwort für eine auf den Menschen beschränkte Welt ebenso gültig ist wie für eine auf den Kosmos ausgeweitete.

L: Sie wissen doch, daß nicht jede Kultur das Vernunftwesen Mensch der Natur entgegenstellt. Manche ist der Ansicht, daß es sich da um eine Einheit handelt, daß wir einen Teil der Natur bilden. Man kann nicht sagen, daß dem nicht so ist. Man kann natürlich sagen, nicht die Welt verhalte sich schlecht gegen uns, bloß der Mensch verhalte sich schlecht gegen den Menschen. Gut, ich glaube, daß Ihnen damit geholfen ist. Aber wenn man einen Menschen tötet, ist dies eine irreversible Tatsache, nicht wahr? Das folgt nicht aus der Natur des Menschen, sondern aus der Natur der Welt. Daß es leichter ist, einen beliebigen Gegenstand zu zertrümmern, als ihn wiederherzustellen – das ist der Pfeil der Entropie – der zweite Hauptsatz der Thermodynamik! Das ist nicht das Ergebnis dieses oder jenes Wertsystems – das findet in jeder Kultur statt! Das sind kosmische Daten. Ein Teil dieser Daten gelangt zu uns unmittelbar in Gestalt etwa der Zerbrechlichkeit von Gegenständen, und ein anderer Teil – durch Vermittlung von menschlichem Geist und menschlichen Taten. Aber die Minuszeichen, mit denen man die Folgen solcher Handlungen versehen muß, sind konvergente Erscheinungen in der Sphäre der gesellschaftlichen Vermittlungen wie in der der unmittelbaren Zustände der Welt.

Es gibt kein Mittel, die Ermordeten wieder zum Leben zu erwecken. Man kann sich sehr schwer vorstellen, daß es jemals anders sein könnte. Selbst meine großartige Phantasie kann sich keine Welt vorstellen, in der man durch einen ad hoc vorgenommenen Eingriff einen Toten wiedererwecken könnte. Es ist unmöglich, sich das als konstitutive Eigenschaft einer von der Natur oder von der Technologie geschaffenen Welt vorzustellen. So ist die Natur der Welt beschaffen. Selbst Gott läßt hier die Hände sinken.

B: Na, nicht ganz.

L: Tatsächlich – es ist die hervorragendste und die schlaueste Erfindung der Religionen – insbesondere des Christentums –, daß sie die reale Welt um einen transzendenten Anbau ergänzen, in dem alles repariert wird. Das ganze Jenseits ist eine einzige gigantische Versicherungsanstalt, in der alles ausgeglichen werden wird. Nicht nur, daß dort die Seelen weiterleben sollen, als Zugabe soll noch eine Auferstehung der Körper stattfinden. Notabene, ich war immer neugierig, was dann mit den Genitalien und anderen Organen geschehen soll, die physiologische Funktionen erfüllen. Ich kaufte mir sogar, um meine Neugier zu befriedigen, ein dickes Buch, dessen Titel »Eschatologie« lautet, aber zu diesem Thema konnte ich daraus kein Wort entnehmen. Ich weiß nicht einmal, ob man noch immer über Pech und Schwefel spricht, denn schließlich gibt es vollkommenere Instrumente, die eine neue Generation von Teufeln in den Höllengründen hätte installieren können.

B: Sie machen sich hier lustig – aber schließlich wäre es uns ohne diese transzendenten und supertranszendenten Anbauten viel leichter, einander abzumurksen.

L: Ich behaupte ja auch immer, daß die Kultur die Welt »wattiert« und ihr als Prothese dient, indem sie die Zeichen von Unfreundlichkeit auf relative Freundlichkeit umkehrt. Wenn Ihnen die Straßenbahn ein Bein abreißt, wird gleich der Rettungsdienst kommen, wenn Sie am Ertrinken sind und schreien, wird man Sie sicherlich herausziehen; Sie können sich gegen Hagel und Brand versichern lassen. Die Zivilisation hat im Lauf der Jahrhunderte ziemlich viele institutionelle Absicherungen gegen Schicksalsschläge entwickelt. Bedenken Sie, daß es vor zweihundert Jahren das alles noch nicht gab. Es gab keine Impfpflicht und keine Schulpflicht – und es gab viele andere Dinge nicht. Wenn es jemand so wollte, brauchten seine Kinder nicht lesen und schreiben zu lernen. Sie konnten auf allen vieren im Schweinestall herumkriechen. Jetzt haben viele Institutionen die Pflicht der Versicherung gegen Schicksalsschläge übernommen. Dort aber, wo man dies nicht in der Realität tun kann, tut es die Kultur und vor allem die Religion, die eine große Trösterin ist. Oder es kommt die Ideologie, die sagt:»Na, Bruderherz, du kannst noch kein Auto haben, aber deine Kinder werden fünf Autos besitzen.« Oder es sagt Ihnen jemand, was dir auf Erden nicht gegeben ist, wirst du im Jenseits bekommen, denn dort ist viel Freiraum, und es ist viel angenehmer. Wir haben es also mit einem doppelten Handeln zu tun – einem realen (Schicksalsschlägen vorbeugenden) und einem rekompensativen (Genugtuung im Jenseits verheißenden). Wäre die Welt anders eingerichtet, dann bräuchte man das alles gar nicht. Wäre es ebenso leicht, jemanden wiederauferstehen zu lassen wie ihn zu töten, dann könnte man alle Tröster nach Hause schicken. Was, Sie sind nicht zufrieden mit mir?

B: Nein, warum auch? Ich glaube einfach nicht, daß Sie das alles buchstäblich und restlos glauben.

L: Wissen Sie, wenn ich ohne Vorbehalt so denken würde, dann könnte ich diese These selbst vortragen und mußte mir nicht einen Vermittler suchen. Mir ging es vor allem darum, daß die entianische Zivilisation von einer solchen Vision der Welt durchdrungen sein soll. Mir scheint, daß es so sein könnte – das ist zulässig. In dieser Doktrin ist alles schön kodifiziert und in fast syllogistischer Gestalt dargestellt. Gerade die Drei-Welten-Doktrin ist der Grund, warum die Entianer in diesem Buch die Ethikosphäre aufbauen. Sie kehren einfach die Zeichen um. Der Welt, die Minuszeichen hat, heften sie Plus-Zeichen an. Das ist ein Gedankenexperiment. Ich unterschreibe das nicht gänzlich. Ich sage etwas anderes: *Ad usum Delphini* bin ich bereit, die These von der mißgünstigen Voreingenommenheit der Welt bis zu einem gewissen Grad zu verteidigen.

B: Nun, vorläufig können wir uns diese – übrigens ohnehin nicht allerherrlichste – Ethikosphäre nicht leisten, also bleibt uns nichts anderes übrig, als weiter im Dunkel unserer eigenen Natur zu tappen.

L: Ich sage Ihnen, daß ich trotz aller verteufelt eiskalter Umstände mir nicht allzu viele Gedanken über Probleme der Ethik gemacht habe, weil ich das Gefühl hatte, ich könne hier nichts Neues ausfindig machen. Ich habe mir einen minimalistischen Verhaltenskodex zugelegt, den ich – selbst wenn ich für jemanden keine Sympathie empfinde – einzuhalten versuche.

B: Wie lautet dieser Kodex?

L: Ich trachte, mich niemandem gegenüber wie ein Schwein zu benehmen. Wozu soll ich ein Schwein sein? Selbst wenn ich davon etwas haben sollte, ziehe ich es vor, mich solcher Handlungen zu enthalten, obwohl ich weiß, daß mich deshalb weder der Lohn des Himmels noch die Strafe der Hölle erwartet. Manchmal ist das auch für tief gläubige

Menschen ein Grund zum Nachdenken. Als ich zu heiraten beschloß und die Eltern meiner Frau wünschten, daß wir uns in der Kirche trauen ließen, wurde ich zu einem Dominikaner gebracht. Ich war damals schon nicht gläubig, also versuchte dieser Priester mich zu bekehren, mir religiösen Geist einzuflößen. Er tat dies übrigens auf eine unerhört naive Weise – er malte mir Bilder fürchterlicher Höllenqualen aus. Ich sagte ihm damals, daß ich mich doch ganz anständig benehme. Darauf antwortete er nur, es gebe keinen Grund, warum ich mich so benehmen sollte! Ich habe mir solche Syllogismen niemals gebaut. Ich werde Ihnen etwas sagen: Selbst wenn Gott mir eine spezielle Lizenz dafür gegeben hätte, Menschen in die Fresse zu hauen, würde ich von dieser Lizenz keinen übermäßigen Gebrauch machen.

B: Als letzte Sanktion der Ethik bleibt also wieder die Vernunft übrig?

L: Jawohl, mein Lieber, die VERNUNFT!

Stanisław Lem
Sein Werk im Insel Verlag

Sämtliche Erzählungen vom Piloten Pirx. Aus dem Polnischen von
Roswitha Buschmann, Kurt Kelm, Caesar Rymarowicz und Barbara
Sparing. Gebunden

Solaris. Roman. Aus dem Polnischen von I. Zimmermann-Göllheim.
Gebunden

Sterntagebücher. Erweiterte Ausgabe. Mit Zeichnungen des Autors.
Aus dem Polnischen von Caesar Rymarowicz. Gebunden

Die Stimme des Herrn. Roman. Aus dem Polnischen von Roswitha
Buschmann. Gebunden

Summa technologiae. Aus dem Polnischen von Friedrich Griese. Gebunden

Der Unbesiegbare. Utopischer Roman. Aus dem Polnischen von Roswitha Buschmann. Gebunden

Die Untersuchung. Kriminalroman. Aus dem Polnischen von Jens Reuter und Hans Juergen Mayer. Gebunden

Die vollkommene Leere. 15 fiktive Rezensionen. Aus dem Polnischen
von Klaus Staemmler. Gebunden

Gespräche

Stanisław Lem / Stanisław Bereś: Lem über Lem. Gespräche. Aus dem
Polnischen von Edda Werfel und Hilde Nürenberger. Gebunden.

47/3/8.89

Stanisław Lem
Sein Werk im Suhrkamp Verlag

Die vollkommene Leere. 15 fiktive Rezensionen. Autorisierte Überset-
zung aus dem Polnischen von Klaus Staemmler. »Die neue Kosmogo-
nie« übersetzte I. Zimmermann-Göllheim. st 707
Waffensysteme des 21. Jahrhunderts oder The Upside Down Evolution.
Aus Lems Bibliothek des 21. Jahrhunderts. Aus dem Polnischen von
Edda Werfel. PhB 124. st 998
Wie die Welt noch einmal davonkam. Der Kyberiade erster Teil. Mit
Zeichnungen von Daniel Mróz. Aus dem Polnischen von Jens Reuter,
Caesar Rymarowicz, Karl Dedecius und Klaus Staemmler. PhB 158.
st 1181

Zu Stanisław Lem

Stanisław Lem / Stanisław Bereś: Lem über Lem. Gespräche. Aus dem
Polnischen von Edda Werfel und Hilde Nürenberger. st 1996
Über Stanisław Lem. Herausgegeben von Werner Berthel. Redaktion
und Beratung: Franz Rottensteiner. PhB 36. st 586

47/5/8.89

Phantastische Bibliothek
in den suhrkamp taschenbüchern

*»Phantastische Bibliothek« – das ist Verzauberung der Phantasie,
keine Betäubung der Sinne, sondern Öffnen der Augen als Blick
über den nächsten Horizont ins Hypothetisch-Virtuelle. Der Zukünftige verbindet sich mit dem Zeitlosen, rationales Kalkül steht
neben poetischer Vision, denkbare Wirklichkeit und analytischer
Blick in menschliche Abgründe neben Wunsch- und Alptraum.
Anregend und unterhaltsam ist es immer.*

Polnische Bibliothek
im Suhrkamp Verlag
Herausgegeben von Karl Dedecius

Andrzejewski, Jerzy: Asche und Diamant. Roman. Erstfassung. Aus dem Polnischen von Henryk Bereska. Mit einem Nachwort von Andreas Lawaty. Leinen

Bedenke, bevor du denkst. 2222 Aphorismen, Sentenzen und Gedankensplitter. Herausgegeben und aus dem Polnischen von Karl Dedecius. Mit zeitgenössischen Illustrationen. Leinen

Berent, Wacław: Wintersaat. Roman. Aus dem Polnischen und mit einem Nachwort von Olaf Kühl. Leinen

Brandys, Kaszimierz: Warschauer Tagebuch. Die Monate davor. 1978-1981. Aus dem Polnischen von Friedrich Griese. Mit einem Nachwort von Konstanty A. Jeleński. Leinen

Die Dichter Polens. Hundert Autoren vom Mittelalter bis heute. Ein Brevier von Karl Dedecius. Mit Porträtzeichnungen von Eryk Lipiński. Leinen

Filipowicz, Kornel: Der Kater im nassen Gras. Erzählungen. In Zusammenarbeit mit dem Autor ausgewählt und aus dem Polnischen übertragen von Klaus Staemmler. Mit einem Vorwort von Teresa Walas. Leinen

Hoffnung der Besiegten. Erzählungen des polnischen Realismus. Herausgegeben von Witold Kośny. Aus dem Polnischen von Karl Dedecius, Friedrich Griese, Witold Kośny, Olaf Kühl und Danka Spranger. Leinen

Iwaszkiewicz, Jarosław: Die Fräulein von Wilko. Drei Novellen. Aus dem Polnischen von Klaus Staemmler. Leinen

Das junge Polen. Literatur der Jahrhundertwende. Ein Lesebuch von Karl Dedecius. Aus dem Polnischen von Jean Paul d'Ardeschah, Stefan George, Jeannine Łuczak-Wild, Stanisław von Odrowonsch, Carl von Pentz, Marek Scherlag, Klaus Staemmler, Margaret Stisi und – soweit nicht anders angegeben – Karl Dedecius. Leinen

Kołakowski, Leszek: Narr und Priester. Ein philosophisches Lesebuch. Herausgegeben und mit einem Nachwort von Gesine Schwan. Ins Deutsche übertragen von Heinz Abusch, Wanda Bronska-Pampuch, Alexander Drożdżyński, Mikołaj Dutsch, Friedrich Giese, Eberhard Kozlowski, Peter Lachmann, Edith Marko-Stöckl, Christa Storck und Edda Werfel. Leinen

Korczak, Janusz: Das Kind lieben. Ein Lesebuch von Erich Dauzenroth und Adolf Hampel. Aus dem Polnischen von Karl Dedecius, Armin Droß, Wolfgang Grycz, Winfried Lipscher und Katja Weintraub. Aus dem Hebräischen von Shoshana Sachs. Leinen

Polnische Bibliothek
im Suhrkamp Verlag
Herausgegeben von Karl Dedecius

92/2/2.88

Polnische Bibliothek
im Suhrkamp Verlag
Herausgegeben von Karl Dedecius

92/3/2.88